未遂犯と実行の着手

佐藤拓磨
Takuma Sato

慶應義塾大学出版会

本書は公益財団法人末延財団の助成を得て刊行された。

目 次

はじめに　1

序　章　未遂犯と具体的危険犯 ──────────── 5
　第 1 節　「未遂犯＝具体的危険犯」モデルの問題点 ……………7
　第 2 節　ドイツの状況 ……………………………………………10
　　第 1 款　未遂犯の処罰根拠をめぐる議論　10
　　　(1) 現行法の未遂に関する規定の内容　(10)
　　　(2) 現行法下における未遂犯の処罰根拠論　(13)
　　　(3) 現行規定の成立に至るまでの経緯　(18)
　　　(4) 小　括　(30)
　　第 2 款　具体的危険犯における危険概念をめぐる議論　30
　　第 3 款　小　括　39
　第 3 節　本書の構想 ………………………………………………40
　　第 1 款　未遂犯の本質としての規範違反　40
　　第 2 款　客観的基準による処罰範囲の制約の必要性　41
　　　(1) 歴史的事情　(41)
　　　(2) 不能未遂に関する減免規定の不存在　(45)
　　　(3) 結　論　(46)

第 2 章　不能犯論 ─────────────────── 47
　第 1 節　はじめに …………………………………………………49
　第 2 節　具体的危険説の検討 ……………………………………51
　　第 1 款　具体的危険説の内容および論拠　51
　　第 2 款　具体的危険説に対する批判　56
　　第 3 款　検　討　58
　　　(1) 危険判断の資料について　(58)

i

(2)　危険判断の基準について (62)
　第4款　小　括　67
第3節　客観的危険説の検討……………………………………………67
　第1款　絶対的不能・相対的不能説とその問題点　67
　第2款　客観的危険説の諸相　69
　　(1)　事実の抽象化を行わない見解 (69)
　　(2)　事実の抽象化を行う見解 (72)
　　(3)　修正された客観的危険説 (74)
　第3款　小　括　78
第4節　私　見…………………………………………………………79
　第1款　起点としての規範違反行為　79
　第2款　未遂犯における「結果」の意義　82
　第3款　危険判断の方法　83
　第4款　判例の事案へのあてはめ　86
　　(1)　客体の不能の例 (87)
　　(2)　方法の不能の例 (90)
第5節　結びにかえて……………………………………………………94

第3章　実行の着手と行為者主観 ──────────── 97

第1節　問題の位置づけ…………………………………………………99
第2節　故意をめぐる問題………………………………………………101
　第1款　問題状況の整理　101
　第2款　行為の危険性と故意　103
　第3款　故意を考慮する見解の再検討　107
第3節　計画をめぐる問題………………………………………………110
第4節　結びにかえて……………………………………………………123

第4章　実行の着手の判断基準 ———————————— 127

第1節　はじめに ……………………………………………………… 129
第2節　我が国の状況 ………………………………………………… 129
第1款　学　説　129
第2款　判　例　133
(1) 放火罪　(133)
(2) 強姦罪　(141)
(3) 殺人罪　(145)
(4) 窃盗罪　(149)
(5) 詐欺罪　(154)
(6) その他の刑法典上の犯罪　(156)
(7) 特別法上の輸入罪等　(158)
第3款　小　括　165
第3節　ドイツの状況 ………………………………………………… 166
第1款　現行の未遂の概念規定　166
第2款　1969年改正前の判例　167
(1) ライヒ裁判所の判例　(167)
(2) 連邦通常裁判所の判例　(173)
(3) 小　括　(178)
第3款　現行法下での判例　178
(1) 総　説　(178)
(2) 個別の犯罪における未遂の成立時期　(186)
第4節　日独の比較 …………………………………………………… 217
第5節　実行の着手の基準 …………………………………………… 218
第1款　構成要件的制約の要否　218
第2款　直前性（密接性）の判断基準の整理　220
第3款　検　討　222
(1) 必要不可欠性の基準　(222)
(2) 被害者領域への介入の基準　(223)
(3) 時間的場所的近接性と中間行為の不存在性の関係　(228)
(4) 中間行為の不存在性を判断する際に考慮すべき事情　(229)
第4款　まとめ　230
第6節　結　語 ………………………………………………………… 231

第5章　間接正犯の実行の着手 ──────────────── 233

第1節　我が国の議論状況 …………………………………… 235
第2節　ドイツの議論状況 …………………………………… 241
第1款　学　説　241
(1) 概　観（241）
(2) 個別解決説（242）
(3) 全体解決説その1──行為帰属論（246）
(4) 行為帰属論の問題点（249）
(5) 全体解決説その2──未遂犯固有の議論から基準を導く見解（252）
(6) 中間説（256）
第2款　判　例　257
第3款　ドイツの議論状況のまとめ　265
第3節　検　討 ………………………………………………… 266
第4節　私見に対する批判 …………………………………… 272
第5節　結　語 ………………………………………………… 274

おわりに　275

文献一覧（277）
初出一覧（295）
あとがき（297）
判例索引（299）

はじめに

　本書は、未遂犯に関する既公刊の拙稿（初出一覧参照）に大幅な加筆・修正を行い、新たに1章の書下ろしを加えて、1冊の研究書にまとめたものである。本書の構成は以下の通りである。

　書下ろしにあたる序章「未遂犯と具体的危険犯」は、未遂犯を具体的危険犯と同視する現在の通説的見解を批判的に検討したものである。同見解の通説化に寄与した先行研究は、当時参照し得たと思われるドイツの危険犯研究をくまなく渉猟し、未遂犯における危険概念をめぐる我が国の議論のための参考としている。しかし、ドイツでは具体的危険犯と未遂犯は別物だという理解が定説であることから、同先行研究の比較法的手法には問題がないわけではない。序章では、このような問題意識から、ドイツにおける未遂犯および具体的危険犯に関する議論を再確認し、同時に、これを通じて未遂犯固有の構造的特徴を浮き彫りにすることを試みた。

　第2章「不能犯論」では、未遂犯の処罰根拠の問題と表裏の関係にある不能犯と未遂犯の区別の問題について検討した。章の前半では、我が国でこれまで通説とされてきた具体的危険説を批判的に吟味し、同説が因果関係論における相当因果関係説と同様の欠点を抱えることを指摘した。章の後半では、客観的危険説に分類される諸見解を検討した。裁判時を基準とした危険判断の方法に関しては、実に様々な提案がなされている。しかし、これまでの議論には、どのような危険判断の方法を採用すべきかについての指針となる規範的（または政策論的）見地が欠けていたように見受けられる。第2章では、このような問題意識に基づき、一般予防の必要性という観点から、裁判時を基準とした危険判断の内容を導くべきだという主張を展開した。具体的には、犯行計画と現実の事象との比較対照を行い、再び同様の行為が行われれば結果が発生する可能性があるか否かという基準により危険判断を行うという方法を提案した。私見は、いわゆる修正された客観的危険説と類似するものであるが、考慮されるべ

き仮定的事実の範囲を犯罪計画に取り込まれていた事情に限定すべきだというところに特徴がある。

　第3章「実行の着手と行為者主観」では、実行の着手判断の基礎として、故意や犯行計画といった主観的事情も考慮すべきか否か、考慮すべきだとすればどの範囲の事情かという問題について検討し、結論として、故意および犯行計画を考慮すべきだということを示した。また、この作業を通じて、実行の着手の判断は、少なくとも単独犯においては、（予備の故意とは区別された）実行故意の存否の判断と重複することも明らかにした。

　第4章「実行の着手の判断基準」では、行為者が犯罪実現のために必要なことをなし終えていない場面における実行の着手の基準について、検討を行った。我が国では、ここ20年くらいの間に、ドイツにおける議論の影響を受け、実行の着手を実行行為の直前行為に認める見解が有力化してきている。しかし、ドイツの裁判実務における直前行為性の判断の現状については、網羅的かつ詳細な研究がなされているとはいえない。そこで、この章では、比較法的にみて重要だと思われる犯罪類型の未遂の成立時期に関するドイツの判例を詳細に分析し、我が国の裁判実務における実行の着手判断との比較を行った。また、我が国の判例には、構成要件という枠により未遂の成立範囲を制限する形式的客観説の名残りが部分的に残っているように思われるところ、そのような制約には根拠がないことを明らかにし、最近の有力説と同様に、実行の着手は構成要件的行為の直前行為に認められるべきことを示した。その上で、ドイツの議論を参考にしつつ、直前行為といえるための基準の具体化を試みた。

　第5章「間接正犯の実行の着手」では、間接正犯の実行の着手時期の問題を素材にして、行為者が犯罪実現のために必要なことを既になし終えている場面における未遂の成立時期の問題を検討した。現在、我が国では、被利用者標準説および個別化説が有力である。これに対し、この章では、両説が、未遂の成立要件として結果発生の切迫性（被利用者標準説）または確実性（個別化説）を要求する理論的根拠について疑問を提起した。その上で、この問題をめぐる日独の議論を参照し、結論として、いわゆる「手放し説」が妥当であることを論証した。

本書を貫く基本的な考え方は以下の2点にある。1つは、未遂犯には固有の構造的特徴があるということである。そのため、具体的危険犯の要件をめぐる議論をそのまま未遂犯論に転用することはできないという点を強く意識した。もう1つは、未遂が成立するための諸要件には、それぞれ異なった役割が担わされているということである。我が国では、未遂犯の処罰根拠を結果発生の危険性に求める見解が圧倒的通説であることから、従来、未遂犯の諸問題のいずれについても、「危険」というキーワードを用いた解決が試みられてきた。しかし、本書で取り上げる不能犯論および実行の着手論をみたたけでも、それぞれの文脈で問題にされている「危険」の内容は明らかに異なる。本書では、それぞれの場面で問題となる未遂犯の成立条件に担わされている役割は何かという機能的観点を強く意識したつもりである。

序章　未遂犯と具体的危険犯

第1節 「未遂犯=具体的危険犯」モデルの問題点

　平野龍一は、かつてその教科書で、「未遂犯は抽象的危険犯ではなく具体的危険犯である」と書いた[1]。これは、未遂犯を抽象的危険犯とみる小野清一郎の見解[2]、および団藤重光の定型説に基づく未遂犯論[3]に対する批判という文脈の中で書かれたものであるが、平野のように未遂犯を具体的危険犯と同視する理解は、学説の間では広く受容されているように思われる。このことは、現在広く読まれている刑法総論および各論の教科書において、未遂犯における危険概念と具体的危険犯における危険概念とが特に意識的に区別されることなく論じられていることからもみてとれる。具体的にいえば、刑法総論の教科書の未遂犯に関する箇所（とりわけ、未遂犯の処罰根拠論または不能犯論に関する箇所）では、構成要件的結果発生の「具体的危険」の内容とその判断方法についての解説に紙幅が割かれる一方で、具体的危険犯に分類される各則の犯罪類型における「危険」に関する刑法各論の教科書の記述は簡潔なものにとどまるのがほとんどである。これは、総論で示された「具体的危険」に関する考え方を各論にも応用すればよいと考えられているからであろう。

　このような「未遂犯=具体的危険犯」という図式は、未遂犯および危険犯に関する我が国の代表的研究の1つである山口厚の『危険犯の研究』[4]でも採用されている。山口は、同書の序章にあたる部分で次のように明確に述べている。

> 「本稿は、未遂犯の処罰根拠は、既遂をなす事態発生の具体的危険――具体的危険犯の処罰根拠をなす危険と、『結果』の内容は異なりうるものの、その他の点においては基本的に同じ内容の危険である――と解すべきだとする現在我が国で一般的に承認された立場を前提とするものである。具体的危険発生の防止を、具体的危険犯の規定により達成するか、侵害犯の規定により達成するかは立法技術的性格を有するのであり、既遂犯（としての具体的危険犯）と（侵害犯の）未遂犯の犯罪としての性格に――故意等の点を除き――質的な差異が存すると考えられるべきではないであろう。」[5]

---

1) 平野龍一『刑法　総論Ⅱ』（有斐閣、1975年）313頁。
2) 小野清一郎『刑法講義総論』（有斐閣、新訂版、1948年）193頁。
3) 団藤重光『刑法綱要総論』（創文社、第3版、1990年）164頁以下および349頁以下。
4) 山口厚『危険犯の研究』（東京大学出版会、1982年）。
5) 山口・前掲注4）5-6頁。

引用文中に「結果」という語が出てくることからもわかるように、山口説の特徴は、未遂犯と具体的危険犯を同視することにより、未遂犯を結果犯とみることを可能にしたことにある。その狙いは、未遂行為から切り離された未遂結果を観念することにより、間接正犯の実行の着手を利用行為時ではなく、結果発生が切迫した時点に認めることを合理的に説明可能にすることにあった（間接正犯の実行の着手時期については、第5章参照）[6]。ある学者は、山口の主張を指して、「刑法学にコペルニクス的転換をもたらした」と評している[7]。たしかに、その理論構成は巧妙であり、現在、多くの論者によって支持されている[8]。
　しかし、未遂犯と具体的危険犯を同視する見解に対しては、批判もある。振津隆行は、ドイツにおける危険犯論を参照しつつ、以下のように主張した。すなわち、具体的危険犯（具体的危殆化犯）においては、「具体的に危険な態度（事前判断によって得られた事情）とそこから生ずる具体的危険（事後判断によって得られた事情）から構成され」るのに対し、「未遂犯の場合は、行為から出発する具体的危険性が問題となるのであって、行為客体が具体的危険状態に陥ったということを前提としない」（圏丸原文）としたのである[9]。
　後述するように、本書も基本的にこのような立場を支持するものである。ただ、この批判は外在的なものにとどまっているため、「未遂犯＝具体的危険犯」説が抱える内在的な問題をさらに指摘する必要があろう。
　同説に対する常套的な批判として、「未遂犯が『具体的危険犯』であるとすると、具体的危険犯や抽象的危険犯の未遂犯は論理的に存在し得ないことになる」[10]というものがある。これは一見形式的な批判であるようにもみえる。な

---

6)　山口・前掲注4) 58頁以下参照。
7)　佐伯仁志『刑法総論の考え方・楽しみ方』（有斐閣、2013年）342頁。
8)　曽根威彦『刑法総論』（弘文堂、第4版、2008年）217頁、林幹人『刑法総論』（東京大学出版会、第2版、2008年）354頁、内藤謙『刑法講義　総論（下）Ⅱ』（有斐閣、2002年）1219頁、前田雅英『刑法総論講義』（東京大学出版会、第6版、2015年）104頁、松原芳博『刑法総論』（日本評論社、2013年）301頁など。
9)　振津隆行『刑事不法論の展開』（成文堂、2004年）203頁。同旨のものとして、岡本勝『犯罪論と刑法思想』（信山社、2000年）77頁以下。さらに、謝煜偉『抽象的危険犯論の新展開』（弘文堂、2012年）18-19頁および91-92頁。もっとも、振津は、同『刑事不法論の再構成』（成文堂、2015年）72頁以下で、不能犯論に関し、具体的危険説から客観的危険説に転向している。したがって、本文の主張が今日も維持されているのかは不明である。
10)　岡本・前掲注9) 78頁。

ぜなら、危険犯の未遂の場合には「危険」という構成要件的結果との関係での「具体的危険」を問題にすれば批判を回避できるようにみえるからである[11]。しかし、問題の本質は、「本来の『具体的危険犯』における『具体的危険』が、当該犯罪構成要件が予定する保護法益に対する危険であるのに対し、未遂犯における所謂『危険』は、既遂犯構成要件実現の蓋然性を意味し、必ずしも法益に対する直接的な危険であるわけではない」[12]ところにある。つまり、具体的危険犯は、刑法的保護の対象である法益に対する脅威という点からその処罰根拠を説明できるが、未遂は犯罪の形式的な完成時期である既遂との関係概念であるから、既遂結果発生の具体的危険を挙げるだけでは犯罪としての実質的な処罰根拠を説明したことにはならないということである。

　このことは、山口による次の記述をみればより鮮明となる。

　「法益侵害の危険が、法益侵害の他に処罰の対象とされているのは、そのことにより、そのような事態（＝危険）が生ぜしめられることを防ぐためであると解される。侵害犯においては、法益侵害を処罰の対象とすることによって、法益侵害の発生の防止を図るのに対して、危険犯においては、危険を処罰の対象とすることによって、危険の発生を防止することを図っているのである。このように、危険犯においては、法益侵害に至らない危険自体を処罰の対象とすることによって、侵害以前の段階における刑法の介入を許し、法益を、侵害犯におけるよりも厚く保護することが意図されているのである。（原文改行）このような意味において、危険犯の処罰根拠をなす法益侵害の危険は、法益保護のため、その発生が防止されるべき、外界に生ぜしめられた『結果』であると解されるのである。」
　「以上のように危険を結果として理解することは、右に述べたように、未遂犯の処罰根拠をなす危険についても妥当するのである。」[13]

　引用の前半では、「法益侵害の危険」が処罰対象となっているのは、そのような事態の発生が防止されるべきだからだということが述べられているが、注目すべきなのは、その論理が未遂犯にも転用されている点である。しかし、危険犯の未遂を想定した場合、防止されるべき事態である「法益侵害の危険」の手前の段階が問題となっているのだから、危険犯の処罰根拠論をそのまま未遂処罰の正当化に用いることはできないはずである。仮に「未遂犯＝具体的危険犯」という図式を認めるとしても、それは侵害犯の未遂の場合に限られる。し

---

11)　林・前掲注8）349頁。
12)　岡本・前掲注9）78頁。
13)　いずれの引用も、山口・前掲注4）58頁。

かし、未遂犯論は総則規定である刑法43条の解釈論であるから、一定の限られた犯罪類型のみを想定したモデルは妥当なものとはいえないであろう。

　我が国の危険犯研究で頻繁に参照されるドイツの刑法学においても、危険犯と未遂犯は別のものとして論じられている。そこで、次節以下ではドイツにおける議論状況を概観しよう。

第2節　ドイツの状況

第1款　未遂犯の処罰根拠をめぐる議論
(1) 現行法の未遂に関する規定の内容

　ドイツの現行刑法典は、1871年に成立したライヒ刑法典に幾度もの改正および変更を加えたものである。未遂に関する規定は、1969年に成立した第2次刑法改正法[14]（1975年1月1日施行）による総則規定の全面改正に伴い現在の形となった。まずは、現行刑法典の未遂に関する規定である22条および23条をみることにしよう。これらの条文はそれぞれ以下のように定めている[15]（なお、本節では、特に断りがない限り、条文はドイツ刑法典のものを指すものとする）。

「22条　概念規定
　　行為についての自らの表象にしたがって、直接、構成要件の実現を開始した者は、犯罪行為の未遂を行ったものである。」[16]
「23条　未遂の可罰性
1項　重罪の未遂は常に罰せられ、軽罪の未遂は法律に明文の定めがあるときに限り罰せられる。
2項　未遂は、既遂の行為よりも軽く罰することができる（49条1項）。
3項　行為者が、著しい無分別から、行為を行おうとした対象又は行為の際に用いようと

---

14) Zweites Gesetz zur Reform des Strafrechts (2. StrRG), BGBl I 1969, S. 717.
15) 訳は法務省大臣官房司法法制部司法法制課『ドイツ刑法典』（法務資料461号、2007年）を参考にした。以下、本書中でドイツ現行刑法典の条文を訳出する際も同様である。
16) 原文は次の通り。
　　§22 Begriffsbestimmung
　　Eine Straftat versucht, wer nach seiner Vorstellung von der Tat zur Verwirklichung des Tatbestandes unmittelbar ansetzt.

した手段の性質によれば、およそ既遂に達し得なかったことを知らなかったときは、裁判所は、刑を免除し又は裁量により刑を減軽することができる（49条2項）。」[17]

　22条を読むと、行為についての「自らの表象にしたがって (nach seiner Vorstellung)」という文言が目に入る。これは、未遂の成否の判断の際に行為者の表象を基礎にすべきことを明示したものであり、具体的には次の2つのことを意味する。第1に、予備と未遂の区別の判断は行為者の表象を基礎に行われるべきであること、第2に、実行した行為が構成要件実現の手段として客観的に不能なものであったとしても、行為者の表象を基礎に置けば構成要件の実現の可能性があるといえる場合には、未遂犯が認められることである。つまり、現行法は「不能な未遂」の可罰性を前提にしているのである[18]。

　23条3項は、不能未遂の可罰性を前提にした上で、その結論の過酷さを緩和するための規定である[19]。同項は、「行為を行おうとした対象又は行為の際に用いようとした手段の性質によれば、およそ既遂に達し得」ず、かつ、そのような事情を知らなかったことが「著しい無分別による (aus grobem Unverstand)」場合、刑が任意的に免除または減軽されるとしている[20]。このうち、「およそ……し得なかった (überhaupt nicht zur Vollendung führen konnte)」とは、行為が結果発生の具体的危険はもとより抽象的危険も欠くことを指すとされているが[21]、具体的な判断基準は不明である。学説の中には、市民の間の平均的

---

17)　原文は次の通り。
　　§ 23 Strafbarkeit des Versuchs
　　(1) Der Versuch eines Verbrechens ist stets strafbar, der Versuch eines Vergehens nur dann, wenn das Gesetz es ausdrücklich bestimmt.
　　(2) Der Versuch kann milder bestraft werden als die vollendete Tat (§ 49 Abs. 1).
　　(3) Hat der Täter aus grobem Unverstand verkannt, daß der Versuch nach der Art des Gegenstandes, an dem, oder des Mittels, mit dem die Tat begangen werden sollte, überhaupt nicht zur Vollendung führen konnte, so kann das Gericht von Strafe absehen oder die Strafe nach seinem Ermessen mildern (§ 49 Abs. 2).
18)　Entwurf eines Strafgesetzbuches (StGB). E 1962. mit Begründung, BT-Drs. IV/650, S. 143（以下、BT-Drs. IV/650 として引用する）。
19)　BT-Drs. IV/650, a. a. O. (Fn. 18), S. 145.
20)　Zweiter Schriftlicher Bericht des Sonderausschusses für die Strafrechtsreform, BT-Drs. V/4095, S. 12（以下、BT-Drs. V/4095 として引用する）によれば、法文が免除の可能性を先に記していることから、裁判所は、まず免除を検討しなければならないとされている。
21)　BT-Drs. V/4095, a. a. O. (Fn. 20), S. 12.

な経験知識にしたがって明白に不能であるといえるか否かが基準となると説明するものもあるが[22]、詳細な議論がなされているとはいえない。その理由は、同項にはさらに「著しい無分別から」という要件があるため、実際上、「およそ……し得ない」に該当するか否かの判断は厳密になされる必要がないからである[23]。そのため、我が国とは対照的に、現在のドイツにおいては、不能犯論の文脈における危険判断に関する議論は十分には発達していない。

「著しい無分別」とは、行為者が、一般的に知られている自然法則的な連関から完全に逸脱した観念を有しており、その誤りが平均的な知識にしたがえば明白である場合を指す[24]。たとえば、砂糖には毒性がありこれにより人を殺害できると誤解したような場合がこれにあたる[25]。ここでは、法則に関する誤認が問題になっており、事実に関する誤認の場合は、23条3項は適用されない[26]。

迷信犯、すなわち超自然的で現実世界には属さないような超越的な力を用いて犯罪を行おうとした場合(「非現実的未遂」と呼ばれることもある)の処理については、解釈が分かれている。判例では、1969年改正前の旧43条に関してではあるが、迷信犯を不可罰としたものがある[27]。現行法下での学説の中には、迷信犯にも23条3項を適用すべきだとするものもあるが[28]、通説は、同項を適用せずに不可罰にすべきだとする[29]。その根拠については、超自然的な力を用いた犯罪実現の表象は、行為者に帰責可能な結果の表象とはいえないから22

---

22) Kristian Kühl, in: Kristian Kühl/Martin Heger, Strafgesetzbuch, Kommentar, 28. Aufl., 2014, §23 Rn. 6. 一方、Albin Eser/Nikolaus Bosch, in: Schönke/Schröder, 29. Aufl., 2014, §23 Rn. 15 は、客観的な基準による区別は不可能だとする。
23) Eser/Bosch, a. a. O. (Fn. 22), §23 Rn. 15.
24) BT-Drs. IV/650, a. a. O. (Fn. 18), S. 145.
25) Eser/Bosch, a. a. O. (Fn. 22), §23 Rn. 17 参照。
26) BGHSt 41, 94.
27) RGSt 33, 321.
28) Thomas Fischer, Strafgesetzbuch mit Nebengesetzen, 62. Aufl., 2015, §23 Rn. 10.
René Bloy, Unrechtsgehalt und Strafbarkeit des grob unverständigen Versuchs, ZStW 113 (2001), S. 108 f. は、23条3項を適用して必要的に刑を免除にすべきだとする。これとは対照的に、「著しい無分別」に基づく自然法則の誤認の場合も迷信犯と同様に不可罰とすべきだとするものとして、Eberhard Struensee, Verursachungsvorsatz und Wahnkausalität, ZStW 102 (1990), S. 21 ff.
29) Eser/Bosch, a. a. O. (Fn. 22), §23 Rn. 13 f.

条に該当しないという説明[30]や、後述する印象説の見地から、法的平和が害されないという説明がなされている[31]。また、幻覚犯、すなわち刑法規範の存在またはその射程を誤解した結果、犯罪にあたると思い込んで行為をした場合も不可罰とされている。このことから、ドイツでは、裏返された事実の錯誤は可罰的であり、裏返された法律の錯誤は不可罰だといわれることがある[32]。

　理解を容易にするために、以上のことを我が国における不能犯学説と照らし合わせてみよう。まず、行為時に行為者が認識していた事情を基礎にして一般人の法則的知識から危険性を判断すべきだとする抽象的危険説の基準で可罰的とされる行為は、ドイツの現行法によれば可罰的であり、23条3項の適用もない。これに対し、同説によれば不可罰とされる行為のうち、迷信犯は同様に不可罰である一方、自然法則の錯誤は可罰的であり、23条3項の問題となる。まとめると、ドイツ刑法典の立場は、我が国の学説でいう主観説と抽象的危険説の中間に位置するといえよう。

(2)　現行法下における未遂犯の処罰根拠論

　以上のような内容のドイツ刑法典の未遂規定は、明らかに行為者の主観に未遂犯の処罰根拠を求める立場を前提としている。現行規定の基になった改正案に関する解説をみると、当時の立案者は、犯罪意思および行為者の危険性に処罰根拠を求める主観説をとっていたようである[33]。後述するように、ドイツの判例は古くから主観説を堅持しており[34]、現行規定はこれを立法的に受け入れ

---

30)　Rolf Dietrich Herzberg, Zur Strafbarkeit des untauglichen Versuchs, GA 2001, S. 257 ff. 故意（犯罪実現意思）が欠けるとするものとして、Thomas Hillenkamp, Unverstand und Aberglaube, in: Festschrift für Hans-Ludwig Schreiber, 2003, S. 149.
31)　Kristian Kühl, Strafrecht, Allgemeiner Teil, 7. Aufl., 2012, §15 Rn. 93.
32)　RGSt 42, 92. しかし、事実の錯誤と法律の錯誤の区別に困難が伴うのと同様に、不能未遂と幻覚犯の区別も容易ではない。実際、両者の区別が争われた事案は多数存在する。RGSt 47, 189; 66, 126; BGHSt 1, 13; 8, 263; 13, 235; 14, 345; 15, 210; BGH NJW 1994, 1357; BGH NStZ 1986, 550; OLG Düsseldorf NJW 2001, 167 など。また、これに関する論文も多数に上る。比較的最近の文献として、Rolf Dietrich Herzberg, Rechtsirrige Annahme einer Straftatbegehung, in: Gedächtnisschrift für Ellen Schlüchter, 2002, S. 189 ff.; Franz Streng, Das »Wahndelikt« -ein Wahn?, GA 2009, S. 529 ff.
33)　BT-Drs. V/4095, a. a. O. (Fn. 20), S.11.
34)　現行法下の判例として、BGHSt 40, 299; 41, 94.

たものといえる。

　だが、現在の学説では、純粋な形での主観説は少数説である[35]。通説は、主観説に当罰性の見地からの修正を加えた印象説である[36]。印象説は、行為者の犯罪的意思が外部に表出されたことにより、法秩序の妥当性に対する世間の信頼が揺るがされ、法的平和が害されたことに処罰根拠があるとする[37]。その背後には、刑罰目的論における一般予防論がある[38]。この見解によれば、犯罪意思の外部への表出が認められても、それが法秩序の妥当性に対する信頼を動揺させないような性質のものである場合は、未遂犯としての処罰範囲から除外される。また、動揺の程度が著しく低い場合には当罰性が低く、したがって刑が減軽または免除されるべきだということになる。

　これを現行規定にあてはめると、次のようになる。まず、不能未遂がそれ以外の未遂と同様に可罰的なのは、法的平和が保障されているという公衆の意識に対する侵害という点では両類型は共通しているからである[39]。これに対し、一般人からみれば一笑に付されるべき著しい無分別による不能未遂の場合に23条3項が適用されるのは、法秩序に対する信頼を揺るがす効果が極小であることに理由がある[40]。また、「構成要件の実現を直接に開始した」場合にはじめて未遂として処罰すべきなのは、通常はその段階に至ってはじめて法秩序

---

[35] 主観説を支持しているとみられるものとして、Thomas Hillenkamp, in: LK, Bd. 1, 12. Aufl., 2007, Vor § 22 Rn. 60 ff.; Kühl, a. a. O. (Fn. 22), § 22 Rn. 11. さらに、Magdalena Grupp, Das Verhältnis von Unrechtsbegründung und Unrechtsaufhebung bei der versuchten Tat, 2009, S. 119; Rolf Dietrich Herzberg/Klaus Hoffmann-Holland, in: MüKo, Bd. 1, 2. Aufl., 2011, § 22 Rn. 12 ff.

[36] Rudolf Rengier, Strafrecht, Allgemeiner Teil, 6. Aufl., 2014, § 33 Rn. 4.

[37] Helmut Frister, Strafrecht, Allgemeiner Teil, 7. Aufl., 2015, 23. Kap. Rn. 3; Bernd Heinrich, Strafrecht, Allgemeiner Teil, 4. Aufl., 2014, § 21 Rn. 636; Eric Hilgendorf/Brian Valerius, Strafrecht, Allgemeiner Teil, 2013, § 10 Rn. 2; Hans-Heinrich Jescheck/Thomas Weigend, Lehrbuch des Strafrechts, Allgemeiner Teil, 5. Aufl., S. 514.

[38] Bernd Schünemann, Die deutschsprachige Strafrechtswissenschaft nach der Strafrechtsreform im Spiegel des Leipziger Kommentars und des Wiener Kommentars. 2. Teil: Schuld und Kriminalpolitik, GA 1986, S. 311 参照。

[39] Jescheck/Weigend, a. a. O. (Fn. 37), S. 530 f.

[40] Jescheck/Weigend, a. a. O. (Fn. 37), S. 531. これに対し、23条3項に該当する不能未遂の場合も含め、結果発生の危険性の見地から説明する見解もある。ヘルツベルクは、行為が既遂に至りうるという行為者の表象は、「構成要件充足の現実的危険性の徴表」だとする（Herzberg, a. a. O. (Fn. 30), S. 257, 265）。さらに、Grupp, a. a. O. (Fn. 35), S. 111, 119.

に対する信頼の動揺が生じるからだということになろう[41]。

　印象説に対しては、批判もある。すなわち、法秩序の妥当性に対する信頼といった印象は、未遂犯だけではなく、およそすべての可罰的行為で問題となる[42]、抽象的な印象の惹起は行為を不法と把握するための実質的根拠にはならない[43]、綿密に計画された殺人の場合などは予備段階でも法秩序に対する信頼を動揺させることがある[44]などといった批判である。しかし、少なくとも現在の印象説は、あくまで現行規定を合理的に説明するためのものとしては優れていることから、通説としての地位を維持している。

　これに対し、現行法の解釈論として、通説に反対するものもある[45]。たとえば、法益に対する侵害性を持たず法的平和の攪乱のみを処罰根拠とする不能未遂と、法益に対する侵害性を有する非不能未遂（原語は "tauglicher Versuch" であるが、日本語として自然な訳語が見当たらないため、本書ではこのように訳出する）とを同列に扱う22条は比例原則に反し違憲であるとする見解[46]や、刑法上の主体として想定されるべきは現象界における「人」ではなく刑法的コミュニケーションの主体たるべき理性的な人格であるべきだという立場を前提に、22条の「表象」は行為者の実際の心象内容ではなく合理的な表象を指すとして、行為者の非合理的な思い込みに基づく犯罪実行には未遂が成立しないとする見解[47]、刑法による保護の対象を人格間の承認関係とみる独自の刑法観を前提に、客体の不存在の場合などは承認関係の侵害がないので不可罰とすべきだとする見

---

41) Jescheck/Weigend, a. a. O. (Fn. 37), S. 514 f. 参照。
42) Hans Joachim Hirsch, Untauglicher Versuch und Tatstrafrecht, in: Festschrift für Claus Roxin zum 70. Geburtstag, 2001, S. 711 ff.
43) Rainer Zaczyk, Das Unrecht der versuchten Tat, 1989, S. 26.
44) Günther Jakobs, Strafrecht, Allgemeiner Teil, 2. Aufl., 1993, 25. Abschn., Rn. 20.
45) これらの議論の一部の紹介として、二本柳誠「ドイツにおける未遂処罰限定の試み」早稲田大学大学院法研論集115号（2005年）180頁以下。さらに、塩見淳「ドイツにおける未遂論の客観化傾向について（1）〜（3）・完」法学論叢137巻1号30頁以下、2号1頁以下、3号13頁以下（1995年）。
46) Wilfried Bottke, Untauglicher Versuch und freiwilliger Rücktritt, in: Claus-Wilhelm Canaris u. a. (Hrsg.), 50 Jahre Bundesgerichtshof. Festgabe aus der Wissenschaft, Bd. IV, 2000, S. 159.
47) Luis C. Rey-Sanfiz, Die Begriffsbestimmung des Versuchs und ihre Auswirkung auf den Versuchsbeginn, 2006, S. 196 ff., 264 ff. 参照。さらに、故意の規範化の議論を未遂犯論にも応用することにより同様の結論に至るものとして、Matthias Wachter, Das Unrecht der versuchten Tat, 2015, S. 192 ff., 231 ff.

解[48]、言語哲学に基づくという独自の行為論を前提に、行為無価値の内容を目的無価値 (Zielunwert) と危殆化無価値 (Gefährdungsunwert) に分けて二元的に理解した上で、犯罪実現の意図または結果発生の客観的危険性のどちらか一方または両方が認められる場合にのみ未遂犯として処罰されるべきだとする見解[49]、さらには分析的解釈学 (analytische Hermeneutik) の手法を刑法学に応用するとし、各則の構成要件の解釈を通じて既遂と同様に未遂との関係でも客観的に存在することが必要な構成要件要素を抽出すべきだとして、構成要件欠缺論と類似の結論に至る見解[50]などがある。しかし、憲法違反の主張に対しては、現行規定は立法裁量の範囲を逸脱するものではないという評価が一般的であり[51]、またそれ以外の独自の哲学的アプローチは、現在の実務および一般的な学説と議論の土俵を共有するものではないため、その主張者の学派に属しない学者からの支持は得られていない[52]。

　反対説として最も重要だと思われるのは、ヒルシュの見解である。ヒルシュは、主観説および印象説（以下、両説のように犯罪的意思を未遂犯の処罰根拠とする見

---

48) Zaczyk, a. a. O. (Fn. 43), S. 255 f. Jürgen Rath, Grundfälle zum Unrecht des Versuchs, JuS 1998, S. 1008 f., S. 1112 ff. ツァツィクおよびラスの見解に対し、「行為者＝被害者」という個々の人格間の承認関係ではなく、社会の法的基本秩序を構造化する制度としての承認関係の侵害を問題とすべきだとした上で、客体の不存在の場合にもそのような意味での侵害は認められるとするものとして、Gerhard Timpe, Untauglicher Versuch und Wahndelikt, ZStW 125 (2014), S. 761 ff. 同様に、Günther Jakobs, System der strafrechtlichen Zurechnung, 2012, S. 71 f.

　なお、人格間の相互承認という観点から、刑法上の不法概念および法益侵害の意義を再構成する試みを我が国で展開するものとして、飯島暢『自由の普遍的保障と哲学的刑法理論』（成文堂、2016 年）127 頁以下。

49) Eberhard Schmidhäuser/Heiner Alwart, Strafrecht, Allgemeiner Teil, Studienbuch, 2. Aufl., 1984, 5. Kap. Rn. 38 ff., 11. Kap. Rn. 16 ff. ここでいう客観的な危険性とは、事後的に明らかになった全事情および自然法則を基礎に行為時の視点から判断される危険性だという（11. Kap. Rn. 29）。さらにこれを詳細に展開したものとして、Heiner Alwart, Strafwurdiges Versuchen, 1982.

50) Thomas Maier, Die Objektivierung des Versuchsunrechts, 2005, S. 19 ff., 209 ff.

51) Herzberg, a. a. O. (Fn. 30), S. 262 ff.; Heike Jung, Zur Strafbarkeit des untauglichen Versuchs, ZStW 117 (2005), S. 937; Claus Roxin, Zum Strafbarkeit des untauglichen Versuchs, in: Festschrift für Heike Jung, 2007, S. 831.

52) Roxin, a. a. O. (Fn. 51), S. 831 は、未遂犯の処罰根拠に対する哲学的な考察から不能未遂の不可罰性を演繹する試みは方法論的に受け入れられないとする。

53) Hans Joachim Hirsch, Die Subjektive Versuchstheorie, ein Wegbereiter der NS-Strafrechtsdoktrin, JZ 2007, S. 501.

解を「主観的未遂論」と呼ぶことがある）は法と道徳を混同するものだと批判し[53]、行為の危険性が認められない場合については未遂として処罰されるべきではないとする。そして、行為の危険性の有無は、行為者の立場に置かれた一般人を基準にして判断されるべきだとするのである[54]。これは、後述するリストらによる「新しい客観説」（我が国の具体的危険説に相当）を現行法下でも主張しようというものであるが、とりわけ23条3項との関係が問題となる。前述したように、行為者が著しい無分別により自然法則を誤解していた事例が23条3項の適用領域に属するが、ヒルシュの提示する前記基準によれば、そのような事例はそもそも未遂に該当しないため、同項の適用の前提を欠く。したがって、同項は空文であるとされることになるのである[55]。

　以上のようなヒルシュの見解は、現行法の解釈としてはやはり無理があるといわざるを得ない[56]。だが、立法論としては徐々に有力となっているように思われる[57]。たとえば、ロクシンは、解釈論としては、行為時の一般人の視点から結果発生の危険性が認められない行為の可罰性を、行為者の危険性という特別予防的な観点からの要罰性と、法的平和の攪乱という一般予防的な観点からの要罰性から説明しながらも[58]、立法論としてはその不可罰化が望ましいとする[59]。また、客観的帰属論に関する文献にも目を向けると、結果帰属の起点となるべき行為は前記のような意味での行為の危険性を有するものに限られ、そ

---

54) Hirsch, a. a. O. (Fn. 42), S. 717 f.; ders., a. a. O. (Fn. 53), S. 500. 同旨の見解として、Kirsten Malitz, Der untaugliche Versuch beim unechten Unterlassungsdelikt, 1998, S. 179 ff.; Frank Zieschang, Die Gefährdungsdelikte, 1998, S. 148 ff.

55) Hirsch, a. a. O. (Fn. 42), S. 711 ff.;

56) Herzberg, a. a. O. (Fn. 30), S. 261. ヒルシュも、その後、23条3項が空文だという主張を若干後退させている（Hans Joachim Hirsch, Zur Behandlung des ungefährlichen „Versuchs" de lege lata und de lege ferenda, in: Gedächtnisschrift für Theo Vogler, 2004, S. 42 f. 参照）。

57) 以下で挙げるもののほか、Thomas Weigend, Die Entwicklung der deutschen Versuchslehre, in: Hans Joachim Hirsch/Thomas Weigend (Hrsg.), Strafrecht und Kriminalpolitik in Japan und Deutschland, 1989, S. 126 ff.; Jung, a. a. O. (Fn. 51), S. 937 ff.

58) Claus Roxin, Strafrecht, Allgemeiner Teil, Bd. II, 2003, § 29 Rn. 18 f. 改正前の43条との関係で類似の主張をしていたものとして、Eduard Kohlrausch/Richard Lange, Strafgesetzbuch mit Erläuterungen und Nebengesetzen, 43. Aufl., 1961, S. 146.

59) Roxin, a. a. O. (Fn. 51), S. 833 ff. 参照。ロクシンは、ders., Über den Strafgrund des Versuchs, in: Festschrift für Haruo Nishihara, 1998, S. 162 において既にこのような方向を示唆していたが、前掲論文ではその立法論的主張がより鮮明となっている。

のような危険性が認められない行為の処罰を認める 23 条 3 項は、体系的な異物だとするものもみられる[60]。したがって、立法論的には、潜在的な支持者は少なくないものと思われる。

だが、注意すべきなのは、このような立場も、あくまで行為の属性としての危険性を問題にしているということである[61]。これは、次款で概観する具体的危険犯における危険概念をめぐる議論とは好対照である。

(3) 現行規定の成立に至るまでの経緯

以上のように、現行のドイツ刑法典は主観的未遂論の立場を前提にしている。一方、1969 年の改正前の未遂に関する規定は、主観的未遂論と客観的未遂論のどちらにも解釈しうるものであった。旧 43 条 1 項は以下のように定めていた。

> 「重罪又は軽罪の実行の着手（Anfang der Ausführung）を含む行為によって、この重罪又は軽罪を犯す決意を実際に示した者は、その意図されている重罪又は軽罪が既遂に至らなかったときは、未遂犯としてこれを罰する」[62]

当時の立法者が、未遂理論に関する態度決定を避けたのは、ドイツ統一前の各領邦の立法が様々であり、かつ、学説上も対立があることに鑑みて、解決を判例および学説に委ねたためだといわれている[63]。また、旧 44 条は、未遂に関する刑の必要的減軽を定めていた。もっとも、同条は 1943 年 5 月 29 日の「刑法調整令」によって任意的減軽に変更された[64]。

---

60) Wolfgang Frisch, Vorsatz und Risiko, 1983, S. 118 ff. さらに、Jürgen Wolter, Objektive und personale Zurechnung von Verhalten, Gefahr und Verletzung in einem funktionalen Straftatsystem, 1981, S. 25 ff.
61) Hirsch, a. a. O. (Fn. 42), S. 716 ff.
62) 原文は以下の通り。
Wer den Entschluß, ein Verbrechen oder Vergehen zu verüben, durch Handlungen, welche einen Anfang der Ausführung dieses Verbrechens oder Vergehens enthalten, bethätigt hat, ist, wenn das beabsichtigte Verbrechen oder Vergehen nicht zur Vollendung gekommen ist, wegen Versuches zu bestrafen.
63) Reinhard Frank, Das Strafgesetzbuch für das Deutsche Reich, 18. Aufl., 1931, S. 90 参照。ドイツ統一前の各領邦における状況については、宗岡嗣郎『客観的未遂論の基本構造』（成文堂、1990 年）31 頁以下を参照。
64) 改正に至る経緯については、Thomas Vormbaum (Hrsg.), Strafrechtsangleichungsverordnung vom 29. Mai 1943, 2011, S. 16 ff. 参照。

それでは、このような未遂理論の対立に対して中立的であった規定が、どのような経緯で現行法のような形に改正されたのであろうか。以下では、(ⅰ) 判例、(ⅱ) 学説、(ⅲ) 1969 年の改正に至るまでの諸草案の流れをそれぞれ概観していくことにする。

　(ⅰ) 判例　よく知られているように、ドイツの判例は、旧 43 条の時代から一貫して主観説の立場を堅持してきた[65]。とりわけ、判例の主観説を象徴するものとしてしばしば引用されるのが、堕胎に関する方法の不能が争点となったライヒ裁判所連合刑事部 1880 年 5 月 24 日判決[66] である。同判決は、未遂とは刑罰法規に反する犯罪的意思の現れだとし、さらに、後述するフォイエルバッハの見解および絶対的不能・相対的不能説を次のように批判して、その不当性を主張した。

> 「結果が発生しなかった場合、行為はその結果に対して決して因果的ではない。結果の不発生は、同時に、行為が因果的ではなかったことを示している。しかし、さらに次のこともいうことができる。すなわち、一般的に、あらゆる状況において意図された結果を引き起こすのに適さない行為は、現実にはまったく存在しない。これに対し、結果に至らなかったあらゆる行為は、個々の事例において、その結果の惹起のために絶対的に適さなかったと証明されたのである。」

---

65)　本文中で取り上げるもののほか、RGSt 1, 451; 8, 198; 16, 111; 17, 158; 24, 382; 38, 423; 39, 316; 42, 92; 50, 35; 72, 264; BGHSt 2, 74; 4, 254; 11, 268; 11, 324.
　　以下の本文で紹介するライヒ裁判所の主観説は、ブーリーの学説の影響を受けたものとされている（そのように述べるものとして、たとえば、Volker Haas, Zum Rechtsgrund von Versuch und Rücktritt, ZStW 123 (2011), S. 228）。関連するブーリーの著作は多数に及ぶが、代表的なものとして、Maximilian v. Buri, Zur Lehre vom Versuch, GS 19 (1867), S. 60 ff.; ders., Über das Wesen des Versuchs, GA 25 (1877), S. 265 ff.; ders., Über die sog. untauglichen Versuchshandlungen, ZStW 1 (1881), S. 185 ff. がある。ブーリーの見解の詳細については、後掲注 70）の諸文献を参照。
　　このほか、主観説を支持していたものとして、Paul Bockelmann, Zur Abgrenzung von Vorbereitung und Versuch, in: ders., Strafrechtliche Untersuchungen, 1957, 135 ff.; Ernst Delquis, Der untaugliche Versuch, 1904, S. 189 ff.; Herbert Fiedler, Vorhaben und Versuch im Strafrecht, 1967, S. 97 ff.; Oskar Adolf Germann, Über den Grund der Strafbarkeit des Versuchs, 1914, S. 65 ff.; Hugo Hälschner, Das gemeine deutsche Strafrecht, Bd. I, 1881, S. 341 ff.; Eduard Hertz, Ueber den Versuch mit untauglichen Mitteln, 1874, S. 83 ff.; Heinrich Lammasch, Das Moment objectiver Gefährlichkeit im Begriffe des Verbrechensversuchs, 1879, S. 51 ff.; Georg Schüler, Der Mangel am Tatbestand, 1914, S. 71 ff. など。
66)　RGSt 1, 439.

また、同裁判所 1901 年 3 月 14 日判決[67]は、より明快に次のように述べて主観説の正当性を主張した。

「あらゆる抑止的な刑罰威嚇は、具体的な構成要件にのみ関係づけられている。しかし、あらゆる未遂の事例においては、その不成功により、具体的構成要件が既遂に至り得なかったことがまさに証明されているのである。行為者は、具体的な状況が異なっていた場合に生じるであろうことを理由に処罰されてはならない。だがしかし、公共の秩序の利益は、行為者が処罰されることを求める。なぜなら、彼は犯罪を行うことを望んだだけではなく、犯罪的な意思を、彼の考えにしたがえば意図された結果を惹起するはずであり、かつ、単なる予備行為の概念を超えた……行為によって実際に示したからである。」[68]

　これらの判示からは、両判決が、主観説の主張を、①行為者が犯罪意思を実行に移したことに加え、②結果が発生しなかった場合、当該具体的行為との関係で客観的な危険概念を論じることはおよそ不可能だということから根拠づけようとしたことがみてとれる[69]。

　このうち、②の理由づけは、刑法学の範囲を超えて、「客観的危険」という概念がおよそ成り立ちうるのかという問題へと広がるものであることから、一時期、その当否をめぐって激しい論争が繰り広げられたことがある[70]。しかし、この論争は今日ではもはや重要性を失っているように思われる。なぜなら、後にみるように、危険犯との関係では、ライヒ裁判所自身が、客観的危険の存否を論じているからである。また、筆者が確認し得た限りでは、未遂犯との関係でも、前出ライヒ裁判所 1901 年 3 月 14 日判決を最後に、②の理由づけを挙げるものはみられなくなっている。したがって、判例の主観説を支えているのは、

---

67) RGSt 34, 217.
68) 同趣旨のことを述べるものとして、RGSt 8, 198; 17, 158.
69) このほか、旧 59 条が事実の錯誤の場合に故意を阻却することの裏返しとして、構成要件該当事実が存在すると誤って認識した場合には処罰されるという理由が挙げられることもある（RGSt 42, 94 参照）。しかし、これは幻覚犯ではないことを意味するにすぎないのであって、独立の理由づけにはならないであろう。
70) この論争については、岡本勝「『抽象的危殆化犯』の問題性」法学 38 巻 2 号（1974 年）34 頁以下、北野通世「規範的危険概念への道程」『内田文昭先生古稀祝賀論文集』（青林書院、2002 年）6-7 頁、福山道義「危険概念と偽証罪」法学 37 巻 3＝4 号（1974 年）1 頁以下、振津隆行『刑事不法論の研究』（成文堂、1996 年）67 頁以下および 103 頁以下、松生健「具体的危険犯における『危険』の意義 (1)」九大法学 48 号（1985 年）18 頁以下、宮内裕「危険概念について」『現代刑法学の課題　下』（瀧川先生還暦記念、有斐閣、1955 年）739 頁以下、山口・前掲注 4) 73 頁以下を参照。

実質的には、①の理由づけ、すなわち犯罪意思を実行に移すことが法秩序の維持の観点から処罰に値するという理由づけだと評価してよいであろう。

　(ii)　**学説**　　一方、学説では、1808年にフォイエルバッハがドイツ普通法に関する刑法教科書の第4版において示した未遂犯論、すなわち未遂として処罰されるのは外面的性質からして意図された犯罪との間に因果関係がある行為、つまりは客観的に危険な行為であるとした理論[71]を継承した絶対的不能・相対的不能説[72]が、20世紀初頭まで通説であったとされる[73]。しかし、同説には、ある事例が絶対的不能と相対的不能のどちらの類型に該当するのかは事実の抽象化の程度によって変化しうるため区別が恣意的になるという欠陥があり、支持を失った[74]。その後、行為者の認識事情を基礎にして危険の有無を判断すべきだとする「危険説」(我が国の抽象的危険説に相当)[75]や、行為時に置かれた一般人の認識事情および行為者が特に認識していた事情を基礎に危険判断をすべきだとする「新しい客観説」が主張された[76]。また、危険説または新

---

71) Paul Johann Anselm Ritter v. Feuerbach, Lehrbuch des gemeinen in Deutschland gültigen Peinlichen Rechts, 4. Aufl., 1808, § 42.
72) Albert Friedrich Berner, Lehrbuch des Deutschen Strafrechtes, 1857, S. 154 ff.; Carl Joseph Anton Mittermaier, Beiträge zur Lehre vom Versuche der Verbrechen, Neues Archiv des Criminalrechts, Bd. I, 1816/1817, S. 163 ff.; Heinrich Albert Zachriae, Lehre vom Versuche der Verbrechen, 1836, S. 233 ff. さらに、Ludwig Cohn, Zur Lehre vom versuchten und unvollendeten Versuchen, Bd. I, 1880, S. 351 ff.
73) 1904年に刊行されたコーンの論文には、絶対的不能・相対的不能説は通説であるが、近時その通説としての地位は揺らいでいるという記述がある（Fritz Kohn, Der untaugliche Versuch und das Wahnverbrechen hinsichtlich ihrer begrifflichen Scheidung und ihrer Strafbarkeit, 1904, S. 23）。また、1930年のヒッペルの教科書では、同説がかつて優勢だったことが過去形で記述されており、当時には徐々に退潮していると記されている（Robert v. Hippel, Deutsches Strafrecht, Bd. 2, 1930, S. 417）。なお、ドイツにおける客観的未遂論の衰勢に関する極めて詳細な研究として、宗岡・前掲注63) 29頁以下および93頁以下がある。
74) 同説の問題点については、Hippel, a. a. O. (Fn. 73), S. 417 ff.; Zaczyk, a. a. O. (Fn. 43), S. 44参照。
75) August Finger, Der Versuch und der Vorentwurf zu einem Strafgesetzbuch, in: Festschrift für Karl Binding, Bd. I, 1911, S. 282 ff.
76) Franz v. Liszt, Lehrbuch des Deutschen Strafrecht, 21./22. Aufl., 1919, S. 118. このほか、Hans Henckel, Der Gefahrbegriff im Strafrecht, 1930, S. 23 ff.; Hippel, a. a. O. (Fn. 73), S. 425 ff.; Nikolaus Hermann Kriegsmann, Wahnverbrechen und untauglicher Versuch, 1904, S. 16 ff.; Hans Natorp, Der Mangel am Tatbestand, 1921, S. 39 ff.

しい客観説に構成要件欠缺論を併用する見解[77]も一時期有力に主張された。しかし、いずれの見解も通説の立場を維持し続けるには至らなかった。

このうち、構成要件欠缺論とは、未遂犯も構成要件該当性を満たさなくてはいけない以上、結果以外の付随事情（主体、客体、行為状況および行為態様といった構成要件要素）は客観的に存在していなければならないとする理論[78]であったが、結果も構成要件の一要素である以上、他の構成要件要素と区別する理由がないという批判[79]に耐えることはできなかった。これに対し、危険説および新しい客観説が通説化しなかった理由は不明であるが、前者については行為者の認識事情のみを基礎とする点で主観的未遂論と親和性があるためこれに吸収され、また、後者については、その有力な主張者が同説を因果関係論における相当因果関係説の帰結として論じていたことから[80]、同説の衰退[81]とともに支持を失ったのではないかと推測される。

ドイツではこれらの客観的未遂論は1930年代を境に少数説化し、主観的未遂論が学説上も完全に支配的になったとされている[82]。1960年代半ばに書かれたシュペンデルの論文には、ドイツで客観説を擁護する者は聞く耳を持たれないことを覚悟しなければならないという趣旨の記述すらみられる[83]。シュペンデルの見解は、新しい危険説に事後判断を組み合わせたもの、すなわち、行為時に置かれた一般人からみて結果発生の危険性が認められない場合を不可罰

---

77) Alexander Graf zu Dohna, Der Mangel am Tatbestand, in: Festgabe für Karl Güterbock, 1910, S. 37 ff.; Frank, a. a. O. (Fn. 63), S. 83 ff., 90 f.; Kohn, a. a. O. (Fn. 73), S. 4 ff., 49 ff.; Franz v. Liszt/Eberhard Schmidt, Lehrbuch des Deutschen Strafrechts, 25. Aufl., 1927, S. 289 ff., 300 ff.; Edmund Mezger, Strafrecht, Ein Lehrbuch, 3. Aufl., 1949, S. 396 ff. さらに、Karl Klee, Wille und Erfolg in der Versuchslehre, 1898, S. 23 ff.
78) Dohna, a. a. O. (Fn. 77), S. 46 ff.
79) RGSt 34, 219.
80) Hippel, a. a. O. (Fn. 73), S. 430.
81) 因果関係論に関する相当説に対しては、ドイツでは、因果論と帰属論の混同であるという問題点が指摘されている（Heinrich, a. a. O. (Fn. 37), §10 Rn. 224）。しかし、相当性説の基準は、客観的帰属論の帰属基準の1つとして同理論に取り込まれていることから（Claus Roxin, Strafrecht, Allgemeiner Teil, Bd. I, 2006, §11 Rn. 42）、同理論の主張者によって新しい危険説が見直されていることには理由があるといえよう。
82) 1930年代を境とみることについては、Hirsch, a. a. O. (Fn. 53), S. 494; Maier, a. a. O. (Fn. 50), S. 124; Weigend, a. a. O. (Fn. 57), S. 113 参照。
83) Günter Spendel, Zur Neubegründung der objektiven Versuchstheorie, in: Festschrift für Urlich Stock, 1966, S. 89.

にすることに加え、同基準によって危険性が認められる場合でも、侵害客体が存在しない場合は不可罰とするというものであったが[84]、支持者を得ることはなかった[85]。

　このような学説の転換が生じた原因は、主観的違法要素の発見[86]およびその後の行為無価値論の通説化にあるという理解が一般的である[87]。具体的に説明すると以下のようになろう。故意を責任要素とする古典的な犯罪論体系においては、未遂犯の違法性の本質を行為者の犯罪的意思から導くことには理論的な難しさがあった。故意を責任要素としつつ主観的未遂論を主張するのは、不法がないのに責任を根拠に行為の可罰性を認めることにほかならなかったのである。しかし、故意が主観的違法要素に位置づけられることにより、主観的未遂論を採用することに対する体系論上の障害はなくなった。これにより、学説が、判例の採用する主観的未遂論の支持に一挙に傾斜したものとみることができるのである[88]。

　(iii)　**諸草案**　最後に、1871年のライヒ刑法典成立後、1969年の改正に至るまでの間に公表された諸草案における未遂規定の変遷を確認しよう。これをみると、学説が主観説に転向するのに先行して立法者が主観的未遂論の立場を明らかにしていたことがわかる。

　まず、1909年の予備草案[89]では、未遂の概念規定に関する条文の文言上は主観的未遂論の立場を明確に読み取ることはできないものの、その理由書では同理論を採用する旨が示されていた。すなわち、同草案75条1項は、「重罪または故意の軽罪の実行を開始した者は、これを遂げなかった場合、未遂犯とし

---

84)　Spendel, a. a. O. (Fn. 83), S. 89 ff.
85)　例外として、Christian Heinrich Treplin, Der Versuch, ZStW 76 (1964), S. 441 ff.
86)　これについては、佐伯千仭『刑法における違法性の理論』（有斐閣、1974年）209頁以下を参照。
87)　Maier, a. a. O. (Fn. 50), S. 132 ff.; Weigend, a. a. O. (Fn. 57), S. 119. 同様の歴史認識に立ちつつも、行為無価値論と主観的未遂論が必然的に結びつくものとする理解は誤りだと強調するものとして、Hirsch, a. a. O. (Fn. 53), S. 499.
88)　Maier, a. a. O. (Fn. 50), S. 124; Weigend, a. a. O. (Fn. 57), S. 119 参照。
89)　Vorentwurf zu einem Deutschen Strafgesetzbuch, 1909. 予備草案以降の規定の変遷を簡潔に紹介したものとして、Thomas Hillenkamp, Zur „Vorstellung von der Tat" im Tatbestand des Versuchs, in: Festschrift für Claus Roxin, 2001, S. 689 ff. がある。

てこれを罰する」としており、「実行の開始」の判断を専ら外形的に判断すべきか、行為者の表象を基礎にして判断すべきかは、文言上、明らかではなかった。しかし、未遂減軽に関する同草案 76 条 3 項では、「特別に軽い場合には」刑が免除されうると規定されているところ、同項の趣旨は、不能未遂が可罰的だということを前提に、その結論の厳しさを緩和するものだと説明されたのである[90]。予備草案がこのような立場を採用した理由は、ライヒ刑法典起草当時の立法者は不能未遂の可罰性の問題の解決を学説に委ねようとしたが、学説の対立が一向に収束の気配をみせないことから、もはや学説による解決は期待できず、国民の法感情に合致した立法的解決が必要だと判断したからだとされている[91]。

1909 年草案に対しては、1911 年にカール、リリエンタール、リストおよびゴルトシュミットによる対案が公表された。同対案においても、未遂の概念規定そのものからは未遂理論に対する立場は読み取れない（対案 27 条）。しかし、自然法則の誤認に基づく不能未遂について不可罰とする規定を置いていることから（同 29 条）、主観的未遂論を前提としていることがわかる[92]。

1913 年草案[93] および 1919 年草案[94] では、主観的未遂論を採用していることが条文上もみてとれる。すなわち、1913 年草案の 29 条 1 項は、「可罰的行為を行う故意を、犯罪を実行に至らしむべき行為を通じて実際に示した者は、犯罪が既遂に至らなかったときは、未遂犯としてこれを罰する」とし、1919 年草案の 23 条 1 項でもほぼ同様の文言が用いられているが、これらの条文中の「べき (sollen)」とは、行為者の表象によれば犯罪の実行に至るということを指し、したがって不能未遂も可罰的であることを示したものだとされたのである[95]。なお、不能未遂の扱いに関しては、1909 年草案の「特別に軽い場合」

---

90) Vorentwurf zu einem Deutschen Strafgesetzbuch, Begründung, Allgemeiner Teil, 1909, S. 288 f.（以下、Begründung 1909 として引用）
91) Begründung 1909, a. a. O. (Fn. 90), S. 285, 288 参照。
92) Wilhelm Kahl/Kahl v. Lilienthal/Franz v. Liszt/James Goldschmidt, Gegenentwurf zum Vorentwurf eines deutschen Strafgesetzbuchs, 1911, S. 9; dies., Gegenentwurf zum Vorentwurf eines deutschen Strafgesetzbuchs, Begründung, 1911, S. 43.
93) Entwurf der Strafrechtskommission (1913), in: Entwürfe zu einem Deutschen Strafgesetzbuch, Erster Teil, 1920.
94) Entwurf von 1919, in: Entwürfe zu einem Deutschen Strafgesetzbuch, Zweiter Teil, 1920.

という趣旨が明確ではない文言に代えて、「決して既遂に至り得なかった場合」（1913年草案）または「既遂に至り得なかった場合」（1919年草案）には裁量により刑の減軽ができるとされ、また、その中でも事例の特殊な状況により処罰が必要ではない場合には刑の免除ができるとされた（1913年草案30条2項、1919年草案24条2項）。

1922年のいわゆる「ラートブルフ草案」[96]では、現行法に連なるいくつかの重要な変更がみられる。同草案23条は以下のように定めていた。

「23条
1項　可罰的な行為を行う決意を、彼の表象にしたがえば実行の着手をなす行為を通じて実際に示した者は、未遂を理由に処罰される。
2項　未遂は既遂よりも軽く処罰することができる（72条）。
3項　（略）
4項　行為者が、著しい無知により、犯罪がおよそ実行され得ない客体に対し、またはそれを用いてはおよそ犯罪が実行され得ない手段を用いて犯罪を試みた場合は、不可罰にとどまる。」

まず、1項では現行法でも用いられている「表象」という文言がはじめて現れている。これにより、行為者の表象が未遂成否の判断の基礎となることが明らかにされ、同時に不能未遂が可罰的であることが明確にされたのである。2項では、未遂減軽が任意的減軽に改められた。また、3項では、「著しい無知により（aus großer Unwissenheit）」という要件と「およそ……実行され得ない」という現在とほぼ同じ要件が挙げられている。もっとも、その法的効果が不可罰とされている点で現行法とは異なる。ラートブルフ草案の理由書をみると、未遂減軽が任意的なものにとどめられるべき根拠は、「責任原理」に求められている。すなわち、「今日、結果を通じて加重される犯罪では、行為者の責任に帰することのできない結果であっても刑が加重されるが、他方で、行為者の功績に帰することのできない結果の不発生でも刑は減軽される。つまり、未遂は既遂よりも軽く処罰される。これに対し、本草案は、責任原理を矛盾なく貫

---

95) Denkschrift zu dem Entwurf von 1919, in: Entwürfe zu einem Deutschen Strafgesetzbuch, Dritter Teil, 1920, S. 39.
96) Gustav Radbruchs Entwurf eines allgemeinen deutschen Strafgesetzbuches (1922), 1952（以下、Gustav Radbruchs Entwurf として引用）.

徹し、刑において未遂を既遂と同等に扱う」[97]としたのである。ただし、減軽の余地が残されているのは、結果の不発生が断固たる結果実現意思が欠如した結果だということもありうるからだとされている[98]。興味深いのは、主観説および任意的減軽の妥当性が、犯罪体系論上の責任と関連づけて論じられていることである。このことは、違法論における対立以前の問題として、未遂犯の処罰根拠を理解する上で、行為者の犯罪意思を無視することはできないことをよく示しているように思われる。

　ラートブルフ草案で用いられた「表象」という文言は、1925年草案[99]の23条1項、1927年草案[100]の26条1項および1930年草案[101]の26条1項にも引き継がれた。もっとも、これらの3つの草案の間には、未遂減軽および不能未遂の扱いに関して微妙な違いもみられる。1925年草案では、ラートブルフ草案と同様に、未遂減軽は任意的とされ、自然法則に関する著しい無知による不能未遂を不可罰としていたが（同草案23条2項および3項）、1927年および1930年草案では、未遂減軽は再び必要的とされた一方、不能未遂に関しては「著しい無知」の要件が削除された代わりに、その法的効果は不可罰ではなく刑の減軽または免除とされた（両草案の26条2項および3項）。その理由としては、「著しい無知」という概念が不明確であること、また、そのような不明確な概念を用いて「絶対的不能」（つまり、およそ犯罪が実行され得ない場合）のうちのごく限られた事例を切り取って不可罰の効果を与えることには強い疑問があるということが挙げられている[102]。

　第2次世界大戦後[103]の1953年に再開された刑法改正作業では、草案作成のために司法省内に「刑法大委員会（die große Strafrechtskommission）」が組織され、

---

97) Gustav Radbruchs Entwurf, a. a. O. (Fn. 96), S. 60.
98) Gustav Radbruchs Entwurf, a. a. O. (Fn. 96), S. 60.
99) Amtlicher Entwurf eines Allgemeinen Deutschen Strafgesetzbuchs nebst Begründung 1925 (Reichsratsvorlage)(Nachdruck), in: Materialien zur Strafrechtsreform, Bd. 3, 1954.
100) Entwurf eines Allgemeinen Deutschen Strafgesetzbuchs 1927 mit Begründung und 2 Anlagen (Reichstagsvorlage)(Nachdruck), in: Materialien zur Strafrechtsreform, Bd. 4, 1954（以下、Entwurf 1927として引用）.
101) Entwurf eines Allgemeinen Deutschen Strafgesetzbuchs 1930 (Entwurf Kahl)(Nachdruck), in: Materialien zur Strafrechtsreform, Bd. 5, 1954.
102) Entwurf 1927, a. a. O. (Fn. 100), S. 24 f.

1958年にはその第1読会での決議に基づく総則部分の草案[104]が公表され、1960年および1962年にそれぞれ刑法典全体の草案[105]が公表された。これらの3つの草案の未遂規定の文言はほぼ同一であるので、62年草案のみを取り上げることとする。同草案26条1項は、未遂の概念規定という表題で以下のように定めていた。

> 「26条　概念規定
> 1項　犯罪を完成させる故意を、実行の着手をなすか、または行為事情に関する彼の表象にしたがえば実行の着手をなすであろう行為を通じて実際に示したが、既遂に達しなかった場合が未遂犯である。」

ここでも戦前の草案と同様に、「表象」という語が用いられていることから、主観的未遂論が採用されていることがわかる[106]。また、未遂減軽については、1943年の改正により既に採用されていた任意的減軽を維持した（同草案27条2項）。不能未遂の扱いについては、1969年改正後の現行法とほぼ同様であり、「著しい無分別により」、およそ既遂に達することができない客体に対し、またはおよそ既遂に達することができない手段を用いて犯罪を行おうとした場合について、刑の減免が可能であるとした（同草案27条3項）。

これらの草案が作成される過程の刑法大委員会での議論では、主観的未遂論に反対する見解はほとんどみられなかった[107]。象徴的なのは、リストの刑法

103）なお、ナチス政権下での草案については、その前提となる刑法理論に特異な点がみられるため、ここでは取り上げない。もっとも、1936年草案（同年7月1日版）の7条をみると、既遂犯と未遂犯の区別が廃され、犯罪の開始段階での処罰が原則化されている点で、その前後の時代の草案との断絶がみられるものの、不能未遂に関する減免規定の内容はほぼ同じである。Entwurf eines Deutschen Strafgesetzbuchs (Entwurf der amtlichen Strafrechtskommission, 2. Lesung 1935/1936, zusammengestellt nach Vorschlägen der Unterkommission —nach dem Stand vom 1. Juli 1936), S. 6.
104）Entwurf des Allgemeinen Teils eines Strafgesetzbuchs mit Begründung, 1958.
105）Entwurf eines Strafgesetzbuches (StGB) E 1960 mit Begründung, BT-Drs. III/2150およびBT-Drs. IV/650, a. a. O. (Fn. 18).
106）BT-Drs. IV/650, a. a. O. (Fn. 18), S. 143.
107）客観的未遂論を支持する意見を表明したのは弁護士のシュタッケルベルクのみであった（Stackelberg, in: Niederschriften über die Sitzungen der Großen Strafrechtskommission, 2. Bd., Allgemeiner Teil, 14. bis 25. Sitzung, 1958, S. 181, 191）。以下、刑法大委員会の議事録は、Niederschriftenとして引用する。なお、議事録には原則として発言者の姓しか記載されていない。

教科書の改訂者であり、構成要件欠缺論の主張者であったシュミットも、次のように述べて主観的未遂論に賛同したことである。

> 「第1の見解（具体的な法益の危殆化を未遂犯の本質とみる見解：筆者注）は、1871年の行為応報刑法には合致するものであったが、私見では、今日ではもはや問題にならない。なぜなら、我々は、その後、さらなる理論の発展を得たからである。刑法がかかわりを持つ主たる対象が行為者の人格性だということは、やはり否定できないだろう。そうだとすれば、私見では、行為の中に示された行為者の犯罪的意思の切迫した犯罪的危険性を捕捉することを重視する主観的未遂論によるよりほかはない。」[108]

もっとも、不能未遂も含めた未遂犯の処罰根拠の説明については、委員の間で微妙な違いがある。ボッケルマンは、行為者の心情の無価値性からこれを説明し[109]、ランゲは行為者の危険性からこれを説明した[110]。前記引用のシュミットの見解も行為者人格への言及がある点でこれに近いといえよう。これに対し、連邦司法省の立場を説明した裁判官のシュバルムは、法秩序に対する危険の観点からこれを説明した。すなわち、シュバルムによれば、「悪い手本が善良の風俗を害する、つまり不能未遂も、そこで示された行為者の法敵対性が、法共同体の平和というより遠い間接的な法益を客観的に危殆化する」[111]というのである。また、ガラスは、ボッケルマン、ランゲおよびシュミットのように行為者人格に処罰根拠を求めるのではなく、行為無価値論からこれを説明した。

> 「主観的未遂論は、私の見解によれば、今日ではもはや心情刑法を指向するものではなく、新しい不法理解の帰結である。つまり、単なる結果無価値的観察から、目的的行為論と関係を有する行為無価値的観察への移行の帰結である。刑法的不法の中核は、我々にとって、もはや法益侵害ではなく、犯罪結果に向けられた意思の表動によって特徴づけられる。結果無価値的思考を根底に置いた場合のみ、不能未遂の処罰を単なる悪しき心情の表明に結びつけるという考えになりうる。行為無価値の観点からは、主観的にのみ危険な、つまり不能未遂であっても違法な行為であり、単なる心情の表動ではない。なぜなら、不能未遂の場合も、行為者は、犯罪結果に向けられた意思を実際に行為によって示しているからである。重要なのは、そこから導かれるさらなる帰結である。すなわち、意思が犯罪的目標に向けられていたか否か、また、その意思の表動が既にあったといえるか否かは、法秩

---

108) Eberhard Schmidt, in: Niederschriften, a. a. O. (Fn. 107), S. 191.
109) Bockelmann, in: Niederschriften, a. a. O. (Fn. 107), S. 174.
110) Lange, in: Niederschriften, a. a. O. (Fn. 107), S. 192.
111) Schwalm, in: Niederschriften, a. a. O. (Fn. 107), S. 188.

序を手がかりに客観的に吟味されなければならないということである。」[112]

　以上のようにして、ガラスは、未遂犯においては行為者の悪しき心情そのものではなく、行為に示された犯罪意思の法秩序による評価が問題となると説いた。これにより、迷信犯の不可罰性や、実行の着手の有無が行為者自身の評価ではなく客観的な評価によって定まることを導くことができるとしたのである[113]。

　このような行為無価値論と結びついた主観的未遂論は、その後、通説となった。一方、行為者の心情無価値や行為者の危険性に着目する見解は、今日では支持されていない。しかし、興味深いのは、説明の仕方の相違を別にすれば、未遂犯の処罰根拠を理解する上で行為者の犯罪的意思が決定的だということについては、委員の間で認識が共有されていた点である。

　1966年に公表されたいわゆる代案グループによる刑法典総則に関する代案[114]は、いくつかの点で62年草案と違いがみられる。第1に、未遂の概念規定に関する条文の文言が簡略化され、また、「表象」に代えて「行為計画」という文言を用いることが提案された。具体的には次の通りである。

「24条　概念規定
　その行為計画にしたがえば犯罪行為の実現を直接に開始した者は、犯罪行為の未遂を行ったものである。」

　第2に、未遂減軽が必要的とされた（代案25条2項）。最後に、不能未遂に関しては、特別の義務を基礎づける身分の誤認による不能未遂および著しい無分別に起因する不能未遂が不可罰とされた（同3項）。しかし、主観的未遂論を基礎とする点に関しては、62年草案と違いはみられない[115]。

　ドイツ連邦議会に設置された「刑法改正のための特別委員会」では、62年

---

112) Wilhelm Gallas, in: Niederschriften, a. a. O. (Fn. 107), S. 195.
113) Wilhelm Gallas, in: Niederschriften, a. a. O. (Fn. 107), S. 195.
114) Jürgen Baumann u. a., Alternativ-Entwurf eines Strafgesetzbuches, Allgemeiner Teil, 1966. 1969年にはその第2版が公表されている。初版と第2版とでは未遂犯に関する規定の文言にごくわずかの相違しかみられないので、ここでは第2版を参照した。
115) Jürgen Baumann u. a., Alternativ-Entwurf eines Strafgesetzbuches, Allgemeiner Teil, 2. Aufl., 1969, S. 63

草案と代案の双方が審議され、現行法のもととなる第 2 次刑法改正法の草案[116]が取りまとめられた。未遂の概念規定については、「表象」を「行為計画」に変更するという点を除けば[117]、代案の文言がそのまま採用された。これに対し、未遂減軽については代案の提案した必要的減軽は採用されず、また、著しい無分別に基づく不能未遂についても 62 年草案の通り刑の減免にとどめられた。

(4) 小 括

　以上のように、ドイツでは、1871 年のライヒ刑法典の成立直後から、判例は主観的未遂論を採用し、今日までそれを堅持している。また、刑法改正の作業をみても、最初の草案（1909 年草案）において既に主観的未遂論の方向へ舵が切られており、それが現行法につながっている。一方、学説では、かつては客観的未遂論が優勢な時期もあったが、1930 年代を境に主観的未遂論が支配的となった。その背後には、行為無価値論の通説化がある。

　もっとも、現在では、客観的未遂論を見直す動きもある。しかし、それらのうちの一部は独自の刑法哲学から未遂犯論における帰結を演繹するものであることから、支持を得ていない。これに対し、新しい客観説を支持する見解は、解釈論か立法論かという問題を度外視すれば、一定の支持を得ている。しかし、この見解も、未遂犯を具体的危険犯と同視するものではない[118]。現在のドイツでは、未遂犯の処罰根拠を理解する上で、行為者の犯罪的意思が出発点となるというのが共通の理解となっているといってよいだろう。

第 2 款　具体的危険犯における危険概念をめぐる議論

　ドイツでは、未遂犯の処罰根拠について犯罪的意思を重視するのとは対照的

---

116) BT-Drs. V/4095, a. a. O. (Fn. 20), S. 53 ff.
117)「行為計画」という文言が採用されなかったのは、突発的な情動行為を想定した場合、表現としてあまり適さないという理由からであった（BT-Drs. V/4095, a. a. O. (Fn. 20), S. 11）。
118) Hirsch, a. a. O. (Fn. 42), S. 717.

に、具体的危険犯に関しては、行為者の表象上の危険ではなく、客観的な危険概念が論じられている。

　具体的危険犯とは、法益を危殆化した、または法益に危険をもたらしたことが構成要件要素となっている犯罪類型を指す。ドイツでは、危険犯の類型として、このほか、抽象的危険犯に加え、適性犯と呼ばれる類型[119]がある。適性犯とは、130条や219b条などのように、行為態様や犯行のために用いる手段の性質が、一定の事態の発生に「適していること」が構成要件要素となっているものを指す。本款で主に扱うのは、これとは区別された具体的危険犯である。我が国の刑法とは対照的に、ドイツでは、刑法典だけに限っても、具体的危険犯に分類される犯罪が極めて多く存在する[120]。その中でも公共危険罪（306条〜323c条）、とりわけ交通犯罪（315条〜316c条）との関係で議論の集積がある。

　具体的危険犯の構造に関し、ラックナーは、1967年に公刊された論文で、これを結果犯とみるのが「完全な通説」だと述べた[121]。その状況は現在も変わっていない。すなわち、通説によれば、具体的危険犯における危険とは、行為とは切り離された危険状態という結果を指すのである[122]。そして、その「結果」としての性質から、具体的危険の存否の判断は、後に述べるように、個々の事例における諸事情を考慮に入れて、客観的な見地から行われるべきだ

119）「抽象的・具体的危険犯」または「潜在的危険犯」と呼ばれることもある。ドイツ刑法典において、このような第3の危険犯の類型があることを明らかにしたものとして、Horst Schröder, Abstrakt-konkrete Gefährdungsdelikte, JZ 1967, S. 522 ff; ders., Die Gefährdungsdelikte im Strafrecht, ZStW 81 (1969), S. 18 ff. その後の研究として、Wilhelm Gallas, Abstrakte und konkrete Gefährdung, in: Festschrift für Ernst Heinitz, 1972, S. 171 ff.; Andreas Hoyer, Die Eignungsdelikte, 1987. 通説は適性犯を抽象的危険犯のサブカテゴリーに位置づけるが（Gallas, a. a. O., S. 174 f.）、本来の抽象的危険犯と異なるのは、個々の事例において裁判所が危険性の有無を具体的に認定しなければならないところにある。

120）筆者が刑法典の条文から読み取った限りでも、94条、95条、97条、97a条、99条2項2号、100条2項、100a条、109e条1項および5項、109g条、113条2項2号、121条3項3号、125a条3号、171条、176a条2項3号および5項、177条3項3号および4項2号b、179条5項3号、184f条、221条1項2号、232条3項2号、233a条2項2号、235条4項1号、236条4項2号、250条1項1号cおよび2項3号b、283a条2項、297条、306a条、306b条2項1号、306d条、306f条、307条、308条、312条1項、313条、315条、315a条、315b条、315c条、317条、318条、319条1項〜4項、330条1項2号および2項1号、330a条がある。

121）Karl Lackner, Das konkrete Gefährdungsdelikt im Verkehrsstrafrecht, 1967, S. 7.

122）異説として、Heinz Koriath, Zum Streit um die Gefährdungsdelikte, GA 2001, S. 58 ff.

とされている。

　注目すべきは、未遂犯論の文脈で主観的未遂論の根拠の1つとして挙げられることがある次のような命題、すなわち、結果の不発生により、危険の不存在が反証不可能な形で証明されるため、客観的な危険概念は存在し得ないという命題[123]は、具体的危険犯の議論の文脈では顧慮されていないということである。このような命題を危険概念の一般論として展開したことで有名な前出ライヒ裁判所連合刑事部1880年5月24日判決、およびこれに追従したとみられるその後の同裁判所の判決[124]も、すべて未遂犯に関する事案であった。一方、危険犯に関するライヒ裁判所の判例に目を向けると、様相がまったく異なる。

　たとえば、過失により鉄道輸送に危険をもたらす罪（当時の316条）における危険の存否が争われたライヒ裁判所1884年3月11日判決[125]においては、明らかに行為者の主観上の危険ではなく客観的な危険の認定が問題にされている。すなわち、同判決は、同罪における危険とは、「現時点において知られている状況にしたがえば、害の発生が蓋然的とみなされる状況、または換言すれば、明白な可能性、害に対する正当な憂慮が存在する状況」を指すとした上で、その認定は、裁判官が個々の事例におけるあらゆる事情を考慮して行うべきだとしたのである。また、過失により船舶を座礁または沈没させ他人の生命に対する危険をもたらす罪（当時の323条、326条）における危険の有無が争点となったライヒ裁判所1894年4月26日判決[126]には、「沈没の開始時に既に客観的にそのような危険がもたらされていた」（傍点筆者）場合には同罪の危険を認めてよいとする記述がみられる。また、厳密には具体的危険犯の例ではないが、ライヒ裁判所1881年7月8日判決[127]は、身体傷害罪の加重類型であった当時の223a条における「危険な道具」とは、その客観的な性状およびその使用方法にしたがえば、それが身体傷害の手段として用いられた場合、経験的にみて、重大な身体傷害を与えるのに適しているものを指すとしており、ここでも行為

---

123) この命題の問題点は、Niclas Börgers, Studien zum Gefahrurteil im Strafrecht, 2008, S. 65 ff. に簡潔にまとめられている。
124) 前掲注67) および68) 参照。
125) RGSt 10, 173.
126) RGSt 25, 312.
127) RGSt 4, 397.

者自身による行為の危険性の評価は問題となっていない。最後に、より決定的なものとして、ライヒ裁判所 1898 年 6 月 16 日判決[128]を挙げることができる。同判決は、鉄道輸送に危険をもたらす罪（当時の315条）における危険の存否が争われた事案に関し、「たしかに、結果の発生は、その発生の危険があったことの証拠を示すものでありうるが、その不発生は、危殆化の不存在に関して何を意味するものではない」と明確に述べているのである。

　危険犯に関する以上のライヒ裁判所の判例は、前出の 1880 年連合刑事部判決と矛盾するようにみえる。しかし、刑法典に危険犯という類型が存在すること、および危険犯には過失犯も存在することを考えれば、客観的危険という概念は存在しないという命題は、少なくとも解釈論としては、およそ成り立ち得ないのである[129]。したがって、議論の焦点は、具体的危険犯においては客観的な危険概念が問題となることを前提とした上で、それをどのように判断するかにある。この問題に関しては、学説の間で見解の一致がみられる点とそうではない点がはっきりと分かれる。

　学説の間で一致がみられるのが、侵害客体が行為の作用領域内に入っていることが危険判断の大前提とされなければならないということである[130]。たとえば、見通しの悪い峠のカーブを無謀にも減速せずに高速で通過したが、幸い対向車がなかったため事故が起きなかったという事例[131]については、行為の危険性は認められるが、生命、身体または財産の危殆化の対象となる客体が行為の作用領域内に存在しないため、これらの法益に対する具体的危険は認められない。つまり、ここでは、侵害客体が存在した可能性は問われないのである。判例でも、道路を法定の進行方向と逆に走行した行為が 315c 条 1 項 2 号 f に該当するかが争われた事案で、対向車と遭遇しなかったことを理由に具体的危険の発生を否定したものがある[132]。

---

128) RGSt 31, 198.
129) Hippel, a. a. O. (Fn. 73), S. 422 ff.; Günter Spendel, Kritik der subjektiven Versuchstheorie, NJW 1965, S. 1884 参照。
130) Hennig Radtke, Gefährlichkeit und Gefahr bei den Straßenverkehrdelikten, in: Festschrift für Klaus Geppert, 2011, S. 468.
131) このような事例について、ドイツでは、315c 条 1 項 2 号 b の成否が問題となる。
132) BGH NStZ-RR 2010, 120.

侵害客体が行為の作用領域へ侵入することが必要とされる理由は、具体的危険犯の処罰根拠と関係がある。我が国ではあまりなじみのない議論ではあるが、ドイツでは、ビンディングの提示した危険犯論がその後の学説に強い影響を与えている。ビンディングは、犯罪を大きく「侵害犯」、「危険犯」、「不服従犯」の3つの類型に分けたが、侵害犯および危険犯に関して次のように述べた。

　「『侵害禁止』は、望ましくない結果の惹起それ自体を禁止する。つまり、侵害禁止は、保持されるべき権利または財を直接に取り囲む塁壁をなす。しかし、法規は、その堡塁をさらにその先にも置く。保持されるべき財の価値が高ければ高いほど、二重、三重の囲壁を設ける動機づけは大きくなる。このようにして、惹起禁止の手前に、第2の帯として、侵害から……保護されるべき財の危殆化禁止が現れる。この両者（侵害禁止および危殆化禁止のこと：筆者注）の場合に法が服従を要求するのは、その禁止に対する不服従が、同時に、法の存続と矛盾する一定の状態の惹起のための手段であろうからである。」[133]

　この文章の後に、単純に行為そのものを禁止する不服従犯の説明が続く。ここで注目されるべきは、財の侵害と並んで、危険が一定の「状態」とみられている点である。

　さらに、ビンディングは、次のようにいう。

　「財に対する危険の作用を理由として、危殆化は禁じられる。だが、財の危殆化は、単純な禁止の場合とは異なり、規範の動機なのではない。規範の動機にすぎないとすれば、惹起された危険は、禁止された行為の本質的な概念要素として姿を現す必要はなかった。そうではなく、禁じられるのは、危殆化を通じて法益を損なうこと（die Beeinträchtigung des Rechtsgutes durch Gefährdung）なのである。危殆化は、立法者の目からみれば、常に、法益にとって不利益な事態の変更を意味する。つまり、法益が侵害されずに存立し続けるというこれまで疑われなかった資格が、危殆化を通じて疑わしいものにされるのである。危殆化は、常に、現存在の確実性を動揺させるものである。」[134]

　ビンディングによれば、「現存在の確実性を動揺」させることは、法益の存立に対する妨害という意味で法益を損なう（beeinträchtigen）ものであり、一種の実害である[135]。

　なお、ここでいう「動揺」とは、必ずしも個々の事例で法益主体に実際に生じた心理的な動揺を指すわけではない。というのも、客観的には法益が危険に

---

[133] Karl Binding, Die Normen und Ihre Übertretung, 4. Aufl., Bd. I, 1922, S. 326.
[134] Binding, a. a. O. (Fn. 133), S. 372 f.
[135] Binding, a. a. O. (Fn. 133), S. 374.

さらされていても、法益主体がそれに気づかないこともありうるからである。ビンディングは、法益が客観的に危殆化された場合には、多くの事例でそのような動揺が生じ、それが法益主体自身による危険な行動を引き起こすという経験則を挙げていることから[136]、法益が危殆化されているという事実を認識していれば生じるであろう動揺を指しているといえようか。この点は必ずしも明確ではない。

　これに対し、キントホイザーは、ビンディングと同様に、具体的危険を「現存在の確実性を動揺させること」と解釈した上で、そのような危殆化は、「財が安全に存在し得ないために、個人の自由な発展のための手段としての財の価値が減ぜられる」という点で侵害といえるとする[137]。この見解は、法益保護とは財の完全性の保障に加えて、財の安全な利用可能性の保障も含むという独自の法益論を前提とする[138]。

　ビンディングやキントホイザーのように、法益の危殆化を法益に対する一種の侵害とみることには賛否があろう。だが、その点を別とすれば、具体的危険犯の処罰根拠を法益の存在確信を揺るがすことに求める理解は、ドイツの通説となっている[139]。そして、このような理解に基づけば、侵害の危機にさらされた法益主体側の視点が重要になるのは必然的であるといえる[140]。

---

136) Binding, a. a. O. (Fn. 133), S. 373 参照。
137) Urs Kindhäuser, Gefährdungs als Straftat, 1989, S. 210. キントホイザーによれば、財の存立に関する安全性が奪われたか否かは客観的に判断され、財を利用する権限のある者がそれを認識していたか否かは問われない。キントホイザーの主張は、ders., Rechtsgüterschutz durch Gefährdungsdelikte, in: Festschrift für Volker Krey, 2010, S. 249 ff. で簡潔にまとめられている。
138) Kindhäuser, Gefährdungs als Straftat, a. a. O. (Fn. 137), S. 19.
139) Gallas, a. a. O. (Fn. 119), S.176. このほか、Urlich Berz, Formelle Tatbestandsverwirklichung und materialer Rechtsgüterschutz, 1986, S. 56; Günter Heine/Nikolaus Bosch, in: Schönke/Schröder, 29 Aufl., 2014, Vorbem.§§ 306 ff. Rn. 3. さらに、Peter König, in: LK, Bd. 11, 12. Aufl., 2008, § 315 Rn. 59. これらの文献では、„Existenzkrise" などの表現が用いられているが、その意味するところは同じであろう。判例では、OLG Düsseldorf NJW 1993, 3212; BGH NStZ 1996, 83.
　これに対し、行為無価値一元論の立場から、法益危殆化の意義を、行為が無価値であるという感覚を行為者にもたらすことに求めるものとして、Eckhard Horn, Konkrete Gefährdungsdelikte, 1973, S. 105. さらに、Hennrich Demuth, Der normative Gefahrbegriff, 1980, S. 196. ただし、これらの論者も侵害客体の存在を具体的危険の要件とする点では通説と変わりない。

このように、侵害客体が現実に行為の作用領域内に入っていることを要求するという意味において、ドイツの判例および学説は、行為後に判明した事情を考慮に入れることを一致して認めている。また、侵害結果が発生した場合、そこから具体的危険の存在を認定することも一般的に承認されているようである[141]。したがって、その点でも行為後の事情の考慮が認められている。

　これに対し、対立があるようにみえるのは、侵害客体の作用領域への侵入が認められ、かつ、法益侵害結果が不発生だった場合の危険判断である。

　学説をみると、危険判断の基準時につき、それが事前判断なのか、あるいは事後判断なのかについて立場が分かれているように見受けられる。具体的危険犯に関する研究論文では事後判断説の立場が明言されることが多い一方で[142]、多くの注釈書等では、危険判断は「客観的事後予測（eine objetive nachträgliche Prognose）」であると書かれている[143]。事後予測とは、刑法学上は、判断者が行

140）また、具体的危険犯という犯罪類型の持つ政策的機能に関するラックナーの見解も見過ごすことはできない。ラックナーによれば、具体的危険犯の機能は、侵害犯と抽象的危険犯の間の隙間を埋めることにある（Lackner, a. a. O. (Fn. 121), S. 8）。ドイツ刑法典には、我が国の刑法と同様に、行為態様の限定のない一般的な具体的危険犯は存在しない。具体的危険犯の構成要件では、法益に対する抽象的危険を有する行為が行為態様として列挙されている。ラックナーによれば、具体的危険犯の機能は、そのような抽象的危険性を有する行為の中から危険性の高いものを選別して重く処罰するところにあるとするのである（同書 S. 9 参照）。このような選別機能を十分に発揮させるためにも、侵害客体の作用領域への侵入を要求するのが合理的ということになろう。同様に具体的危険犯の選別機能に言及するものとして、Demuth, a. a. O. (Fn. 139), S. 185.

141）Martin Heger, in: Kristian Kühl/Martin Heger, Strafgesetzbuch, Kommentar, 28. Aufl., 2014, § 315c Rn. 22; König, a. a. O. (Fn. 139), § 315 Rn. 57. 判例では、RGSt 4, 397; 10, 1; 31, 198.

142）Demuth, a. a. O. (Fn. 139), S. 203 ff.; Horn, a. a. O. (Fn. 139), 107 ff.; Bernd Schünemann, Moderne Tendenzen in der Dogmatik der Fahrlässigkeits- und Gefährdungsdelikte, JA 1975, S. 794; Wolter, a. a. O. (Fn. 60), S. 197 ff. さらに、Hans Joachim Hirsch, Gefahr und Gefährlichkeit, in: Festschrift für Arthur Kaufmann, 1993, S. 557 f. もっとも、ders., Systematik und Grenzen der Gefahrdelikte, in: Festschrift für Klaus Tiedemann, 2008, S. 148 は、行為時判断を否定しつつ、「客体が当該因果事象の作用領域内に達した時点」における客観的専門的判断によるべきだとする。

　これに対し、Schröder, Die Gefährdungsdelikte im Strafrecht, a. a. O. (Fn. 119), S. 9 ff. は、原則として、行為時を基準に、最高の認識能力を有した判断者の視点から危険判断を行うべきだとするが、侵害結果が発生した場合は危険結果は常に肯定され、また、行為後に判明した因果的知見（たとえば、行為後に判明した薬物の有害性）は考慮に入れられるべきだとする。

為時に遡って行為を評価することを指すのが通例であるから、これは事前判断説を意味するのではないかという推測が働く。しかし、「客観的事後予測」という記述の後に、行為後に判明した事情や知見も考慮されるべきだと書かれている例もあるため[144]、対立の存在自体に疑問もないわけではない。

また、仮に対立が存在したとしても、両説の間の隔たりはみかけほど大きくはないように思われる。その理由として、次の2点が挙げられよう。すなわち、第1に、事前判断説も侵害客体の作用領域への侵入は必須の要件だとするのであるから、判断の基準時は、実際上、侵害客体が行為の作用領域に侵入した時点になるはずである[145]。そうだとすると、純粋な行為時判断よりも考慮されるべき事情は多くなり、事後判断に接近する。第2に、具体的危険犯の条文には保護法益に対する抽象的危険性を有する行為が列挙されており、それらの行為が客観的に存在することが具体的危険の存否を論じる前提になっている。したがって、未遂犯の場合とは異なり、事前判断と事後判断とで大きな齟齬が生じる場面は想定しにくい。具体的危険犯の危険判断の基準時について表面的な対立はみられるものの、深刻な対立点として議論の対象となっていないのは、以上のような理由によるものと思われる。

事前判断説か事後判断説かを問わず、現在では、以下のような具体的危険の判断基準を採用するのが通説となっている。すなわち、侵害客体が行為の作用領域に侵入した時点で、規範的見地からみて、結果の不発生が偶然といえるような状態があったか否かという基準である（規範的危険説)[146]。この見解を提唱したシューネマンは次のように述べる。すなわち、危険が認められるべき場合とは、侵害結果の発生・不発生が「そのような（この文の直前の文で、突風が例として挙げられている：筆者注）非典型的な、人間の行動によっては目的的に投入す

---

143) Gunther Arzt/Ulrich Weber/Bernd Heinrich/Eric Hilgendorf, Strafrecht, Besonder Teil, 2015, §35 Rn. 80; Fischer, a. a. O. (Fn. 28), §315c Rn. 15a; Heger, a. a. O. (Fn. 141), §315c Rn. 22; Heine/Bosch, a. a. O. (Fn. 139), §306 Rn. 3; Hennig Radtke, in: MüKo, Bd. 5, 2. Aufl., 2014, Vor §§306 ff. Rn. 7.
144) König, a. a. O. (Fn. 139), §315 Rn. 56. さらに、Walter Kargl, in: NK, Bd. 3, 4. Aufl., 2013, Vor §§306 ff. Rn. 20 は、行為後に判明した事情および知見を考慮することを完全には排除しないことについては、広範な意見の一致があるとする。
145) Lackner, a. a. O. (Fn. 121), S. 18; Hans Welzel, Das Deutsche Strafrecht, 11. Aufl., 1969, S. 47 参照。

ることができないようなファクターに依存する」場合である。単なる抽象的危険性を有する行為から法益に対する直接の危殆化を切り分けるという具体的危険概念の役割は、「(現実に生じた、または排除できない) 救助原因を評価し、その上で、限定された当該生活領域の秩序にしたがえば、その介入を信用することができない事情をすべて考慮から外すことによってのみ」果たすことができるという[147]。さらに、この基準の具体化を試みたラトケは、侵害結果の発生を阻止する救助原因としてその介入を信用してよいのは、適時かつ的確に投入することが可能な行為者自身の結果回避行為および一般的に期待することが許される結果回避措置だとする。これに対し、被害者の特殊能力・特別知識の存在、第三者または自然力の介入は、たとえ行為者がその存在を認識していたとしても、信頼しうる事情として評価すべきではないとする[148]。

学説の中には、裁判時までに判明した全事情を基礎に、科学的見地から事態を観察し、行為が侵害惹起の一般的危険性を有するにもかかわらず、当該具体的状況では侵害結果が発生しなかった理由を科学的に説明できない場合にのみ具体的危険を認めうるとするものもある[149]。しかし、同説では具体的危険の認められる範囲が狭くなりすぎる上、実務上、その基準の適用が困難だという難点があり、支持を得ていない。

判例も、現在では、規範的危険説を採用している。ライヒ裁判所時代の判例は、具体的危険を定義して、当該具体的な状況によれば害の発生が蓋然的であり、害の発生の可能性が明白な状態だとし[150]、また、連邦通常裁判所の初期の判例も、害の発生がその不発生よりも蓋然的であるときというように確率論

---

146) 以下の本文で取り上げるもののほか、Peter Cramer, Straßenverkehrsrecht, Bd. I, 2. Aufl., 1977, § 315c StGB Rn. 51 f.; Demuth, a. a. O. (Fn. 139), 203 ff.; Fischer, a. a. O. (Fn. 28), § 315c Rn. 15a; Heine/Bosch, a. a. O. (Fn. 139), § 306 Rn. 3; Hoyer, a. a. O. (Fn. 119), S. 92 ff.; Kargl, a. a. O. (Fn. 144), Vor §§ 306 ff. Rn. 22; Kindhäuser, Gefährdungs als Straftat, a. a. O. (Fn. 137), S. 211 ff.; König, a. a. O. (Fn. 139), § 315 Rn. 61; Holger Matt/Joachim Renzikowski, Strafgesetzbuch, Kommentar, 2013, § 315 Rn. 16 f.; Wolter, a. a. O. (Fn. 60), S. 223 ff.; Zieschang, a. a. O. (Fn. 54), S. 49 ff.
147) Schünemann, a. a. O. (Fn. 142), S. 796.
148) Radtke, a. a. O. (Fn. 130), S. 475, 477.
149) Horn, a. a.O. (Fn. 139), S. 192. ホルンの見解については、松生健「具体的危険犯における危険の意義 (2・完)」九大法学 49 号 (1985 年) 55 頁以下参照。
150) RGSt 10, 173; 30, 178; 61, 362.

的な定義の仕方をしていた[151]。しかし、侵害結果の発生・不発生が行為者、被害者または第三者の行動によって左右される場合、実際の裁判において侵害の発生の可能性を数字で示すことはおよそ不可能である。そのため、連邦通常裁判所は、その後、確率論的な定義を放棄し、一般的な生活経験からみて、予想外の事態の変化がなければ法益侵害が回避できないような場合に具体的危険が認められるという定義を示した[152]。さらに、同裁判所1973年3月8日判決[153]は、当時の315c条1項の具体的危険の意義に関し、「特定の人または物の安全が、行為者の運転行為を通じて、法益が侵害されるか否かが偶然により左右される程度にまで強く損なわれた場合」と定義し、結果不発生の偶然性を基準とする立場を明確にした。これは、前述の規範的危険説と軌を一にするものといえる。

第3款　小　括

　以上のように、ドイツでは、未遂犯と具体的危険犯はまったく別のものとして論じられている。その理由は、未遂が成立するためには、行為者に当該犯罪の既遂との関係で故意が認められることが必要であり、そのことが処罰根拠を論ずる上で無視することができないと考えられているからだと思われる。これに対し、具体的危険犯では、行為者の主観面が行為の客観面を超過していないどころか、過失による具体的危険の惹起が処罰される場合もあることから、処罰根拠を論ずる上で、行為者の主観を取り立てて強調する必要はない。このように考えると、未遂犯を一種の具体的危険犯とみる我が国の通説的理解は、再考を要するように思われる。

---

151) BGHSt 8, 28; 11, 162; 13, 66.
152) BGHSt 18, 271.
153) BGH VRS 44, 422.

第 3 節　本書の構想

第 1 款　未遂犯の本質としての規範違反

　未遂犯において、既遂結果の予見が要求されるとすれば、その処罰根拠は、既遂構成要件との関係での行為の規範違反性にあると考えるのが自然である。つまり、刑法が各則の既遂構成要件を通じて発している禁止または命令に背いて行為に出たことが、未遂犯の本質だとみるべきである。既遂結果が発生していないにもかかわらず、未遂減軽が任意的なものにとどまるのも、このような未遂犯の性格に基づくものと考えるべきであろう。

　これに対しては、違法論における結果無価値論の立場から、このような処罰根拠の理解は行為無価値論的だという原理的な批判が予想される。しかし、仮にそのような批判があるとした場合、批判者は、未遂犯の特徴、つまり主観面が客観面を超過しており、しかも、危険犯の未遂においては法益侵害の具体的危険は想定し難いという特徴をどのように説明するのであろうか。かつて、オーストリアの刑法学者であるカデチカやノヴァコフスキーは、不法を純客観的に把握する立場から、「不法なき責任」という論法を用いて未遂犯の処罰根拠の説明を試みたことがある[154]。また、近時、我が国でも、行為者の危険性、およびそこから導かれる処分の必要性という見地から未遂犯の特徴を説明しようとする見解が主張されている[155]。これらの説明は、理論的には一貫したものである。しかし、もし、不法を前提としない責任が処罰を根拠づけるという理論構成が犯罪体系論上不自然だとすれば、また、刑に処分としての側面があることを承認することに躊躇を感じるとすれば、少なくとも未遂犯の処罰根拠の説明においては、規範違反性を中心に据えるのが最も自然だということを認

---

154) Ferdinand Kadečka, Nicht rechtswidrige strafbare Handlungen, in: Theodor Rittler/ Friedrich Nowakowski (Hrsg.), Gesammelte Aufsätze, 1959, S. 28 ff.; Friedrich Nowakowski, Das Österreichische Strafrecht in seinen Grundzügen, 1955, S. 42 f., 89. ただし、その後、ノヴァコフスキーは故意を違法要素とする見解に改説した。ノヴァコフスキーの理論については、Makoto Ida, Nowakowskis Lehre von der Rechtswidrigkeit, Keio Law Review, No. 5, 1985, S. 105 ff. さらに、振津・前掲注 9) 55 頁以下および前掲注 70) 9 頁以下にも簡潔な紹介がある。
155) 小林憲太郎「実行の着手について」判例時報 2267 号 (2015 年) 3 頁。

めざるを得ないように思われる。

第 2 款　客観的基準による処罰範囲の制約の必要性

それでは、我が国の未遂犯論においても、ドイツのように主観的未遂論を採用すべきであろうか。私見では、それは理論的にみて不可能ではないが[156]、以下の理由から妥当ではないと考える。

(1)　歴史的事情

第 1 の理由は、我が国の未遂犯論の歴史からみて、主観的未遂論を受け入れる素地がないという点である。

我が国では、最初の近代刑法典である旧刑法の起草段階[157]から客観主義的な未遂犯論がとられていた。旧刑法の草案の「確定稿」[158]の起草段階まで主導的な役割を果たしたとされるフランス人法学者のボアソナードの未遂犯論は、極めて客観主義的なものであった。

たとえば、前記「確定稿」の 128 条は、不能犯に関し、「重罪を犯さんとする所為ありと雖も其事物の性質又は施用の方法に於て害を為すの理なく若くは害を為すと雖も本犯の目的を遂く可き理なき時は止現に加へたる毀傷損害の

---

[156] 比較法的にみても、主観的未遂論は特異な理論だというわけではない。たとえば、フランスやイギリスの未遂犯論は主観主義的である。フランスについては、青木人志「不能犯論の日仏比較」刑法雑誌 34 巻 3 号（1995 年）350 頁以下、末道康之『フランス刑法における未遂犯論』（成文堂、1998 年）。イギリスについては、奥村正雄『イギリス刑事法の動向』（成文堂、1996 年）107 頁以下、同「イギリスにおける未遂犯の処罰根拠」『曽根威彦先生・田口守一先生古稀祝賀論文集（上巻）』（成文堂、2014 年）685 頁以下、澁谷洋平「英米刑法における不能未遂の可罰性判断 (1) (2・完)」広島法学 27 巻 3 号 63 頁以下、4 号 161 頁以下（2004 年）、同「イギリス刑法における未遂罪の客観的要件について (1) (2・完)」熊本法学 108 号（2005 年）41 頁以下、111 号（2007 年）43 頁以下、同「イギリスにおける未遂法の現状と課題について (1) (2・完)」熊本法学 119 号 214 頁以下、121 号 160 頁以下（2010 年）。

　主としてベルギー、ドイツ、フランス、イギリス、イタリア、オランダ、オーストリアおよびスペインの未遂法制と判例・学説を比較研究したものとして、Katrin Schubert, Der Versuch – Überlegungen zur Rechtsvergleichung und Harmonisierung, 2005.

[157] 旧刑法の編纂過程については、新井勉「旧刑法の編纂 (1) (2・完)」法学論叢 98 巻 1 号 54 頁以下（1975 年）、4 号 98 頁以下（1976 年）参照。

[158] 西原春夫ほか編著『旧刑法〔明治 13 年〕(2) –Ⅱ』（信山社、1995 年）803 頁以下。

罪を論ず」（表記は現代表記に改めた。以下、本書では、旧字体・旧仮名遣いの引用文は必要に応じて現代風に改めて表記し、また、必要最小限の範囲で句点も補うこととする）と定めていたが、ボアソナードは、同条の注釈で、たとえば、人を待ち伏せていたところ、樹木が動くのをみて人が来たと錯覚し発砲した場合、死体を生体と誤信して刺した場合、有害な物質と無害な物質とを取り違えて毒殺しようとした場合、弾丸が装填されていないことを知らずに小銃を発砲した場合、他人の物を盗むつもりで自己の物を取った場合などが同条にあたると説明していた[159]。これは今日の我が国の学説にあてはめれば、厳格な客観的危険説に相当する。

　この条文は刑法草案審査局[160]による審査の段階で削除されたため、旧刑法には対応する条文は存在しない。元老院での審議に内閣委員として出席していた村田保は、同条の削除の理由について、性質・方法ともに犯罪を実現できないような行為、すなわち人を呪い殺そうとする行為、水を飲ませて人を殺害しようとする行為、または燈心で首を絞めて人を殺害しようとする行為などが犯罪とならないのは明白であるため明文に掲げるまでもないと説明していた[161]。その一方で、『刑法審査修正案註解第1編』[162]の112条の注釈によれば、確定稿128条では、毒物と無害な食べ物を取り違えて人を毒殺しようとした場合や、弾丸が装填されていないことを知らずに引き金を引いて人を射殺しようとした場合が不問に付されることになり不当だとある。後者の資料の説明が正しいとすれば、旧刑法に不能犯に関する規定が置かれなかった理由は、ボアソナードの見解よりも未遂の成立範囲を広げようという狙いがあったといえるのかもしれない。

---

159) 吉井蒼生夫ほか編著『旧刑法別冊 (1)　刑法草按注解　上』（信山社, 1992年）363頁以下参照。ボアソナードの未遂犯論の詳細については、中野正剛『未遂犯論の基礎』（成文堂、2014年）59頁以下。
160) 同審査局については、浅古弘「刑法草案審査局小考」早稲田法学57巻3号（1982年）379頁以下参照。
161) 明治法制経済史研究所編『元老院会議筆記　前期第8巻』（元老院会議筆記刊行会、1964年）68頁参照。
162) 早稲田大学図書館所蔵の鶴田旧蔵図書（請求記号ワ 13-06468）。同図書館の提供する「古典籍総合データベース」（http://www.wul.waseda.ac.jp/kotenseki/index.html）を通じて参照した。

ただ、編纂作業の途中でその影響力が排除されたにもかかわらず、ボアソナードの刑法理論は、我が国の実務に多大な影響を与えたといわれている[163]。未遂犯論もその例外ではなかったであろう。実際、裁判実務は、旧刑法以来、今日に至るまで、一貫して客観的未遂論の立場を堅持している（もちろん、不能犯を認める範囲までボアソナードと同じだというわけではない。ここで問題としているのは、客観的未遂論という大枠である）。

　一方、旧刑法下での学説では、当初はボアソナードの未遂犯論を継承したとみられる見解が有力であったが[164]、1891 年に富井政章が「刑法学理の一新」[165]という講演でドイツの近代学派（主観主義）の理論を我が国に紹介して以降、同理論を支持する見解が隆盛を極め、それが現行刑法の内容に大きな影響を与えたとされている[166]。しかし、未遂犯論との関係では、主観主義の影響力は限定的であったといえる。たしかに、旧刑法では未遂減軽が必要的だったのが、現行刑法では任意的減軽に変更された。これは主観主義の立場を取り入れたものとされる[167]。しかし、未遂が成立する事例の中でも結果不発生の偶然性や行為の危険性の強弱には差があることから、客観的未遂論からも任意的減軽の採用を理論的に正当化することは十分可能である[168]。また、現行刑

---

[163] 法制史家の藤田正は、「旧刑法と、その背景をなすボアソナードの刑法学が、とりわけ実務レベルで、近代日本刑法学を形成する上で決定的な影響を及ぼしたことが……窺われる」としている（同「『刑法草按注解』資料解題」吉井蒼生夫ほか編著・前掲注159) 35 頁)。

[164] 井上正一『訂正日本刑法講義』（明法堂、再版、1893 年）128 頁、井上操『刑法述義　第 1 冊』（岡島真七ほか、1883 年）1308 頁以下、亀山貞義『刑法講義　巻之一』（明治法律学校講法會、1988 年）146 頁以下、堀田正忠『刑法釋義　第壹篇』（信山社、復刻版、2000 年）977 頁以下、宮城浩蔵『刑法講義　第 1 巻』（明治法律学校、第 4 版、1887 年）656 頁以下、同『刑法正義　上巻』（特別認可私立明治法律学校講法會、1893 年）820 頁以下。

[165] 富井政章「刑法学理の一新」法学協会雑誌 9 巻 5 号（1891 年）6 頁以下。

[166] 吉井蒼生夫「現行刑法の制定とその意義」杉山晴康編『裁判と法の歴史的展開』（敬文堂、1992 年）467 頁以下参照。

[167] 田中正身『改正刑法釋義　上巻』（西東書房、1907 年）567 頁。もっとも、理論的な理由のほかに、いわゆる「大津事件」が任意的減軽の採用の重要な引き金になったということも指摘されている（石井紫郎編『日本近代法史講義』（青林書院新社、1972 年）127 頁（堀内捷三執筆))。

[168] 平野・前掲注 1) 311 頁参照。和田俊憲「未遂犯」山口厚編著『クローズアップ刑法総論』（成文堂、2003 年）190-191 頁は、「立法論として絶妙」とまでいう。

法43条の「犯罪の実行に着手して」という文言は、主観的未遂論と客観的未遂論の対立からは中立的であるが、同文言の成立過程においてその当否に関し主観主義の立場から異が唱えられた形跡はない。推測ではあるが、これは、旧刑法下で主観主義の立場をとっていた学説においても、およそ不能犯の成立を否定する主観説の立場は稀であったことと関係しているように思われる[169]。

現行刑法成立後の学説でも、牧野英一らにより、犯罪の本質を行為者の危険性に求める主観主義的刑法理論の立場から、主観的未遂論を支持する強力な論陣が張られた[170]。しかし、彼らの主張は実務には受け入れられず、また、通説となるには至らなかった。牧野らによる主観的未遂論は、現行刑法の改正作業においてもほとんど成果を得ることがなかった。唯一、1927年（昭和2年）の「刑法改正予備草案」23条[171]のみが、不能犯に関し、「結果の発生すること不能なるに拘らす自然法則の著しき無知に因り犯罪を実行せむとしたる者は未遂犯として罰することを得す」という主観的未遂論に親和的[172]な規定を置いたが、それ以降の草案ではより客観的未遂論に親和的な文言が採用された[173]。

以上のように、我が国では、主観的未遂論は、学説上、一時期有力に主張されたものの、実務では受け入れられず、立法との関係でも影響力は限定的だった。また、我が国の主観的未遂論は、犯罪の本質を行為者の危険性に求める主

---

169) 岡田朝太郎『日本刑法論 完』（有斐閣、訂正増補再版、1895年）297頁以下、古賀廉造『刑法新論 総論之部』（中野書店、増補訂正5版、1900年）181頁以下。富井政章も、『刑法論綱』（岡島宝文館、初版、1889年）では、客体の不能および方法の絶対的不能の場合は未遂犯としては不可罰とする見解を採用していた（同書126頁以下）。もっとも、富井は、その後、立法論として主観説を主張するようになり（『刑法論綱』（岡島書店、訂正再版、1893年）9-10頁）、最終的には、法学協会における討論会において、解釈論としても主観説を明言するに至った（法学協会雑誌12巻8号（1894年）614頁以下）。
　富井の未遂犯論の変遷については、青木人志「ガローの不能犯論と富井政章の不能犯論　上、下」法律時報60巻12号（1988年）75頁以下、61巻2号（1989年）84頁以下参照。
170) 牧野英一『日本刑法　上巻　総論』（有斐閣、重訂第61版、1937年）254-255頁および330頁以下、同『刑法総論　下巻』（有斐閣、全訂第15版、1959年）623頁および653頁以下、江家義男『刑法講義　総則篇』（東山堂書房、1940年）292頁および327頁以下、宮本英脩『刑法学粋』（弘文堂書房、第5版、1935年）364頁以下および386頁以下など。
171) 小野清一郎編『刑事法規集　第1巻』（日本評論社、1944年）198頁。
172) それでも、自然法則に関する著しい錯誤について刑の減免しか認めないドイツの現行法よりは可罰的行為の範囲は狭い。

観主義的刑法理論の帰結として主張されたため[174]、同刑法理論の衰退とともに同未遂論も支持を失った。本来、主観的未遂論は、行為者の危険性を犯罪の本質とみる立場と必然的に結びつくものではない。しかし、我が国では、未遂犯論に関する対立が、刑法の根本理論という教義論的対立に結びつけられて理解されてきた経緯があることから、客観主義的刑法理論が完全に定義化した現在では、主観的未遂論はもはや顧みられない存在となっている。以上のような経緯をみれば、我が国で主観的未遂論を主張することは現実的ではないということができよう。

　これに対しては、学説の理論的当否と法実務および法学説の伝統とは無関係であるという批判があるかもしれない。しかし、現実問題として、後者は決して軽視することはできないように思われる。たとえば、ドイツで主観的未遂論が通説となったのも、判例が一貫して主観説を維持してきたことと無関係ではあるまい。また、未遂犯とは別の論点ではあるが、我が国における共謀共同正犯に関する議論の変遷をみても、現実の法運用を無視することが難しいことは明らかであろう[175]。

(2) 不能未遂に関する減免規定の不存在

　第2の理由は、不能未遂に関する刑の減免規定の不存在である。前記のように、ドイツ刑法典には、主観的未遂論の結論を和らげるための特別の減免規定として、23条3項が設けられているが、我が国にはそれに相当する規定がない。したがって、主観的未遂論の採用はときに過酷な結論を生むおそれがある。

---

173) 改正刑法仮案22条「結果の発生すること不能なる場合に於て其の行為危険なるものに非さるときは之を罰せす」(『改正刑法假案』(法曹会、第4版、1940年) 6頁)、改正刑法準備草案23条「行為が、その性質上、結果を発生することのおよそ不能なものであつたときは、未遂犯としてはこれを罰しない」(法務省刑事局編『改正刑法準備草案　附同理由書』(大蔵省印刷局、1961年) 7頁)。改正刑法草案25条の文言は、準備草案23条と同様である (法務省刑事局編『改正刑法草案の解説　附改正刑法草案刑法対照条文』(大蔵省印刷局、1975年) 69頁)。

　なお、予備草案から仮案に至るまで間の経緯については、牧野英一「刑法における思想、理論及び技術 (1)」季刊刑政9巻1号 (1961年) 45頁以下参照。

174) 牧野英一『刑法研究　第2巻』(有斐閣、1921年) 86頁以下参照。

175) 我が国の法伝統と正犯論との関係については、亀井源太郎『正犯と共犯を区別するということ』(弘文堂、2005年) 104頁以下参照。

(3) 結　論

　以上のことから、本書では、未遂犯の主たる処罰根拠を行為の規範違反性に求めつつ、客観的危険性の観点からその処罰範囲を制約する方向での理論構成を探ることとする。つまり、未遂犯の処罰根拠を既遂結果発生の危険に求める客観的未遂論の立場から未遂犯の諸問題を検討する。ただし、既に述べたように、本書は、未遂犯と具体的危険犯をパラレルに理解する考え方はとらない。したがって、未遂犯独自の危険概念の内容解明が本書の中心的な課題となる。

　ここで、未遂犯における「危険」の多義性について一言述べておかなければならない。我が国の議論では、未遂犯の処罰根拠は既遂結果発生の危険にあるという理解を前提に、不能犯論や実行の着手論における問題解決を「危険」というキーワードを用いて試みてきたといえる。しかし、不能犯論および実行の着手論で語られる「危険」の内容は、それぞれ異なっている。すなわち、不能犯論の文脈では結果発生の可能性の側面が問われる一方で、実行の着手論では危険の量的側面が問われる。後者の議論では、密接性や直前行為性といった危険とは別個の基準も用いられることからもわかるように、結果との「近さ」という側面が問題とされるのである。

　以上のような理解が正しいとすれば、未遂犯の諸問題において危険概念に担わされている役割も異なるはずである。本書では、未遂犯の各要件に与えられるべき役割または政策的機能という側面も意識しつつ、諸問題を検討したい。

第2章　不能犯論

第1節　はじめに

　未遂犯が成立するためには、主観的には故意が認められ、客観的には実行の着手が認められることが必要である[1]。現在、我が国では客観的未遂論が通説であり、実行の着手が認められるためには、行為者の犯罪的意思が外部に現れたことだけでは足りず、結果発生の危険が認められることが必要だとされている。より具体的には、結果発生の具体的危険ないし現実的危険が必要だとされているのである[2]。ここでいう「危険」には2通りの意味がある。1つは、結果発生の可能性という意味での危険であり、もう1つは結果への近さという意味での危険である[3]。前者の問題が不能犯論であり、後者の問題が実行の着手論である。本章では不能犯の問題を論ずる[4]。

　現在、我が国では、大きく分けて、結果発生の危険を行為時の一般人を基準にして判断する具体的危険説と、裁判時を基準にして科学的見地から判断する客観的危険説が対立している。これらの学説の中にはさらに様々なヴァリエーションがあり、学説は多岐にわたっているが、事前判断を採用するのか事後判断を採用するのかという基本的な方向性については、行為無価値論と結果無価値論の対立と結びつけて論じられることが多い。

　実際、不能犯論と違法論とは密接に結びついている。故意を違法要素と認めた場合、未遂犯において違法性を基礎づけるのは行為の客観面を超過している故意だということになり、主観説、抽象的危険説、具体的危険説といった見解

---

[1]　過失犯の未遂が理論上認められるか否かについては争いがあるが、本書では立ち入らない。なお、未遂といえるためには既遂結果が発生しなかったことが必要であること、また、未遂が処罰されるためには未遂犯処罰規定の存在が必要なことはいうまでもない。

[2]　かつては未遂犯を抽象的危険犯と理解する見解（小野清一郎『刑法講義総論』（有斐閣、新訂版、1948年）183-184頁）もあったが、現在では有力ではない。ただし、葛原力三ほか『テキストブック刑法総論』（有斐閣、2009年）223頁以下（塩見淳執筆）。

[3]　この2つの意味での「危険」の問題を意識的に分けて論じるべきだということについては、拙稿「間接正犯・離隔犯の着手時期――着手論における切迫性・確実性の意義――」刑法雑誌50巻2号（2011年）149頁以下で論じた。

[4]　不能犯論については、過去に「不能犯に関する一考察――具体的危険説の再検討――」法学政治学論究54号（2002年）353頁以下、「不能犯に関する一考察――客観的危険説の検討――」同58号（2003年）335頁以下を書いたことがある。私見の基本部分に変更はないが、学説に対する評価が不適切だったと思われるところや、考察が不十分だったと思われるところを見直した。

に至りやすい。これに対し、故意を違法要素として認めない場合、故意を根拠に未遂犯の違法性を説明することはできず、行為の客観面のみに未遂犯の処罰根拠を求める客観的危険説に至りやすい[5]。

　しかし、行為無価値論といっても我が国では違法二元論のことを指すから、未遂犯においても既遂犯と同様に「結果」が必要だとし、かつ、その内容を事後的視点から判断された危険だとして客観的危険説を採用することも矛盾ではない[6]。また、行為の客観面のみに着目するといっても、必ずしも裁判時を基準として認められる危険のみによって未遂犯の違法性を説明しなければならないわけではない。行為時の一般人に危険を感じさせるような行為も禁圧すべきだとし、未遂犯の成立範囲をその程度にまで拡張するという政策判断を採用することも不可能ではないからである[7]。それどころか、仮に裁判時を基準にしては妥当な危険概念を導けないということになれば、行為時を基準とした危険判断を採用しなければならないということにもなろう（具体的危険説も、もともとは違法論とは無関係に主張された見解である）[8]。したがって、不能犯論と違法論の結びつきは意識しつつも、抽象度の高い議論から一刀両断的な解決を試みるので

---

5)　ドイツにおいて、主観的未遂論が通説化したのも行為無価値論の出現と無関係ではない。この点については、序章第 2 節第 1 款参照。

6)　髙橋則夫『刑法総論』（成文堂、第 2 版、2013 年）376 頁、照沼亮介『体系的共犯論と刑事不法論』（弘文堂、2005 年）63 頁以下。また、「結果」を問題にするものではないが、行為時に「〈最適の〉認識能力を基準として客観的危険性が認められない行為は、たとえ……行為者の認識能力や平均的な一般人の認識能力を基準とすれば危険であると判断されるものであっても、もはや禁止される必要はない」とし、このような場合には行為規範違反性が認められないとするものとして、増田豊『規範論による責任刑法の再構築』（勁草書房、2009 年）173 頁以下。

7)　後述する大沼邦弘の見解は、まさにそのような見地から主張されるものだといえる。大沼邦弘「未遂犯の実質的処罰根拠」上智法学論集 18 巻 1 号（1974 年）111 頁以下。また、日髙義博『違法性の基礎理論』（イウス出版、2005 年）174 頁以下は、「危険判断の対象となる行為当時の危険の内容については、『行為の属性としての危険』ではなく、あくまでも『結果としての危険』を問題にすべきものと考える」としつつ、具体的危険説を支持する。同様の見解として、森住信人『未遂処罰の理論的構造』（専修大学出版局、2007 年）139 頁以下。

8)　リストが現在の具体的危険説の原型となる見解（Franz v. Liszt, Lehrbuch des Deutschen Strafrechts, 2. Aufl., 1884, S. 191）を示した時代には、まだ行為無価値論は現れていなかった。我が国における本格的な危険概念研究の先鞭を告げた宮内裕も、違法論とは無関係に危険概念を論じ、結論として具体的危険説を支持している（宮内裕「危険概念について」『現代刑法学の課題　下』（瀧川先生還暦記念、有斐閣、1955 年）735 頁以下）。

はなく、各学説の長所および短所を見極めた上での実質論に基づいた解釈論が試みられるべきだと思われる。

本章では、以下のような手順で検討を進めていきたい。まず、従来通説とされてきた具体的危険説について検討を加える（第2節）。ここでは、具体的危険説がどのような論拠に基づいて主張されてきたのか、それに対してどのような批判がなされてきたのかを確認し、具体的危険説の問題点を明らかにする。続いて、客観的危険説について検討を加える（第3節）。同説内部には様々なヴァリエーションの見解があるが、それらが未遂犯の処罰根拠としての危険概念を導き出す基準として妥当なものなのかを考察する。最後に、以上の作業を通じて明らかにされた不能犯論の現状を踏まえ、私見を示すことを試みる（第4節）。

第2節　具体的危険説の検討

第1款　具体的危険説の内容および論拠

具体的危険説とは、「行為当時において一般人が認識しえた事情、および行為者が特に認識していた事情を基礎とし、行為の時点に立って、一般人の立場から、そのような事情のもとに行為がなされたならば構成要件の実現が一般に可能であったといえるか否かを問い、それが肯定されるときは結果発生の具体的危険が認められるから未遂犯であるが、否定されるときは不能犯とする」見解である[9]。危険判断の資料として行為の当時において一般人に認識可能であった事情、および行為者が特に認識していた事情を考慮し、行為後に明らかになった事情は判断の資料から排除するという点が特徴的である。

本説の根拠づけは、論者によっていくつかのパターンに分かれる。

1つは、いわゆる定型説的な思考から具体的危険説を導くパターンである。

定型説とは、未遂犯と不能犯の区別は構成要件該当性の問題であり、行為が構成要件的定型性を具備するか否かの問題だとする見解である。その代表的論者である小野清一郎は、不能犯の問題をこのように捉えた上で、「或る行為が構成要件に該当するかどうかは客観的な法律上の規定に依る判断であって、そ

れは単なる因果的可能性又は蓋然性、即ち危険性の問題ではない。違法な行為の定型的評価の問題である。しかし、刑法における構成要件上の行為は、其の解釈上少なくとも構成要件的結果を発生する一般的危険のある行為と解することが出来る。さうとすれば、実質犯において、一般的に結果を発生する危険のない行為、即ち犯罪完成の不能な行為は、実行行為ではないといふ意味で、未遂犯とならないのである」とし、そこでいう危険の意味は「刑法の目的、其の文化維持及び社会保全の目的」によって画されなければならず、「歴史的な国民の実際生活に於ける観念」や「国家的統治の立場」によって判断することが必要だとしていた[10]。また、小野の考え方を引き継いだ団藤重光も、同様に不能犯の問題は構成要件該当性の問題だとした上で、構成要件的定型性は社会心理的基礎を持つものだから、行為が「定型的に不能といえるためには、科学的見地と社会通念との双方からみて結果発生の危険がないばあいでなければならない」とし、具体的危険説と同様の基準を導いた[11]。

現在、定型説を正面から主張するものは多くないが、具体的危険説を支持す

---

9) 大谷實『刑法講義総論』(成文堂、新版第 4 版、2012 年) 374-375 頁。詳細については差異があるものの、基本的に本説を支持するものとして、井田良『講義刑法学・総論』(有斐閣、2008 年) 411 頁以下、伊東研祐『刑法講義総論』(日本評論社、2010 年) 320 頁以下、植松正『刑法概論Ⅰ総論』(勁草書房、再訂版、1974 年) 345 頁、大塚仁『刑法概説 (総論)』(有斐閣、第 4 版、2008 年) 270-271 頁、奥村正雄「不能犯における危険概念の構造」同志社法学 57 巻 6 号 (2006 年) 109 頁以下、香川達夫『刑法講義〔総論〕』(成文堂、第 3 版、1995 年) 326 頁、川端博『刑法総論講義』(成文堂、第 3 版、2013 年) 509 頁以下、佐伯千仭『刑法講義(総論)』(有斐閣、4 訂版、1981 年) 316 頁以下、佐久間修『刑法総論』(成文堂、2009 年) 325 頁、立石二六『刑法総論』(成文堂、第 3 版、2008 年) 283 頁、中義勝『講述犯罪総論』(有斐閣、1980 年) 199 頁以下、中野次雄『刑法総論概要』(成文堂、第 3 版補訂版、1997 年) 86 頁以下、西原春夫『刑法総論』(成文堂、1977 年) 301 頁、野村稔『刑法総論』(成文堂、補訂版、1998 年) 349 頁以下、日髙・前掲注 7) 174 頁以下、平野龍一『刑法 総論Ⅱ』(有斐閣、1975 年) 322 頁以下、福田平『刑法総論』(有斐閣、全訂第 5 版、2011 年) 243-244 頁。

戦前のものとして、久礼田益喜『日本刑法総論』(巌松堂書店、1925 年) 255 頁、小疇傳『新刑法論総則』(清水書店、1910 年) 401 頁、武田鬼十郎「未遂犯の積極的意義」、「同 (承前完)」法学新報 29 巻 10 号 43 頁以下、11 号 49 頁以下 (1919 年)、吉田常次郎『日本刑法』(自治館、第 4 版、1936 年) 152-153 頁など。

本説を支持する最近の研究論文として、江藤隆之「不能犯における危険の概念 (1) 〜 (3・完)」宮崎産業経営大学法学論集 16 巻 1=2 号 33 頁以下 (2007 年)、17 巻 1=2 号 33 頁以下、18 巻 1 号 109 頁以下 (2008 年)、森住・前掲注 7) がある。

10) 小野・前掲注 2) 190-191 頁。さらに、同『犯罪構成要件の理論』(有斐閣、1953 年) 320 頁以下参照。

るとしつつも、実質的には定型説を主張する論者は少なくない。たとえば、福田平は、「構成要件実現の可能性がまったくない行為は、実行行為としての定型性を欠くものであるから、行為が、構成要件を実現する可能性（危険性）があるかどうかは、行為が、構成要件に該当するかどうかの問題である。したがって、主観＝客観の統一体としての行為が、構成要件的定型性、いいかえると、実行行為としての定型性をもつかどうかは、行為の具体的な状況を基礎として、社会一般的見地から判断されるべき」[12]とするが、これは定型説の主張を具体的危険説の基準によってパラフレーズしたものにほかならない。福田のように「定型性」という言葉を用いるかどうかは別として、構成要件は社会通念を基礎に可罰的行為を類型化したものであるから、（構成要件該当性の問題である）不能犯論における危険判断も社会通念を基礎にして行うべきだという論法は、単独でまたは他の論拠と組み合わせる形で、現在でもしばしば用いられている[13]。たとえば、大谷實は、「実行行為の実質的な内容をなす結果発生の現実的危険性は、必ずしも物理的・科学的危険性を意味するものではなく……行為の具体的状況を基礎として一般人の見地から判断した類型的危険性であると解すべきである。刑法は行為規範としてかかる行為を国民に命令・禁止しているのであるから、このような危険性を含んでいる行為である限り、修正された構成要件に該当する行為として未遂犯に当たると解すべき」[14]だとし、行為規範論による根拠づけにも言及しているが、引用文の前半部分はまさに定型説の発想である。我が国の具体的危険説は、伝統的にこのような形で構成要件論と結びつけられて主張されることが多かった。しかし、後述するように、このような形式的な根拠づけでは、反対説からの批判に対し、有効な反論をすることは難しいであろう。

　次に、行為規範論を根拠に具体的危険説を導くパターンがある[15]。

---

11) 団藤重光『刑法綱要総論』（創文社、第3版、1990年）171頁。現在でも定型説を支持するものとして、板倉宏『刑法総論』（勁草書房、補訂版、2007年）148頁以下。
　なお、小野および団藤の実行行為論を詳細に検討したものとして、仲道祐樹『行為概念の再定位』（成文堂、2013年）19頁以下がある。
12) 福田・前掲注9) 243頁。
13) 後掲注14)で挙げる論者のほか、大塚・前掲注9) 271頁、香川・前掲注9) 326頁。
14) 大谷・前掲注9) 376頁。同様の見解として、奥村・前掲9) 130頁以下。

川端博は、刑法の行為規範性を認める立場から、「一般人を名宛人とする行為規範（評価規範）として刑法を捉えると、一般人の見地および行為時の事情がきわめて重要な意味をもち、結果の違法性も行為時の事情を基礎にして判断されるべきことになる。いいかえると、発生した結果の客観的な帰責は、行為時における行為者の認識または一般人が認識し得た事情を基礎として判定されなければならない」[16]として具体的危険説を支持する。しかし、この説明には疑問がある。なぜなら、この見解は、刑法は構成要件を通じて一般国民に対して行為規範を提示しているから、行為時の一般人の見地が重要だとするが、行為規範は一般国民に向けられたものであったとしても、具体的な行為状況においてその規範に直面し、それに違反した行為を行うのは行為者なのであるから、行為規範違反性の判断は行為者の認識事情を基礎に行われるべきではないかと考えられるからである[17]。現に、行為無価値論が圧倒的優勢であるドイツでは、我が国でいうところの抽象的危険説に近い印象説が現在の通説であるが[18]、それには理由がないわけではないのである。

　我が国でもこのことを意識し、一般人基準による規範違反性の限定の意味について具体的に説明をする見解もある。野村稔は、行為の違法性を判断する際には行為者の意思を判断資料に加えなければならないが、「刑法規範は社会生活上重要な利益保護のために存在すると解すべきであるから、一般人の観点より判断して行為が法益侵害の危険性をもっていると判断される場合にはじめて違法と判断すべきである」とし、行為者の認識事情と一般人の関係を説明す

---

15)　以下の本文で挙げる論者のほか、佐久間・前掲注9) 325頁。
16)　川端・前掲注9) 510-511頁。
17)　同旨の指摘をするものとして、仲道・前掲注11) 75頁。
18)　Rudolf Rengier, Strafrecht, Allgemeiner Teil, 6. Aufl., 2014, §33 Rn. 4参照。
　　なお、ドイツで主張されている印象説については、我が国の具体的危険説と類似するという説明（福田・前掲9) 245頁など）と、抽象的危険説と類似するとする説明（井田・前掲注9) 411頁など）がある。現行ドイツ刑法典の未遂規定を説明する理論としての印象説の理解に関しては、後者の方が正しいといえよう。なぜなら、ドイツ刑法典23条3項は、具体的危険説にしたがえば不可罰になるような行為についても犯罪が成立することを前提にした規定だからである（序章第2節第1款参照）。これに対し、旧規定時代の印象説の中には、具体的危険説との類似性もみられるものもある（Carl Ludwig v. Bar, Gesetz und Schuld im Strafrecht, Bd. 2, 1907, S. 490 f., 532 ff.; Arnold Horn, Der Versuch, ZStW 20 (1900), S. 340 ff.; Edmund Mezger, Strafrecht, Ein Lehrbuch, 3. Aufl., 1949, S. 397）。

る[19]。また、井田良は、さらに踏み込んで、「規範的一般予防論」[20]の立場から次のように主張する。すなわち、「行為者の認識事情からすれば刑法規範に反する違法な事実を実現しようとする行為を放置するならば、規範の妥当性、ひいては法秩序は動揺すると考えることができる」が、一般人であれば危険を基礎づける事情が存在しないことを見破れる場合にまで規範違反性を認めるのは一般予防の観点から行き過ぎだとするのである[21]。これらの見解は、定型説的な説明とは異なり、具体的危険説の基準を実質的な論拠に基づいて説明している点で優れている。しかし、行為規範論を前提とした場合、果たして一般人の視点による制限をする必要があるのか、また、制限をする必要があるとしても、その役割をそれに担わせることが妥当なのかが問題になるように思われる。

3つめのパターンとして挙げられるのが、裁判時を基準にした危険判断が妥当ではないという消極的な理由づけである。この論拠は、当然のことながら、これまで述べた2つの論拠と組み合わせて用いられることが多いが、単独で用いられることもある。

定型説や行為無価値論が現れる前の具体的危険説は、絶対的不能・相対的不能説が支持できない一方、主観説も採用し得ないため中間に位置する本説を採用するという形で自説を根拠づけていた[22]。また、定型説や行為無価値論が現れた後も、これらを支持しない立場から、前記のような消極的な論拠に基づいて具体的危険説を主張するものがみられる。後述するいわゆる「修正された客観的危険説」が現れる前の時代に、平野龍一は、絶対的不能・相対的不能説の

---

19) 野村稔『未遂犯の研究』(成文堂、1984年) 373-374頁、同・前掲注9) 349頁以下。同様に、西原・前掲注9) 301頁。
20) 規範的一般予防論とは、「刑法は、行為規範を手段として人々の行為を統制することにより、法益の侵害または危険を防止するために存在して」おり、「行為規範を手段とする一般予防こそが本質的な刑法の目的であり、存在理由である」とする考え方である(井田・前掲注9) 81頁)。この理論を我が国ではじめて本格的に展開したものとして、井田良『犯罪論の現在と目的的行為論』(成文堂、1995年) 1頁以下。最近では、同『変革の時代における理論刑法学』(慶應義塾大学出版会、2007年) 111頁以下。本書も基本的にこの立場を支持している。
21) 井田良『刑法総論の理論構造』(成文堂、2005年) 266-267頁、同・前掲注9) 411頁以下。
22) たとえば、久礼田・前掲注9) 254-255頁、武田「未遂犯の積極的意義(承前完)」(前掲注9)) 56頁以下を参照。

不当性を指摘した上で、危険の判断は「純粋に物理的な判断ではなく、一般人の立場からする判断」だとし、「不能犯であるかどうかの判断についても、右のような基準に従うのが、基本的に妥当」だとしていた[23]。また、ほぼ同じ時期に、大沼邦弘も、「危険判断の基準を、物理的判断に求める見地においては、謙抑性においては十分であっても、法益保護の要請を十分に満足させることはできない」とし、「市民的自由の確保」と「市民的安全の要求」の妥当な調和点として、具体的危険説が妥当であるとしていた[24]。

しかし、具体的危険説とほぼ同様の未遂犯の成立範囲を確保しうる修正された客観的危険説が存在する現在、処罰範囲の妥当性だけでは具体的危険説を積極的に論証することはできない。仮に具体的危険説と同様の処罰範囲を確保すべきだとしたとしても、その方法として行為時の一般人の視点を用いることが妥当なのかということが問題とされなければならない。

第2款　具体的危険説に対する批判

具体的危険説に対してはこれまで様々な批判がなされてきた。前述のように、具体的危険説といってもその根拠づけは様々であり、批判が真に決定的なものかどうかは、それらの根拠づけとの関係でみていかなくてはならない。

これまで同説に対して加えられてきた批判は多岐にわたるが[25]、その中でも理論上重要だと思われるのは、同説の危険判断の資料の設定方法に関する批判と、危険判断の基準に関する批判である。それらをまとめると以下の通りである。

---

23) 平野・前掲注9) 325-326頁。さらに、佐伯・前掲注9) 317頁。
24) 大沼・前掲注7) 112-113頁。また、行為無価値論の立場からではあるが、「社会共同生活の安全・平穏」の保護に着目するものとして、伊東・前掲注9) 321頁。ただし、大沼は、同時に徹底した構成要件欠缺の理論も採用する。これについては、大沼邦弘「構成要件の欠缺と可罰未遂の限界（1）～（3・完）」成城法学1号313頁以下、2号59頁以下（1978年）、7号69頁以下（1980年）、同「未遂犯の成立範囲の画定」『団藤重光博士古稀祝賀論文集　第3巻』（有斐閣、1984年）74頁以下を参照。
25) 具体的危険説に対する批判は、佐伯仁志「不能犯」西田典之ほか編『刑法の争点』（ジュリスト増刊、2007年）90頁に要領よくまとめられている。

――危険判断の資料に関するもの。
① 行為者の認識事情と一般人の認識し得た事情が一致しない場合、どちらを危険判断の資料にするのかが明らかではない[26]。
② 行為者の認識事情が考慮されるのは、一般人には認識し得ない特殊な事情を行為者が知っていた場合だとすれば、行為者の認識の有無によって危険の認定が左右されることになり、危険概念の客観性が害される[27]。
③ （批判の②と関連して）行為者の認識事情は、それが客観的な事実と合致していた場合にのみ考慮に入れられるとすれば、裁判時までに明らかになった事情を取り込むことになり、行為時基準の立場を一貫できないことになる[28]。

――危険判断の基準に関するもの。
④ 用いられた手段の性質の危険性を判断する際に科学的知識が不可欠である場合に、一般人基準では判断が困難とならざるを得ない[29]。
⑤ 一般人には危険が感じられなくても、科学的見地からは危険が認められる場合に、一般人基準では危険が認められなくなり不当である[30]。

以下では、これらの批判を踏まえて具体的危険説の内容を検討し、同説が支持するに値するものであるかを考察する。

---

26) 木村亀二（阿部純二増補）『刑法総論』（有斐閣、増補版、1978年）354頁、中山研一『刑法総論』（成文堂、1982年）424頁。
27) 内藤謙『刑法講義総論（下）Ⅱ』（有斐閣、2002年）1260頁、山口厚『危険犯の研究』（東京大学出版会、1982年）107頁。
28) 内山良雄「不能犯」現代刑事法17号（2000年）51頁、内藤・前掲注27）1260頁、山口・前掲注27）108頁。
29) 山口・前掲注27）69頁。
30) 内藤・前掲注27）1263頁、山口・前掲注27）70頁。

第3款　検　討

(1)　危険判断の資料について

　行為者の認識事情と一般人の認識し得た事情との関係に関する批判の①に対し、具体的危険説の中には、行為者の認識事情を危険判断の資料から排除する見解も存在する[31]。しかし、この見解に対しては、行為時の一般人には到底知り得ない事情を行為者が認識しており、その知識を利用して犯罪を実行しようとした場合に危険が認められないことになり、不当な結論に至ると批判されてきた[32]。だが、この見解もそのような不当な結論を容認するものではないように思われる。というのも、行為者の認識事情を排除すべきだとする見解の論者は、妥当な処罰範囲の確保という政策的観点から、行為時に置かれた一般人が危険を感じるような行為をも未遂犯として処罰すべきだと主張しているのであり、必ずしも裁判時を基準とした危険判断が原理的に不可能だと主張しているわけではないからである[33]。このような考え方に基づけば、行為者のみが危険を基礎づける事情を知っていた場合、一般人基準を持ち出すまでもなく、当然に危険を肯定できるとすることは不可能ではないであろう[34]。むしろ、問題は、このように考えると内容の異なる2つの「危険」が未遂犯の処罰を根拠づけることになり、処罰根拠の統一的理解が妨げられるというところにあるように思われる[35]。

　一方、一般的な具体的危険説は、前記①の批判に対し、行為者の認識事情は客観的な事実と合致していた場合にのみ判断の基礎にされるとする[36]。たしか

---

31)　大沼・前掲注7) 113-114頁。さらに、平野・前掲注9) 328-329頁も参照。
32)　内藤・前掲注27) 1266頁。
33)　大沼・前掲注7) 106頁以下参照。
34)　日髙・前掲注7) 166頁は、このような例について「不能犯の問題ではなくなる」とするが、このような主張は本文中のような理解を前提にしてはじめて成り立つものといえよう。
35)　なお、不能犯論において具体的危険説を採用しつつ、裁判時を基準とした危険判断そのものは排除しないという考え方は、一般的な具体的危険説とも矛盾しない。現に、我が国では、井田・前掲注21) 269頁、同・前掲注9) 413頁がそのような主張をしている。
36)　井田・前掲注9) 411-412頁など。ただし、行為者の誤った事実認識を行為時の一般人も見抜けないような場合、行為者の認識事情が危険判断の資料とされるとするものもある（西原・前掲注9) 301頁。さらに、野村・前掲注19) 374頁も同旨か）。このような考え方の問題点については、後述する。

に、そのように理解すれば両者の棲み分けはできることになる。しかし、そうすると、危険を基礎づける客観的事実は変わらないのに、行為者がそれを認識していたか否かによって危険の存否が左右されることになる。しかし、それでは危険概念の客観性を害するのではないかというのが批判②の趣旨であった。

これに対する反論として、行為者が一般人には認識し得ないような特殊な事情を利用しようとした場合に危険を認めないのは不当だというだけでは、批判に応えたことにならないであろう。なぜなら、そのような説明に対しては、そもそも行為時に一般人が認識し得た事情を基礎に危険判断を行うことに無理があるのであり、結論の妥当性確保のために行為者の認識事情を付け加えなくてはならないのであれば、それは恣意的な修正だという非難が即座になされるからである[37]。したがって、行為者の認識事情が客観的事実と合致していた場合にこれを考慮すべきことを理論的に説明できるか否かが問題となる。

まず、具体的危険説を定型説的な思考によって基礎づける見解についてみると、その主張を文字通り受け取った場合、一般人の認識し得た事情のほかに行為者の認識事情を考慮する理由がまったく不明である。というのも、行為者がこれまで例がないような特異な殺害方法を発明した場合、そのような殺害方法は「定型的」な殺害方法とはいえないはずだからである[38]。したがって、「構成要件は社会通念を類型化したものである、したがって一般人の視点による判断が導かれる」という趣旨の（我が国では）伝統的な具体的危険説の説明は、本説の理論的な根拠づけに成功しているとはいえないであろう。そこで、別の説明が必要となる。

1つの説明方法として、行為者の事実認識が行為の客観的な危険性に影響を与えるという説明が考えられる。だが、行為者が危険を基礎づける事実を認識していることによって、法益侵害の危険が生じるとするのは無理であろう。たとえば、XがA宅の居間に飾ってあったライフル銃を持ち出し、Aに向けて引き金を引いたところ、その中には実弾が入っていたが、運良く弾丸はそれたという例で考えてみよう（なお、一般人はその銃に実弾が入っているとは想像できな

---

[37] 現に、山口・前掲注27）107-108頁。
[38] 定型説の問題点については、平野龍一『犯罪論の諸問題（上）総論』（有斐閣、1981年）31頁以下参照。

かったこととする)。この例で、仮にXが銃に弾丸が入っていたことを知っていた場合にはAの生命に対する危険は認められるが、知らなかった場合にはAの生命に対する危険は認められないというのであれば、あまりにも「危険」という言葉の語義からはかけ離れている[39]。

　これに対し、行為者が危険を基礎づける事情を認識していることにより、故意犯の未遂として処罰すべき程度にまで行為の客観的な危険性が高まるという説明は可能であるようにも思える。従来、故意が行為の危険性に影響を与えるといわれる場合、まさにこのようなことが念頭に置かれていたといえよう。すなわち、「故意があれば行為者の身体はその目的の達成に適するように規整させる」ので、行為の客観的危険性が高まるという考え方である[40]。たしかに、前述のライフル銃の例でも、Xがそれに実弾が入っていることを知っており、それを用いてAを射殺しようと思っていた場合の方が、銃口が急所に向けられていた可能性は高かったといえ、その結果、実弾が入っていることを知らなかった場合と比較して、行為の客観的危険性が高かったといえそうである。しかし、行為者の事実認識が行為の危険性に影響を与えるとは考えられない場合もある。たとえば、前方の草むらに潜んでいる生き物を殺そうと思い、ライフル銃を発射したが弾がそれたという例で、その生き物が人間だった場合、行為者が銃口の先にいるのが人間だと認識していたか否かによって、狙われた人の生命に対する客観的危険の高低に差が生じるとはいえないであろう。この例で行為の危険性に影響を与える主観的事情があるとすれば、それは「目の前の草むらに潜んでいる生き物を殺す」というものではなかろうか[41]。だとすれば、このような説明によっても批判②に対する十分な反論になっていないように思

---

39) 内山良雄「未遂犯における危険判断と故意」『西原春夫先生古稀祝賀論文集　第1巻』（成文堂、1998年）451頁。
40) 平野・前掲注9) 314頁。中義勝も、「われわれは経験上、一定の範囲において因果的知見をもっている。だからこそ、この因果的知見を利用し、因果律に則って外界に働きかけ、所望の結果を達成することができる。もとより、因果律は、われわれの経験的知識やその利用意図とは無関係に、一定の原因さえあれば法則的に機動し、一定の結果を惹起する。しかし、これを人為にかぎっていえば、因果的知見を利用し、原因を因果律の軌道に乗るように設定し、ときに可能かつ必要な軌道修正をも施しつつ因果的進行を図って結果を実現しようとする場合の方が、まぐれあたりで結果の惹起をみる場合よりも、はるかに結果発生の確実度が高いことはいうまでもない」とする（中義勝「故意の体系的地位」『現代の刑事法学（上）』（平場安治博士還暦祝賀、有斐閣、1977年）156頁）。

われる。

　このように行為者の事実認識が行為の客観的な危険性に影響を与えないとすれば、残された説明方法は、行為規範論からの説明であろう。行為規範論によれば、結果発生を予見しつつ、結果実現に向けて行為をした点に故意犯の行為規範違反性が認められるため、結果発生の危険性を基礎づける実在の事実が行為者の認識に取り込まれていたか否かが未遂犯の違法性判断においても決定的に重要になる[42]。そして、行為規範論を前提とした具体的危険説が、行為規範違反性という意味での行為の「危険性」を問題にしているのだとすれば、それが行為者の認識の有無によって左右されるのは当然ということになろう[43]。批判の②は、物理的・客観的なレベルでの危険概念を前提に具体的危険説の基準を批判するものと思われるが、行為規範論に基づく具体的危険説はそのようなレベルの危険を問題にしているのではないのであり、そもそも前提が異なるといえよう。

　もっとも、この批判の②は、行為者の認識によって危険の有無が左右されるとすれば、もはや客観的未遂論とはいえないのではないかということも含意している。この点に関し、具体的危険説は、その「客観性」を、行為者の認識事情はそれが現実と一致していた場合にのみ考慮し、両者が一致しない場合には行為時の一般人の視点を導入することで担保しようとする。これに対し、客観的危険説の側からは、行為者の認識事情が現実と合致していたということは裁判時になってはじめて明らかになるのであるから、事前判断の立場と矛盾するのではないかという批判（批判の③）がなされることになる。

　この批判に対しては、具体的危険説の論者から次のような反論がなされている。すなわち、具体的危険説はあくまでも現実に行われた具体的な行為が危険なものであったかどうかを問題にするものであるから、危険判断においても「現実の事態の確認を前提とし、結果の不発生に関係する全事情を明らかにした上で、それぞれの事情が一般通常人に認識可能であったか、そうでなければ

---

41)　実行の着手判断において行為者の主観面を考慮すべきか否かという議論に関する行為意思説からの典型的な批判である。この問題に関する詳細については、第3章を参照。
42)　井田・前掲注21）266頁以下。
43)　井田・前掲注21）268頁。

少なくとも行為者が認識していたのかを問う」のであって、その意味で、「事前判断」とは、現実に存在していても行為の時点で認識不可能な事情は違法性の有無・程度に影響させないということを意味するにすぎないというのである[44]。行為後に明らかになった事情を、行為時の行為者の認識および一般人の認識可能性の見地から取捨選択し、危険判断の資料を設定するというのが具体的危険説の趣旨だとすれば、批判の③は決定的なものとはいえないであろう。

これに対し、具体的危険説の中には、行為者の認識事情が現実と合致しない場合、その誤った事実認識を行為時の一般人も見抜けなければ、行為者の認識事情が危険判断の資料とされるという考え方もある[45]。このような考え方に立った場合、行為者の認識事情の絞り込みの方法として、裁判時に明らかにされた事実と合致するか否かの判断と、それとは関係のない行為時の一般人の視点からの誤認の合理性判断という2つの性質の異なるものが混在することになり、批判の③がまさに妥当するように思われる[46]。

以上のように、危険判断の基礎に関する行為者の認識事情と一般人が認識し得た事情との関係は、行為規範論を基礎とした具体的危険説によって最も整合性をもって説明でき、そこに理論的な矛盾もみられない。むしろ、具体的危険説の批判としてより重要なのは、次の危険判断の基準に対する批判であるように思われる。

(2) 危険判断の基準について

批判の④は、一般人の法則的知識を基準としたのでは、犯行に用いられた手段の性質の危険性を判断する際に科学的知識が不可欠である場合に、判断が困難とならざるを得ないのではないかというものであった。

---

44) 井田・前掲注9) 412-413頁。さらに、日髙・前掲注7) 165頁、江藤「不能犯における危険の概念 (2)」(前掲注9)) 121-122頁。
45) 西原・前掲注9) 301頁。さらに、中義勝「不能犯」同編『論争刑法』(世界思想社、1976年) 122-123頁。
46) このような見解は、行為者の認識事情を、客観的な事実と合致していた場合に限り考慮するものではないといえる。このように具体的危険説の中にも2つのタイプが混在するということを指摘するものとして、深町晋也「主観的正当化要素としての同意の認識の要否」岡山大学法学会雑誌51巻4号 (2002年) 793頁以下。

この批判が指摘するように、一般人基準の不明確性は、具体的危険説の本質的問題であるように思われる。このことは、硫黄による殺人企行の事案[47]について、具体的危険説の支持者の間でも評価が分かれていることに象徴される[48]。また、空気注射による殺人を試みた事案[49]も、当時はそのような殺害方法は一般に知られておらず、行為時の一般人を基準にしたのでは危険判断に困難が生じるケースであった。

　同事案に関する調査官解説[50]は、原審が具体的危険説的な理由に絶対的不能・相対的不能説的な理由を付け加える形で殺人未遂罪を認めたのに対し、最高裁が具体的危険説的な理由づけに触れずに同罪を認めたことについて、「憶測の域に止まる」と断りつつも、次のように述べている。

「原判示の適法な証拠に基づいた判断にしろ、『人体の静脈に空気を注射することはその量の多少に拘らず人を死に致すに足る極めて危険な行為であるとするのが社会通念であったというべきである。してみれば被告人等は一般に社会通念上は人を殺すに足るものとされている人の静脈に空気を注射する行為を敢行したものであって云々』という個所の社会通念なるものを是認することに、特に躊躇が感ぜられたのではないであろうか。……本件殺害手段は空気注射という正に稀有のものである。……以上のような事情が、最高裁をして原判示の本論よりもむしろ余論を……支持せしむるに止まったものと想像される」[51]（調査官解説の原文に付されている傍点を圏丸にかえた）。

　この事案のように、行為者がこれまで世間一般に知られていなかった方法によって犯罪を実行しようとした場合、具体的危険説の一般人基準は機能不全となる[52]。

---

47) 大判大正 6 年 9 月 10 日刑録 23 輯 999 頁。
48) たとえば、福田・前掲注 9) 245 頁は、「硫黄に殺害力がないこと、いいかえれば、硫黄の服用による致死の可能性がないことは、常識的に認められる」とするのに対して、平野・前掲注 9) 327 頁は、一般人は硫黄を飲ませたと聞いて危険だと感じるのではないだろうかとしている。
49) 最判昭和 37 年 3 月 23 日刑集 16 巻 3 号 305 頁。
50) 藤井一雄「判解」『最高裁判所判例解説刑事篇（昭和 37 年度）』72 頁以下。
51) 藤井・前掲注 50) 77 頁。
52) 同じことは、科学的知識が必要な場合だけではなく、法律知識が必要な場合にもあてはまる。したがって、ここで用いている「科学的知識」という言葉も「専門的知識」と言い換えた方が正確であろう。判例で問題となった事案でも、法律知識がなければ結果発生の可能性判断が難しいと思われるものが散見される。たとえば、大判昭和 2 年 6 月 20 日刑集 6 巻 216 頁、大判昭和 10 年 11 月 11 日刑集 14 巻 1179 頁、大判昭和 13 年 7 月 8 日刑集 17 巻 555 頁など（いずれも詐欺未遂罪の成否が問題となった事案）。

これに対しては、一般人の判断がはっきりしない場合には、「疑わしきは被告人の利益に」の原則にしたがって不能犯にすべきだという反論もある[53]。しかし、はっきりしなければすべて不能犯にしてしまうというのも乱暴な議論であろう。

　そこで、具体的危険説からも、危険判断において適用されるべき法則的知識は科学的知識であるべきだという見解が主張されている[54]。だが、そのような考え方に対しては、具体的危険説の根拠と整合性を有するかという疑問がある。現に、具体的危険説の論者の多くは、一般人の判断能力よりも高度の科学的知識を基準とすることに反対している[55]。たしかに、社会通念を重視する立場からは、科学的知識を基準にするという思考は出てこないであろう。

　もっとも、具体的危険説は抽象的危険説を予防的見地から客観化した見解だと理解する立場[56]からは、次のような説明が可能かもしれない。たとえば、ある薬剤が人体に致死的な作用を及ぼすものであったか否かは、裁判における科学的鑑定によって、ほぼ確定的に明らかになるものである。そうだとすれば、行為時の一般人には判断がつきかねるものだったとしても、裁判を通じてその薬剤が致死的作用を有しないということが明らかになれば、その後、それを用いて殺人をしようとする者は出ないはずである（行ったとしても、再び失敗する）。したがって、仮に行為者がその薬剤で人を殺せると信じていたとしても、予防的見地からはそのような行為を処罰することに意味は認められない。井田が、「刑法は、無知な人々のレベルに降りていくのではなく、むしろ人々の啓蒙を

---

53) 江藤「不能犯における危険の概念（3・完）」（前掲注9））123頁以下および135頁。
54) 井田・前掲注9）418頁。さらに、植松・前掲注9）347頁。抽象的危険説の立場からではあるが、木村・前掲注26）358頁。
55) 大塚・前掲9）271頁、大谷・前掲注9）381頁、奥村・前掲注9）133頁、福田・前掲注9）243-244頁。
56) 井田・前掲注9）411頁以下は、抽象的危険説は行為無価値論と整合性を有する見解だとしつつ、「行為無価値論を前提としても、一般通常人であれば危険を基礎づける事情が存在しないことを見破れる場合にまで規範違反を肯定する必要はない。刑罰目的としての一般予防は、刑法規範を通じての一般通常人への働きかけにより、一般通常人にとり危険な行為が防止されれば、それで実現されたものというべきである。たとえ行為者がその薬品を青酸カリであると信じ込んでいたとしても、一般通常人なら砂糖とわかる行為まで、刑法が禁止しようとすることは、刑罰の一般予防目的に照らして行き過ぎだと考えられるのである」とする。このように、規範による一般予防を合理的な程度に抑制しようとする立場からは、次に本文で述べるような論理を導くことは不可能ではないように思われる。

はかるべきである」[57]と述べるのも、このことを指していると理解することができるかもしれない。

　しかし、これはもはや事前判断とはいえないであろう。また、仮にこのように理解することができたとしても、具体的危険説の不明確性の問題は解決していないように思われる。なぜなら、具体的危険説は、まず危険判断の資料の設定をするが、それが行為者の認識していた特殊事情と一般人が認識し得た事情に限られるため、危険判断のために必要な資料が限定され、結果的に他説よりも判断に困難が生じるように思われるからである[58]。たとえば、中学校の社会科の教師の甲が、同僚のAを殺害しようと考え、密かに理科室の薬品棚から人体に有害そうな薬品を盗み出し、その薬品をAのコーヒーの中に混入させたが、その薬品は人を死に至らせるような性質のものではなかったため、Aは死亡しなかったとする。この場合、具体的危険説の危険判断の公式を文字通りに受け取れば、まず危険判断の資料の確定が行われ、行為時に行為者が認識していた事情および一般人に認識し得た事情は何かが問われることになろう。本事例では、理科室の薬品棚から取り出されたびんの中に入っていた何がしかの色の粉末をAのコーヒーに混入させるという行為、さらに行為時の状況によっては、これに加えて、「薬品棚の施錠の有無」、「『毒劇物注意』という貼り紙の有無」、「びんにラベルが貼られていたか否か、貼られていた場合にはその記載内容」等々の事情が判断の資料に組み込まれることになろう（状況によっては組み込まれないこともあろう）。その上で一般人の法則的知識または科学的知識にしたがい、当該行為の生命侵害に対する危険性の有無が判断されることになる。だが、このように限定された事情を基に危険判断を行うことは、たとえ科学的知識を基準にしても、困難が生じる場合があるのではなかろうか（一般人基準であればなおさらである）。判断資料の設定と判断そのものを分けるという手法は、因果関係論における相当因果関係説でも伝統的に使用されてきたが、その判断手法が実用に耐えないとして批判にさらされていることは周知の通りである。因果関係論の「裏返し」ともいわれる不能犯論においても、同様の問題

---

57) 井田・前掲注21) 274頁。
58) 以下の点については、内山良雄「具体的危険説の危険判断とその適用上の問題」早稲田大学大学院法研論集89号（1999年）79頁以下から多くの示唆を得た。

が生じるように思われるのである。

　もっとも、これに対しては、前記のような例では、「人を死亡させる性質を持つ薬品」という行為者の誤認が不合理なものであったか否かを行為時の一般人の視点から判断すべきだという反論もあるかもしれない。しかし、このような判断方法は、「薬品」を修飾する「人を死亡させる性質を持つ」という語の部分に既に危険判断（しかも、行為者の思い込みに基づくもの）を取り込んでしまってしまっており、「危険判断の資料の設定→危険判断」という具体的危険説の判断公式に反するのではないかという疑問がある。

　この問題は、具体的危険説よりも基準が明確だとされる抽象的危険説でも生じる。そのことは、硫黄による殺人企行の事案に関し、同説の主張者である牧野英一が、行為者の計画を基礎にする際、「硫黄の施用」というレベルで計画を考慮するのか、「毒物の施用」というレベルで計画を考慮するのかが問題となるとし、後者を妥当として殺人未遂罪の成立を認めるべきだと主張していることにも現れている[59]。しかし、このような考え方は、危険判断の資料の設定と危険判断そのものを分けるという当初の立場と矛盾するだろう。

　いま述べた問題は、批判の⑤とも関係する。行為者が、いまだ社会通念に取り込まれていない法則的知識を利用した場合に、未遂犯として処罰できないのではないかという問題である。具体的危険説の中でも科学的知識を基準とする見解ではこの問題は起こらないが、一般人の法則的知識を基準とする見解では問題が生じる。このとき、たとえば行為者だけが「この物質には人を死亡させる性質がある」ということを知っていたとして、「人を死亡させる性質を持つ物質」を基礎に置くとすれば、危険判断の先取りである。かといって、このような判断を行わなければ、（被害者がすぐに吐き出すなどして運よく助かった場合に）未遂犯として処罰できないというジレンマに陥るのである。具体的危険説の基準に対する④および⑤の批判は、同説に対する決定的な批判だといえよう。

---

[59]　牧野英一『刑法研究　第 2 巻』（有斐閣、1921 年）98 頁。同様の問題点を指摘するものとして、山中敬一『刑法総論』（成文堂、第 3 版、2015 年）785 頁。

第4款　小　括

　具体的危険説に対しては様々な批判があるが、以上の検討によれば、危険判断の資料に関する批判は決定的なものとはいえない。しかし、危険判断の基準については、行為時の一般人の法則的知識を基準としたのでは判断に困難が生じるという問題があり、この点が具体的危険説の最大の弱点だといえる。この問題は、同説が危険判断の資料を「行為当時において一般人が認識し得た事情、および行為者が特に認識していた事情」に限定することによって増大する。具体的危険説は、理論上はともかく、実用には耐えない見解だといえよう。

　他方で、具体的危険説の優れた点は、国民に行為規範の遵守を要求することを通じた法益の保護という行為規範論の基本思想を提示することにより、裁判時までに明らかになった事実のうちどの事実を危険判断の資料とし、どの事実を資料としないかについて明確な根拠を示すことができる点にあった。

　以下で検討する客観的危険説は、1970年代半ば以降、具体的危険説に対するアンチテーゼとして有力化したが、同説とは対象的に、どのような危険判断の方法を構想すべきかについての手がかりとなる規範論的な視点がないため、見解が区々に分かれている。

第3節　客観的危険説の検討

第1款　絶対的不能・相対的不能説とその問題点

　本章では裁判時までに明らかになった事情を資料に危険判断を行う見解を客観的危険説と総称しているが、その中には様々なヴァリエーションがある。その中でも最も古いものが絶対的不能・相対的不能説である。

　本説は、行為の客体または手段の性質からみて、結果がおよそ発生し得ない場合と特別の事情から偶然に結果が発生しなかった場合とを区別し、前者を不能犯、後者を未遂犯とする見解である[60]。かつては我が国でも有力に主張され[61]、判例も大審院時代から基本的にこの説を採用しているといわれている[62]。だが、現在ではこの見解は学説上ほとんど支持されていない。その理由は、こ

の見解の理論上の欠陥にある。その欠陥とは、「相対的不能」という概念は事実の抽象化を前提とするものであり、事実をどのレベルまで抽象化するのかによって絶対的不能と相対的不能の範囲が異なってくるにもかかわらず、抽象化の基準を提示していないことである。たとえば、毒薬を飲ませて人を殺そうと思ったが、致死量に達していなかったため殺害するに至らなかったという事例でいうと、「致死量に至らない毒薬」を飲ませたという点に着目すれば絶対的

---

60) Carl Joseph Anton Mittermaier, Beiträge zur Lehre vom Versuche der Verbrechen, Neues Archiv des Criminalrechts, Bd. I, 1816/1817, S. 163 ff., 194 が、手段について絶対的不能と相対的不能を分けたことに端を発するとされている(もっとも、この文献ではまだ「絶対的不能」「相対的不能」という用語は用いられていない)。ミッテルマイヤーは客体の不能については不可罰としていたが(同書 S. 194 ff.)、その後、Albert Friedrich Berner, Lehrbuch des Deutschen Strafrechtes, 1857, S. 154 ff. によって客体の不能についてもこの区別が適用された。歴史的経緯については、西山富夫「ドイツ刑法思想の発展と未遂・不能犯(2)」名城法学 4 巻 3=4 号(1954 年)26 頁以下が詳しい。さらに、宗岡嗣郎『客観的未遂論の基本構造』(成文堂、1990 年)29 頁以下も参照。

本説は、ドイツでは 19 世紀に有力に主張されたが、20 世紀に入ってからは支持を失った。Robert v. Hippel, Deutsches Strafrecht, Bd. 2, 1930, S. 417 では「旧客観説」と名づけられ、当時にして既に過去のものとして扱われている。

61) 大場茂馬『刑法総論 下巻』(中央大学、1917 年)844 頁以下、勝本勘三郎『刑法要論 上巻(総則)』(明治大学、1913 年)177 頁、平井彦三郎『刑法論綱 総論』(松華書店、第 5 版、1935 年)450-451 頁。比較的最近では、内田文昭『刑法 I (総論)』(青林書院、改訂補正版、1997 年)267 頁が基本的に本説を支持する。

62) 知り得た限り、旧刑法時代の大判明治 40 年 3 月 26 日刑録 13 輯 280 頁に、はじめて「絶対的不能(の事実に非ざればなり)」という言葉が判文上登場した。現行刑法下では大判明治 43 年 5 月 19 日刑録 16 輯 883 頁が「絶対に其の目的を達し能はざる事実にあらず」という表現を用い、その後の大審院判例でも「絶対に……ではない」、「たまたま……であった」という表現が繰り返し用いられている。

最高裁時代に入ってからは、最判昭和 25 年 8 月 31 日刑集 4 巻 9 号 1593 頁が、「いわゆる不能犯とは犯罪行為の性質上結果発生の危険を絶対に不能ならしめるものを指す」という一般的定義を示しており、その後判例変更が行われていないことからすれば、判例は現在でも絶対的不能・相対的不能説を採用しているといってよいだろう。もっとも、最高裁判例の中にも具体的危険説に親和性があるとみられるものは存在する(最判昭和 51 年 3 月 16 日刑集 30 巻 2 号 146 頁)。また、下級審判例については、その時代の学説状況を反映して動きがみられ、昭和 20 年代後半以降は定型説あるいは具体的危険説的な判示をするものがかなりの割合を占めている。さらに、静岡地判平成 19 年 8 月 6 日判例タイムズ 1265 号 344 頁には、明らかに修正された客観的危険説の影響がみられる。

代表的な判例研究として、植松正「不能犯」『総合判例研究叢書 刑法(3)』(有斐閣、1956 年)122 頁以下、野村・前掲注 19)378 頁以下。学説史と結びつけたものとして、西山富夫「黎明期の不能犯判例史」『名城大学創立 20 周年論文集 法学編』(法律文化社、1966 年)54 頁以下、同「近代刑法理論の形成期における不能犯の学説および判例史」名城法学 19 巻 3=4 号(1970 年)1 頁以下。

不能となり、「毒薬」を飲ませたという点に着目すれば相対的不能になるが、どちらのレベルまで事実を抽象化すべきなのかがこの説からは明らかではないのである[63]。

　客観的危険説の課題は、絶対的不能・相対的不能説が抱えるこの問題をいかに克服するかにある。この問題を解決するアイディアとして客観的危険説の内部では様々な見解が主張されているが、アプローチ方法によって大きく3つに分けることができる。第1は、「裁判時までに明らかになった事情を基に科学的な危険判断をすれば危険を認める余地がなくなる」という命題を否定し、事実の抽象化を行わずに危険概念の成立する余地を探るものである。第2は、事実の抽象化の基準を示そうとするものである。最後に、結果不発生の原因を究明した上で、仮に存在していたとすれば結果を発生させたであろう事実を想定し、実際の事実がそのような仮定的事実に置き換わった可能性を問題にするものがある（修正された客観的危険説）。以下、この順にしたがって各見解の内容をみていくことにしたい。

第2款　客観的危険説の諸相
(1)　事実の抽象化を行わない見解
　このような立場を徹底するものとして、宗岡嗣郎と村井敏邦の見解がある。

　宗岡は、未遂犯においては結果が発生していない以上、すべての事情を考慮して事後的に判断すれば危険の存在する余地はなくなってしまうという考え方を批判し、「行為が結果に対して因果的でなかったとしても、吾々はそれが何故かという因果的理由を問うことができる」[64]として必然性と偶然性は区別できると主張する[65]。その区別の基準となるのが、「因果系列」という概念である。宗岡によれば、「可罰未遂（実在的危険性）は、結果発生の必要条件を備えていたにもかかわらず、別の因果系列（救助的因果系列）の偶然的介入によって、その充分性を欠落させたときにのみ存在し、反対に、結果発生の必要条件が当

---

63)　平野・前掲注9) 325頁。
64)　宗岡・前掲注60) 22頁。
65)　宗岡・前掲注60) 18頁以下、219頁以下、258頁以下。

該行為の因果系列の中になかった場合、すなわち、その因果系列において結果の不発生が必然的であった場合に、可罰未遂の存在が問題となる余地は全くない」[66]とされる。

しかし、この見解には、因果系列の切り分けの基準が明らかではないことに加え、複雑に事象が進行する現実世界においては、一見独立に進行していると思われる因果系列も実は相互に関係性を有しているということもありうるため、切り分けが困難なのではないかという問題がある[67]。実際、手段の拙劣さが被害者または第三者による犯行の阻止を招くということは往々にしてあるのであり、このような場合がどちらにあたるかを割り切ることは難しいであろう。また、帰結においても、この見解によれば、たとえば行為者が殺意をもって人に向けて拳銃を発射したが、銃口がずれていたために急所に命中せず死亡しなかった場合（必要条件の欠如）には不能犯となる一方で、狙われた人物がたまたま誰かに声をかけられて顔の向きを変えたことにより弾丸が急所に命中せず死亡しなかった場合（救助的因果系列の介入）には未遂犯になることになるが、耐え難い結論だと思われる。

また、村井敏邦は、事後判断といっても、裁判時までに明らかになった事実を基礎にしてその時の科学水準に基づいて行われるものであるから、結果発生の原因がすべて明らかになるわけではないとした上で、その「科学的不確実性」の限度で危険性を肯定し、未遂犯処罰を認めるべきだとする[68]。たとえば、「Aを狙ってピストルを射ったが、弾丸はAをかすめただけであったという場合」では、「ピストルの銃口が一定の方向を向いていても、弾丸は常に必ず同一軌跡を一点の狂いもなく通って目標に向かうわけではない。行為の状況に応じて許容されるズレの範囲がある」として、その「ズレ」の範囲で危険を認め

---

66) 宗岡・前掲注60) 22頁。具体的な適用については、同書293頁以下。本見解を支持するものとして、梅崎進哉『刑法における因果論と侵害原理』（成文堂、2001年）281頁以下。
67) 林陽一「不能犯について」『松尾浩也先生古稀祝賀論文集 上巻』（有斐閣、1998年）388頁。
68) 村井敏邦「不能犯」芝原邦爾ほか編『刑法理論の現代的展開 総論Ⅱ』（日本評論社、1990年）182-183頁。同様の方向性を示す見解として、井上祐司「不能犯」法学セミナー259号（1976年）102頁以下、中山研一『刑法の論争問題』（成文堂、1991年）128頁以下。

うるとするのである[69]。

　村井の見解の具体的帰結は以下の通りである[70]。まず、客体の不能については、客体が存在すると誤信していた場所のすぐ傍らに客体が現実に存在していたという例外的な場合を除いては、未遂犯は認められない。また、主体の不能の事例についても一律に不可罰とする。方法の不能については、①手段の効果について錯誤があった場合、すなわち、致死量に達しない青酸カリを飲ませて殺そうとした事例など、手段としての適性はあるが、量的に目的を達するに至らない場合、②用具の作用について錯誤があった場合、すなわち、勤務中の警察官から奪った拳銃で人を殺そうとしたが弾丸が入っていなかったような場合、③用具を取り違えた場合、すなわち、人を毒殺しようとして薬品棚から毒薬入りのびんを取り出したつもりでいたが、取り出したのは無害な薬品が入っていたびんであったような場合の3つに分類し、②の類型および③の類型についてはすべて不能犯だとする。これに対し、①の類型については、この種の行為は「量や程度を高めれば結果発生への可能性が強まり、いずれは結果が発生しうる」として、投与された量と程度によっては未遂犯が成立しうるとする。

　この見解に対しては、科学的不確実性という「事実解明の不完全さをなぜ未遂の危険として被告人に帰責してよいのかは明らかではない」[71]という批判がある。たしかに、鑑定方法が発達して事案解明の精度が高まるにつれて未遂犯の成立範囲が狭くなるというのは不合理であろう。また、この見解は殺人罪の実行未遂の形態を念頭に自説の適用方法を説明しているが、科学的不確実性という基準が他の場合にも適用できるのか疑問である。殺人罪のように結果発生の物理的な危険が問題になる場合には適用可能かもしれないが、たとえば、詐欺罪において欺罔行為を行ったが相手に見抜かれたため失敗したような場合や、禁制品を密輸入しようとしたが挙動不審などが原因で税関職員に発見されたような場合、結果不発生の原因は明らかであるため、未遂犯がおよそ成立しないことになりかねない。本見解の提示する基準は、危険概念を定める基準として成り立たないとはいえないと思われるが[72]、未遂犯の処罰根拠としての危険概

---

69)　村井・前掲注68）182頁。
70)　村井・前掲注68）176頁以下。中山・前掲注68）159頁以下もほぼ同様である。
71)　佐伯・前掲注25）91頁。

念を定める基準としては適切ではないといえよう。

　このほか、裁判時までに明らかになった全事情を資料とするが、危険判断の基準は一般人に置くことにより、危険概念の成立する余地を認めようとする見解もある[73]。だが、全事情をみた一般人が「危なかった」と感じるのは結果不発生の理由に確信が持てない場合であろうから、村井の見解と実際上の結論に差は生じないだろう[74]。同時に、この見解も、物理的な危険が問題となる場合には適用可能であろうが、自己または第三者の行為の介在が原因で結果が発生しなかったケースにも一貫して適用が可能かは疑問である。

(2)　事実の抽象化を行う見解

　現在の我が国でこのような主張をするものとして、前田雅英の見解を挙げることができるであろう。

　前田は、「客観的犯罪論を徹底すれば、危険性は、行為時に存在した全事情に加え行為後の事情まで含めて、事後的に、純科学的判断をすることになる……。しかし、事後的に見れば、『実際に結果が生じなかった理由』を見つけだすことはできるのであり、全ての未遂が、『未遂になるべくして未遂に終わった』ということで不能犯ということになりかねない」から、「危険性の有無は、実行時を基準に、裁判官が一般人の視点で科学的・合理的に判断」すべきだとする[75]。

---

[72]　井田・前掲注 9) 415 頁は、本見解の基準は正当防衛や緊急避難の前提としての危険を定める際には使用可能だとする。

[73]　曽根威彦『刑法総論』（弘文堂、第 4 版、2008 年）225 頁。同様の見解として、浅田和茂『刑法総論』（成文堂、補正版、2007 年）383 頁、内山良雄「未遂犯総説」曽根威彦＝松原芳博編『重点課題 刑法総論』（成文堂、2008 年）200 頁。

[74]　曽根・前掲注 73) 221 頁以下参照。財布を盗もうとして電車の乗客の上着の右ポケットに手を入れたが、財布は左ポケットに入っていたという事例の処理につき、曽根が窃盗未遂を認めるのに対し、村井はこれを否定するが、この結論の相違は危険判断の差に基づくものではない。曽根は、乗客の「直接的支配下にある財布（左ポケットに入っていた財布のことを指すものと思われる：筆者注）の占有侵害の危険性が発生していた」（前掲書 222 頁）ことを窃盗未遂が認められる理由として挙げているからである。ここでは、窃盗罪では、「行為者が狙った特定の財物」ではなく「財物の占有」を侵害客体として捉えることが未遂肯定の論拠となっている。仮に、侵害客体を前者のように理解するとすれば、曽根の提唱する危険判断の基準によっても本事例は不能犯となるであろう。

[75]　前田雅英『刑法総論講義』（東京大学出版会、第 6 版、2015 年）113 頁。

その上で、前田は、危険判断の基礎に置かれるのが、「一般人が認識し得た事情」か「実行行為時に存在した客観的事情か」という問いを立てる。その問いに対する答えは、その刑法総論の教科書の最新版では非常に不明瞭になっているが、「一般人から見れば警察官の人形の頭部に銃弾を撃ち込む行為」については不可罰とするようであり[76]、方法の不能の事例については、「危険性は、裁判官により一般人の視点から、公判廷において明らかにされた客観的事情を基礎に判断される」[77]としていることから、おそらく後者の立場を採用しているものと推測できる[78]。もっとも、死亡直後の人体に刀を突き刺したという広島高判昭和36年7月10日[79]の事案については「死亡直後の生死の限界の微妙な時間帯であれば、その時点での『危険性』は殺人未遂罪を構成するだけのものといえ」[80]るとし、また、勤務中の警察官から拳銃を奪って引き金を引いたが弾丸が入っていなかったという福岡高判昭和28年11月10日[81]の事案についても、「勤務中の警察官の銃には弾丸が込められている確率はかなり高く……たまたま当該ピストルに弾丸が込められていなかったとしても、警察官の所持するピストル一般として抽象化すれば危険性があるといえよう」として殺人未遂を肯定している[82]。

　この見解は、危険判断の資料を行為時の客観的事実に限定するというものであるが、具体的な適用の場面ではこの基準を修正し、行為時の客観的事実についても抽象化を認め、しかも抽象化の基準を提示していない点で絶対的不能・

---

76)　前田・前掲注75）113-114頁参照。
77)　前田・前掲注75）115頁。
78)　本章の初出論文で参照した版では、「危険性の有無は、実行行為時に存在した客観的事情を基に、実行時を基準に、裁判官が一般人の視点で科学的合理的に判断」すべきという明確な記述がみられた（前田雅英『刑法総論講義』（東京大学出版会、第4版、2006年）153頁）。ただし、同時に、「危険性判断という規範的判断においては、微細な具体的個別的事情まで問題にするのではなく、ある程度の抽象化が必要」だともしていた。
　なお、19世紀のフランスの刑法学者であるオルトランの学説にしたがい、行為時に現存した客観的事情を観察して結果発生の危険性がなかったといえる場合は不能犯とすべきだとするものとして、中野正剛「オルトランの未遂犯論」刑法雑誌55巻2号（2016年）230頁以下。
79)　高刑集14巻5号310頁。
80)　前田・前掲注75）115頁。
81)　判特26号58頁。
82)　前田・前掲注75）116頁。

相対的不能説と同様の問題があるといえる。また、仮に当初の基準を一貫させるとしても、なぜ行為時の客観的事実はすべて考慮する一方で行為後の事情は排除するのか、実質的な根拠が明らかでない。殺人のために毒入り菓子を郵送したという例で、発送前に毒が無害化していた場合は不能犯で、発送後に無害化した場合は未遂犯という区別に合理的理由があるとは思われない。「危険の存在する余地を作り出す」という便宜的な理由以外に実質的な価値判断に裏づけられた根拠を示せない限り、事実の抽象化の基準は恣意的にならざるを得ないであろう[83]。

(3) 修正された客観的危険説

この見解は、裁判時までに明らかになった事情を基に科学的な危険判断をすれば危険を認める余地がなくなるということを認める一方、危険判断の資料から一定の事実を排除するという手法で危険を認める余地を作りだすのではなく、現実の事実が仮定的事実に置き換わっていた可能性がどれだけあったかという形で危険判断を行うものである。

この見解を提唱した山口厚は、危険の有無は、結果が発生しなかった原因を解明し、事実がいかなるものであったら結果が発生し得たかを科学的に明らかにした上で、こうした結果惹起をもたらすべき仮定的事実がどの程度あり得たと考えられるかによって判断されるべきだとする[84]。そして、このような「仮定的事実の存在可能性」の判断は純客観的・科学的にはなし得ず、(科学的)一般人の観点からの判断でなければならないとし、未遂犯処罰を認めるために必要な可能性の程度は「相当程度の可能性 (そのような事実は十分にありえたと考えられる場合)」に限定されるべきだとする[85]。ただし、「具体的危険として処罰に値するのは、現実に存在する個別的な客体に対する現実の危険に限られるべき」だとして、客体の不能は不可罰にすべきだとする[86]。

この見解の特徴は、現実の事実の「あり得た事実」への置き換えという手法

---

83) もしかすると、本見解の趣旨は、裁判官が、行為時に存在した客観的事情をみた上で、国民の規範意識の観点から危険性を判断すべきだというものなのかもしれない。しかし、仮にそうだとしても、犯罪の成否の判断を国民の規範意識に関する裁判官の直観的判断だけに委ねるわけにはいかないであろう。

をとる結果、他の客観的危険説よりも未遂犯の成立範囲が広くなるところにある。たとえば、前出福岡高判昭和28年11月10日の事案についても、拳銃には現実には弾丸が入っていなかったにもかかわらず、通常は勤務中の警察官が携帯する拳銃には弾丸が込められているので、実弾が込められていることは十分にあり得たとされ、未遂犯が認められるとするのである[87]。そのため、修正された「客観的危険説」という名称にもかかわらず、方法の不能については、実際上、具体的危険説とほぼ同様の結論に至る。

　本見解に対しては、具体的危険説の側から、客体の不能を別扱いする根拠はないという批判がされている[88]。たしかに、この批判は妥当だと思われるが、この問題は本見解の危険判断の基準に内在するものではなく、あくまでも危険判断とは別個の限定基準を採用するか否かにかかわるものである。現に、本見解の支持者の中にも、客体の不能の場合にも同様に仮定的事実の存在可能性を

---

84) 山口・前掲注27) 165頁、同『刑法総論』（有斐閣、第3版、2016年）290頁。基本的にこれを支持するものとして、佐伯仁志『刑法総論の考え方・楽しみ方』（有斐閣、2013年）350頁、和田俊憲「未遂犯」山口厚編著『クローズアップ刑法総論』（成文堂、2003年）188頁以下。さらに、鈴木茂嗣『刑法総論〔犯罪論〕』（成文堂、第2版、2011年）192頁以下、内藤・前掲注27) 1273頁以下、西田典之『刑法総論』（弘文堂、第2版、2010年）310-311頁。

　なお、山中敬一『犯罪論の機能と構造』（成文堂、2010年）153頁は、「事後の危険とは、結果発生の現実的可能性の予測ではなく、初期条件や状況の可能な仮定的変更の経験的蓋然性とそれによる結果発生の可能性」であるとした上で、「仮定的事実」の存在可能性を問う前に、そもそも現実の事実が「別の事実」に置き換わる可能性があったかを問うべきだということを示唆する（同160頁）。しかし、未遂犯の成否との関係では、結果発生の方向への「事実の置き換わり」の可能性のみを問えば足りるのであり、結果発生の方向には向かわない事実も含め、およそ「別の事実」に置き換わる可能性を問うことには意味がない。また、その点を措いたとしても、仮定的事実の存在可能性の判断は、現実の事実が別の事実に置き換わる可能性の判断を当然含んでいるように思われる。

85) 山口・前掲注27) 165-166頁、同・前掲注84) 276頁。このような考え方の萌芽とみることができるものとして、柏木千秋「不能犯について」研修363号（1978年）8頁以下、藤木英雄『刑法講義総論』（弘文堂、1975年）267-268頁。

86) 山口・前掲注27) 167頁。ただし、山口厚「危険犯の理論・コメント①」山口厚ほか『理論刑法学の最前線』（岩波書店、2001年）201頁では、「現在においては、客体の不能事例を全面的に不可罰とする結論に固執してはいないが、実際上の処罰範囲の限定という点において、そうした『限定基準の併用』にもなお意義がないわけではないと考えている」としている。その後、同・前掲注84) 291頁では、さらに進んで、「客体の不能が直ちに不能犯となるわけではない」としている。

87) 山口・前掲注27) 171頁。

判断すべきだと主張する者も存在する[89]。したがって、本見解の当否を検討するためには、危険判断の基準そのものに着目しなければならない。

まず、この見解に対しては、「あり得た事実」を問題にすることは、現実の基盤を遊離した一般人の危険感を問題にするものだという趣旨の批判が他の客観的危険説から加えられている[90]。このような批判の背後には、法益主体たる行為客体に「現実の脅威」を及ぼさない行為に対してまで未遂犯を認めることは、結果無価値論の立場からは耐え難いという価値観が存在するように思われる[91]。山口が、「現実に存在する個別的な客体に対する現実の危険」を強調して客体の不能については未遂犯を認めるべきではないとするのにも同様の感覚がうかがえる[92]。しかし、修正された客観的危険説が採用する事実の置き換えという手法は、現実に存在した一定の事実を消し去って現実には存在しなかった世界の存在可能性を問うところに特徴があるのだから、客体に対する現実の脅威を問題にすることは、本見解の発想とは相容れないというべきである。したがって、前記の批判にもかかわらず本見解を支持するためには、未遂犯における「結果」の内容として、客体に対する現実の脅威を要求する必要がないということを正面から示す必要があるだろう。

---

88) 井田・前掲注9）415頁など。なお、客体の不能を一律に不可罰にすることには、客体の不能と方法の不能は明確には区別できないという問題もある。構成要件欠缺の理論の代表的主張者であるドーナは、結果、および行為が因果的影響を及ぼすことができる事情以外のすべての随伴事情の欠缺は未遂犯の成立を妨げるとし、客体の欠缺は未遂にあたらないとしたが、客体の欠缺と方法の不能を明確に区別することは難しいということを認めていた（Alexander Graf zu Dohna, Der Mangel am Tatbestand, in: Festgabe für Karl Güterbock, 1910, S. 46 ff. 参照）。ドーナは、苦心の末、特定の客体を狙ったが客体が欠如していた場合は未遂犯が成立せず、客体が存在すると思った特定の場所を狙ったがそこに客体が存在しなかった場合は未遂犯が成立するという区別基準を示したが（同書 S. 62 ff.）、特定の場所を狙う場合でも究極的には客体を狙っているのだから、説得力のある区別基準とはいえないだろう。ドーナの見解に対する批判として、牧野・前掲注59）1頁以下、特に47頁以下。
89) 佐伯・前掲注84）351-352頁、鈴木・前掲注84）194頁。
90) たとえば、中山・前掲注68）162-163頁。
91) 内藤・前掲注27）1275頁が、修正された客観的危険説を支持しつつ、「現実に存在した事実（手段）は、無限定なものではなく、客体に有形の事実的作用を及ぼし、結果発生に効果をもちうる物的性質をもつことが必要」とするのも、そのような趣旨と理解することができよう。
92) さらに、具体的危険説の立場からではあるが、平野龍一「未遂犯」法学セミナー 139号（1967年）48頁以下参照。

次に、修正された客観的危険説には、置き換えの対象となるべき仮定的事実の範囲が無限定だという問題がある[93]。硫黄による殺人企行の例でも、仮に行為者が犯行の直前まで青酸カリを用いる方法との間で迷っていた場合、現実に行われた硫黄を飲ませるという行為が青酸カリを飲ませるという仮定的行為に置き換わっていた可能性を問うことを原理的には排除できないはずである。しかし、現実に行われた行為とは同一性を有しない別個の行為が行われていた可能性を理由に未遂犯処罰を認めることは、現実の行為の意味を無視することになり不当であろう。

　そこで、仮定的事実への置き換えの範囲を制限する試みもある。林陽一は、結果の有無に影響を及ぼすにもかかわらず、人間の認識能力または制御能力の及ばない事情について「運を天に任せ」て行為した場合には、現実にはその事情が結果不発生の方向に作用したとしても処罰することが妥当だという考慮から、仮定的事実へ置き換えられるべき事情の範囲を、人間のコントロールが及ばないものに限定すべきだとする[94]。林によれば、人間がコントロールすることが不可能な事情は以下の3つに分類される[95]。すなわち、①事後に判明した事情を加えた、全人類の認識能力を基準にしても認識が及ばない事情、②認識が可能であっても人間の制御能力が及ばない外界事情、③認識した外界の事情に対応して自己の行為を制御することが、極めて微妙であるために不可能であるような事情の3つである。この考え方によれば、置き換えの範囲が上記の3つの場合に限定される結果、置き換えの対象となるべき仮定的事実の範囲も限定されるといえる。

　しかし、この見解は、結局、裁判時に認定できる事情はすべて危険判断の資料として固定するという見解にほかならないのであり（現実には「全人類の認識能力」を基準にすることはできないから、裁判所の認識能力が基準になることになろう）、「科学的不確実性」の範囲で未遂犯を認める見解と同様に、なぜ認定の可能性によって未遂犯としての処罰の可否が決せられることになるのか明らかではな

---

93) この点を指摘するのは、松生建「具体的危険犯における『危険』の意義（2・完）」九大法学49号（1985年）50頁。
94) 林・前掲注67）392頁以下。
95) 林・前掲注67）392-393頁。

いという問題がある。また、「運を天に任せ」て行為してはならないという規範的考慮については首肯できるとしても、その「運」にかかわる部分を「事後に判明した事情を加えた、全人類の認識能力を基準にしても認識が及ばない事情」等に限定して危険の成立範囲を狭める根拠が明らかではない。現に、林は、不能犯が問題となる事例を解決する際に、自説の基準を一貫せずに、未遂犯の成立範囲を拡張させている[96]。このことからも、不能犯と未遂犯を区別する基準としては、前記の基準を採用し難いことは明らかだといえよう。

そもそも、修正された客観的危険説の特長は、結果不発生の原因となった現実の事実の代わりに架空の事実が存在した可能性を問うという発想の転換により、抽象化すべき事実の選別という問題を回避した点にあった。にもかかわらず、現実に存在した事実の中から置き換えの対象となる事実とそうではない事実の選別をすることは、事実の抽象化の問題を再び持ち込むことになり、本見解の発想と矛盾するということができる。

したがって、置き換えの対象となるべき仮定的事実の範囲を定める基準は、本見解からは出てこないというべきであろう[97]。せいぜい、行為を置き換える場合には、「現実の行為と時間・場所・態様において同一性の範囲内にある」ものに限られるという制約がなされるにすぎないことになる[98]。しかし、そのような制約は本見解から必然的に導かれるものではない。この問題は、未遂犯の成否との関係で、現実に行われた行為にどのような意味を持たせるのかということが示されない限り、解決できないと思われる。

第3款　小　括

客観的危険説には、以上でみたように様々なヴァリエーションがある。このうち、事実の抽象化を否定し、科学的不確実性の範囲で危険を認める見解は、

---

96) 林・前掲注67) 399頁以下参照。
97) 内藤・前掲注27) 1275頁は、用いられた手段の「性質」は置き換えの対象にならないとするが、客体に対する有形の事実的作用を要求するのであれば、純粋な客観的危険説を採用すべきであろう。
98) 和田・前掲注84) 201-202頁。さらに、林・前掲注67) 401頁。

1つの徹底した立場ではあるが、未遂犯の処罰根拠としての危険を定める基準としては不適切であった。他方で、現実の事実のうちの一部を抽象化する考え方は、抽象化の基準の実質的根拠を示すことができておらず、その限りで、恣意的だといわざるを得ない。

　これに対し、修正された客観的危険説は、結果不発生の方向に働いた現実の事実が、存在していれば結果発生の方向に働いたであろう他の事実に置き換わった可能性を問うことにより、恣意的な事実の選別という問題を回避した点で巧妙な見解だといえる。結論を先に示せば、修正された客観的危険説は、未遂犯の処罰根拠としての「危険」の判断基準としては、基本的に支持できるものと思われる。

　だが、この見解も、法益主体たる行為客体に対する現実の脅威を度外視することになるのではないかという趣旨の批判にさらされており、それに対する応答が必要であった。また、置き換えの対象となる仮定的事実の範囲が無限定であるため、現に行われた行為とは別個の行為の仮定を排除するための内在的制約がなく、現実の行為の意味が無視されるおそれがあるという問題を抱えていた。

　しかし、前者の批判については、後述するように、あらゆる犯罪の未遂犯の処罰根拠を統一的に理解するためには、むしろ行為客体に対する現実の脅威は考慮すべきではないという反論が可能だと思われる。また、後者の問題については、未遂犯は行為者が犯罪を実現しようとしたが失敗した犯罪だということに着目し、行為者の犯行計画を考慮することで解決できるものと考える。

　以下では、これまでの検討と内容が重複する部分もあるが、不能犯論における危険判断の基準に関する筆者なりの考え方を示すことにしたい。

第4節　私　見

第1款　起点としての規範違反行為

　不能犯論における危険概念を検討するにあたっては、未遂犯の構造をまず踏

まえる必要がある。我が国では、未遂犯と具体的危険犯を同視し、両者の危険概念は同一だという前提に立つ考え方が有力である[99]。しかし、未遂犯は具体的危険犯とは異なり、主観面が客観面を超過した犯罪である。具体的危険犯は行為者に具体的危険の認識があれば足りるのに対し、未遂犯は行為者に危険の認識があるだけでは成立しない。このことから、未遂犯においては、行為者が有していた既遂との関係での故意が処罰根拠論に矛盾なく組み込まれなくてはならない。

　この点に関し、未遂犯においても故意を違法要素としない結果無価値一元論には無理がある。なぜなら、この立場は、未遂犯における既遂の故意を責任要素だとするが[100]、結果発生の客観的危険だけが違法性を基礎づけるのであれば、故意の内容もこれに対応した認識だけで足りるはずであり、なぜそれを超えて超過的な主観的要件が要求されるのか明らかではないからである。そこで、理論的に徹底した立場は、未遂犯における故意は危険故意に解消されるべきだとする[101]。しかし、それでは既遂結果を最初から惹き起こすつもりがない場合でも未遂犯が成立しうることになり、処罰範囲が広がるだけでなく、刑法43条の「犯罪の実行に着手して」という文言と整合しないのではないかという問題が生じる。なぜなら、既遂結果発生の認識がないのに、当該犯罪の実行に着手したというのは無理があるように思われるからである。

　少なくとも未遂犯においては、故意を主観的違法要素とみる見解が妥当だといわなければならない。そうすると、故意が未遂犯の違法性に影響を与える根拠が問題になるが、既に具体的危険説を検討した際に述べたように、行為の客観的危険性と関係づける説明は妥当とはいえない。私見では、行為者が、現実に存在すれば結果を発生させるような事実を表象したにもかかわらず、結果実現に向けて行為をした点に故意犯の行為規範違反性を認める行為無価値論からの説明がこのことを最も整合的に説明できると考える[102]。したがって、この

---

[99] 山口・前掲注27) 4-5頁。このような考え方の問題点については、序章で論じた。
[100] 内藤・前掲注27) 1229頁など。
[101] 中山・前掲注68) 79頁。
[102] このように考える結果、行為者の主観面は行為の危険性に影響を与える限りで主観的違法要素となるという限定がかからないことになるから、既遂犯においても故意を主観的違法要素だと考えるべきだということになる。

限りで、行為規範論を前提にした具体的危険説の発想は妥当であるといえる。しかし、具体的危険説には、一般人の法則的知識を基準に危険判断を行うことや、危険判断の資料を行為者の認識していた特殊事情と一般人の認識し得た事情に限定することによる判断の不明確性の問題があり、支持できないことは既に指摘した。

　行為規範論を前提としつつ、具体的危険説の不明確性の問題を克服する方法は2つ考えられる。1つは、行為規範論の考え方を徹底して主観説に向かう方法である。もう1つは、未遂犯の処罰範囲を限定する手段を行為時の一般人による判断に求めるのではなく、裁判時を基準とした危険判断に求める方法である。

　このうち、主観説を採用するという選択肢は、既に序章で指摘した通り、我が国では旧刑法時代から客観的未遂論が実務を一貫して支配してきたため現実的ではないことに加え[103]、解釈論上も採用することが困難である。なぜなら、我が国では未遂犯は刑が任意的に減軽されるにとどまり、ドイツ刑法典23条3項のように「著しい無分別」に基づく不能未遂について特別に刑の減免を定める規定がないため、迷信犯を除きすべて可罰的な未遂犯を認める主観説はあまりにも酷だからである。また、抽象的危険説についても、未遂犯の成立が広すぎるという問題があるほか、既に指摘したように、危険判断の資料の設定の際に行為者の法則的知識が取り込まれるおそれがあり[104]、他方で、判断資料の設定と危険判断そのものとを分けると具体的危険説と同様に危険判断が困難になるという問題がある。

　したがって、現実的かつ妥当な選択肢は、行為規範論を前提にしつつも、処罰範囲を合理的に制約するために、裁判時を基準とした危険判断を採用することだと思われる。体系論的にいえば、未遂犯においても、行為規範違反性とともに「結果」が必要だというのが筆者の立場である。

---

103) ただし、判例で不能犯が認められた例は極めて少ない。原口伸夫「不能犯論についての若干の覚え書」『刑事法学の新展開』（八木國之博士追悼論文集、酒井書店、2009年）57頁は、「実際に起訴された事案に限っていえば、わが国の判例の事案の処理は、その結論においては、（限定）主観説を基調とする諸外国の処理と『著しく』相違するとまではいえないように思われる」とする。
104) 前掲注59) 参照。

第2款　未遂犯における「結果」の意義

　危険判断の方法の検討に入る前に、未遂「結果」の意義について考察したい。これにより、未遂結果の内容をなす危険の判断方法としてどのようなものを採用すべきかについての方向性が得られると思われるからである。

　まず、大前提として確認すべきなのは、未遂犯の処罰根拠たる危険は、構成要件的結果との関係で問題となるのであり、必ずしも法益侵害結果との関係で問題となるわけではないということである。未遂処罰規定は、個人的法益に対する罪だけではなく、社会的法益および国家的法益に対する罪にも置かれており、また、侵害犯だけではなく危険犯にも置かれている。未遂結果の内容は、これらを統一的に説明できるものでなければならないことに注意する必要がある。この点が、法益侵害の具体的危険を内容とする具体的危険犯とまったく異なるところである。したがって、仮に具体的危険犯における危険結果については、法益主体たる行為客体に対する現実の脅威といったものを考慮すべきだとしても、未遂結果には同様のことはあてはまらない。

　未遂犯の構造からみても、未遂結果の内容として法益主体に対する現実的脅威が要求される必要はないと考える。未遂犯は具体的危険犯とは異なり、行為者が犯罪を実現しようとしたにもかかわらず、それに失敗した犯罪である。行為者が生じさせようとしたのは「結果発生の危険」それ自体ではなく、あくまで「既遂結果」である。また、刑法が行為規範を提示することによって抑止しようとするのも既遂結果を発生させる行為である。だとすれば、未遂結果の内容も既遂結果発生の抑止という観点から定められるべきであり、それ自体単独で処罰を基礎づけうるような実害に近い現実性を帯びた危険に固執すべきではない。そのような狭い危険概念を採用したのでは、未遂犯処罰規定が、既遂結果の抑止（ひいては、それを通じた法益の保護）の効果を十分にあげることができないからである。未遂結果の内容は、規範による一般予防の合理的制約という将来の犯罪予防の観点から定められるべきである。つまり、既遂結果が発生しなかったにもかかわらず、将来の犯罪抑止という一般予防の必要性からみて処罰が必要な状態が、未遂犯における「結果」だと考えるべきである。

　この点で、林幹人が、結果としての危険の判断を「裁判時に立ってなされる事後的な判断ではあるが、問題の事実そのものについての科学的判断（そのよ

うな判断からは危険はつねに否定されかねない）ではなく、また、一般人の判断でもない」とし、「法益保護のための一般予防」の観点から、「結果としての危険は、将来同一の状況（最も思慮深い人間にとって認識可能な事実が同一の状況）に置かれた行為者が法益を侵害しようとして行為するならば、今度は法益侵害に必要な要素が加わり、法益侵害を引き起こしてしまう可能性が高いと判断される場合に認められる」[105]としているのは、危険犯にもあてはまるかどうかはともかく、未遂結果の内容との関係では妥当であるといえる。しかし、「将来同一の状況（最も思慮深い人間にとって認識可能な事実が同一の状況）」というのが具体的に何を指すのかが明らかでなく、この基準をそのまま用いることはできない。このような判断資料を設定した上での可能性判断という迂遠な方法をとるのではなく、むしろ端的に、再び同様の犯行計画に基づく行為が行われた場合に結果が発生する可能性を問うべきであるように思われる。

第3款　危険判断の方法

　このような未遂結果の意義に関する理解からは、結果不発生の原因となった現実の事実が結果発生の原因となるような仮定的事実に置き換わっていた可能性を問う修正された客観的危険説の基準は、基本的に妥当である。なぜなら、この判断公式は、「同様の行為が別の機会に行われれば結果が発生するであろうか」という犯罪予防の必要性の見地からの判断に最も適しているからである（念のため付言するが、修正された客観的危険説を採用すると、本書のような未遂犯の理解に必然的に至ると主張しているわけではない）。

　しかし、現実の事実に置き換えられるべき仮定的事実は、行為者の犯行計画に取り込まれていた事情に限定されるべきである[106]。本書の理解からは、将来、同様の犯行計画に基づく行為が行われた場合に、結果が発生することがありうるのかが未遂犯処罰の関心事だからである。したがって、行為者が犯行準備段階で硫黄による殺害と青酸カリによる殺害の間で選択を迷っていたとして

---

105)　林幹人『刑法総論』（東京大学出版会、第2版、2008年）362-363頁。
106)　同様に、置き換えの範囲を限定する際に行為者の主観面を考慮しているとみられる見解として、小林憲太郎「実行の着手について」判例時報2267号（2015年）9-10頁。

も、硫黄による殺害を選択して実行した場合には、青酸カリの使用は計画から排除されたのであるから、これによる殺害への置き換えは許されないというべきである。これに対し、青酸カリで殺害をしようと計画したが、取り違えて砂糖を飲ませたという場合、現実の事実に置き換えられるのは、犯行計画に取り込まれた「青酸カリ」を飲ませる行為であり、そのような事実が存在した可能性が認められるかによって、未遂犯と不能犯が区別されることになる。また、ある薬品棚に置いてある2つのびんのどちらにも致死的な毒性を持つ薬物が入っていると思い込み、特に考えもせずに1つのびんを手に取ったところ、そのびんには砂糖が入っていたという場合にも、致死的な毒性を持つ薬物の入ったびんを手に取っていた可能性が否定できない限りで、同様に殺人未遂が認められる。

　以上のような判断の際、どの程度の可能性が必要かは純粋な確率論で定めることはできない。未遂犯と不能犯の区別という規範的な問題を数学的な確率で割り切ることはできず[107]、人の行為が介在する場合には確率計算自体ができないからである。事後的見地からの規範による一般予防の合理的制約という本章で示した未遂結果の意義の理解からは、「相当程度の可能性（そのような事実は十分にありえたと考えられる場合）に限定」[108]すべきではなく、同様の犯行計画に基づく行為が行われた場合には、結果が発生するおそれがあるという程度で足りるというべきであろう。

　具体的な事案の処理の手順は次の通りである[109]。まず、現実に行われた行為を科学的・専門的な見地から観察し、犯行計画との間で事実をどう置き換えても結果が発生しない場合には不能犯となる。硫黄による殺人企行の場合、科学的にみて硫黄では決して人を殺すことができないのであれば、硫黄による殺人を計画していた行為者の犯行計画との間で事実をどう置き換えても結果は発生しないといえるから、不能犯となる[110]。次に、現実の事実が犯行計画に取

---

107) 奥村・前掲9) 120頁は、直接は村井の見解に対する批判としてではあるが、「6連発銃に1発だけ弾丸を込めて適当に弾倉を回転させ、人に向け引き金を1回引いたが弾丸が発射されなかったというような場合」につき不能犯を認めるのは不当だとする。
108) 山口・前掲注27) 166頁、和田・前掲84) 199頁。
109) 類似の考え方は、藤木・前掲注85) 267-268頁にみられる。

り込まれていた事実に置き換われば結果が発生するような場合、そのような事実の存在可能性が問われることになる。

　もっとも、このように置き換えの対象となるべき仮定事実の範囲の限定を行うと、通常の修正された客観的危険説と比べて判断が窮屈になるという指摘も想定される。たとえば、行為者が致死量の空気を注射したつもりだったが、実際には致死量以下だった場合、「致死量の空気」という犯行計画上の事実の存在可能性が問題となり、通常の修正された客観的危険説では置き換えの対象となる被害者の健康状態が取り込まれないようにも思われるからである。しかし、行為者はその量で被害者を殺せると考えているのであるから、致死量は個体によって差がある以上、被害者が「その量で死ぬような人」であった可能性を問うことはできるように思われる。また、都市ガスで心中を試みたが都市ガスは天然ガスであるため、一酸化炭素による中毒死のおそれはなかったという事案につき、裁判所は、ガス爆発や酸素欠乏症の危険を捉えて未遂犯を肯定したが[111]、私見では、ガス爆発や酸素欠乏症は行為者の犯行計画に取り込まれていないため、これらによる死亡の可能性を問えないのではないかという問題も起こるようにも思える。しかし、行為者は都市ガスで心中しようと考えており、「死ぬまで都市ガスを放出し続ける」つもりだったのだから、「（ガス爆発や酸素欠乏症による死に至るまで）そのままガスが放出され続けた」という仮定的事実の存在可能性を問うことは可能であろう。

　以上のような基準には不明確さも認められ、具体的危険説と大差ないのではないかという指摘もありうると思われるが、具体的危険説とは異なり、科学的・専門的知識による判断を矛盾なく取り込めること、危険判断の資料が限定

110）もっとも、厳密にいえば、行為者は、投与した硫黄の量で被害者を殺害できると思ったからこそ、そのような行為を実行に移したのであろう。そのように考えた場合、本文中で次に述べる空気注射事例のように、「致死量の硫黄が投与された可能性」および「実際に投与された分量で死亡するような健康状態または体質であった可能性」を問うことは可能である。そして、結論として、いずれも否定されることになろう。迷信犯の場合も、同様に考えることはできる。すなわち、「当該呪術が他人を死に至らしめるような方法で行われた可能性」や「当該方法の呪術によって死亡するような健康状態または体質であった可能性」を問うことは一応可能である。しかし、このような説明は、論理的には厳密であってもあまりにも迂遠であるため、本文のように記した。

111）岐阜地判昭和62年10月15日判例タイムズ654号261頁。なお、類似の事案として、大阪地判昭和43年4月26日判例タイムズ225号237頁がある。

されずに、裁判官が、裁判で認定された事実と行為者の犯行計画を照らし合わせた上で判断を行えることの2点で、同説より優れていると思われる。

なお、未遂犯の成立要件として結果発生の可能性が要求される根拠を専ら一般予防の必要性に求める私見に対しては、未遂減軽が任意的であることとの関係で、次のような批判がある。

> 「未遂における裁量的減軽は、処断刑の段階差の最小単位である。既遂と未遂には、現行刑法上、類型的に最小単位の違法性の違いしか認められていないのである。未遂処罰の基礎を一般予防の必要性のみに求めると、一般予防の必要性は既遂も共通であるから、既遂における法益侵害は既遂と未遂の小さな差のみを基礎づけるものに縮減されてしまう。すなわち、既遂において、法益侵害に対する応報非難と一般予防の必要性とのバランスが悪くなり、予防偏重の刑法になってしまう。」[112]

しかし、私の理解では、不能犯論とは、未遂犯として処罰可能な最低限のラインをどこに求めるかということをめぐる議論である。その最低限のラインを超えて未遂犯の成立が認められるものの中には、量刑上重く評価されるべきものもあれば、軽く評価されるべきものもある。そして、その際、私見によっても、応報的非難の要請は当然考慮されうる。任意的減軽は、たしかに「処断刑の段階差の最小単位」ではあるが、同時に、たとえば既遂の法定刑が有期自由刑の場合には、その長期および短期を2分の1にまで減ずることができる効果を持つものである。したがって、未遂犯処罰を基礎づける最低限の部分を専ら予防的考慮から導いたからといって、必ずしも予防偏重ということにはならないように思われる。

第4款　判例の事案へのあてはめ

不能犯が実際に争点となった事案のうちのいくつかについては既に言及したが、それ以外の代表的な裁判例についても、私見から検討を加えたい。

---

[112] 和田俊憲「不能犯の各論的分析・試論の覚書」『刑事法・医事法の新たな展開　上巻』（町野朔先生古稀記念、信山社、2014年）237頁。和田は、このような認識を前提に、一般予防の必要性が高い犯罪類型（領得罪や放火罪が例に挙げられている）においては、応報非難の要請に対して予防の要請が優位するため、他の犯罪類型よりも未遂犯の成立範囲を広く認めてよいのではないかという試論を提示する（同書238頁以下）。

(1) 客体の不能の例

　客体の不能にあたる例のうち、いわゆる懐中無一文事例に関する大判大正3年7月24日[113]はどのように評価されるべきであろうか。同事案は、墓地を通行中の人を後ろから引き倒して懐中物を強取しようとしたが、懐中物を所持していなかったという事案であった。大審院は、次のように述べて強盗未遂罪を認めた。

> 「通行人が懐中物を所持するが如きは普通予想しうべき事実なれば之を奪取せんとする行為は其の結果を発生する可能性を有するものにして実害を生ずる危険あるを以て行為の当時偶々被害者が懐中物を所持せざりしが為め犯人が其奪取の目的を達する能はざりしとするも……未遂犯を以て処断するに妨げなきものなるを以て被害者……が懐中物を所持し居たると否とは強盗未遂犯の構成に何等影響を及ぼすものに非ず」

　本件では、行為者は、被害者が懐中物を所持していたと誤認していたことから、私見にしたがえば、そのような事実の存在可能性が問われることになる。たとえば、本件通行人がたまたま所持品を自宅に置き忘れたため、または、その日は所持品を携行する必要を感じなかったために何も携帯していなかったような場合には、強盗未遂が認められることになろう。これに対し、仮に本件通行人が散歩中は懐中物を所持しない習慣があった場合については、懐中物の所持という仮定的事実の存在可能性は認められないから、不能犯になるのではないかという指摘がある[114]。しかし、仮に、行為者が、墓地の中に潜んで強盗のタイミングを狙っており、たまたま絶好のタイミングで通りかかったのが本件通行人だったという場合は、「散歩中は懐中物を所持しない習慣を持ち、実際に行為時も懐中物を所持していなかった本件通行人」が「懐中物を所持していた通行人」に置き換わった可能性を問うことができるように思われる。また、行為者がとっさに強盗を思いついた場合についても、強盗の客体は誰でもよかったというのであれば、同様の可能性を問うことができるであろう。一方、

---

113) 刑録20輯1546頁。金員をすり取ろうとしたが、狙った場所にそれが存在しなかった事例として、大判昭和7年3月25日法律新聞3402号10頁、東京高判昭和28年9月18日判特39号108頁、福岡高判昭和29年5月14日判特26号85頁がある（いずれも窃盗未遂を肯定）。
114) 和田・前掲注112) 232頁。

行為者が本件通行人という特定人物のみを狙っており、かつ、同人が散歩中は常に懐中物を所持しない習慣を持っていた場合には、前記指摘はあてはまるように思われる。だが、そのような事例は稀であろう。

次に、窃盗の目的物が存在しなかった事案に関する、大判昭和21年11月27日[115]をみてみよう。本件は、石鹸を窃取する目的で他人の物置内に侵入して物色をしたが、発見できなかったという事案である。大審院は、次のように述べて窃盗未遂罪を認めた。

「窃盗犯人が窃盗現場で窃盗の目的物を物色捜索すれば、それは窃盗に着手したのであり、その結果目的物不発見のため窃取を遂げなかつたと云ふならば、それは正に窃盗未遂罪を構成する。さうしてこのことはその目的物不発見と云ふことが目的物の不存在に原由すると、将又其の他如何なることに原由するとを問ふ必要はないのであるから、本件の場合に於ける目的物の不発見がたとへ……目的物の不存在に原由していたとしても、更にその不存在なる事実が如何なる事情に基くかとか、或は何時からの事実であるかと云ふが如き点に至っては、尚のこと究明するの必要はない。」

本判決は、窃盗の目的物が存在せずとも、また、目的物が存在しなかったのがいかなる事情に基づくものであったとしても、窃盗未遂罪は成立するとしている[116]。しかし、私見からは、目的物が存在していた場合には不発見の理由が、また、目的物が存在していなかった場合にはその不存在の理由が、仮定的事実の存在可能性の判断の前提として重要となる。目的物が存在しなかった例で考えると、本件物置には通常石鹸が置かれていたが（または、いずれ置かれる予定であったが）本件当時にはたまたま置かれていなかった場合には、窃盗未遂罪が認められる。これに対し、本件物置が石鹸など置かれるはずのない場所であった場合には、不能犯となろう。ただし、行為者が、石鹸以外の財物を窃取することも排除していなかった場合には、本件物置内の財物に対する窃盗未遂罪が成立するであろう。

客体の不能の類型の中でも特にその当否について争いがあるのが、殺人未遂罪に関する広島高判昭和36年7月10日[117]である。本件は、XがなかまのYに

---

115) 刑集25巻55頁。
116) 米を窃取しようとして米びつの蓋を開いたが米が存在しなかった場合に窃盗未遂罪を認めた例として、東京高判昭和24年10月14日判特1号195頁。
117) 高刑集14巻5号310頁。

加勢するため、Yに拳銃で撃たれて倒れているAの胸部に日本刀を突き刺したが、その時点ではAは医学的にみれば既に死亡していたという事案である。広島高判は、次のように述べて殺人未遂罪を認めた。

> 「被害者Aの生死については専門家の間においても見解が岐れる程医学的にも生死の限界が微妙な案件であるから、単に被告人Xは加害当時被害者の生存を信じていたという丈でなく、一般人も亦当時その死亡を知り得なかったであろうこと、従って又被告人Xの前記のような加害行為によりAが死亡するであろうとの危険を感ずるであろうことはいづれも極めて当然というべく、かかる場合において被告人Xの加害行為の寸前にAが死亡していたとしても……行為の性質上結果発生の危険がないとは云えない。」

本判決は、具体的危険説的な理由づけを用いて殺人未遂罪の成立を肯定しているが、私見では、「行為者が刀を突き刺した時点で被害者がまだ死亡していなかった可能性」、より正確にいえば、「死亡時点が遅れていた可能性」および「刀を一瞬早く突き刺していた可能性」が問われることになる。本件事情の下ではそのどちらも認められるであろう。これに対し、たとえば、他人の通夜に乱入し、「こんな茶番が信じられるか。ぶっ殺してやる」と叫びながら棺桶内の死体を刀で突き刺したという事例[118]では、同所に置かれていた死体が行為時に生体であった可能性はおよそなかったといえるから、不能犯となる。

最後に、客体は存在したものの、当該客体の性質上犯罪実現が不能であった場合に関する広島高判昭和45年2月16日[119]を取り上げたい。本件は、路上に駐車中の自動車を窃取するために、電気の配線を直結させる方法によって同車のエンジンを始動させようとしたが、バッテリーの電池が切れていたために成功しなかったという事案である。広島高裁は、次のように述べて窃盗の不能犯にはあたらないとした（罪名は事後強盗による強盗致傷）。

> 「いわゆる不能犯とは犯罪行為の性質上結果発生の危険を絶対に不能ならしめるものをいうのであって……路上に駐車中の自動車は、故障などのような特段の事情がない限り通常、被告人がしたように電気の配線を直結にする方法によって、エンジンキーを使わないでもその自動車のエンジンを始動させて運転しこれを盗み出すことが出来るものと認められるから、たまたま、窃取の目的とした特定の自動車が故障していたため、前記の手段によってはエンジンを始動させることが出来なかったとしても、その行為の性質上自動車盗取の結果発生の危険がある以上、不能犯ということはできない。」

---

118) 井田・前掲注9）412頁から着想を得た。
119) 判例時報592号105頁。

本件自動車は、犯行前日にたまたま故障を起こし、修理に出すまでの間、被害者が駐車のために日頃用いていた本件犯行現場に置かれていたものであった。そうすると、犯行当時に本件自動車が故障していなかった可能性は十分にあったといえるから、窃盗未遂は認められる。議論を少し一般化すると、停車中の自動車の窃取を本件と同様の方法で試み、同様の原因で失敗した場合、未遂犯の成否を論じる上で、以下の2つの可能性が問題となりうる。1つは、「当該自動車が故障していなかった可能性」であり、もう1つは「当該犯行現場に故障していない自動車が停車していた可能性」である。このどちらの可能性も認められない場合は不能犯となる。たとえば、エンジンが故障した自動車ばかりが置かれている自動車解体工場の敷地内の駐車場の自動車を本件と同様の方法で窃取しようとする場合がこれにあたろう。

(2) 方法の不能の例

　方法の不能の類型のうち、人を殺す目的で致死量不足の毒物等を投与した事例[120]の処理については、空気注射事件を例に既に述べた通りである。この種の事例では、「被害者が致死量の毒物を摂取した可能性」および「被害者が当該分量で死に至る健康状態だった可能性」が問われることになる。ただ、多くの事例では、行為者が被害者に摂取させた毒物の量が一般的な致死量に至るまで増加していた可能性は認められにくいから、主に後者の可能性が問題となる。科学的にみても致死量には一定の幅があるから、極端な分量不足の場合を除けば未遂犯が肯定されるであろう。

　これに対し、同じく犯罪実現のために用いる物質の分量が不足していた事例でも、客体側の状況が異なっていた可能性を考慮できない場合がある。最決昭和35年10月18日[121]は、まさにそのような事案であった。本件は、行為者が、覚せい剤の製造を企て、それに用いた方法は適切であったが、その工程中において使用した薬品の量が必要量以下であったため成功しなかったという事案で、

---

120) 前出最判昭和37年3月23日のほか、大判大正8年10月28日法律新聞1641号21頁、大判昭和15年10月16日刑集19巻698頁、最判昭和27年8月5日最集刑67号31頁など。
121) 刑集14巻12号1559頁。

製造罪の未遂を認めたものである。裁判所の認定によれば、問題の薬品を 2 倍量ないし 3 倍量用いれば覚せい剤の製造が可能であったということである。

> 「いやしくも覚せい剤の製造を企て、それに用いた方法が科学的根拠を有し、当該薬品を使用し、当該工程を実施すれば本来覚せい剤の製造が可能であるが、ただその工程中において使用せる或る種の薬品の量が必要以下であったため成品を得るに至らず、もしこれを 2 倍量ないし 3 倍量用うれば覚せい剤の製造が可能であったと認められる場合には、被告人の所為は覚せい剤製造の未遂犯をもって論ずべく、不能犯と解すべきではない。」

この事案では、毒物投与の例とは異なり、投与量以外の事情の変化によって結果が発生するような状況を想定することが難しい（もちろん、気温や湿度などによっては、製造が成功するのに必要な薬品の量が変化する余地もあるかもしれないが、そのブレの範囲は極めて小さいであろう）。したがって、覚せい剤の製造に成功するために必要な分量の薬品が投入されたことがあり得たかという点のみが問われることとなる。

焦点は、実際に使用された分量の薬品が投入された経緯である。本件ではどのような事情があったかは不明であるが、行為者が何らかの（誤った）根拠に基づいて自ら使用量を決定していた場合には、不能犯とならざるを得ないように思われる。仮に、「行為者が覚せい剤の製造に成功する量の薬品を使用することを決定していた可能性」を問うとすると、前に検討した「硫黄による毒殺」と「青酸カリによる毒殺」の間で前者を選択して実行した事例についても、「青酸カリによる毒殺を決定していた可能性」を問うことを否定する理由がなくなるであろう。これに対し、薬品の入手先の意思または都合で当該使用量に相当する量の薬品しか提供されなかった場合や、行為者が何の考えもなく適当なさじ加減で薬品を投入した場合、薬品を計量するための器具に不具合があったため分量不足となった場合などは未遂犯を認めてよいように思われる。

毒殺を試みた事例の中には、通常人が飲食するものの中に毒物を混入させてこれを被害者に摂取させようとしたが、異様な臭気や味のため摂取しなかったというものもみられる。

臭気の例として、高松高判昭和 27 年 10 月 7 日[122] が挙げられる。本件は、飯釜内の米麦飯内に猫いらず（殺鼠剤）を投入したが、被害者が飯釜の布を取ったところ鼻にきつく感ずる嫌な臭いがし、中をみると白煙が立ち変色もみ

られたため食用しなかったという事案である。高松高裁は、人がそのような状態の米麦飯を食用するおそれは少ないにしても、絶対にないとはいえないとして未遂犯を認めた。本件では、被害者が毒物入りの米麦飯を食べて死に至った可能性が問題となるが、釜中の米麦や水の量との割合によってはそれほどの異変が生じなかった可能性、毒物混入による異変とは思わず惰性で飲食してしまった可能性、味見として一定量を食べて死に至った可能性などを問うことにより未遂犯の成立を認めることは不可能ではないように思われる。

　苦味の例としては、最判昭和26年7月17日[123]が挙げられる。この事案は、鮒の味噌煮の中にストリキリーネを混入させたというものであったが、最高裁は、傍論で「ストリキニーネを混入した鮒の味噌煮が苦味を呈しているからといって何人もこれを食べることは絶対にないと断定し難い」として不能犯を否定した。苦味が強いとしても、臭気の事例の場合と同様の仮定的事実の存在可能性を問題としうるほか、誤飲の可能性も否定できないから、未遂犯を認めることはできるであろう。

　この種の事例では、一般的な修正された客観的危険説のように未遂犯の成立のために必要な仮定的事実の存在可能性の程度を高く設定し、それを文字通りにあてはめた場合、不能犯が認められる場合もあるという結論になるかもしれない。しかし、人の行動には予測不能なところがあることから、不能犯とする結論は妥当とは思われない。

　勤務中の巡査が携帯していた拳銃を奪って引き金を引いたが弾丸が込められていなかったという事案に関する福岡高判昭和28年11月10日[124]については、既に修正された客観的危険説を検討する際に記述した通り、拳銃に弾丸が込められていた可能性が問われることになる。勤務中の制服警察官の拳銃には通常実弾が込められているということであれば、「拳銃の発砲による射殺」という事実の存在可能性は認められ、未遂犯を肯定しうる。本判決は、「制服を着用

---

[122] 高刑集5巻11号1919頁。類似の事案として、最判昭和24年1月20日刑集3巻1号47頁。
[123] 刑集5巻8号1448頁。類似の事案として、高松高判昭和28年11月18日判特36号25頁。
[124] 判特26号58頁。

した警察官が勤務中、右腰に着装している拳銃には、常時たまが装てんされているべきものであることは一般社会に認められている」ということを根拠に未遂犯を認めたが、たとえ一般社会ではそう認識されていても、仮に、通常勤務の際に拳銃に実弾を込めることはあり得ないという事情が存在すれば、私見からは不能犯ということになる。

最後に、不能犯が認められた事例についてみることにしよう。

まず、硫黄による殺人企行の事案のほか、殺人の不能犯を認めたものとして、東京高判昭和29年6月16日[125]がある。本件は、長らく地中に埋めてあった手榴弾を掘り出して被害者に向けて投げて殺害しようとしたが、爆発しなかったという事案であった。当該手榴弾は点火雷管と導火線との結合が悪く、また導火線自体が湿気を吸収して質的変化を起こしていたため手榴弾本来の性能を欠いており、たとえ安全装置を外し撃針に衝撃を与えても爆発力を誘起し得ないものであったことから、「その爆発力を利用し人を殺害せんとしても、その目的とした危険状態を発生する虞はない」として殺人の不能犯としたのである。

また、覚せい剤製造の不能犯を認めたものとして、東京高判昭和37年4月24日[126]がある。本件は、行為者が一応所定の製造工程を経て製品を製造したものの、使用した原末が真のフェニルメチルプロパンまたはフェニルメチルアミノプロパンを含有していなかったため、完成品を得ることができなかったという事案である。東京高裁は、「覚せい剤の主原料が真正の原料ではなかったため、覚せい剤を製造することができなかった場合には、結果発生の危険は絶対に存しない」として覚せい剤製造罪の未遂を否定した。

手榴弾の事案については、それだけ長くの間地中に埋められていた手榴弾が湿気吸収による質的変化を起こさないことは考えられないのであれば、私見からも不能犯となろう。一方、後者については、使用した原末が真正の原料ではなかった経緯が問題となる。行為者自身が当該原末で覚せい剤を製造できると考えて調達したのであれば、真正の原料を使用していた可能性は否定されるから、不能犯となる。これに対し、行為者が真正の原料を入手先に発注したが、

---

125) 東高刑時報5巻6号236頁。
126) 高刑集15巻4号210頁。

手違いなどで真正ではない原料が提供された場合には、真正の原料を使用していた可能性が認められるから、未遂犯を認める余地がある[127]。

第5節　結びにかえて

　最後に、不能犯論の特殊問題の1つとして論じられる主体の不能の問題について簡単に言及したい。

　主体の不能については、具体的危険説では一律に不可罰にできないとして客観的危険説の側からしばしば批判がされてきた[128]。これに対し、具体的危険説の側からは、構成要件欠缺の理論[129]や可罰的違法性阻却[130]、義務犯論[131]などにより主体の不能の一律不可罰を導く試みがなされてきた。だが、この問題は、具体的危険説だけが抱えるものではない。裁判時を基準とした危険判断を採用する見解も同様の問題に直面するはずだからである[132]。特に、本章で

---

127)　鈴木茂嗣『犯罪論の基本構造』(成文堂、2012年) 369頁も参照。
128)　たとえば、村井・前掲注68) 186頁。
129)　団藤・前掲注11) 165-166頁など。同理論の詳細については、大沼「構成要件の欠缺と可罰未遂の限界 (1)～(3・完)」(前掲注24))、平場安治「構成要件欠缺の理論 (1)～(3・完)」法学論叢53巻5=6号264頁以下、54巻1=2号38頁以下、54巻3=4号85頁以下 (1947年) を参照。
130)　奥村正雄「未遂犯における危険概念」刑法雑誌33巻2号 (1993年) 232-233頁は、「思うに、行為が構成要件的結果発生の現実的危険性を発生させたかどうかの判断は、行為時を基準に、個別具体的に、科学的知見を基礎とした一般人の経験則に従い行うべきであるが、構成要件該当性判断は、価値に関係するとはいえ類型的事実判断であるから、行為後に判明した結果不発生の事情は、行為の時点で一般人が認識できないものであるかぎり、危険性の判断基底から一応除外すべきであろう。この点で、結果発生の危険性判断は具体的危険説が適している。そして、構成要件は違法類型であるから、結果発生の現実的危険性があるとみなされた未遂行為は原則的に違法であるが、事後的に判明した結果不発生の事情を知って『なーんだ』と笑って済ませられるような場合には、事後的に、実質的違法性の観点から、すなわち、当該行為が法益保護、事案の軽微性、抑止の必要性等の観点から未遂犯として処罰に値しないとして、例外的に可罰的違法性を欠き違法性を阻却するという解決方法が妥当なのではないか」とする。
　　　さらに、同・前掲注9) 137頁、大谷・前掲注9) 387頁、西山富夫「未遂犯の違法性と責任性」『刑事法学の諸相 (上)』(井上正治博士還暦祝賀、有斐閣、1981年) 94頁。
131)　野村・前掲注19) 375-376頁。

も基本的に支持する修正された客観的危険説からは、問題が顕著に現れる[133]。

　主体の不能の不可罰性を論証しようという前記の試みのうち、まず義務犯論については、法益侵害性とは無関係の義務違反という要素を違法論に取り入れることは、少なくとも現在までのところ、我が国では受容されていないという問題点を指摘することができる。また、可罰的違法性から説明しようとする見解に対しては、構成要件該当性も違法性も同じく行為の違法性にかかわる犯罪論のカテゴリーであるのに、問題を構成要件から違法性に移すことでなぜ不可罰性を導き出すことができるのかが明らかではないという批判が可能である。したがって、主体の不能を一律不可罰にすべきか否かという問題の焦点は、主体という構成要件要素に他の構成要件要素には認められない特別の地位が与えられるべきか否かという点に絞られることになる。この論証に成功すれば、主体の不能は未遂犯の構成要件を満たさない（構成要件の欠缺）として、その不可罰を導くことができる。

　この問題について、我が国では、塩見淳が次のような見解を主張しているのが注目される。すなわち、構成要件における主体的要素を、「法益を特に危殆化しやすい地位」と理解した上で、「立法者が法益侵害の高さに着目して行為主体の範囲を限定したとすれば、それは、彼により（特別に高い）危殆化の存在が先行して判断されていることを意味する。ここで主体要素が欠ければ、そのように抽象的に判断された危険が存在しないことになり、法益侵害の危険としての未遂も不可罰だとの帰結が導かれることになる」[134]とする見解である。しかし、この見解は、未遂犯を抽象的危険犯とみる塩見の未遂犯論[135]と無関係ではないように思われるため、不能犯論において具体的な結果発生の可能性を問題にする通説の立場からその理論構成をそのまま受け入れられるかは疑問である。また、この点は措くとしても、客体の場合も同様のことがあてはまるの

---

132) このことを指摘するのは、塩見淳「主体の不能について（1）」法学論叢130巻2号（1991年）5頁。
133) 鈴木・前掲注84) 194頁は、主体の不能についても未遂犯が成立しうることを否定していない。また、和田・前掲注84) 206頁も、違法身分については未遂犯成立の可能性を肯定する。
134) 塩見淳「主体の不能について（2・完）」法学論叢130巻6号（1991年）26頁。
135) 葛原ほか・前掲注2) 225頁（塩見淳執筆）。

ではないかという疑問もある。たとえば、殺人罪の場合、客体たる「人」は人の生命の基盤となるものであり、そうであるからこそ、立法者も「人」を同罪の客体として挙げていると思われる。そうだとすれば、前記の論理にしたがえば、客体の不能も同様に一律に不可罰になるはずではなかろうか。

　以上のことから、この見解も構成要件における主体要素の特殊な地位の論証には成功しているとはいえないように思われる。したがって、主体の不能についても、他の不能の類型と同様に、不能犯と未遂犯の区別に関する一般的な基準にしたがって未遂犯の成否を論じるべきであろう。

第3章　実行の着手と行為者主観

第1節　問題の位置づけ

　実行の着手時期の判断に関しては、大きく分けて、①何を基準にその判断を行うべきか、②実行の着手の有無を判断する際の基礎事情として、行為者の主観面を取り込むべきか、取り込むとすればどの程度具体的な主観的事情まで考慮すべきかという問題がある[1]。これらの問題は、従来、未遂犯の処罰根拠をいかに解すべきか、ひいては刑法上の違法性の本質をいかに解すべきかという問題と密接な関係を持つものと理解されてきた。

　たしかに、実行の着手は未遂犯の成立要件であるから、未遂犯の処罰根拠と密接な関係を有すること、そして未遂犯の処罰根拠は未遂犯の違法性にかかわる問題であるから、違法性の本質の理解と分かち難く結びついているということは自明のことのように思われる。しかし、予備と未遂の区別の問題である実行の着手時期の問題には、未遂犯の処罰根拠とダイレクトに結びつく不能犯論とは異なった固有の問題があるように思われる。

　たとえば、前記①の問題について、次のような例を考えてみよう。

　XがA殺害を計画し、闇ルートから拳銃を入手した。Xは、犯行当日、Aが寝入った頃をみはからって拳銃を携えてA宅に侵入したが、Aの寝室に入ったところを家人にみつかり、取り押さえられた（または、寝室に侵入した時点でXが翻意した）。しかし、その後に判明したところによると、Xが用意した拳銃は不良品で、たとえ引き金を引いたとしても弾丸が出なかったであろう、という事例である。この場合、Xの用意した拳銃がA殺害の可能な手段と認められるのかということが問題となる一方で、仮に可能な手段と認められたとしても、Xが取り押さえられる直前の段階（または、翻意した時点）で殺人の実行の着手の段階に至っていたかも問題となるはずである。とすれば、未遂犯の処罰根拠を既遂結果の発生の危険に求めるという現在の通説を前提としても、不能犯論の局面における「危険」判断と、実行の着手時期の局面における「危険」判断とでは内容が異なるといえるのではないだろうか[2]。

---

[1] これ以外にも、特殊問題として、間接正犯の着手時期、不真正不作為犯の着手時期および原因において自由な行為の場合の着手時期といった問題もある。このうち、間接正犯の着手時期については、第5章で論じる。

また、前記②の問題に関しては、これまで、違法論における対立を背景に、主観的違法要素を認めるべきか否かという論争の一場面として、特に未遂犯において故意を主観的違法要素とすべきかにつき激しい論争が行われてきた[3]。

　しかし、最近では、結果無価値論の立場から、未遂犯においても故意を主観的違法要素として認めないが、「行為意思」は主観的違法要素として認めるという見解[4]（以下では、この見解を行為意思説と呼ぶこととする）も現れており、さらにこの見解の一部からは、実行の着手時期の判断においては行為者の犯行計画も考慮すべきだとする主張もなされている[5]。したがって、実行の着手時期の

---

2)　不能犯論と着手論とでは視点の置き所が異なるということを指摘するものとして、伊藤渉ほか『アクチュアル刑法総論』（弘文堂、2005 年）251-252 頁（安田拓人執筆）、川端博＝日髙義博＝塩見淳「《鼎談》未遂犯論・不能犯論の現在」現代刑事 17 号（2000 年）8 頁（塩見発言）。もっとも、従来の見解もこのことを意識していなかったわけではないだろう。たとえば、西田典之『刑法総論』（弘文堂、第 2 版、2010 年）306 頁は、不能犯を定義して、「外形的には実行の着手にあたる行為が行なわれたが、事後的・客観的には結果発生の可能性がなかったという場合」とするが、この定義は、「外形的」な意味での実行の着手の判断と、不能犯と未遂犯の区別の判断とは別個のものであるということを前提としている。

3)　その代表的なものとして、中義勝「故意の体系的地位」『現代の刑事法学（上）』（平場安治博士還暦祝賀、有斐閣、1977 年）151 頁以下に端を発する、「中・中山論争」が挙げられる。これについては、中義勝『刑法上の諸問題』（関西大学出版部、1991 年）1 頁以下、同「主観的不法要素の全面的否認説について（1）（2・完）」法学教室 106 号 80 頁以下、107 号 96 頁以下（1989 年）、中山研一『刑法の論争問題』（成文堂、1991 年）1 頁以下および 24 頁以下。同論争を検討の対象としたものとして、曽根威彦『刑事違法論の研究』（成文堂、1998 年）55 頁以下。さらに、垣口克彦「主観的違法要素の理論」『刑法理論の探究』（中義勝先生古稀祝賀、成文堂、1992 年）91 頁以下、振津隆行『刑事不法論の展開』（成文堂、2004 年）157 頁以下。

　以上のほか、主観的違法要素の問題に関する文献として、浅田和茂「主観的違法要素と犯罪論」現代刑事法 3 号（1999 年）46 頁以下、佐伯千仭『刑法における違法性の理論』（有斐閣、1974 年）209 頁以下、曽根威彦「主観的要素と犯罪論構造」『鈴木茂嗣先生古稀祝賀論文集（上巻）』（成文堂、2007 年）123 頁以下、高橋則夫『規範論と刑法解釈論』（成文堂、2007 年）47 頁以下、日髙義博『違法性の基礎理論』（イウス出版、2005 年）41 頁以下、振津隆行『刑事不法論の再構成』（成文堂、2015 年）108 頁以下。

　未遂犯における主観的違法要素の問題について特化して論じた文献としては、内山良雄「未遂犯における危険判断と故意」『西原春夫先生古稀祝賀論文集　第 1 巻』（成文堂、1998 年）447 頁以下、木村静子「未遂犯における既遂故意と主観的違法要素」『刑事法学の総合的検討（上）』（福田平博士・大塚仁博士古稀祝賀論文集、有斐閣、1993 年）105 頁以下、二本柳誠「未遂犯における危険判断と行為意思」早稲田大学大学院法研論集 120 号（2006 年）147 頁以下。さらに、堀内捷三「行為意思と故意の関係について」警察研究 55 巻 8 号（1984 年）3 頁以下。

判断と行為者主観との関係の問題について、かつてのように違法論からの演繹のみによってその解決を導くことは難しい状況となっている。また、実行の着手と故意の関係について問題を提起する最高裁判例[6] が現れたことから、故意・犯行計画・実行の着手という3者の関係についても、一度議論を整理する必要があるように思われる。

以上の問題意識を踏まえた上で、本章では、実行の着手判断と行為者主観の関係の問題（前記②の問題）について、これまでの議論の状況を整理・検討し、筆者なりの見解を示したいと思う。なお、実行の着手の判断基準の問題（前記①の問題）については、次章で検討する。

第2節 故意をめぐる問題

第1款 問題状況の整理

実行の着手時期の判断において故意を考慮すべきか否かをめぐっては、2つのレベルの異なる問題がある。1つは、故意を考慮することが何罪の未遂が問題となっているのかを判別するために必要かどうかという問題であり、もう1つは、故意が行為の危険性に影響を及ぼすか否かという問題である。たとえば、平野龍一は、故意を考慮すべきだとする主張の根拠として次のように述べている。

---

4) 佐伯仁志『刑法総論の考え方・楽しみ方』（有斐閣、2013年）109頁および344頁、鈴木左斗志「方法の錯誤について」金沢法学37巻1号（1995年）91頁以下、同「実行の着手」西田典之＝山口厚編『刑法の争点』（ジュリスト増刊、第3版、2000年）89頁、髙山佳奈子『故意と違法性の意識』（有斐閣、1999年）150頁以下、西田・前掲注2) 82-83頁、二本柳・前掲注3) 150頁以下、橋爪隆「実行の着手について」法学教室411号（2014年）114頁、山口厚『刑法総論』（有斐閣、第3版、2016年）285頁。さらに、和田俊憲「未遂犯」山口厚編著『クローズアップ刑法』（成文堂、2003年）211頁。
5) 佐伯・前掲注4) 345頁、西田・前掲注2) 306頁、橋爪・前掲注4) 114頁以下、山口・前掲注4) 286頁。さらに、町野朔「現代刑事法学の視点 中山研一『主観的違法要素の再検討』(1)～(3) 完」法律時報61巻10号（1989年）134頁。
6) 最決平成16年3月22日刑集58巻3号187頁。

「……ピストルの銃口を相手方にむけた場合（着手未遂）でも、殺人の実行行為なのか、傷害の実行行為なのか、あるいは脅迫の実行行為なのかは、行為者の主観をあわせ考えなければ判別できないであろう。また、ピストルを射ったがあたらなかった場合（実行未遂）でも、殺人未遂なのか傷害未遂なのかは、行為者の主観を考慮に入れないでは、判別できない。それだけでなく、殺人の故意があれば行為者の身体はその目的の達成に適するように規整させるであろう。未遂の場合、故意（結果の認識）は主観的違法要素だといわれるのは、まさに故意を考慮に入れて、行為の客観的危険性を判断すべきだ、ということなのである。」[7]

この引用文中の「それだけでなく……」より前の部分は犯罪の個別化の必要性にかかわる論拠であり、それより後の部分は行為の危険性にかかわる論拠であるといえる。しかし、両者の問題は区別されなければならない[8]。というのは、後者は故意が行為の違法性に影響を及ぼすか否かということにかかわる問題であるのに対し、前者は必ずしもそれと直結する問題ではないからである。未遂犯において故意を主観的違法要素として認めない見解からも、故意を責任にかかわる構成要件要素として認め、実行の着手を判断する際に故意は考慮されるべきだという見解は、現に主張されている[9]。

このような区別に対しては、いずれの論拠を用いようが、実行の着手時期の判断にあたって故意を考慮すべきだとする結論が同じなのであれば、その主張の背後にある体系論的な相違は度外視してよいのではないかという指摘も予想される。しかし、行為の危険性に影響を及ぼすものとして故意を考慮するか否かは、行為者の主観面を考慮せず、純客観的に行為を観察すれば既遂結果発生の危険性が認められない場合に、行為者に故意があることを理由に結果発生の危険性を肯定することを認めるか否かという問題と関連を有する。この問題が顕在化するのが不能犯論であり、（未遂犯において）故意を主観的違法要素とする見解が具体的危険説と親和性を持ち[10]、違法要素とは考えない見解が客観的

---

7) 平野龍一『刑法　総論Ⅱ』（有斐閣、1975 年）314 頁。
8) 曽根『刑事違法論の研究』（前掲注 3））70-71 頁、二本柳・前掲注 3) 148 頁。
9) 曽根威彦『刑法総論』（弘文堂、第 4 版、2008 年）215-216 頁、日髙・前掲注 3) 63 頁、前田雅英『刑法総論講義』（東京大学出版会、第 6 版、2015 年）79 頁および 107 頁。
10) ただし、最近、故意を違法要素と認めながらも不能犯論において客観的危険説を支持する見解も主張されている。たとえば、増田豊『規範論による責任刑法の再構築』（勁草書房、2009 年）173 頁以下、照沼亮介『体系的共犯論と刑事不法論』（弘文堂、2005 年）63 頁以下。私見もこのような立場を支持する。詳しくは、第 2 章参照。

危険説と親和性を持つということは、しばしば指摘されてきたところである。このことから、従来、実行の着手時期の判断において故意を考慮すべきかについては、主にこれが行為の危険性に影響を及ぼすのかという形で議論が交わされてきたのである。以下ではこの問題に焦点を絞る。

第2款　行為の危険性と故意

　もっとも、実行の着手時期の判断において故意を考慮すべきだという見解のすべてが、故意が行為の危険性に影響を及ぼすと考えているわけではないようである。たとえば、福田平は、「行為は、主観＝客観の全体構造をもった統一体であるから、実行の着手も、主観・客観の両側面から定められなければならない」[11]として実行の着手時期の判断において故意を考慮すべきだと主張するが、故意が行為の危険性に影響を及ぼすということは述べていない。また、故意を既遂犯の場合にも主観的違法要素として認めるべきだとする文脈の中で、故意犯と過失犯とでは「社会的相当性からの逸脱の程度がまったくことなる」[12]としていることからみても、必ずしも故意が行為の法益侵害性に影響を及ぼすとは考えていないように思われる[13]。

　これに対し、結果無価値一元論の立場から実行の着手時期の判断において故意を考慮すべきだとする見解は、故意が行為の危険性に影響を与えると主張する[14]。他方でまた、故意を既遂犯の場合も含めて主観的違法要素と認める行為

---

11)　福田平『刑法総論』（有斐閣、全訂第5版、2011年）229頁。さらに、同『刑法解釈学の諸問題』（有斐閣、2007年）82頁。
12)　福田『刑法総論』（前掲注11))86頁。
13)　さらに、大塚仁『刑法概説（総論）』（有斐閣、第4版、2008年）171頁、177頁以下および361頁以下も、故意と行為の危険性については触れていない。ただし、同「故意の体系的地位」『刑事法学の課題と展望』（香川達夫博士古稀祝賀、成文堂、1996年）29頁は、故意犯が過失犯よりも違法性の程度が重い理由を、「国家・社会倫理規範に対する違反性が著しく、かつ、法益に対する侵害の危険性も大きい」ということに求めている。
14)　佐伯千仭『刑法講義（総論）』（有斐閣、4訂版、1981年）189頁および299頁、平野・前掲注7)、同『刑法の機能的考察』（有斐閣、1984年）34頁以下。着手未遂の場合に限り故意が行為の危険性に影響を与えるとするものとして、林幹人『刑法総論』（東京大学出版会、第2版、2008年）350頁、堀内捷三『刑法総論』（有斐閣、第2版、2004年）230頁。

無価値論の立場からも、故意は行為の危険性に影響を及ぼすがゆえに違法要素なのだと主張されることがある。たとえば、中義勝は、次のように述べて故意行為は非故意行為よりも法益侵害の危険度が高いと主張する。

「われわれは経験上、一定の範囲において因果的知見をもっている。だからこそ、この因果的知見を利用し、因果律に則って外界に働きかけ、所望の結果を達成することができる。もとより、因果律は、われわれの経験的知識やその利用意図とは無関係に、一定の原因さえあれば法則的に機動し、一定の結果を惹起する。しかし、これを人為にかぎっていえば、因果的知見を利用し、原因を因果律の軌道に乗るように設定し、ときに可能かつ必要な軌道修正をも施しつつ因果的進行を図って結果を実現しようとする場合の方が、まぐれあたりで結果の惹起をみる場合よりも、はるかに結果発生の確実度が高いことはいうまでもない。」[15]

そして、既遂犯において故意を主観的違法要素とする根拠についても、故意犯は結果発生の危険がより大きい経過を辿って結果発生に至ったがゆえに、過失と比べてより重い違法評価を受けるのだと主張する[16]。

このように故意を行為の危険性に関係づける考え方に対しては、実行の着手時期の判断において行為者の主観面を考慮すべきではないとする立場から、以下のような批判が加えられてきた。すなわち、実行の着手が問題となるほとんどすべての場合は、客観的事実の観察によって危険の有無は判別可能であり、故意があるからといって当該構成要件の結果発生の危険を認めることは不当で

---

15) 中「故意の体系的地位」(前掲注3))156頁。同様に、故意が行為の危険性に影響を及ぼすとするものとして、大谷實『刑法講義総論』(成文堂、新版第4版、2012年)366頁、奥村正雄「未遂犯における危険概念」刑法雑誌33巻2号(1993年)100-101頁、川端博『刑法総論講義』(成文堂、第3版、2013年)481頁、団藤重光『刑法綱要総論』(第3版、1990年)134頁以下。

　もっとも、大谷は、既遂犯において故意を主観的違法要素と認める根拠としては、「故意、過失および無過失は、行為の社会的相当性に重要な影響を与える」ということを根拠に挙げている(大谷・前掲書234頁)。なお、伊東研祐『刑法総論』(新世社、2008年)79頁は、「構成要件的結果の惹起を禁じる行為規範に意識的に違反して行なわれる行為の危険性(結果発生への志向性ないし収斂性と社会的通常行動からの逸脱性および社会攪乱性とに由来する危険性)は、非意識的に違反する行為に因って生じるそれらよりも、一般的には、遙かに大きいものとして捉えられる」(圏丸筆者)とする。ここでは「危険性」が必ずしも物理的な意味で捉えられていないことが注目される。このように、行為無価値論から「故意は行為の危険性に影響を及ぼす」と主張されるとき、そこで想定されている「危険性」の内容は何なのかについて注意する必要がある。

16) 中「故意の体系的地位」(前掲注3))157-158頁。

あるという批判[17]、また、「無過失行為からでも法益侵害は生じるのであり、無過失だから故意行為に比べて危険は低いなどとはいえない」とし、故意は行為の危険性とは無関係であるといった批判である[18]。

　しかし、行為者の主観面をまったく度外視して実行の着手の有無の判断をすることは困難だといわざるを得ない。たとえば、他人に拳銃を向けて引き金に指をかけたところを取り押さえられた場合、当該他人の生命に対する危険の有無が問題となろうが、主観面を一切考慮しない場合、未遂犯の違法性が認められる範囲が過度に狭くなるか、過度に広くなるかのどちらかにならざるを得ない[19]。すなわち、引き金がいまだ引かれていないことを理由に生命に対する危険を否定するのであれば、着手未遂の成立する余地がなくなり処罰範囲が狭くなりすぎるし、他方で、拳銃から何かの拍子に弾丸が飛び出す可能性を根拠に危険を認めるのであれば、未遂犯の違法性を認める範囲が広くなりすぎるのである。それだけではなく、このように広い範囲で未遂犯の違法性を肯定した場合、その主観的反映である故意も広い範囲で認められることにつながることにも注意しなければならない。たとえば、拳銃が暴発する危険のみで殺人未遂の違法性を肯定するのであれば、拳銃が暴発して被害者が死ねばよいと思いながら引き金に手をかけた場合も殺人未遂となるはずである。しかし、このような結論は不当であろう。これに対し、そのようなばかげた事例はあり得ないし、あったとしても不能犯であると主張するのであれば、それは翻ってそのような危険で未遂犯処罰を基礎づけることが不適当だということにほかならない[20]。

　これに対し、客観的にみて次の瞬間にも殺害できる状況にあるということを危険の根拠とすることも考えられるが、その場合、「例えば、信号待ちの自動車の前を歩行者が横断する場合、自動車という殺傷能力の高い道具が人に向けられているとみることができ、ドライバーにアクセルを踏むという行為意思が

---

17) 内藤謙『刑法講義　総論（上）』（有斐閣、1983 年）221 頁。さらに、前掲注3）で挙げた中山研一の書籍を参照。
18) 内山良雄「未遂犯総説」曽根威彦＝松原芳博編『重点課題　刑法総論』（成文堂、2008年）190-191 頁。
19) 佐伯・前掲注4）62 頁。
20) また、拳銃が粗悪な場合とそうでない場合とで区別することも、この場面では意味のある区別だとは思われない。

なくても、未遂処罰に値する危険を肯定することにもなりかね」[21]ず、不当である。

　このように、主観面を一切考慮に入れないとする見解には無理がある。学説上も、従来、実行の着手時期を判断するにあたって故意を考慮すべきだとする見解の方が多数説であったといってよい。しかし、近時、故意を行為の危険性に結びつける見解に対しては、行為意思説から重要な批判が提起されている。

　行為意思説は、結果発生の有無が行為者のさらなる行為にかかっている場合、行為者がそのような行為を行う意思（行為意思）を有しているか否かは、行為の危険性に影響を与えるとする。これに対し、故意は行為の危険性とは無関係だとする。なぜなら、たとえば行為者が目の前の物体を熊だと思ってそれに向けて銃の狙いを定めたが、実際にはそれは熊ではなく人であったという場合、行為者に引き金を引く意思がある以上は、人の生命に対する客観的な危険性は認められるのであって、行為者がそれを熊だと思っていたということ（＝殺人の故意がないということ）は行為の危険性とは無関係であり、むしろこの場合に行為の危険性にとって決定的な要素は、故意とは区別された「行為を行う意思」だというのである[22]。また、拳銃の銃口が被害者の心臓に向けられていたという場合、被害者が殺害される危険性があるか否かは、引き金を引く意思があるかどうかにかかっており、故意とは必ずしも関係がないともいわれる[23]。

　しかし、行為意思説が「行為を行う意思」という際、どのような「行為」を想定しているのかは、必ずしも明らかではない。すなわち、「指を動かす」、「引き金を引く」などといった一定の身体的動作を行う意思というレベルでの行為を行う意思を想定しているのか、それとも行為者の犯行計画を行為意思の中に取り込んだ上で、「既遂結果惹起の意思」（既遂行為意思）[24]といった「犯罪を完成させる意思」に近いものを想定しているのか、必ずしも明らかではないのである。現に、冒頭で述べたように、最近では、行為意思説の論者の中にも

---

21)　二本柳・前掲注3) 158頁。
22)　佐伯・前掲注4) 63頁、髙山・前掲注4) 151頁。
23)　鈴木「実行の着手」（前掲注4)) 89頁、町野・前掲注5) 134頁。
24)　山口・前掲注4) 98頁。さらに、和田・前掲注4) 210頁は、「行為完遂意思」という表現を用いる。もっとも、和田は、自説と犯行計画を考慮する見解とを区別しているようである。

犯行計画を考慮すべきだと明言するものもみられる[25]。どちらの考え方をとるかによって、たとえば以下のようなケースで結論の差異が生じよう。すなわち、判例でしばしば問題となる自動車を利用した強姦のケース（後掲最決昭和45年7月28日参照）である。この種の事例では、行為者が女性を自動車内に引きずり込もうとする行為の時点で強姦の着手が認められるか否かが論点となるが、その際、「自動車内に引きずり込む意思」を考慮するのか、または「自動車に引きずり込んだ上で○○キロメートル離れた別の場所で姦淫する意思」を考慮するのかで、結論が異なりうるように思われる。

　まず、一定の身体的動作を行う意思というレベルでの行為意思を考慮するという立場をとった場合、どこまで微細に行為を切り取ってその意思を考えるのかが明らかではない。たとえば、拳銃の銃口が目の前の人の方向からわずかに外れている場合、行為者に「引き金を引く意思」があったか否かを問題とするのか、「目の前の人を狙って引き金を引く意思」があったか否かを問題とするのか、さらに具体的に「目の前の客体の中心部を狙って引き金を引く意思」があったか否かを問題にするのかによって、結論が変わりうる場合も考えられよう。しかし、どのレベルで行為を切り取るべきかについて決定的な基準はないように思われる。

　他方、既遂結果惹起意思というレベルで行為意思を捉えた場合、故意とは切り離してこれを考慮することが果たして可能なのかという疑問がある。たとえば、前述の自動車を利用した強姦のケースで、行為者が被害者を女性と認識していたか否かを度外視して「既遂結果惹起意思」なり「行為完遂意思」なりを問題とすることが可能なのかは、疑問といわざるをえないのである[26]。

第3款　故意を考慮する見解の再検討

　私見は、実行の着手判断にあたっては、故意を考慮すべきだと考えるもので

---

[25] 前掲注5）参照。これに対し、行為意思と犯行計画を同視することに批判的なのは、髙山・前掲注4）166頁。
[26] この点につき、井田良『刑法総論の理論構造』（成文堂、2005年）76頁も参照。さらに、仲道祐樹『行為概念の再定位』（成文堂、2013年）75頁以下。

ある。未遂犯は単なる危険犯ではない。未遂犯は、行為者の主観面が客観面を超過しているところに特徴がある[27]。したがって、その超過部分である既遂の故意がその違法性にとって決定的に重要な役割を果たしているといわざるを得ない。これに対し、この主観的な超過部分を責任要素とするのであれば、違法性に対応物を持たない超過的な責任要素が処罰を根拠づけることになる。このような考え方が「心情刑法」にあたる[28]とまではいえないにしても、違法性とまったく関連性を持たない要素がなぜ処罰を積極的に根拠づけることができるのか、説明が困難であろう[29]。

　それでは、実行の着手時期の判断において故意を考慮すべきだとしても、故意は行為の危険性に影響を及ぼさないのではないかという批判に対してはどのように応えるべきであろうか。

　たしかに、仮に故意を考慮すべきだとする見解が、故意が物理的・客観的な意味での行為の危険性に影響を与えると主張する学説なのだとすれば、妥当ではないように思われる。行為意思説が主張するように、行為者が銃口の先の客体を人だと認識していなくとも、拳銃の引き金を引く意思があれば、人に対する危険が客観的に存在することは否定できないからである。また、たとえば刑法177条後段の「13歳未満の女子」であることの認識の有無が同条の結果発生の危険と関係があるともいい難い。「13歳未満の女子であることに向けて行為する」ということは考えられないからである[30]。

---

[27]　これに対し、中山・前掲注3）79頁は、未遂犯における故意を危険性の認識に解消すべきだとする。さらに、齋野彦弥『刑法総論』（新世社、2007年）66頁および234頁もそのような構成を示唆する。

[28]　平野・前掲注14）33頁。

[29]　故意を性格責任と結びつけることによってこの点を説明するものとして、小林憲太郎『刑法的帰責』（弘文堂、2007年）87頁以下。同『刑法総論』（新世社、2014年）124頁は、未遂犯と危険犯とでは不法のレベルでは相違がないとした上で、「未遂犯と上記危険犯の違いは責任のレベルに求めるほかない。しかも、刑罰の制裁としての側面から導かれる行動制御可能性としての責任、すなわち、既遂に至る具体的・現実的危険を回避させるべくコントロールを及ぼしえたかという点に関してはやはり両者に差がないから、あくまで処分の必要性という意味における責任が異なると解するほかなかろう」とする。刑罰に処分としての側面を認めるべきか否かという問題は本書の射程を大きく超えるものであるため、その当否についてここで論評することはできない。しかし、現在の我が国の通説では、少なくとも表面上は、そのような考え方はしないということは確かであろう。なお、同「実行の着手について」判例時報2267号（2015年）3頁でも同様の主張が繰り返されている。

もっとも、故意を考慮する見解は、「行為の危険性」について、行為の時点からみた危険を念頭に置いているのだと思われる。このように考えれば、銃口が客体の方向からズレていたかどうかは事後になってはじめて明らかになることであるから、行為の時点で故意をもって引き金を引こうと思ったか、そうでなかったかによって行為の危険性に差があるという余地がある。しかし、行為の時点からみた危険を問題にしたとしても、「狙って撃つ」というような、行為をコントロールして結果実現をはかろうとする意思の部分は行為の危険性に影響を与えると考えうるが、客体の属性の認識などはやはり行為の危険性に影響を与えるとはいい難いであろう。

　そこで、次に考えられるのは、ここでいう「危険性」が、先に引用した福田の見解と同様に社会的相当性からの逸脱を指しているということである[31]。しかし、そのような内容のものを「行為の危険性」と表現するのはミスリーディングであるように思われる。また、端的に社会的相当性を問題にするとしても、これを違法性の本質と捉えることには疑問がある。

　実行の着手時期の判断において故意を考慮する根拠は、端的に行為の規範違反性の観点から説明すべきである。すなわち、行為者の認識事情を基礎にして既遂結果発生の危険が認められる場合には、刑法は行為者にその実現に向けた行為に出ることを禁じるのであり、それにもかかわらずそのような禁止に反した行為については、規範に対する違反が認められ、行為の違法性が認められるというところに根拠を求めるべきである（もっとも、不能犯論において具体的危険説を採用する場合には、これに一般人の視点からの危険判断が加わる）[32]。たとえば、行為者が人を動物だと誤信して、それに向けてピストルを構えたという場合、たしかに行為者に殺人の故意がなくとも、「引き金を引く意思」を有していれば、人の死亡という結果発生の客観的危険性は認められるといえよう。しかし、法が行為者に対して発するメッセージという観点から考えると、この場合の行為者に「人を殺すな」というメッセージを発しても意味がない。行為者が目の前

30）　平場安治「行為意思と故意」『犯罪と刑罰（上）』（佐伯千仭博士還暦祝賀、有斐閣、1968年）248頁参照。
31）　前掲注15）の伊東『刑法総論』79頁からの引用も参照。
32）　不能犯論に関する私見については、第2章参照。

の物体を人だと思っていない以上、このようなメッセージを発しても行為者はこれに直面しないからである。よって、このような行為者については刑法199条の構成要件が提示する行為規範に対する違反が認められず、殺人罪の実行の着手を問題にする余地がないのである[33]。これに対し、目の前の物体を人だと認識しつつ、殺意をもってこれに向けてピストルを構える場合には、行為者は、同条の構成要件が提示する規範に直面していることから、殺人未遂罪の成否が問題となるのである。

このように故意を必ずしも行為の客観的危険性と結びつけない考え方に対しては、行為意思説からの批判は妥当しないといえよう。そして、前述のように、少なくとも未遂犯において故意を主観的違法要素として認めるべきだとすれば、実行の着手時期において行為意思のみを考慮すべきだとする見解よりも、このような形で故意を考慮すべきだとする見解の方が優れている。

これに対し、結果無価値一元論から故意を考慮すべきだとする見解については、行為の規範違反性を問題にしない以上、行為意思説の指摘が妥当する。したがって、結果無価値一元論から実行の着手時期の判断において故意を考慮すべきだとする主張には、論理的に問題があるように思われる。

第3節　計画をめぐる問題

以上の検討により、実行の着手時期の判断において故意を考慮すべきだということが明らかになった。次に、計画をめぐる議論の検討に移ろう。

行為者の犯行計画を考慮すべきだとする見解は、かつて、主観説と客観説の中間説という形で主張された（折衷説）[34]。しかし、現在では、この問題は、客

---

33)　井田・前掲注26) 25-26頁参照。
34)　斎藤金作「実行の着手」日本刑法学会編『刑法講座　第4巻』（有斐閣、1963年）1頁以下、西原春夫『間接正犯の理論』（成文堂、1962年）149頁以下、野村稔『未遂犯の研究』（成文堂、1984年）298頁以下。さらに、木村亀二（阿部純二増補）『刑法総論』（有斐閣、増補版、1978年）345頁。

観説内部で、危険判断を行う際の資料として行為者の犯行計画を取り込むべきか否かという文脈で論じられることが多い。

　従来の学説状況は、まず実行の着手時期の判断に故意を考慮すべきだとする見解と、行為者の主観面を一切考慮すべきではないとする見解が対立していて、次に前者の内部で、故意の限度で考慮すべきだとする見解[35]と、行為者の犯行計画まで考慮すべきだとする見解[36]（以下、実行の着手判断において計画を考慮する見解を計画説と呼ぶこととする）が対立するという図式であった。しかし、前述の通り、近時有力化している行為意思説からも計画を考慮することは理論上不可能ではないと思われるし、現にそのような主張をする論者も現れている。これにより、実行の着手時期の判断と計画をめぐる現在の学説状況は、違法論の対立をこえて、以下のような複雑な様相を呈している。

　①　行為者の主観面を一切考慮しない見解。

　②　故意の限度で考慮し、計画は考慮しない見解。

　③　行為意思を考慮し、計画は考慮しない見解。

　④　故意を考慮し、さらに計画も考慮する見解。

　⑤　行為意思を考慮し、さらに計画も考慮する見解。

　だが、視野を実行の着手の局面に限定せず、責任レベルも含めた未遂犯の成

---

35)　行為者の犯行計画を考慮すべきでないと明言するものとして、大谷・前掲注15) 366頁。このほか、計画に言及しない文献は多数あるが、それらが計画の考慮を否定する趣旨なのかは明らかではない。

36)　注34) で挙げた文献のほか、井田良『講義刑法学・総論』（有斐閣、2008年）399頁、奥村・前掲注15) 220頁、川端・前掲注15) 481頁以下、塩見淳「実行の着手について（3・完）」法学論叢121巻6号（1987年）7頁以下、萩原滋「実行の着手と所為計画」『野村稔先生古稀祝賀論文集』（成文堂、2015年）113-114頁。

　これに対し、金澤真理「実行の着手判断における行為計画の意義」法学75巻6号（2012年）112頁は、「実行の着手において考慮されてよいのは、客観的事実と切り離された裸の主観ではなく、客観化され現実化された手順としての計画である。かかる計画は、将来展望的な性質故に現実と完全に即応するわけではないが、第1に、内的に整合的で矛盾がなく、即ち遂行可能である場合、第2に、構成要件実現という目的のための合理的手段を示すものである場合、その限りで客観的に構成要件実現の危険性の判断に用いることができる」（圏丸原文）とする。これは合理的な計画のみ考慮されるべきだという趣旨だと思われるが、通常の計画説も、実行の着手判断の際には犯行計画を客観的な視点から評価するのであるから、行為者がおよそ遂行不可能な計画（たとえば、被害者を呪文で金縛りにかけた上で絞殺するという計画）を立てていた場合、その部分は着手判断に影響を与えないことになろう。

立要件全体にまで広げた場合、実行の着手時期の判断において行為者の主観面を一切考慮すべきでないとする見解であっても、故意の成否を判断する際に計画の問題には直面せざるを得ないように思われる。

次のような事例を考えてみよう。XがAを殺害しようと考え、凶器の拳銃を準備し、自動車でA宅に向かう途中、興奮のため注意散漫となり、通行人に車を衝突させたが、その通行人はAであったという事例である（Aは一命を取り留めたとする）。この場合、Xに殺人未遂罪が成立すると主張するものはいないであろう。そこで、この場合になぜ殺人未遂罪が成立しないのかが問題となる。行為者の主観面を一切考慮すべきでないとする見解からは、以下のように説明されるであろう。すなわち、XはAの生命に対する客観的危険を生じさせているので実行の着手は認められるが、故意が認められないと。しかし、Xには殺意はある（殺人予備罪も認められるであろう）。にもかかわらず、未遂の成立に必要な故意がないとするのであれば、どのような根拠によるのかが問題となるはずである。

この点、Xには最終的な結果実現行為の認識（設例でいえば、「Aを自動車でひき殺す」という認識）がなかったということを理由として持ち出すことはできない。なぜなら、故意既遂犯の成否の場面においては、行為者に最終的な結果実現の認識があることが必要か否かということが争点となるが（いわゆる「早すぎた構成要件」の問題）、少なくとも未遂犯の成否のレベルにおいては、未遂犯処罰の範囲を実行未遂に限定しない限り、行為者に最終的な結果実現の認識がなくとも、それより前倒しされた段階の行為の認識を捉えて故意を肯定する余地を認めなくてはならないからである[37]。

ここでは、2つの考え方がありうるように思われる。1つは、Xには自動車を衝突させるという行為によってAの生命を危険にさらすことの認識がなかったことを理由とする考え方である[38]。もう1つは、未遂犯の成立のために必要な故意の内容としては、最終的な結果実現の認識は必要でなく、これと一連性を有する行為の認識があればよいが[39]、前記事例では拳銃で殺害するという行為と自動車で衝突させる行為との間には一連性は認められないとする考え方である。このうち、第2の考え方は、行為の一連性を判断するために必然的に行為者の計画を考慮に入れざるを得ないから[40]、故意の有無を判断する際に

行為者の計画を考慮に入れていることになる。両者の考え方は、行為者が行為それ自体の有する危険性は認識しているが、犯行計画上、最終的な結果実現行為との間にはいまだ時間的・場所的な隔たりがある、または乗り越えなくてはならない障害があるという場合に、結論の差となって現れるように思われる。したがって、たとえ実行の着手において行為者の主観面を一切考慮すべきでないとしたとしても、故意の場面で、計画を考慮すべきか否かという問題に直面せざるを得ない。以上のことは、行為意思のみ考慮し、計画は考慮しないとい

---

37) なお、私見では、故意既遂犯成立のために最終的な結果実現の認識を要求しない。したがって、既遂犯の故意と未遂犯の故意は同一だと考える（拙稿「早すぎた構成要件実現について」法学政治学論究63号（2004年）240頁以下参照）。以下で「未遂犯の故意」という表現を用いることがあるが、あくまで便宜的に用いているにすぎない。

　未遂犯の故意と既遂犯の故意を区別しないものとして、たとえば、荒木泰貴「「一連の行為」に関する一考察」慶應法学23号（2012年）303頁以下、板倉宏「早すぎた構成要件の実現」日本大学法科大学院法務研究2号（2006年）1頁以下、奥村正雄「実行行為概念の意義と機能」刑法雑誌45巻2号（2006年）257頁以下、小野晃正「早すぎた結果発生と実行行為」阪大法学60巻1号（2010年）155頁以下、川端博「早すぎた構成要件の実現」研修688号（2005年）3頁以下、佐久間修「実行行為と故意の概念」法曹時報57巻12号（2005年）1頁以下、島田聡一郎「実行行為という概念について」刑法雑誌45巻2号（2006年）235頁、日髙義博「実行の着手と早すぎた結果の発生」専修ロージャーナル創刊号（2006年）128頁、福田『刑法解釈学の諸問題』（前掲注11))78頁以下、山中敬一「いわゆる早すぎた構成要件実現と結果の帰属」『現代社会型犯罪の諸問題』（板倉宏博士古稀祝賀、勁草書房、2004年）97頁以下など。

　これに対し、未遂犯の故意と既遂犯の故意を区別するものとして、石井徹哉「いわゆる早すぎた構成要件の実現について」奈良法学雑誌15巻1=2号（2002年）1頁以下、同「行為と責任の同時存在の原則」刑法雑誌45巻2号（2006年）242頁以下、高橋・前掲注3) 59頁以下、西村秀二「「早まった結果惹起」について」富大経済論集46巻3号（2001年）115頁以下、林幹人「早過ぎた結果の発生」判例時報1869号（2004年）3頁以下、松原芳博「実行の着手と早すぎた構成要件の実現」同編『刑法の判例　総論』（成文堂、2011年）184頁以下など。

38) 未遂犯の故意として危険性の認識が必要だとするものとして、石井「行為と責任の同時存在の原則」前掲注37) 87頁、曽根威彦「遡及禁止と客観的帰属」『現代社会型犯罪の諸問題』（板倉宏博士古稀祝賀、勁草書房、2004年）153頁、高橋・前掲注3) 71頁以下。

39) 既遂犯の故意の内容についてこのような考え方をとるものとして、佐伯・前掲注4) 280頁、島田・前掲注37) 234頁、滝谷英幸「「一連の実行行為」と故意」早稲田大学大学院法研論集143号（2012年）231頁以下、日髙・前掲注37) 128頁、山口・前掲注4) 234頁など。

40) ここで、「行為の一連性」という場合に現実に行われた行為のみを問題にするとすれば、故意の有無が、後に行為が実際に行われたか否かという本来故意の成否とは無関係な事情に左右されることになり、理論的に問題がある。あくまで、故意の有無が問題となっている行為と行為者の予定していた結果実現行為との間の一連性が問題となるのである。仲道・前掲注26) 81頁以下も参照。

う見解にもあてはまるであろう。

　また、故意の限度で考慮すべきだとする見解も、同様の問題に直面するように思われる[41]。まず、先の事例で行為の危険性を否定するのは無理があろう。なぜなら、事後的にみればもちろんのこと、衝突の時点を基準にしても、一般人の視点からは結果発生の危険性が認められるように思われるからである。これに対し、Xはあくまで拳銃でAを殺害しようとしているのであって、拳銃での殺害との関係では危険性はいまだ認められないと主張するとすれば、危険性判断において犯行計画を考慮することを正面から認めていることになる。次に、XはAを自動車でひき殺すつもりはないので故意がないと説明することもできない。前述したように、未遂犯においては「その行為で結果を発生させる」という最終的な結果実現行為の認識は不要であり、自動車でひき殺すつもりがないということが即座に未遂犯の故意を否定することにはつながらないからである。そこで、ここでも、故意の有無を判断するにあたり、自動車で衝突させる行為によってAの生命を危険にさらすことの認識を問題にするのか、犯行計画を考慮して、最終的な結果実現行為（拳銃で殺害する行為）との間の時間的・場所的距離を問題とするのかという対立軸が生じるように思われるのである。

　以上のように、仮に実行の着手時期の判断から犯行計画を放逐したとしても、未遂犯の成立要件をトータルで考えた場合、犯行計画を考慮すべきか否かという問題を避けて通ることはできないのである。

　それでは、行為者の犯行計画は考慮すべきであろうか。この点、計画を考慮しない見解も、未遂犯が単なる危険犯ではないということをいまだ看過しているように思われる。現行法上、未遂は故意犯についてしか処罰されておらず、そして故意未遂犯の構造上の特徴が、犯罪の実現に向けられた行為が行われたにもかかわらず、それが成就しなかったという点にあるとすれば、行為者が予

41）　蛇足をおそれずにいえば、「故意を考慮すべきだ」というときの「故意」が何を指すのかは明らかではない。仮に「故意と実行行為は同時存在しなければならない」というときの故意（実行故意）を指すのだとすれば、循環論法である。実行故意は実行行為の存在を前提にすることになるからである。したがって、予備段階のものも含めた広い意味での「故意」を指すのだと思われるが、そうすると本文で述べるような問題が生じる。

定していた最終的な結果実現行為と、着手の有無が問題となっている行為との関係を重視すべきである。具体的危険の認識を問題とする見解の背後には、未遂犯の本質を具体的危険の惹起それ自体に求める思想があるように思われるが、未遂犯は、あくまで犯罪の実現に向けられた行為の過程で結果発生の危険を生じさせたがゆえに重く処罰されるのである[42]。計画を考慮しない見解は、着手の有無が問題となっている行為と行為者の予定していた最終的な結果実現行為との結びつきを無視する。その結果、危険性の認識と既遂の故意との関係も明らかではなくなり、そもそも未遂犯において既遂の故意を要求することも論理必然ではないということになってこよう。以上のことからすれば、行為者の計画を考慮に入れる見解が妥当である。

次に、計画の問題を体系上どこに位置づけるべきかについては、実行の着手時期の判断において故意を考慮すべきだとする本章の立場によれば、行為者の犯行計画も責任のレベルではなく、実行の着手判断のレベルで考慮されるべきだということとなる。また、計画を故意の問題として捉えるべきか、危険性の問題として捉えるべきかについては、まず客観的に行為の危険性を判断した上で、その後に計画を考慮に入れて未遂犯成立のために必要な故意の有無を判断するよりは、最初から行為者の犯行計画を考慮に入れて行為の危険性判断を行う方が簡明であろう。したがって、計画説が妥当であると考える。以上のような本章の計画説の理解にしたがえば、少なくとも単独正犯においては、未遂犯における故意の問題と実行の着手時期の判断は重なることとなる[43]。ただし、実行の着手については、不能犯論との関係で、結果発生の可能性の要件を満たすことが必要となるのである。

以上は未遂犯の構造に基づく論拠であったが、さらに、実際の結論上、計画説とそれ以外の見解とではどのように異なるのかを検討してみよう。

計画説とそれ以外の見解とで結論に差が生じるといわれているのは、行為者の犯行計画によれば、いまだ結果実現までに障害となる事情がある場合である。このような例としてしばしば引用されるのが、強姦に関する最決昭和45年7

---

[42] 島田・前掲注37) 232頁参照。
[43] さらに、私見は未遂犯の故意と既遂犯の故意とを区別しないから、ひいては故意既遂犯の成立に必要な故意の有無の判断とも重なる。

月28日[44]の事案である。この事案は、被告人らが女性をダンプカーの運転席に引きずり込み、そこから5800メートル離れた護岸工事現場まで移動した上で、ダンプカー内部で同女の反抗を抑圧して姦淫に及んだというものであったが、引きずり込んだ際に被害者に傷害を負わせたため強姦致傷罪の成否が問題となった。最高裁は、被害者を「ダンプカーの運転席に引きずり込もうとした段階においてすでに強姦に至る客観的な危険性が明らかに認められる」として、被害者をダンプカーの運転席に引きずり込もうとした段階で、強姦罪の実行の着手を認めた。

　計画説の論者の中でも本決定に対する評価は分かれるが[45]、被告人らの犯行計画に着目し、被告人らが、被害者を車内に引きずり込んですぐに姦淫するつもりだったのか、別の場所に移動した上で姦淫するつもりだったのか、あるいはホテルに連れ込んだ上で姦淫するつもりであったのかによって結論が異なりうるとする点では一致している。これに対し、計画を考慮しない見解においては、行為者がすぐに最終的な結果実現行為を行うつもりであったのか、なおいくつかのステップを踏むことを想定していたのかは、判断の資料にされないことになるので、客観的にみてすぐにでも姦淫に及ぶことができる状況にあったか否かが問われることになろう。もっとも、強姦罪の例では、同罪は暴行・脅迫を手段とする犯罪であることから、姦淫に直接向けられた暴行・脅迫を行ったと認められなければ、その未遂を認めることはできないとされる余地もある[46]。そこで、よりわかりやすい例として、手段が限定されていない殺人罪で考えてみよう。行為者が複雑な殺害計画を有していたケースで着手が問題となった事案として、以下のものがある。

---

[44]　刑集24巻7号585頁。本決定以外にも、被告人が自動車を利用して強姦をしようとしたケースで、自動車に引きずり込もうとする行為の時点での着手の有無が問題となった事案は多数ある。比較的最近のものとしては、広島高判平成16年3月23日（公刊物不登載、今村智仁「判批」研修687号（2005年）15頁以下参照）。

[45]　賛成するものとして、井田・前掲注26）256頁、木村栄作「判批」警察学論集23巻11号（1970年）165頁。本決定に疑問を呈するものとして、川端＝日高＝塩見・前掲注2）16頁（塩見発言）、野村・前掲注34）302頁。

[46]　たとえば、浅田和茂『刑法総論』（成文堂、補正版、2007年）374頁。

最高裁判所平成 16 年 3 月 22 日第 1 小法廷決定[47]

[事案]

　被告人 X は、被害者（X の夫）を事故死にみせかけて殺害して保険金を詐取しようと考え、殺害の実行を被告人 Y に依頼した。Y は、他の者に殺害を実行させようと考え、実行犯 3 名を仲間に加えた。Y は、次のような計画を立て、実行犯らにその実行を指示した。その計画とは、実行犯らの乗った自動車を被害者の運転する自動車に衝突させ、示談交渉を装って被害者を実行犯らの乗った自動車内に誘い込み、クロロホルムを使って被害者を失神させた上、自動車で 1 時間以上かかる河川付近まで運び、自動車ごと被害者を崖から川に転落させ溺死させるというものであった。

　実行犯らは、助手席ドアを内側から開けることのできないように改造した自動車にクロロホルム等を積んで出発し、Y の指示通りに殺害計画を実行し被害者を死亡させた。ただ、被害者を転落させる場所については、当初 Y が計画した場所は遠すぎることから、近くの港に変更した。クロロホルムを使って被害者を昏倒させた行為（第 1 行為）の場所と、被害者を転落させた行為（第 2 行為）の場所との間には約 2 キロメートルの距離があり、時間的には約 2 時間の隔たりがあった。

　本事案では、被害者の死因が第 1 行為によるものか第 2 行為によるものかが特定できず、第 1 行為の時点で既に被害者が死亡していた可能性があったことから、殺人既遂罪が成立するか否かが争点となった。

[決定要旨]

　本決定は、まず、第 1 行為の時点で実行の着手があったかどうかを検討し、実行犯 3 名の殺害計画によれば、「第 1 行為は第 2 行為を確実かつ容易に行うために必要不可欠なものであったといえること、第 1 行為に成功した場合、それ以降の殺害計画を遂行する上で障害となるような特段の事情が存しなかったと認められることや、第 1 行為と第 2 行為との間の時間的場所的近接性などに照らすと、第 1 行為は第 2 行為に密接な行為であり、実行犯 3 名が第 1 行為を

---

[47]　前掲注 6）。

開始した時点で既に殺人に至る客観的な危険性が明らかに認められるから、その時点において殺人罪の実行の着手があったものと解するのが相当である」とした。その上で、「実行犯3名は……一連の殺害行為に着手して、その目的を遂げたのであるから、たとえ、実行犯3名の認識と異なり……第1行為により死亡していたとしても、殺人の故意に欠けるところはな」いとした。

本件は、殺人既遂罪の成否が問題となった事案であるが、その問題の解決の前提として、第1行為の時点で殺人の実行の着手があったか否かを検討している。その際、本決定が、第1行為そのものの危険性だけではなく、実行犯3名の計画を考慮した上で、第1行為と第2行為との間の関連性を検討していることから、行為者の計画が実行の着手判断に影響を及ぼしうるということを明確に認めた最高裁判例だと評価されている[48]。

また、本決定が、第1行為と第2行為の密接関連性を主な根拠として第1行為に着手を認めていることから、本決定の射程は、被害者を気絶させる手段としてクロロホルムという客観的に生命に対する危険性のある薬物を用いた場合だけではなく、睡眠薬などの生命に実質的な危険性のない薬物を用いた場合にも及ぶものだという評価もなされている[49]。

次の名古屋地裁判決は、本決定よりも前の時代のものであるが、まさにそのような場合について殺人罪の実行の着手を認めたものである。

名古屋地方裁判所昭和44年6月25日刑事第2部判決[50]
[事案]

被告人らは、被害者に睡眠薬を飲ませて昏睡させ、さらにすりこ木で殴打して完全な気絶状態にした上、被害者を峠まで自動車で運び、自動車の運転席に座らせてそのまま峠の崖に激突させるなどして交通事故死にみせかけて殺害するという計画を立て、これを実行に移した。しかし、睡眠薬を飲ませることに

---

[48] 平木正洋「判解」『最高裁判所判例解説刑事篇(平成16年度)』182頁。さらに、奥村正雄「判批」同志社法学59巻6号(2008年)554頁、橋爪隆「判批」ジュリスト1321号(2006年)236頁、安田拓人「判批」『平成16年度重要判例解説』(ジュリスト臨時増刊1291号、2005年)157頁。
[49] 橋爪・前掲注48) 235頁、平木・前掲注48) 171頁。
[50] 判例時報589号95頁。

は成功したものの、すりこ木で被害者の頭部を殴打したところ、被害者が目を覚ましたため、目的を達しなかったという事案である。

[判決要旨]
　名古屋地裁は、行為者が最終的な殺害行為までの間に複数のステップを計画している場合の着手時期に関し、次のように述べた。
　「本件の如く数個の連続且つ殺人行為そのものに向けられた一連の計画的行為……換言すれば、殺人行為そのものに向けられたということで限定された一連の計画中の1つの行為の結果によって次の行為を容易ならしめその行為の結果によって更に次の行為を容易ならしめ最終的には現実の殺人行為それ自体を容易ならしめるという因果関係的に関連を持つ犯罪行為の場合においては、これら一連の行為を広く統一的に観察し、最終的な現実の殺人行為そのもの以前の段階において行われる行為についても、それらの行為によってその行為者の期待する結果の発生が客観的に可能である形態、内容を備えている限りにおいては、前述したとおりその行為の結果は後に発生するであろう殺人という結果そのものに密接不可分に結びついているわけであり、従ってその行為は殺人の結果発生について客観的危険のある行為と謂うことができるから、その行為に着手したときに、殺人行為に着手したものということができる……。」
　その上で、本件では、被害者を気絶させれば峠への移動および同所での殺害行為が容易になることから、睡眠薬を飲ませてすりこ木で頭部を殴打する行為により被害者を気絶させることが可能か否かが問題となるとし、結論として、睡眠中の被害者の頭部を殴打すれば場合によっては気絶することもありうるから、殴打行為の時点で殺人罪の実行の着手が認められるとした。

　以上の判例は、犯行計画を考慮に入れた上で、最終的に計画していた殺害行為よりもかなり早い段階で殺人罪の着手を認めたものであるが、これに対し、犯行計画を考慮して強盗殺人罪の着手を否定したのが、次の大阪地裁判決である。

大阪地方裁判所昭和 57 年 4 月 6 日第 6 刑事部判決[51]

[事案]

　被告人らは、被害者方店舗内において被害者を襲って財物を強取した上、いったん被害者を寝袋に押し込んで気絶させてそのままその場に放置し、その間に強取した物を処分してから再び同店舗に引き返して被害者を運び出して殺害しようという計画を立てた。同計画に基づき、被告人らは、某日午前 11 時頃、客を装って同店舗に赴き、被害者の隙を狙って被害者に飛びついて押し倒し、同店舗の表入口のシャッターを閉めた上、被害者の口の中にタオルを押し込み、その両手足をひもで縛った上、寝袋に押し込み、その上からさらにひもで縛り、被害者の頭部を合計 6、7 回灰皿で殴打した。しかし、被告人らが立ち去った後、被害者が自力で脱出したため、殺害の目的を達しなかった。なお、同店舗に引き返す時間は、同日午後 9 時頃が予定されていた。

[判決要旨]

　大阪地裁は、「同女（被害者のこと：筆者注）を灰皿で殴打して気絶させてからこれを運び出すまでには、相当の時間的間隔があり、これだけの長時間の間には、たとえ同女が右殴打によつて気絶させられていたとしても、意識を回復して自ら脱出するなり、あるいは同女の知人もしくは顧客が同女方を訪れて異変に気付き、同女が救出されるに至る可能性は十分に存するということができるのみならず、同女を運び出した後、これを殺害する手段、方法について具体的な計画が立てられていたということも証拠上全く認めることができない。右のような事実関係のもとでは……本件殴打行為が、その後に予定されていた同女の殺害という行為そのものに密接不可分に結びついていると評価するのは困難であり、未だ殺人の結果発生について直接的危険性ないしは現実的危険性のある行為とは認め難」いとして、強盗殺人罪の着手を否定した。

　前出最決平成 16 年よりも後の裁判例としては、次のものが挙げられる。

---

[51]　判例タイムズ 477 号 221 頁。

名古屋高等裁判所平成 19 年 2 月 16 日刑事第 1 部判決 [52]
[事案]
　被告人は、一方的に思いを寄せている女性（被害者）を殺害して自分も死のうと考えたが、被害者がソフトボールの経験を有すると聞いていたことなどから、殺害方法として、身のこなしが速い被害者の動きを止めるために自動車を衝突させて転倒させた後、包丁で刺すという計画を立てた。被告人は、この計画を実行に移すため、自動車に乗って被害者を待ち伏せた上、被害者を認めるや、同車を発進させ、時速約 20 キロメートル程度の速度で被害者の右斜め後方から車両前部を衝突させたが、立ち上がろうとする被害者の顔をみて殺意を失うに至り、その後の犯行の継続を放棄したという事案である。自動車を被害者に衝突させた時点で殺人罪の実行の着手が認められるか否かが問題となった。

[判決要旨]
　「これらの認定事実によれば、被告人は、自動車を被害者に衝突させて同女を転倒させ、その場で同女を刃物で刺し殺すという計画を立てていたところ、その計画によれば、自動車を同女に衝突させる行為は、同女に逃げられることなく刃物で刺すために必要であり、そして、被告人の思惑どおりに自動車を衝突させて同女を転倒させた場合、それ以降の計画を遂行する上で障害となるような特段の事情はなく、自動車を衝突させる行為と刃物による刺突行為は引き続き行われることになっていたのであって、そこには同時、同所といってもいいほどの時間的場所的近接性が認められることなどにも照らすと、自動車を同女に衝突させる行為と刺突行為とは密接な関連を有する一連の行為というべきであり、被告人が自動車を同女に衝突させた時点で殺人に至る客観的な現実的危険性も認められるから、その時点で殺人罪の実行の着手があったものと認めるのが相当である。」

　これらの事案のように、行為者が最終的な結果実現行為までの間にいまだ複数のステップを予定していた場合、計画を考慮しない見解によれば不都合が生

---
52)　判例タイムズ 1247 号 342 頁。

じるように思われる。

　たとえば、大阪地裁の事案では、被害者の頭部をガラス製の灰皿で殴打するという殴打行為の態様や、被害者を寝袋に押し込むなどして、いつでも殺害行為に及ぶことができる状況を作出したことからすれば、計画を考慮しない見解からは、被告人らがいかなる計画を有していようとも、強盗殺人の着手が認められることになろう。しかし、仮に、被告人らが被害者を別の場所で1週間監禁した後に殺害しようと計画していた場合であっても、殴打した時点で強盗殺人罪の実行の着手を認めるとすれば不当であろう。

　また、名古屋高裁の事案についても、計画説に立てば、同事案のように自動車を衝突させた直後に被害者を殺害するつもりであったのか、被害者を別の場所に移動させた上で殺害するつもりであったのかによって結論が変わる余地があるのに対し、計画を考慮しない見解からは、自動車を衝突させる行為の持つ生命に対する危険性、または衝突後すぐに殺害に及ぶことのできる状況にあるという意味での危険が客観的に認められ、そのような危険性または危険を行為者が認識している以上は、仮に行為者が被害者を別の場所に移して姦淫してから殺害するつもりであった場合でも、殺人の着手が認められることになろう。しかし、このような結論は不当であるように思われる。最高裁および名古屋地裁の事案でも、犯行計画を無視して着手判断をすることはできないであろう。

　これに対しては、大阪地裁の事案の場合、殴打の時点では殺人の故意が認められないという反論が予想される。しかし、繰り返し述べているように、未遂犯の故意として最終的な結果実現の認識を要求することはできない。そして、「すぐにでも殺害できる」という状況が一種の結果発生の具体的危険なのだとすれば、計画を考慮しない見解からは、そのような状況の認識が行為者にある以上、未遂犯の成立を否定することはできないはずなのである。

　計画説に対しては、計画を考慮することによって処罰範囲が不当に拡大するおそれがあるという批判もありそうである。しかし、実行の着手が認められる範囲が広くなるかどうかは、一次的には実行の着手の判断基準をどの程度厳格に設定するのかにかかっているのであり、判断資料をどの範囲に設定するのかとは別問題である[53]。むしろ、前述した通り、計画の問題はあらゆる見解が直面するものだと考えられるのであり、これを正面から取り上げない見解は、本

来論ずべき問題を隠蔽してしまっているともいえる。

　最後に、実行の着手時期の判断において行為者の主観面を考慮することが必要な場面があることを認めつつも、結果発生の物理的危険が認められる場合には、計画を考慮せずに着手を認めてよいとする見解がある[54]。しかし、既に述べた通り、実行の着手時期の判断においては、行為者の予定していた最終的な結果実現行為と着手の有無が問題となっている行為との関係を問題にすべきである以上、すべての場合に計画は考慮されるべきであり、このような二元的な見解は支持できない。

第4節　結びにかえて

　本章の主張をまとめると、以下のようになる。
① 　実行の着手時期の判断において、故意は考慮すべきである。
② 　その根拠は、故意が行為の客観的危険性に影響を及ぼすからではなく、行為の規範違反性を基礎づけるというところに求められるべきである（もっとも、行為規範違反性を「行為の危険性」とパラフレーズすることは妨げない）。
③ 　実行の着手時期の判断において、行為者の犯行計画は考慮されるべきである。そして、その判断は、少なくとも単独正犯においては、未遂犯の成立に必要な故意の有無の判断と重なる。
④ 　実行の着手の問題だけに限定せず責任段階まで視野に入れた場合、行為者の犯行計画を考慮すべきか否かは、あらゆる見解が直面せざるを得ない問題である。

---

53) 　平木・前掲注48) 170頁も参照。これに対し、松澤伸「判批」山口厚＝佐伯仁志編『刑法判例百選Ｉ』（別冊ジュリスト220号、第7版、2014年) 127頁は、「行為者の所為計画は、実行の着手時期を繰り上げる機能を果たす」とする。しかし、犯行計画の内容が杜撰で犯意も薄弱だったという場合には、着手時期が繰り下がりうるから、一概にそのようにはいえないように思われる。実行の着手判断において犯意の強弱などが果たす役割については、第5章第5節第3款(4)参照。
54) 　和田・前掲注4) 210頁および216頁。

なお、本章で示したような考え方に対しては、「行為者の犯行計画という純主観的な事情が、実行の着手の判断をストレートに左右すると考えるべきではな」く、「むしろ、重要なのは、そこに至った行為の客観的な脈絡である」[55]という指摘がある。また、主観的要素（心象世界）と客観的要素（物的世界）とは区別されうるという計画説が前提とする二元論的世界観は誤りだとする批判もある[56]。この見解は以下のように述べる。

> 「ある行為が実行の着手といいうるか否かは、行為の客観面のみでも主観面のみでもなく、客観面を元に主観面を考慮し、主観面に基づいて客観面を考慮するという『行ったり来たり（hin und her）』の営みを繰り返し、全体として判断されるものなのである。行為の客観面を参考にし、行為計画を資料にし、それを元に再び客観面を精査し、そして故意を考慮し、再び客観面を見る。どこが起点でありどこが終点であるなどはない。何度も何度も主観と客観とを行き来する。このようにして、まなざしが客観と主観とを何度も行き来する間に形成される像こそが、意味に満ちた存在なのである」[57]。

この主張は、事実認定および法適用の際の裁判官の実際の思考方法に合致しているように思われることから、説得力を感じさせる。しかし、それにもかかわらず、私見では、従来の見解が前提としてきた二元論を支持する。それは、哲学的にそのような立場が妥当だと考えるからではない。裁判の結論およびその根拠を国民に示すという観点からみた場合、二元論の方が、主観・客観統合論よりも優れているように思われるからである。

すなわち、二元論は、故意や計画といった主観的事情を「存在する」ものとして措定し、その存否および内容は、証拠によって認定されるのだという考え方をする。そして、認定された主観的事情を基礎に行為の評価を行うという建前をとる。その思考プロセスは図式的に明快であり、結論に至った理由を裁判書に示しやすい。これに対し、前記引用のような統合論の考え方をとった場合、裁判の結論に至った根拠をわかりやすく示すことは困難を極めるであろう。実践的な見地からみた場合、二元論には捨てがたい魅力があるといえるのではな

---

55) 松宮孝明『刑法総論講義』（成文堂、第4版、2009年）235頁。さらに、中山研一ほか『レヴィジオン刑法2』（成文堂、2002年）51-52頁（松宮孝明発言）。
56) 江藤隆之「実行の着手における主観的なるものと客観的なるもの」桃山法学20=21号（2013年）180頁以下。
57) 江藤・前掲注56）187頁。

かろうか。

第4章　実行の着手の判断基準

第1節　はじめに

　前章では、実行の着手の判断の際の基礎事情として、行為者の犯行計画を考慮すべきだということを示した。本章では、実行の着手の判断基準について検討する。ただし、その中でも、行為者が犯罪実現のために必要な行為をいまだなし終えていない場合の着手時期の問題を論ずる。犯罪実現のために必要な行為を既にすべてなし終えた場合の着手時期の問題（すなわち、間接正犯や離隔犯の着手時期として論じられる問題）の検討は、次章に譲ることとする。

第2節　我が国の状況

第1款　学　説

　実行の着手の判断基準をめぐっては、かつては行為者の犯意が外部に明確に示された時点を基準にする主観説も主張されたことがあった[1]。しかし、我が国では、主観説は行為者の危険性を犯罪の本質とみる主観主義的刑法理論の立場から主張されたという経緯があったことから、同刑法理論が退潮した後は支持を失った[2]。主観主義的刑法理論に対抗していた当時の客観主義的刑法理論、より具体的にいえば、犯罪構成要件の持つ定型性によって犯罪の成立範囲の外枠を画そうという理論[3]が、自由の保障に重きを置く第2次世界大戦後の刑法学のトレンドに合致していたということも、主観説の衰退の理由として挙げられよう。

　現在の学説は、実行の着手時期を何らかの客観的基準によって判断すべきだ

---

1)　牧野英一『日本刑法　上巻　総論』（有斐閣、重訂第61版、1937年）254頁、宮本英脩『刑法学粋』（弘文堂書房、第5版、1935年）369頁。さらに、江家義男『刑法講義總則篇』（東山堂書房、1940年）296頁以下。

2)　もっとも、行為者の傾向性に着目する近時の見解として、小林憲太郎「実行の着手について」判例時報2267号（2015年）6頁以下。

3)　定型説（および人格的責任論）を柱に精緻な犯罪論体系を構築したものとして、団藤重光『刑法綱要総論』（創文社、初版、1957年）。

とするという点で一致している（客観説）。もっとも、客観説の内部では、構成要件的行為の少なくとも一部が行われたか否かを基準とすべきだとする形式的客観説と、既遂結果発生の具体的危険が認められるか否かを基準とすべきだとする実質的客観説に分かれるとされている[4]。

しかし、この対立は表面的なものである。

まず、形式的客観説であっても、厳格な意味で構成要件的行為の一部が行われたことまでを要求する見解はごく少数である[5]。その理由は、窃盗罪を例にとれば、窃取のために目的物に触れる時点まで同罪の着手が認められないというのでは着手時期が遅すぎるからである。そこで、形式的客観説の支持者も、構成要件的行為を拡張解釈し、または、構成要件的行為に密接する行為にまで着手の範囲を拡張することによって、適切な処罰範囲を確保しようとしている。

たとえば、団藤重光は、実行の着手とは構成要件的行為の開始を指すとした上で、「もっとも、それじたいが構成要件的特徴を示さなくても、全体としてみて定型的に構成要件の内容をなすと解される行為であれば、これを実行の着手と解してさしつかえない」[6]とするが、これは前者の例である。また、「実行の着手があったといえるためには、故意犯のばあいは、主観的には、犯罪構成要件実現の意思（構成要件的故意）があったこと、客観的には、構成要件に該当する行為の一部分が行われたことを必要とする」としつつ、「なにが構成要件該当の行為といいうるかは、結局、各論における個々の構成要件の解釈の問題に帰着するが、一般的にいうと、犯罪構成要件を実現する現実的危険性をもつ

---

4) このような整理の仕方が一般的である。たとえば、井田良『講義刑法学・総論』（有斐閣、2008年）396頁。

5) 浅田和茂『刑法総論』（成文堂、補正版、2007年）371頁は、「未遂犯の処罰根拠は、結果発生の実質的（具体的）危険にあり、その意味で、実行の着手判断基準としては、実質的客観説が妥当である。しかし、同時に、刑法43条の実行は、実行行為（構成要件該当行為）を意味するから、形式的客観説の基準も取り入れるべきである」として、自説を「実質的・形式的客観説」と名づける。事例への適用をみると、侵入窃盗については、「目的物に手を触れることまで必要ではないが、たとえばタンスやレジスターを開けるような行為（物色行為）が必要であろう」とし、すりについては、「ハンドバッグを開ける行為や、目的物に触れる行為があってはじめて実行の着手が認められる」とする（同書373頁）。形式的客観説の基準に忠実であるといえるが、着手時期をここまで厳格に解する立場は少数である。

6) 団藤重光『刑法綱要総論』（創文社、第3版、1990年）355頁。

行為であるといえよう」[7]とする見解も、危険性の観点から構成要件的行為を実質的に拡張しているものといえる。このようないわば（形容矛盾ではあるが）「実質化された形式的客観説」ともいうべき見解は、これまで多くの学者に支持されてきたように思われる[8]。

また、後者の例としては、塩見淳が提唱した「修正された客観的危険説」が挙げられる。塩見は、刑法43条の「犯罪の実行に着手し」のうち、「実行」を各則の構成要件に書かれている動詞にあたる行為と解した上で、「着手」をこのような意味での構成要件該当行為の直前に位置する行為と解釈することにより、未遂の開始時期の前倒しを根拠づけようとするのである[9]。

他方、実質的客観説の側でも、危険性という基準のみでは予備と未遂とを明確に区別することはできないということが自覚されている。たとえば、山口厚は、実質的客観説によると、「危険概念が程度概念であり、柔軟であるところから、実行の着手時期があいまいになるのではないかが、問題となる。……この意味で、この立場も、形式的な基準による限界設定の意義を無視することはできない」とし、「形式的基準と実質的基準とは、相互補完関係にあると理解する必要がある」とする[10]。西田典之は、さらに進んで、強盗罪や詐欺罪のように行為態様が限定されている犯罪においては、未遂犯の関係でも行為態様による限定がかかる（つまり、強盗罪の場合は暴行または脅迫の着手が必要であり、詐欺の場合は欺罔行為の着手が必要）とする[11]。しかし、西田のような考え方に対しては、次のような批判がなされている。

---

7) 福田平『刑法総論』（有斐閣、全訂第5版、2011年）229頁。
8) 「実行行為概念を、構成要件との関係で組み立てるとすると、密接行為というよりは、より厳密に一部該当といった方がよいと思います。そして、何をもって一部該当と判断するのかという点については、法益侵害の危険性に着目し、現実的危険性が認められるところで一部該当ありという判断をすることが可能ではないか」（川端博＝日髙義博＝塩見淳「《鼎談》未遂犯論・不能犯論の現在」現代刑事法17号（2000年）8頁（日髙発言）は、まさにその例である。さらに、大塚仁『刑法概説（総論）』（有斐閣、第4版、2008年）171頁、森住信人『未遂処罰の理論的構造』（専修大学出版局、2007年）174頁以下。
9) 塩見淳「実行の着手について（3・完）」法学論叢121巻6号（1987年）16頁。
10) 山口厚『刑法総論』（有斐閣、第3版、2016年）283頁。さらに、内藤謙『刑法講義総論（下）Ⅱ』（有斐閣、2002年）1224頁、平野龍一『刑法　総論Ⅱ』（有斐閣、1975年）314頁、前田雅英『刑法総論講義』（東京大学出版会、第6版、2015年）105頁、松原芳博『刑法総論』（日本評論社、2013年）288頁。

「構成要件の各要素は、すべての要素が備わらなければ既遂にならないという意味で等価値であるから、主体の不能や客体の不能について特別視する必要はない、と解する……のであれば、手段・方法についても、手段への着手を要求するという形で特別視する必要はない、と考えることができる……。構成要件に規定された手段が実行されることは、既遂の要件ではあっても未遂の要件ではない、と解することは可能であろう。」[12]

以上のことから、実質的客観説の側でも、刑法43条の「実行」という文言に基づく構成要件制約を認めるべきか否かをめぐって対応が分かれていることがわかる。このようにみてくると、対立軸としては、「形式的か実質的か」ということよりも、構成要件的行為という枠の中で着手を認めるのか、それとも構成要件的行為と着手とを別のものとして理解すべきなのかということの方が重要であるように思われる。この問題は後に改めて論ずることとする[13]。

さて、形式的客観説か実質的客観説かといった抽象論にほとんど意味がないとすれば[14]、より重要なのは、法適用の際に手がかりとなる具体的な下位基準である。この点に関し、現在の学説に強い影響を与えているのが、塩見淳の提示した基準である。その基準とは、①行為と結果発生との間の時間的近接性、または、②結果発生に至るまでの行為経過の自動性のうちのどちらかを満たし、さらに、侵害客体が存在する犯罪類型については、これに加えて、③「被害者領域への介入」が認められる場合に着手を認めるというものである[15]。このうち、少なくとも①の時間的近接性、および、②の行為経過の自動性については、最近の教科書でもたびたび言及されていることから[16]、広く受容されているとみてよいであろう。また、次款でみるように、これらの基準は、我が国の最近

---

11) 西田典之『刑法総論』（弘文堂、第2版、2010年）305頁。これを支持するものとして、二本柳誠「実行の着手と罪刑法定主義」『曽根威彦先生・田口守一先生古稀祝賀論文集（上巻）』（成文堂、2014年）672頁。
12) 佐伯仁志『刑法総論の考え方・楽しみ方』（有斐閣、2013年）347頁。同旨の主張として、橋爪隆「実行の着手について」法学教室411号（2014年）121頁。
13) なお、実行行為と着手を切り離すか否かという問題は、間接正犯の着手時期との関係でも登場する。切り離すべきだという考え方は、いわゆる被利用者標準説（切迫時説）を導くための論理としても用いられることがあるからである。しかし、本章では、結果実現のために必要なことをなし終えていない場合の着手時期という文脈の中でこの問題を扱う。
14) そもそも、主観説と客観説の対立すら意味がないという指摘すら存在する。たとえば、泉二新熊『刑法大要』（有斐閣、第40版、1943年）182頁参照。
15) 塩見・前掲注9) 17頁以下。さらに、葛原力三ほか『テキストブック刑法総論』（有斐閣、2009年）231頁（塩見淳執筆）。

の判例にも影響を与えているように見受けられる。

　ただ、ここで見落としてはならないのは、塩見の提示した前記基準は、ドイツの現行刑法典22条の解釈をめぐる判例および学説を参照して導き出されたものだということである[17]。したがって、同基準の当否を検討する場合、ドイツの裁判実務で同基準が具体的にどのように適用されているのかを確認しないわけにはいかない。これについては、節を改めて論じることにしたい。まずは、先に我が国の判例を概観することにしよう。その後、ドイツの判例との異同を比較することにする。

第2款　判　例

　我が国の判例は、あらゆる犯罪に共通する一般的な実行の着手の基準を提示していない。したがって、各犯罪類型において積み上げられた実行の着手判断の先例をみることにより、その基準を推測するしかない。ただ、全体的な傾向としては、形式的客観説から実質的客観説への流れがみられ[18]、さらに最近では危険性判断の下位基準を提示する例もみられる。

　以下では、古くから多くの先例が集積されている放火罪、強姦罪、殺人罪、窃盗罪および詐欺罪に関する判例を確認した後、その他の刑法典上の犯罪として逃走罪および拐取罪を取り上げ、最後に特別法上の輸出入罪に関する判例を概観したい。

(1)　放火罪[19]

　大審院時代の放火罪に関する判例では、目的物件に放火するために導火材料に火を放った時点で着手を認めた例が多数みられる。

---

16)　井田・前掲注4）396頁以下、伊東研祐『刑法講義総論』（日本評論社、2010年）303頁および313-314頁、松原・前掲注10）288頁、山口・前掲注10）283頁など。
17)　塩見・前掲注9）17頁。
18)　西原春夫ほか編『判例刑法研究　第4巻』（有斐閣、1981年）3頁（大沼邦弘執筆）。以下では、着手判断の一般的基準という視点から裁判例を追うことはしないが、取り上げた事案の裁判年月日をみれば、時代を下るにつれて実質的客観説が支配的になっていく様子をみてとることができる。

たとえば、大判大正3年10月13日[20]は、他人の住居を焼損することを認識しながら、同住居に接続している便所から1間を隔てた所にある小屋内で火を放ったという事案につき、「上叙の如く直接に被告の目的とせる他人の住宅に放火せずして間接に導火材料の燃焼作用を籍りて目的たる住宅を焼燬し得べきことを認識し導火材料に点火し其燃焼作用を継続し得べき状態に措きたる場合に於ては未だ住宅に延焼せざるときと雖も刑法第108条を以て論ずべき罪の未遂を構成するに妨な」いとして、現住建造物等放火罪の着手を認めた。目的物件に隣接する建物に火を放った場合についても、同様に着手が認められている[21]。また、他人の住居の押入れ内の布団の上に新聞紙2、3枚を丸めてその上にマッチ約30本を置き、それに火をつけたタバコを接続して並べて自然発火するように細工した時点で着手を認めたものもある[22]。これらの例では、行為者が目的物件に対してではないにせよ、導火材料に火を放ち、または発火装置に火種を置いたことが認められる。したがって、形式的客観説の枠内で説明できるものであったといえよう。

　これに対し、最高裁時代に入ると、「火を放つ」行為の以前に着手を認めたものが現れるようになる。揮発性が高くかつ引火点が低い燃料であるガソリンを撒いた時点で着手を認めた一連の裁判例がこれである。

　静岡地判昭和39年9月1日[23]は、他人が店舗（飲食店）兼住居として使用している建物の入口硝子戸および硝子窓等にガソリン5リットルを散布してその一部を同店舗内に滲出させて同店舗内部に可燃性蒸気を発生させ、同店舗内にあった練炭コンロ内の火気に引火爆発させたという事案につき、「本件建物焼燬の意思の下にガソリンを撒布したものであり且つ右行為により本件建物の焼燬を惹起すべきおそれある客観的状態に到ったものというべく、従って被告人

---

19) 放火罪の着手時期に関する判例研究として、末道康之「放火罪の実行の着手をめぐる一考察」慶應義塾大学法学部編『慶應の法律学　刑事法』（慶應義塾創立150年記念論文集、慶應義塾大学法学部、2008年）167頁以下。
20) 刑録20巻1848頁。類似の事案として、大判大正3年10月2日刑録20巻1789頁、大判昭和7年4月30日刑集11巻558頁。
21) 大判大正12年11月12日刑集2巻781頁、大判大正15年9月28日刑集5巻383頁、大判昭和8年7月27日刑集12巻1388頁。
22) 大判昭和3年2月17日法律新聞2833号10頁。
23) 下刑集6巻9=10号1005頁。

は放火の意思をもって放火罪の構成要件に該当する行為を開始したものとみるのが相当」とした[24]。また、広島地判昭和49年4月3日[25]は、木造家屋内の台所のプロパンガスのホースを抜いて同室内にガスを放出し、さらに4畳半間にガソリン約18リットルを撒いた後、6畳間に通じる襖を開けたところ、台所および4畳半間に充満していたガスが6畳間にあった石油ストーブの火に引火し、同家屋を全焼させたといった事案につき、前記ガス放出行為およびガソリン散布行為により「被告人の放火の企図の大半はすでに終了し、あとは点火を残すのみで、しかも点火と同時に既遂に達すると予測されるうえ……対象物の可燃性および放出、撒布された媒介物の危険性に照らせば、右行為によってもたらされた客観的危険状態はかかる媒介物なしに点火行為がなされたのと差異がないほど高度のものと認められ、未だ点火前とはいえ、右は既に予備の段階をはるかに逸脱し、放火の実行の着手があつたものと解するのが相当」として着手を認めた。

これらは既に室内に火気が存在していた事案であったが、火気がなくてもガソリンを撒いた時点で着手を認めたのが次の事案である[26]。

横浜地方裁判所昭和58年7月20日刑事第1部判決[27]

[事案]

被告人は、自宅である家屋に放火して焼身自殺をはかろうと決意し、同家屋の6畳および4畳半の各和室の床並びに廊下などにガソリン約6.4リットルを

---

[24] 本判決に賛成の評釈として、山口悠介「判批」警察研究41巻4号（1970年）35頁以下。批判的なものとして、藤木英雄「刑法総論の諸問題（6）——放火罪の予備と実行の着手——」警察学論集22巻1号（1969年）117頁以下。

[25] 判例タイムズ316号289頁。

[26] なお、ガソリンを用いた例ではないが、木造家屋内の一室に閉じこもった被害者を焼死させるため、簡易ライターを手に持ち、同室に隣接する部屋のガス栓2本を開き約15分にわたってガスを漏出させたという事案として、大阪高判昭和57年6月29日判例時報1051号159頁がある。本判決は、建造物に対する放火が殺人の手段となっている場合には、放火の着手が同時に殺人の着手になるとした上で、「至近距離に裸火があって、ガスを漏出すれば直ちに着火することが明らかであるような場合は格別、右放火の準備として屋内にガスを漏出した上、簡易ライターを手に持っていたにとどまる被告人の右行為は、いまだ殺人の実行行為に着手したものにあたら」ないとした。しかし、この結論には批判も強い（木藤・後掲注28）207頁、平本・後掲注28）52頁）。

[27] 判例時報1108号138頁。

散布した。被告人は、30分以上逡巡した後、ガソリンに火をつけて家を燃やしその炎に包まれて死のうと覚悟を決め、死ぬ前に最後のタバコを吸おうと思い、口にくわえたタバコにライターで点火したところ、ライターの火がガソリンの蒸気に引火して爆発を起こし、本件家屋を全焼させた。

[判決要旨]

　横浜地裁は、本件家屋が木造であること、内部も特に不燃性の材料が用いられていなかったこと、和室にはカーペットが敷かれていたこと、犯行当時、本件家屋の雨戸や窓は全部閉められ密閉された状態にあったことを指摘した上で、「被告人によって撒布されたガソリンの量は、約6.4リットルに達し、しかも6畳及び4畳半の各和室、廊下、台所、便所など本件家屋の床面の大部分に満遍無く撒布されたこと、右撒布の結果、ガソリンの臭気が室内に充満し、被告人は鼻が痛くなり、目もまばたきしなければ開けていられないほどであったことが認められるのであり、ガソリンの強い引火性を考慮すると、そこに何らかの火気が発すれば本件家屋に撒布されたガソリンに引火し、火災が起こることは必定の状況にあったのであるから、被告人はガソリンを撒布することによって放火について企図したところの大半を終えたものといってよく、この段階において法益の侵害即ち本件家屋の焼燬を惹起する切迫した危険が生じるに至ったものと認められる」として放火の着手を認めた[28]。

　横浜地裁の判示をみると、ガソリンの強い引火性が着手を認める大きな理由となっていることがわかる。密閉された空間に大量のガソリンを撒いた場合、なんらかの火気が発すれば引火し、目的物件の焼損につながる高度の危険が認

---

28) 本判決の結論に批判的な評釈として、塩見淳「判批」松尾浩也ほか編『刑法判例百選I　総論』(別冊ジュリスト142号、第4版、1997年) 127頁がある。同評釈は、「本件の被告人は、ガソリン撒布後『直ちに』点火する意思をもたず、放火についてなお逡巡し、現実にも火災の発生は撒布後30分以上経過した後のことであった。点火行為の『直前に』位置する行為、『点火しようとして』目的物に油を注ぐ行為の限度でのみ着手の早期化を承認する立場からは、判決には疑問が残る」とする。しかし、本文中で述べるように、何らかの火気が発すれば直ちに引火して本件家屋を焼損する状況にあることを被告人が認識していれば、この立場からも着手を認めるのが適当であるように思われる。本判決に賛成するものとして、木藤繁夫「判批」警察学論集37巻7号 (1984年) 197頁、平本喜祿「判批」捜査研究33巻11号 (1984年) 42頁以下。

められる。つまり、客観的にみれば、点火行為を行わなくても焼損結果が生じうる状況が既に作出されているといえる。また、ガソリンが撒かれた場所が密閉された空間ではなかったとしても、ガソリンは引火点が低いため、これに点火して燃焼させることは極めて容易であることから、ガソリンを撒いた時点で、ガソリンの燃焼を通じて目的物件の焼損に至る高度の危険性が認められる。前記各裁判例の結論の背後には、このような事情があるのではないかと思われる。

一方、ガソリンと比べて揮発性が低く引火点が高い燃料である灯油を用いた場合については、それを撒く行為だけでは着手は認められていない。導火材料である灯油が何らかの火気により直接燃焼する状況にはないことを前提に、灯油に点火する行為に至る危険性があったか否かが争点となっている。着手を肯定した例としては、次の福岡地裁判決がある。

福岡地方裁判所平成7年10月12日第1刑事部判決[29]
[事案]

他人が現住する家屋の玄関前のタイル張りのたたきに灯油を散布した上、あらかじめラッカー薄め液を振り掛けてあった新聞紙等を左手に持ち、右手で点火したライターをこれに近づけて火を放ったが、その際、被告人の着用していたゴム手袋に火が燃え移ったことから、驚愕のあまりゴム手袋を外してその場に投げ捨てたところ、たたきの上に散布した灯油の上に落ちて燃え上がったものの、消し止められたという事案である。

手袋を投げ捨てた行為は反射的な動作であり問責対象とすることができなかったことから、たたきの上に灯油を散布した上、新聞紙等に着火した時点で放火の着手が認められるか否かが問題となった。

[判決要旨]

福岡地裁は、本件の場合、着火した新聞紙等をたたきの上に散布された灯油の上に置く行為が放火の実行行為にあたるとした上で、以下のように述べて、現住建造物等放火罪の未遂を認めた。

---
29) 判例タイムズ910号242頁。

「本件放火において、被告人は、甲方玄関前のたたきの上に灯油を散布した上、予めラッカー薄め液を振り掛けた新聞紙等の紙類を左手に持ち、右手で点火したライターをこれに近づけて着火したものの、その際、その火が左手に着用していたゴム手袋に掛かっていたラッカー薄め液に燃え移ったことから、それ以後の行為を中断しているが、このような不測の事態の発生により行為が中断されなければ、被告人が着火した右紙類をそのまま灯油の上に置いたであろうことは十分予測できる上、被告人自身もそのような意図に基づいて右行為に及んだと認められることからすると、被告人が予めラッカー薄め液を振り掛けた新聞紙等の紙類に着火した行為をもって、甲方家屋を焼燬する具体的危険を発生させる行為を開始したものと評価することができる。したがって、被告人は、右行為によって、現住建造物等放火の実行に着手したものと認めることができる。」

　本判決は、撒かれた灯油の上に火のついた新聞紙等を置くという行為、つまり導火材料に火を放つ行為を実行行為とみた上で、導火材料に火を放つための媒介物に火をつけた時点で着手を認めている。被告人が立っていた場所が、灯油が撒かれた場所から至近距離であったこと、および灯油を燃焼させるための芯となる新聞紙に既に火をつけていたことから、放火の実行行為に至る危険性が認められたものと思われる。
　一方、着手が否定された例もいくつかみられる。灯油への点火行為に至る具体的危険が認められなかったことを理由に着手を否定したものとして、次のものがある。

千葉地方裁判所平成 16 年 5 月 25 日刑事第 1 部判決[30]
[事案]
　被告人は、実父らが現に住居に使用している家屋に放火しようと企て、同家屋の 4 畳半間和室の畳上、同室から玄関に至る中廊下および玄関板張り床上に灯油を散布した上、同玄関前の屋外において、ライターで新聞紙に点火し、火

---

30)　判例タイムズ 1188 号 347 頁。

のついた新聞紙を振りかざしたところを通行人に新聞紙をはたき落されて火を消し止められたため、放火の目的を遂げなかった。なお、被告人と灯油を散布した玄関板張り廊下との間には約2.5メートルの距離があり、新聞紙をはたき落されるまでの間、被告人は、終始本件家屋に背を向けて立っていた。また、新聞紙をはたき落された時点で、新聞紙の火はほとんど燃え尽きていた。

[判決要旨]
　千葉地裁は、灯油を散布した時点では放火の着手は認められないとした上で、ライターで新聞紙に火をつけて振り上げた行為について以下のように述べて着手を否定した。
　「被告人は、本件居宅内に灯油を散布後、屋外で新聞紙にライターで着火してふりかざしたのであるから、この時点において灯油を散布した以上の危険が生じたことは否定できない。しかしながら、灯油を散布した玄関板張り廊下と新聞紙に着火した屋外の場所とは2.5メートル以上離れていたため、そのままでは新聞紙の火を散布した灯油に着火できる位置関係にはなく、灯油に着火するには、一度ある程度の距離を引き返すか、あるいは新聞紙を後ろに放り投げるなどの新たな挙動に出る必要があるところ、被告人は、玄関から屋外に出た後、終始本件居宅に背を向けて立ち、上記の廊下に散布した灯油に着火するような挙動に出ないうちに、被告人を取り巻いていた近隣住民の1人に新聞紙を叩き落とされたほか、犯行当時小雨が降り風向きも被告人の背後である自宅方向から吹いていたという気象状況……をも併せ考えると、被告人の新聞紙への着火行為により本件居宅焼損に向けた具体的危険が発生したと認めるのは困難である。」

　本件では、前出福岡地判平成7年10月12日の事案とは異なり、被告人は灯油が撒かれた場所から少し離れた所に立っていたことに加え、被告人の行動には即座に放火する意思を疑わせるものがあったことなどが着手を否定する根拠になったものと推察される。
　このほか、否定例としては、他人が現住する建物の周囲に灯油約9.5リットルを撒き、点火したライターで灯油に着火しようとしたが取り上げられたとい

う事案につき、「本件状況下で、単に灯油にライターを近づけても容易に灯油に着火するものではない」として着手を否定した岡山地判平成14年4月26日[31]、居宅の台所の床面等に灯油を撒き、カーテンをガスコンロの上に置いた状態でコンロの点火用スイッチを押してカーテンに火を燃え移らせた時点で着手が認められるか否かが問題となった事案につき、ガスコンロの火を灯油に引火させるためには着火したカーテンを床面に落とす、または置くという行為が必要だとした上で、「本件においては……カーテンを台所床面等に落とす、あるいは置くといった行為を残すのみといった状況にもない」として着手を否定した横浜地判平成18年11月14日[32]がある（ガスコンロの点火用スイッチを押そうとする被告人と、それを止めようとする夫との間で揉み合いが行われたという特殊事情があった）。

　以上のようにみてくると、放火罪については、導火材料への点火がなくとも、導火材料が何らかの火気により直接燃焼する危険性が高度に認められるか、または点火行為に至る具体的な危険性が認められる場合には着手が肯定されているといえる。ただし、「点火行為に至る具体的な危険性」が問題となった裁判例をみると、肯定例・否定例を問わず、すべての事案で既に何らかの火気が存在している。裁判例の中には、ガソリンを撒いた時点で着手を肯定したものがあることから、放火罪の着手時期に関しては「放火して」という文言による制約はかからないという指摘もあるが[33]、自動発火装置を設置したのと同視できるようなガソリン散布事例を除けば、判例は「火」の存在を無視してはおらず、「放火」という文言上の制約をまったく無視しているわけではないように思われる。

---

31) Westlaw Japan【文献番号2002WLJPCA04269005】。同判決によれば、「灯油の引火点は摂氏40度以上であり、灯油自体が摂氏40度以上にならないと、たとえ火を近づけても灯油には火がつかないから、通常の気温下において、コンクリートタイル敷きの上に撒いた灯油にライターの火を近づけても、灯油は部分的に摂氏40度以上になるかもしれないが、その周囲は、熱が地面に逃げたりするため、なかなか温度が上がらず、灯油には火はつかないこと、このような灯油にライターで着火するには、石油ストーブの芯のように灯油がしみ込むほこりやゴミなどにライターの火を近づける必要」だということである。
32) 判例タイムズ1244号316頁。
33) 西田・前掲注11) 306頁。

(2) 強姦罪[34]

　大審院時代には強姦罪の着手に関する公刊判例はみられないが、最高裁時代に入ってから多数の裁判例がみられる。ごく例外的な事案[35]を除いて何らかの形での暴行・脅迫が行われており、その時点で結果発生の危険性が認められるか否かが争われたケースが大半である。

　まず、行為者が、暴行・脅迫を行った場所の近辺で姦淫するつもりであったとみられる事案[36]については、その場所が姦淫を行う場所として適しているかが問題となる。たとえば、前橋地桐生支判昭和37年7月13日[37]は、被告人4名が、甘言を弄して女性2人をタクシーに乗せ、旅館に連れ込んで姦淫しようとしたが、彼女らが降車を拒否したため、力づくで車外に引っ張り出してその場で姦淫しようとしたという事案につき、同所が自転車の通行する県道であったことなどから、大勢で女性を姦淫するのに適した客観的状況にはないとして着手を否定した（なお、本判決は控訴審である東京高判昭和37年12月21日によって破棄されたとのことである[38]。同判決は公刊物不登載のため、詳細は確認できない）。

　最も事例の集積がある類型は、被害者を自動車に連れ込んで強姦しようとした事案である。これに関する最高裁判例として次のものがある。

---

[34]　強姦罪の着手時期に関する判例研究として、古いものではあるが、長島敦「強姦罪の実行の着手（その1）～（その3）」研修189号95頁以下、190号71頁以下、191号65頁以下（1964年）。

[35]　高松高判昭和41年8月9日高刑集19巻5号520頁。本件では、いわゆる白タク営業をしていた被告人が、被害者を自動車に乗せ、本来の行き先と異なる方向に走行し、山間部の人気のない空地に同車を停車させ、姦淫目的で、被害者に近づくために後部座席に乗車しようとした時点で強姦の着手が認められるか否かが争われた。高松高裁は、「被告人の右行為は同女を強いて姦淫するための無言の威圧行為であり、ひいては、強姦の手段である暴行もしくは脅迫行為に極めて近接した行為」だとして着手を認めた。

[36]　以下で取り上げるもののほか、最判昭和28年3月13日刑集7巻3号529頁、仙台高判昭和33年8月27日裁特5巻10号410頁、旭川地判昭和34年3月5日下刑集1巻3号637頁、東京高判昭和38年6月13日高刑集16巻4号358頁（いずれも着手を肯定した）。

[37]　下刑集4巻7=8号680頁。

[38]　大久保太郎「判解」『最高裁判所判例解説　刑事篇（昭和45年度）』252頁および257頁参照。

最高裁判所昭和 45 年 7 月 28 日第 3 小法廷決定[39]

[事案]

　被告人は、某日午後 7 時 30 分頃、ダンプカーに友人 A を同乗させ、ともに女性を物色して情交を結ぼうとの意図のもとに徘徊していたところ、1 人で通行中の B を認め、「車に乗せてやろう」などと声をかけながら 100 メートル尾行したものの、相手にされなかった。これに苛立った A は下車し、B に近づいていった。被告人は、付近の空き地にダンプカーを止めて待ち受け、A が B を背後から抱きすくめてダンプカーの助手席前まで連行してくるや、A が B を強姦する意思を有することを察知し、A と強姦の意思を通じた上、B を A とともに運転席に引きずり込み、発進して同所より約 5800 メートル離れた護岸工事現場に移動し、同所において、運転席内で B の反抗を抑圧して姦淫した。B は、ダンプカーに引きずり込まれた際に全治 10 日間を要する傷害を負った。

　本件では、強姦致傷罪の成否との関係で、傷害の原因となった引きずり込み行為の時点で強姦の着手が認められるか否かが争われた。

[決定要旨]

　「かかる事実関係のもとにおいては、被告人が同女をダンプカーの運転席に引きずり込もうとした段階においてすでに強姦に至る客観的な危険性が明らかに認められるから、その時点において強姦行為の着手があったと解するのが相当」である。

　この類型の強姦に関しては、本決定以前にも下級審レベルの裁判例が存在した。大阪高判昭和 38 年 12 月 19 日[40]、京都地判昭和 43 年 11 月 26 日[41] および大阪地判昭和 45 年 6 月 11 日[42] である。このうち、大阪高裁の事案は、4 名の男性が女性を自動車内に引っ張り込もうとした時点で強姦の着手を認めたも

---

39) 刑集 24 巻 7 号 585 頁。
40) 大久保・前掲注 38) 250-251 頁参照。
41) 判例時報 543 号 91 頁。
42) 判例タイムズ 259 号 319 頁。

のであるが、実行の着手の判断基準を「具体的犯意の遂行性の強弱及びその遂行の確実性」に求めているため、いささか異例のものである。京都地裁の事案は、被告人が、乗車定員が4人の軽自動車の助手席に女性を引きずり込もうとした行為について、被告人以外の同乗者2名が非協力的であったこと、暴行がそれほど強度のものでなかったこと、自動車内が狭隘であったことを理由に着手を否定したものであるが、着手の基準に関する一般論は提示していない。大阪地裁の事案は、被告人3名が女性を自動車内に引きずり込んだ上、人目につかない場所に移動して車内で姦淫しようとしたというものであったが、判決は、強姦罪の着手の基準について、「姦淫の直接の手段とする意思で行われ、かつ強姦の手段として構成要件的定型を有する暴行脅迫の開始、いいかえると、右犯罪構成要件の一部に該当する行為の開始があったとき実行の着手があったものと解するのが相当」とした上で、被害者女性を自動車内に引きずり込む際の暴行は姦淫に直接に向けられたものではないとして着手を否定した。これは形式的客観説に立ったものだといえよう。

これに対し、本決定は、「強姦に至る客観的な危険性」を根拠に着手時期を肯定していることから、実質的客観説を採用したものといえる。本決定の調査官解説によれば、この種の類型で問題となる危険性は、①被害者が「その抵抗を抑えられながら自動車内に引きずり込まれる」危険性と、②「いったん自動車内に引きずり込まれた場合に容易に車外に脱出できない」という意味での危険性であり[43]、本決定の事案ではその両方が認められたのであった。本決定以降の裁判例では、このような意味での危険性の有無が専ら争点とされている。

着手を肯定した例として、名古屋高金沢支判昭和46年12月23日[44]、東京高判昭和47年4月26日[45]、東京高判昭和47年4月26日[46]および東京高判昭和47年12月18日[47]が、否定した例として、大阪地判平成15年4月11日[48]および広島高判平成16年3月23日[49]がある。各裁判例を分析すると、

---

43) 大久保・前掲注38) 255頁。
44) 刑月3巻12号1613頁。
45) 判例タイムズ279号362頁。
46) 判例タイムズ279号362頁。
47) 判例タイムズ298号441頁。

結論を左右する事情として、被害者および行為者の年齢・体格、暴行・脅迫の程度、犯行時の周囲の状況、被害者の抵抗の程度、自動車との間の距離、犯意の強固さ、共犯者の有無および協力の程度、自動車の構造、姦淫を予定している場所との間の距離などが考慮されているといえよう。

　そのほか、被害者をホテルなどの部屋に連れ込むための暴行・脅迫の時点で着手が認められるか否かが争われた事案もみられる。たとえば、東京高判昭和57年9月21日[50]は、被告人が被害者を無理やりラブホテルに連れ込んで姦淫しようとしたという事案について、被告人の犯意が強固であったこと、暴行・脅迫を加えた場所がホテルの裏手の敷地内で入口からも5メートルほどしか離れていなかったことのほか、「暴行脅迫が極めて強力かつ執拗」であり、「いま少し継続していれば、被害者の抗拒が著しく困難な状態に陥り、諦めの心境も加わって被告人によってホテル内に連れ込まれる事態に至る蓋然性が高」いこと、さらに、連れ込もうとしたのがラブホテルであったため従業員による介入が考えにくいことなどを指摘し、暴行・脅迫の時点で「強姦の結果が発生する客観的危険性が高度に存在していたと認めるのが相当」として着手を認めた。自動車内に引きずり込んで車内で姦淫する場合とは異なり、ホテル利用の場合には、外から部屋の中に被害者を連れ込むまでの間にフロントや廊下を通過しなくてはならず、他人に気づかれる可能性が高いという特殊性がある。したがって、この種の類型では、暴行・脅迫が被害者の心理に与えた影響[51]やホテルの性質が、犯行場所から部屋に連れ込むまでの間に障害が介在する可能性が高いか否かを判断する際の重要な手がかりとなるように思われる。ほかに、同種の事案で着手を肯定したものとして、名古屋高金沢支判昭和46年3月18日[52]

---

48) 判例タイムズ1126号284頁。本判決に関する評釈として、石山宏樹「判批」研修667号（2004年）33頁以下。
49) 公刊物不登載（今村智仁「判批」研修687号（2005年）15頁以下参照）。
50) 判例タイムズ489号130頁。
51) この点につき参考になる事案として、札幌高判昭和53年6月29日刑月10巻6=7=8号1045頁がある。評釈として、小西秀宣「判批」研修366号（1978年）89頁以下。
52) 刑月3巻3号366頁。なお、被害者側に同伴者がいたという特殊な事例ではあるが、ホテルに連れて行くためにタクシーに乗車させる際の暴行、およびホテルに向かうタクシー内での暴行の時点では強姦の着手が認められないとしたものとして、大阪地判昭和61年3月11日判例タイムズ615号125頁がある。

がある。

　強姦罪においても、判例は結果発生の危険性という見地から着手判断を行っているが、少なくとも公刊されている裁判例の上では、1件を除き、暴行・脅迫がないのに強姦の着手を認めた例は存在しない。ここでも、判例は構成要件による縛りを強く意識しているように見受けられる。

(3) 殺人罪

　殺人罪に関しては、古い時代の判例には、食用品に毒物を混ぜ、被害者にこれを摂取させることにより殺害しようとした事案に関するものがよくみられる。理論的には、この類型は、間接正犯または離隔犯の着手時期の問題にかかわるものであるが、実行の着手に関する判例の考え方をみる上で参考になるため、取り上げることとする（間接正犯の着手時期については、第5章参照）。

　まず、旧刑法293条の毒殺罪に関する大判明治37年6月24日[53]は、被告人が、毒物を混入させた酢飯を風呂敷に包んで被害者方住居の敷居内に差し置いたという事案につき、毒物を施用したというためには、これを「被害者の服用すべき状態に置きたる事実」（たとえば、飲食物として被害者に贈与する、食器の上に置く、飲食物が置かれるようなところに置く）が必要だとして、毒殺罪の未遂を認めた原審を破棄した[54]。この基準は、現行刑法下での判例にも引き継がれた。大判大正7年11月16日[55]は、被告人が、被害者に対し、被害者またはその家族が食用すれば中毒死することを予見しながら、致死量の毒物を混入した白砂糖を贈品のごとく装って郵便小包として送付し、被害者はこれを受領したが、調味のため使用する際に毒物の混入に気づいたため食べなかったという事案であった。弁護人が、原審は毒物の送付の時点で殺人の実行行為を認めたもので

---

[53] 刑録10輯17巻1403頁。なお、旧刑法293条の文言は、「毒物を施用して人を殺したる者は謀殺を以て論じ死刑に処す」というものであった。

[54] なお、これ以前にも「毒殺罪に付ては殺意を以て毒薬を調合し其之を服用せしめんとする人に渡したる所為は未だ実行に着手したるものに非ず。現に毒薬を服用せしめ又は目的の人が服用すべき状況に毒薬を供したる時に於て始めて実行の着手あるものとす」とした大判明治36年6月23日刑録9輯17巻1149頁があるが、これは毒殺の実行者の依頼を受けて毒薬を調合、提供する行為は毒殺罪の正犯にあたらないという結論を導く過程で述べられたものであり、実行の着手に関する先例としては必ずしも適切ではない。

[55] 刑録24輯1352頁。

不当だと主張したのに対し、本判決は、毒殺行為の着手は「他人が食用の結果中毒死に至ることあるべきを予見しながら毒物を其飲食し得べき状態に置きたる事実あるとき」に認められるとし、被害者が白砂糖を受領した時点でそのような状態に置かれたといえるとして、弁護人の主張を斥けた[56]。これは、離隔犯の着手時期に関する到達時説の結論と一致するものであるが、その根拠を法規の文言に求めているのが特徴的である[57]。

最高裁時代に入ってからこの類型の事案で着手を否定したものとして、宇都宮地判昭和40年12月9日[58]がある。本件は、被告人が、家族が拾得飲用して死亡することを期待して、自宅付近の農道傍の数箇所に毒入りジュース合計6本を置いたところ、被告人の家族とは別の者がその一部を拾得飲用したという事案であった。宇都宮地裁は、一般論として、「行為が結果発生のおそれある客観的状態に至った場合、換言すれば保護客体を直接危険ならしめるような法益侵害に対する現実的危険性を発生せしめた場合をもって実行の着手があったと解する」とした上で、被告人の家族との関係では殺人の着手は認められないとした。本判決は、大審院時代の前記の諸判決とは対照的に、結果発生の危険性の観点から着手時期の考察を行っており、時代が下るとともに形式的客観説から実質的客観説に移行してきた判例の流れを垣間みることができる。

被害者の抵抗を困難にした後に殺害行為を行うという後述のような計画的・段階的犯行ではなく、被害者に対面していきなり殺害行為を行う類型については、我が国の判例は、かなり厳格な態度をとっている。着手の有無が争点となり、結論としてこれが否定された例としては、「どいつもこいつも殺してもうたる」などと叫びながら包丁を携えて被害者方寝室等に押し入ったが、その間に被害者が逃走していた例[59]、被害者の面前で腹巻に差し込んでいた「あいくち」を抜こうとして手をかけたが、被害者が危険を察知して逃走した例[60]、包

---

56) 同様の基準から毒入り饅頭を被害者に交付した時点で殺人の着手を認めたものとして、大判昭和7年12月12日刑集18巻1881頁。
57) これらの大審院判例を「形式的客観説的な基準によるものと理解すべき」とするものとして、西原ほか編・前掲注18) 11頁（大沼邦弘執筆）。
58) 下刑集7巻12号2189頁。
59) 神戸地姫路支判昭和34年11月27日下刑集1巻11号2496頁。
60) 広島地判昭和39年11月13日下刑集6巻11=12号1284頁。

丁を右手に携えた上で、被害者の居室の前に至り、被害者が応対に出たら直ちに刺殺する目的で案内を求めたが、応対に出かかった被害者が包丁に気づき部屋の窓から逃走した例[61]がある。また、着手の有無が争点となったものではないが、殺人予備罪を認めた例としては、殺人の目的で凶器を持って被害者方に侵入した例[62]、被告人2名が被害者を殺害するために日本刀などを持ってバーの入り口に赴いた例[63]、日本刀を持ってタクシーに乗車し、被害者を発見するや被害者に切りつけるために下車しようとしたが、被害者の仲間に制止された例[64]、被害者方に押し入って現金等を強取し、かつ被害者らを殺害するために猟銃等の武器を用意した上、自動車で被害者方付近に赴き、犯行の機会をうかがった行為について強盗および殺人の予備とした例[65]がある。本類型では、被害者が行為者の殺意を悟った時点で抵抗や逃走をする可能性が高いことから、結果発生が極めて切迫した時点にならなければ着手は認められないと考えられているのかもしれない。

　これに対して、まず被害者を失神させるなどして逃走や抵抗を困難な状態にし、その後に殺害を行おうという計画的・段階的犯行の類型では、被害者の抵抗を奪う行為の段階で着手を認めているものが多い。たとえば、最決平成16年3月22日[66]は、被告人らが、保険金目当てに被害者を事故死にみせかけて殺害しようと考え、実行犯3名を巻き込んだ上、まずクロロホルムを使って被害者（V）を失神させた後（第1行為）、自動車で被害者を別の場所に運び、自動車ごと被害者を水中に転落させて溺死させること（第2行為）を計画し、これを実行して被害者を死亡させたが、被害者の死因がクロロホルム吸引による呼吸停止等であるのか、溺水による窒息なのかが特定できなかったという事案につき、第1行為の時点で殺人の着手を認めた。同決定は様々な論点との関係で大きな意義を有するが、本章との関係では、次のように述べて実行の着手の基

---

61) 大阪地判昭和44年11月6日判例タイムズ247号322頁。
62) 大判明治44年12月25日刑録17輯2328頁。さらに、大判大正5年5月4日刑録22輯685頁。
63) 大阪高判昭和39年4月14日高刑集17巻2号219頁。
64) 福岡地飯塚支判昭和45年3月25日刑月2巻3号292頁。
65) 宮崎地判昭和52年10月18日刑月9巻9=10号746頁。
66) 刑集58巻3号187頁。

準の具体化を行ったことが重要である。

「実行犯3名の殺害計画は、クロロホルムを吸引させてVを失神させた上、その失神状態を利用して、Vを港まで運び自動車ごと海中に転落させてでき死させるというものであって、第1行為は第2行為を確実かつ容易に行うために必要不可欠なものであったといえること、第1行為に成功した場合、それ以降の殺害計画を遂行する上で障害となるような特段の事情が存しなかったと認められることや、第1行為と第2行為との間の時間的場所的近接性などに照らすと、第1行為は第2行為に密接な行為であり、実行犯3名が第1行為を開始した時点で既に殺人に至る客観的な危険性が明らかに認められるから、その時点において殺人罪の実行の着手があったものと解するのが相当である。」

ここでは、①第1行為が第2行為との関係で「必要不可欠」なものであること、②第1行為が成功すれば特段の障害なく結果実現に至ること、③第1行為と第2行為との間の時間的場所的近接性が挙げられ、そこから両行為の間の「密接性」および結果発生の「客観的危険性」が導き出されるという構造になっている。つまり、「密接性」および「危険性」が上位基準となっており、前記①～③はその下位基準に位置づけられている。上位基準である「密接性」と「危険性」の関係は決定文上からは読み取れないが、調査官解説によれば、「危険性」は未遂犯の処罰根拠から導かれる基準であり、「密接性」は刑法43条の文言上の制約から導かれる基準として位置づけられるとされている[67]。本決定は、実行の着手が認められるためにはこれらの2つの基準を満たすことが必要だということを示した点で重要であることに加え、従来の裁判例にはみられなかった具体的な下位基準を提示したことに大きな意義がある。

平成16年決定の判断方法は、同じく計画的・段階的な殺人の類型に属する名古屋高判平成19年2月16日[68]でも用いられた。本件は、自動車を被害者に衝突させ、それにより転倒した被害者を包丁で刺して殺害するという計画のもと、時速約20キロメートルの速度で被害者の右斜め後方から車両前部を衝突させ、被害者を転倒させたが殺害を中止したという事案について、次のよう

---

67) 平木正洋「判解」『最高裁判所判例解説 刑事篇（平成16年度）』162頁。また、二本柳・前掲注11) 667頁および同「実行の着手の判断における密接性および危険性」『野村稔先生古稀祝賀論文集』（成文堂、2015年）127頁は、密接性の要件は罪刑法定主義から導かれ、危険性の要件は法益保護主義から導かれるとする。
68) 判例タイムズ1247号342頁。

に述べて着手を認めた。

> 「その計画によれば、自動車を同女に衝突させる行為は、同女に逃げられることなく刃物で刺すために必要であり、そして、被告人の思惑どおりに自動車を衝突させて同女を転倒させた場合、それ以降の計画を遂行する上で障害となるような特段の事情はなく、自動車を衝突させる行為と刃物による刺突行為は引き続き行われることになっていたのであって、そこには同時、同所といってもいいほどの時間的場所的近接性が認められることなどにも照らすと、自動車を同女に衝突させる行為と刺突行為とは密接な関連を有する一連の行為というべきであり、被告人が自動車を同女に衝突させた時点で殺人に至る客観的な現実的危険性も認められるから、その時点で殺人罪の実行の着手があったものと認めるのが相当である。」

このほか、平成16年決定以前のもので着手を肯定した例として、名古屋地判昭和44年6月25日[69]が、着手を否定した例として大阪地判昭和57年4月6日[70]がある（第3章第3節参照）。

殺人罪における着手判断は殺害方法によって大きく異なる。まず、被害者に対峙する類型については、被害者の身体に対する直接的攻撃に極めて近接した行為がなければ着手を認めないという厳格な態度をとっている。他方、計画的・段階的犯行の場合については、これよりもかなり早い段階で着手が認められているが、この類型の裁判例では、すべて被害者の身体に対する何らかの攻撃が既に行われている。後にみるドイツの判例とは異なり、被害者の抵抗力を奪っているわけでもなく、被害者の身体に対する直接的攻撃との間にいまだ多少の間隔がある事例で殺人罪の着手を認めたものは、公刊判例の中には見当たらない。

(4) 窃盗罪

窃盗罪については、判例は、伝統的に、財物に対する他人の占有を侵害するにつき密接な行為を開始したか否かを着手の基準としてきた。そのリーディング・ケースとされるのが、大判大正6年10月11日[71]である。同判決は、被告人が、すり目的で、財物の入ったポケット（衣嚢）に手を差し入れたという事案につき、窃盗の着手時期に関する一般論として、「窃盗罪の成立するには

---

69) 判例時報589号95頁。
70) 判例タイムズ477号221頁。
71) 刑録23輯1078頁。

他人の事実上の支配内に在る他人の財物を自己の支配内に移すことを要す。故に他人の財物を領得する意思に出づる行為と雖も未だ他人の事実上の支配を侵すに付き密接せる程度に達せざる場合に於ては窃盗罪に著手したるものと謂ふべからず」と述べた上で、「被告が他人の財物在中の衣嚢の外部に手を触れたるに非ずして衣嚢に手を差入れ金品を窃取せんとして遂げざりしと云ふに在れば他人の事実上の支配を侵し窃盗行為に著手して遂げざりし事実に該当」するとしたものである。一方、最近では、殺人罪に関する前出最決平成16年3月22日の影響を受けてか、結果発生の危険性に言及するものも現れている。しかし、基準の如何にかかわらず、以下でみる通り、窃盗の類型ごとに着手時期の限界線はある程度固まっている。

　窃盗罪の中でも最も事例の集積があるのが、侵入窃盗の類型である。まず、住居を対象とする侵入窃盗については、「物色行為」があれば着手が認められている。そのことを示したのが、最判昭和23年4月17日[72]である。同判決は、馬鈴薯その他食料品を窃取しようと企て他人方養蚕室に侵入したが、懐中電燈を利用して食料品等を物色中に発見されたという事案につき、「窃盗の目的で他人の屋内に侵入し、財物を物色したというのであるから、このとき既に、窃盗の着手があったとみるのは当然」とした。また、訪問先の官庁の事務室内のロッカーから金品を窃取する目的で、同室内の事務机から合鍵を取り出したところを逮捕されたという事案につき、「被告人がロッカーより金品を窃盗する目的をもって、ロッカーのかかる近くにある事務机よりその合鍵を取り出した以上、この行為をもって金品窃取の目的をもって同室内を物色したもの即ち窃盗の行為に着手したものというを妨げない」としたものもある[73]。

　しかし、他方で、物色行為がないからといって着手が否定されているわけではない。他人の家宅に侵入して金品物色のために箪笥に近寄った時点で着手を認めた例[74]があるほか、深夜に電気器具商たる店舗兼住居に侵入し、懐中電灯で店内を照らしたところ、電気器具類が積んであることがわかったが、なる

---

72) 刑集2巻4号399頁。さらに、大判昭和21年11月27日刑集25巻55頁。
73) 東京高判昭和38年11月28日東高刑時報14巻11号190頁。
74) 大判昭和9年10月19日刑集13巻1473頁。旧刑法下のものではあるが類似の事案として、大判明治34年6月21日刑録7輯6巻69頁。

べく金を盗りたいので煙草売場の方に行きかけた際に家人に発見されたという事案で、窃盗の着手を認めたものがある[75]。一方、住居に侵入しただけでは、窃盗の着手は認められていない[76]。

同じく侵入盗の類型でも、財物の保管に特化した建物が対象となる場合は、侵入を試みる行為の時点で着手が認められている。たとえば、名古屋高判昭和25年11月14日[77]では、被告人らが窃盗の目的で土蔵に侵入しようとして土蔵の壁の一部を破壊し、または外扉の錠を破壊してこれを開いた時点で着手が肯定されている。また、大阪高判昭和62年12月16日[78]は、家屋内に設けられた「内蔵」についても、「土蔵、倉庫のような特殊な建物の場合には、当該建物の内部において物色を開始するまでもなく、右建物へ侵入する目的で外扉の錠や壁などの破壊を開始した時点で、窃盗罪の実行の着手があると解するのが相当であって……このことは、右土蔵、倉庫が家屋内の一部として設けられている場合（いわゆる内蔵）においても変わるところはない」として同様のことがあてはまるとしている[79]。

次に、車上狙いの類型については、ドアを解錠しようとする行為の時点で着手が認められている[80]。たとえば、東京高判昭和45年9月8日[81]は、自動車内から現金等を盗むために、ドライバー2本および洋傘の骨を使い、ドライバーを三角窓の下のゴムの中に押し込み、三角窓のガラスを持ち上げて、そこから洋傘の骨を曲げたものを差し込んで、三角窓内側の止め金ポッチにひっかけ、洋傘の骨を動かせばすぐに開けられる状態にしたという事案につき、窃盗の着手を認めている。

---

75) 最決昭和40年3月9日刑集19巻2号69頁。
76) 東京高判昭和29年4月5日東高刑時報5巻3号103頁。
77) 高刑集3巻4号748頁。類似の事案として、高松高判昭和28年1月31日判特36号3頁、同昭和28年2月25日高刑集6巻4号417頁。
78) 判例タイムズ662号241頁。
79) なお、鶏を窃取しようとして鶏小屋に侵入しようとしたが、入口が狭く右足と右肩しか入らなかったため断念したという事案につき、窃盗の着手を否定したものとして、仙台高判昭和27年7月25日判特22号238頁。
80) 本類型に関する稀少な判例研究として、小島吉晴「判批」研修515号（1991年）33頁以下。
81) 東高刑時報21巻9号303頁。類似の事案として、山口簡判平成2年10月1日判例時報1373号145頁および東京地判平成2年11月15日判例時報1373号145頁。

「すり」については、他人のポケット内に手を差し入れた場合（前出大判大正6年10月11日）はもとより、ポケットに手を差しのべてその外側に触れた場合（最決昭和29年5月6日）[82]にも着手が認められている。もっとも、ポケットの外側に触れる行為については、それがいわゆる「あたり」目的だった場合にも同様に着手が認められるのかという問題がある。最決昭和29年5月6日の原審である広島高判昭和28年10月5日[83]は、その傍論で「あたり」行為は「単にそれだけでは未だ実行の著手とは解し難い場合もあろうけれども、本件は右『あたり』行為と解することはできない」とし、着手が否定される可能性を示唆している。しかし、上告審ではこの部分には触れられていないことから、判例の立場は不明である。

そのほか、機械に対して不正な操作または不正な工作をして財物を得ようとする類型について、そのような操作または工作を開始した時点で着手を認めたものがある。東京高判昭和35年1月19日[84]は、パチンコ玉を本来の遊戯方法によらないで不正に取得する目的で、セルロイド板をパチンコ機内部の釘の辺りに設置し、これによりはじかれた種玉が当り穴に入るよう工作するため、セルロイド板をパチンコ機内に挿入しようと同機硝子扉下面の隙に押しあてた時点で着手を認めた[85]。また、名古屋高判平成18年1月24日[86]は、被告人が、拾得した他人名義のキャッシュカードを使用して現金を盗み出そうと考え、同カードを金融機関の自動預払機に挿入して適当に暗証番号を押し、残高照会をしたところ、既に紛失処理の措置がとられていたため、同カードが自動預払

---

82) 刑集8巻5号634頁。
83) 刑集8巻5号641頁。
84) 判例タイムズ101号42頁。
85) もっとも、実行の着手時期が争点となったものではないが、体感器と呼ばれる電子機器を身体に装着してパチスロ遊戯を行い、メダルを不正取得したという事案で、体感器のスイッチを入れる前後を問わず、排出されたメダル全部につき窃盗罪を認めた最決平成19年4月13日刑集61巻3号340頁がある。これは、体感器使用によるメダルの不正取得の機会をうかがいながら遊戯を開始した時点で、既に窃盗の着手が認められるという考え方をとったものだと評されている（入江猛「判解」『最高裁判所判例解説　刑事篇（平成19年度）』147-148頁）。これは、そのような機会をうかがいながら遊戯を行うこと自体が、メダルの占有者たるパチスロ店側の意思に反する行為だという考え方に基づいている。したがって、占有者の意思に反して、財物の占有を支えている「領域」への接触を行っているという意味では、他の窃盗罪に関する判例から逸脱するものではないであろう。
86) 高刑速報平成18年度267頁。

機の中に取り込まれてしまい、その後、金融機関職員に逮捕されたという事案につき、同カードを自動預払機に挿入した時点をもって着手を認めた。さらに、鉄道の駅の自動券売機に不正な工作をして硬貨を窃取しようとした事案として、次のものがある。殺人罪に関する前出決平成16年3月22日と類似した方法により着手の有無を検討した興味深い事案であるため、少し詳しく紹介しよう。

東京高等裁判所平成22年4月20日第10刑事部判決[87]

[事案]

　被告人は、駅に設置された切符の自動券売機の硬貨釣銭返却口の内部に接着剤を塗布し、後続の利用客が切符を購入した際に払い戻される釣銭の一部をその接着剤に付着させ、利用客がそれに気づかずに返却口に出た釣銭のみを持って自動券売機を離れた後、接着剤に付着した釣銭を窃取しようと考え、某日午後2時20分頃、東京都内山手線の某駅構内に設置されている自動券売機の釣銭返却口に接着剤を塗布したところ、防犯カメラの映像を監視していた駅職員により発見され逮捕された。

[判決要旨]

　「窃盗罪における実行の着手は、構成要件該当行為自体の開始時点に限定されず、これに密接な行為であって、既遂に至る客観的危険性が発生した時点に認められると解されるところ、本件においては、本件接着剤を各券売機の釣銭返却口に塗布した時点において、実行の着手があったというべきである。すなわち、被告人の本件接着剤塗布行為は、券売機の釣銭等を取得するためには、最も重要かつ必要不可欠な行為であり、釣銭の占有取得に密接に結びついた行為である。また、被告人において、本件接着剤塗布行為に1回でも成功すれば、本件接着剤の効能、乗客の乗車券購入行為等による釣銭の出現の頻度、釣銭が接着剤に付着する確率等を踏まえると、券売機の管理者が占有する釣銭用硬貨を十分に取得することができる状態に至った、換言すれば、硬貨の窃取に至る

---

[87] 判例タイムズ1371号251頁。原審を含めた紹介として、町井裕明「判批」研修745号（2010年）111頁以下がある。

客観的危険性が生じたということができるというべきである。」

　本件は、自動券売機に接着剤を塗布する行為と硬貨の取得行為との間に、利用客の行為（同券売機を使用すること、釣銭が過少であることに気づかないことなど）が介在したが、利用客の多さや、自動券売機は釣銭を正確に排出するものだと信じる利用客の習性を考慮すれば、着手を認めた本判決の結論は妥当だといえよう[88]。

　窃盗の各類型に関する裁判例を概観したが、総じていうと、同罪においては、財物の占有を支えている領域に対する接触の開始の時点で着手が認められているといえよう。住居侵入窃盗の場合に侵入行為の時点で着手が認められていないのは、倉庫とは異なり、通常窃盗の対象となる現金等の財物は金庫や引き出しといったさらなる領域内に保管されることが多いこと、このような保管場所は侵入後に探索をしなければ通常は発見できないこと、また、自動車とは異なり、領域に一定の広がりがあることなどに理由があるように思われる。逆に、金庫や引き出しに手を触れることまでは要求されていないのは、既に住居という大きな領域には侵入済みだからであろう。

(5)　詐欺罪[89]

　詐欺罪については、判例は、欺罔行為の有無を着手の判断基準としている。たとえば、大判大正3年11月26日[90]は、詐欺行為の相手方が欺罔に陥る可能性について弁護人が争った事案に関し、「詐欺未遂の犯罪を構成するには人を錯誤に陥れ又は錯誤に陥らしむべき虞ある程度以上に達せる事実あることを必要とするものにあらずして財物を騙取する為め単に人を錯誤に陥らしむべき欺罔手段を用ゐし事実あるを以て足る」とし、その程度の内容の欺罔行為があった場合には、相手方が錯誤に陥らなくても着手が認められるとしている[91]。

　もっとも、欺罔は処分行為に直接向けられたものでなくてはならず、何らか

---

[88]　小島陽介「判批」刑事法ジャーナル28号（2011年）101頁。
[89]　詐欺罪の着手時期に関する研究として、佐久間修「詐欺罪における実行行為とその着手 (1)(2・完)」産大法学22巻1号56頁以下、2号37頁以下（1988年）。
[90]　刑録20輯2260頁。

の「騙し」があれば着手が認められるわけではない。たとえば、駅に停車中の貨車の車票を虚偽のものに差し替えて本来の目的地とは別の駅に回送させた上、荷受人を装って貨物を詐取しようとしたが、回送前に発覚したという事案に関する大判大正14年7月6日[92]は、車票の差し替えは貨車を別の駅に回送させて詐欺を容易にするための手段にすぎないとして着手を否定した。また、偽造した電信為替を利用して銀行から金員を詐取しようとしたが、これを提出した郵便局の係員が怪しんだため発信するには至らなかったという事案について着手を否定したものとして、大判大正3年6月20日[93]がある。本件は、郵便局員を利用した間接正犯の事案ではあるが、殺人罪でもみたように、大審院は形式的客観説を採用していたことからすれば、処分行為者に対する直接の欺罔がないことが着手否定の根拠となっているとみてよかろう。

　類型ごとにみると、保険金詐欺の場合には、保険金支払請求の時点で着手が認められている[94]。一方、火災保険の保険金を詐取する目的で家屋に放火しただけでは保険会社に対する保険金請求の事実がないため着手は認められないとされている[95]。賭博詐欺については、実際には被害者に勝ち目がないにもかかわらず勝つ機会があるかのようにみせかけ、賭博へと勧誘した時点で着手が認められている[96]。競輪競技による八百長レースについては、被欺罔者にあたるのは競輪施行者およびその実施を担当する自転車振興会の各係員ら、錯誤の内

---

91) さらに、大判昭和3年9月17日刑集7巻578頁。旧刑法下で同旨のことを示したものとして、大判明治36年12月21日刑録9輯1905号、大判明治40年2月21日刑録13輯224頁。なお、恐喝罪についても、「苟も不法に人をして畏怖せしむるに足るべき害悪を告知し因て財物を交付せしめんとする以上は恐喝罪の著手ありと云ふを得べきものにして犯人が其害悪を実現せしむるの真意を有したりや否や又被害者が現実に畏怖の念を抱くに至りたるや否やは恐喝未遂罪の成立に影響を及ぼすものにあらず」とする大判大正8年7月9日刑録25輯864頁がある。
92)　法律新聞2459号9頁。
93)　刑録20輯1289頁。
94)　大判大正12年3月15日刑集2巻210頁、大判昭和5年12月12日刑集9巻893頁。
95)　大判昭和7年6月15日刑集11巻859頁。もっとも、当初より保険金を詐取するつもりで保険契約を締結した場合には、その時点で詐欺罪が成立する。生命保険に関し保険証券を客体とする1項詐欺罪を認めたものとして、大判大正12年12月25日刑集2巻1024号。
96)　大判昭和9年6月11日刑集13巻730頁。このほか、大判昭和8年11月9日刑集12巻2114頁、最判昭和26年5月8日刑集5巻6号1004頁。

容は八百長レースを公正なレースのごとく誤信したこと、被害者は本件競輪競技の施行者たる地方公共団体だと構成した上で、八百長を通謀した選手らがスタートラインに立った時点で詐欺罪の着手があるとした最判昭和29年10月22日[97]がある。訴訟詐欺については、「民事訴訟に於て不法に財産上の利益を得んが為めに裁判所に対して虚偽の主張を為したるときは刑法第246条に規定する詐欺の実行の着手したるものとして論ずべきもの」とした大判明治44年2月17日[98]がある。

(6) その他の刑法典上の犯罪

刑法典上のそのほかの犯罪類型では、結合犯の着手時期との関係で、加重逃走罪に関する裁判例が重要である[99]。刑法98条は、同条による加重処罰の条件となる逃走手段として、拘禁場もしくは拘束のための器具の損壊、暴行もしくは脅迫、または2人以上による通謀という3つを挙げている。このうち、暴行・脅迫を手段とする逃走および器具の損壊を手段とする逃走は結合犯にあたることから、手段行為たる暴行・脅迫または器具の損壊の時点で同罪の着手が認められるのかが問題となるのである[100]。下級審レベルでは、かつては、損壊を手段とする場合に関し、全体として観察して逃走の着手があったと認められる場合に同罪の着手が認められるとするもの[101]と、損壊行為の開始の時点で同罪の着手が認められるとするもの[102]に分かれていた。しかし、最判昭和54年12月25日[103]は、未決勾留中の被告人が、同房者3名と共謀の上、拘置

---

97) 刑集8巻10号1616頁。
98) 刑録17輯123頁。同種の裁判例などにつき詳しくは、佐久間「詐欺罪における実行行為とその着手(2・完)」(前掲注89)) 48頁以下。
99) 結合犯の中には、本罪や強盗罪などのように一罪性が強いものと、強盗殺人罪や強盗強姦罪のように数罪性が強いものがある。加重逃走罪の着手時期は前者の類型に関する問題であり、その議論の射程は後者の類型には及ばない。これについては、亀山継夫「結合犯の未遂」研修340号(1976年) 55頁以下。
100) なお、通謀を手段とする類型は、通謀自体は犯罪にはあたらないことから結合犯ではなく、通謀だけでは加重逃走罪の未遂にはならないとされている。通謀を手段とする類型の異質性については、藤永幸治ほか『刑法判例研究』(東京法令出版株式会社、1981年) 217頁以下(藤永幸治執筆)。
101) 佐賀地判昭和35年6月27日下刑集2巻5=6号938頁。
102) 名古屋高金沢支判昭和36年9月26日下刑集3巻9=10号828頁。

所から逃走しようと企て、房内の便所の換気孔の周辺のモルタル壁をドライバー状に研いだ蝶番の鉄製芯棒を使用して削り取るなどしたが、脱出可能な穴を開けることができなかったという事案につき、「刑法98条のいわゆる加重逃走罪のうち拘禁場又は械具の損壊によるものについては、逃走の手段としての損壊が開始されたときには、逃走行為自体に着手した事実がなくとも、右加重逃走罪の実行の着手があるものと解するのが相当である」として、損壊行為の時点で加重逃走罪の着手が認められるとした。ここでは、構成要件の一部開始が実行の着手の十分条件として扱われている。

このほか、後に取り上げるドイツの判例との対比の上でも興味深いものとして、営利目的略取罪（当時、身の代金目的拐取罪がなかったことによる）の着手を否定した次の事案がある。

東京地方裁判所昭和39年5月9日第12刑事部判決[104]

[事案]

①被告人らは、被害者が家人と食事中のところを襲撃して略取するため、某年10月3日、翌4日および同年同月18日の合計3回にわたって、自動車で被害者宅付近に赴き、日本刀などの凶器を持って同家に接近して裏木戸に手をかけようとしたが、番犬に吠えられ、または通行人がいたために計画を断念した。

②被告人らは、被害者が単身自動車で外出するのを待ち受けて追尾し、路上でその運行を妨げて停車させて同車に乗り込み、同女の自由を奪ってこれを略取しようと計画し、日本刀などの凶器を用意した上、約7キロメートル、約20分間にわたり同車を追尾したが、襲撃を行うのに適した場所がみつからなかったため計画を断念した。

[判決要旨]

（①について）「被告人らは10月4日、18日は同女方居宅への侵入行為にすら着手したものといえないことは明かであり、10月3日についても被告人……

---

103) 刑集33巻7号1105頁。
104) 下刑集6巻5=6号630頁。本判決の結論は、控訴審（東京高判昭和39年12月15日東高刑時報16巻3号71頁）でも維持された。

において同女方外塀にしつらえた裏木戸に手をかけようとしたに止まり、これらの段階においては未だ同女を略取するための暴行、脅迫があったといえないことは勿論、これらに接着する行為に出たということもできないので、略取の着手があったと解することはできない。」

（②について）「被告人らの右追尾行為は、その犯意の内容と行為から見て略取実行の着手に至る前の段階に属し、その場で即刻犯行に及びうると判断して犯意を直ちに実現する決意の下に相手方に襲いかかろうとする態勢をとった如き場合とは段階を異にするのであって、被告人らの追尾行為がその様な緊迫した態勢に至っていたと認めるに足る証拠はない。なお、このことは、仮に被告人らが前記の兇器類を身に帯びていたとしても同様である。（原文改行）よって右事実については、被告人らが略取罪の要件たる暴行、脅迫に及んだことについては勿論、これらに接着する行為に出たことについても証明がない……。」

本判決は「接着する行為」に言及しているが、接着行為の存在を理由に着手を肯定したものではないため、暴行・脅迫に至らない段階でも略取罪の着手が認められる場合があることを示したものなのかは不明である。仮に、接着行為で足りることを示したものだと読んだとしても、②に関して比較対象として挙げられているのが「その場で即刻犯行に及びうると判断して犯意を直ちに実現する決意の下に相手方に襲いかかろうとする態勢をとった如き場合」というのであるから、暴行・脅迫の実行までは不要だとしても、それに極めて近接した行為がなければ着手は認められないとみていると評価することができよう[105]。

(7) 特別法上の輸入罪等

特別法上の犯罪との関係では、薬物等に関する取締法および関税法における輸入罪の着手時期が争われた事案が多数みられる。このうち、関税法上の輸入

[105) 前原捷一郎「実行の着手に関する判例の考察」『刑事裁判論集　上巻』（小林充先生・佐藤文哉先生古稀祝賀、判例タイムズ社、2006年）162頁は、①については「裏木戸から押し入り、被害者方家屋内に侵入し、被害者に襲いかかろうと」する段階、②については「被害者の車を前方に進出しあるいは被害者の車に横付けして進行を直接具体的に妨害するなどした上で被害者にも何らかの身の危険が察知できる程度に」至った段階でなければ着手は認められないとする。

罪（無許可輸入罪、禁制品輸入罪）の既遂時期については、同法2条1項1号が輸入を定義して、「外国から本邦に到着した貨物……又は輸出の許可を受けた貨物を本邦に（保税地域を経由するものについては、保税地域を経て本邦に）引き取ることをいう」としていることから、保税地域など税関の実力支配下に置かれている区域を経由する場合には、貨物が通関線を突破した時点、それ以外の場合には、我が国の領土への貨物の陸揚げまたは取り降ろしの時点で既遂が認められることに争いはないとされている[106]。これに対し、薬物等の取締法上の輸入罪の既遂時期については争いがあるものの、実務上は、対象物が陸揚げされ、または取り降ろしされた時点で既遂が成立するということで決着がついている[107]。

我が国の国土は海に囲まれているため、輸入の形態は専ら空路または海路に限られる。

まず、空路による輸入の事案として、最決平成11年9月28日[108]がある。本件は、輸入禁制品である大麻を預託手荷物と携帯手荷物の中にそれぞれ隠匿し、航空機で新東京国際空港に到着したが、入国審査の際に入国を許可されず退去を命じられたため入国を断念し、同日中に我が国を出発する航空機に搭乗するために待機していたが、税関職員の指示を受けた航空会社の職員から税関検査を受けるよう求められたため、旅具検査場で預託手荷物を受け取り、携帯手荷物とともに検査を受けたところ、隠匿していた大麻を発見されたという事案であった。最高裁は、「大麻が隠匿された黒色スーツケースは空港作業員により旅具検査場内に搬入させ、大麻が隠匿された紺色スーツケースは被告人が自ら携帯して上陸審査場に赴いて上陸審査を受けるまでに至っていたのであるから、この時点においては被告人の輸入しようとした大麻全部について禁制品輸入罪の実行の着手が既にあったものと認められる」とした[109]。本判決は、どの段階に至れば着手が認められるかを明示したものではないが、預託手荷物を受け取った後に検査台に向かう行為や、検査台の上に荷物を置く行為までは必要ないことを示したものだと評されている[110]。

---

106) 鹿野伸二「判解」『最高裁判所判例解説　刑事篇（平成20年度）』122頁。
107) 覚せい剤に関し、最決平成13年11月14日刑集55巻6号763頁。
108) 刑集53巻7号621頁。

次に、海路を利用したもののうち、行為者または共犯者が船舶の運航を支配しており、保税地域等を経由しないで密輸をしようとした場合に関するものとしては、次の事案がある。

最高裁判所平成20年3月4日第3小法廷判決[111]
[事案]
　被告人は、共犯者らと共謀の上、某国において覚せい剤を密輸船に積み込んだ後、我が国の近海まで航行させ、同船から海上に投下した覚せい剤を小型船舶で回収して陸揚げするという方法で覚せい剤を輸入することを計画した。密輸船は、某日、某国を出港して島根県沖に到達したが、荒天で風波が激しかったことから、被告人らは、覚せい剤の投下地点を、当初予定していた日本海海上から、より陸地に近い内海の同県美保関灯台から南西約2.7キロメートルの鳥取県美保湾上に変更し、同日午前7時頃、覚せい剤の包み8個を、ロープでつなぎ、目印のブイを付けた上、簡単に流されないよう重しを付けるなどして、密輸船から海上に投下した。回収担当者は、投下地点等の連絡を受けたものの、悪天候のため、GPSを備えた回収のための小型船舶を出港させることができず、同日午後3時過ぎ頃、いったんは出港したものの、出港地点と投下地点との中間辺りまでしかたどり着けず、覚せい剤を発見できないまま引き返し、その後、回収を断念した。
　本件では、覚せい剤取締法上の輸入および関税法上の禁制品輸入の各未遂罪が認められるか否かが争われた。

---

109) 本決定以前の類似の事案として、東京高判平成9年1月29日高刑集50巻1号1頁がある。この判決は、預託手荷物の中にコカインを隠匿して密輸入しようとした事案につき、「禁制品である貨物が機内預託手荷物として飛行機に搭載された場合においては、税関検査を受ける意思のある犯人が、到着国の情を知らない空港作業員をして、貨物を駐機場の機内から機外に取り降ろさせ、空港内の旅具検査場内に搬入させた時点をもって実行の着手があったと解すべきであり、犯人が搬入された貨物を現実に受け取ったことや、更に進んで犯人がその貨物を持って検査台に進むなどの行為に出たことまでは必要としないというべきである」としたものである。
110) 後藤眞理子「判解」『最高裁判所判例解説　刑事篇（平成11年度）』146頁。
111) 刑集62巻3号123頁。

[判決要旨]

「以上の事実関係に照らせば、本件においては、回収担当者が覚せい剤をその実力的支配の下に置いていないばかりか、その可能性にも乏しく、覚せい剤が陸揚げされる客観的な危険性が発生したとはいえないから、本件各輸入罪の実行の着手があったものとは解されない。」

本件では、犯行当日が荒天であり覚せい剤の回収が客観的に困難であったという事情に加え、覚せい剤が回収担当者の支配下に入っていない以上、覚せい剤を投下した段階ではいまだ陸揚げとの間の行為の一体性が認められないため、着手が否定されたものと評されている[112]。本件のように携帯電話やGPSを活用した「瀬取り」による密輸に関しては、かつて、そもそも領海内に入った時点で既遂を認めるべきではないかという議論があったが、最高裁は、このような考え方を斥け、陸揚げの時点で既遂が成立するとした[113]。この議論の中で、既遂時期については陸揚げ時としつつも、未遂の成立時期については領海線を越えた時点とすべきだという見解も主張された[114]。しかし、本決定は、未遂についてもこのような成立範囲の拡大を認めなかった[115]。

最後に、船舶の運航を支配する立場にはない乗組員が税関検査をかいくぐって物を密輸入しようとした場合については、覚せい剤の輸入に関し、領海線を越えた時点で着手が認められるとされた例[116]もある。しかし、その後の裁判例では、より厳格な着手判断を行ったものがみられる。すなわち、神戸地判昭和

---

112) 鹿野・前掲注106) 138-139頁。
113) 最決平成13年11月14日（前掲注107))。公海上で受け取った覚せい剤を領海内に持ち込んだ時点で覚せい剤輸入罪の既遂を認めるべきだとする検察官の主張を斥けたものである。
114) 大塚裕史「薬物・銃器輸入罪の成立時期」『三原憲三先生古稀祝賀論文集』（成文堂、2002年）562頁。詳細については、松澤伸「覚せい剤輸入罪の既遂時期と実行の着手時期」早稲田大学社会安全政策研究所紀要3号（2010年）209頁以下参照。
115) 鹿野・前掲注106) 137頁は、本件のような類型の輸入の着手は、陸揚げのために接岸に向けた作業が開始された時点で認められるとする。さらに、最判昭和31年3月20日刑集10巻3号374頁も参照。これは、港に停泊していた貨物船の積荷の一部であった盗品の鉄屑等を被告人が乗っていた伝馬船に積み込み岸壁に戻って陸揚げした事案につき、岸壁に向かって伝馬船を「漕ぎ進めた」時点で関税法上の無許可輸入罪の着手が認められるとしたものである。
116) 岡山地判昭和57年5月10日刑月14巻5=6号369頁。

59年7月30日[117]は、拳銃の密輸に関し、銃砲刀剣類所持等取締法上のけん銃輸入罪の着手が認められるためには、「その後に特に障害が発生したり、犯人が陸揚げの意思を途中で放棄しないかぎり、陸揚げという結果が必然的に実現される行為」がなければならないとし、船舶は港に接岸していたものの、拳銃を渡す相手方と連絡が取れなかったため、いまだ隠匿していた拳銃を持ち出す状況にはなかった本件では同罪の着手は認められないとした（関税法上の無許可輸入罪については、乗組員携帯品申告書を税関職員に提出した時点で着手を肯定）。また、大阪高判昭和59年11月9日[118]は、覚せい剤の密輸に関し、覚せい剤取締法上の輸入罪の着手は、「陸揚げにとりかかり、またはこれに密接する行為をしたとき」に認められるとした上で、本件では、隠匿していた覚せい剤が容易に取り出し可能な状態にあり、荷受人との間で受渡方法等に関する打ち合わせも済んでいたほか、同人に受渡場所の実地検分もさせていたことから、同罪の着手は認められるとした（関税逋脱罪については、船長を通じて乗組員携帯品申告書を税関職員に提出した時点で着手を肯定）。これらの裁判例では、密輸行為が陸揚げに近接した段階にまで至っていたか否かが問題にされている。

　他方、輸出に関しては、これまで着手が争われた事案は目立たなかったが[119]、最近、関税法上の無許可輸出罪に関する最高裁判例が現れた。

最高裁判所平成26年11月7日第2小法廷判決[120]
[事案]

　被告人らは、税関長の許可を受けないで、うなぎの稚魚を某国に不正に輸出することを計画した。本件当時、A国際空港におけるB航空会社の航空機へ

---

117) 刑月16巻7=8号547頁。
118) 判例タイムズ555号349頁。
119) 船舶を利用した無許可輸出の事案に関しては、沖に停泊中の貨物船と海岸とを連絡する艀（着火船）に貨物の積み込みの開始があったときに実行の着手があり、親船である貨物船への荷積みが完了したときに輸出が既遂に達するとしたものとして、神戸地判昭和35年4月21日下刑集2巻3=4号612頁がある。このほか、最判昭和23年8月5日刑集2巻9号1134頁、福岡高判昭和29年3月25日判特26号74頁（上告審として最決昭和32年7月19日刑集11巻7号1987頁）、大阪高判昭和38年1月22日高刑集16巻2号177頁参照。
120) 刑集68巻9号963頁。

の機内預託手荷物については、預託前に同カウンターエリア入口でエックス線による保安検査が行われ、検査が終わった手荷物には検査済みシールが貼付され、預託時に再度の検査は行われないことになっていた。一方、機内持込手荷物については、出発エリアの手前にある保安検査場においてエックス線検査を行うため、チェックインカウンターエリア入口での保安検査は行われていなかった。被告人らは、この仕組みを悪用しようと考えた。

具体的な密輸出の犯行手口は、①衣類在中のダミーのスーツケースについて、機内預託手荷物と偽って、同エリア入口でエックス線検査装置による保安検査を受け、そのスーツケースに検査済みシールを貼付してもらった後、そのまま同エリアを出て、検査済みシールを剥がし、②無許可での輸出が禁じられたうなぎの稚魚が隠匿されたスーツケースについて、機内持込手荷物と偽って、エックス線検査を回避して同エリアに入り、先に入手した検査済みシールをそのスーツケースに貼付し、③これをチェックインカウンターで機内預託手荷物として預け、航空機に乗り込むというものであった。

本件当日、被告人ら6名は、ダミーのスーツケースを持参してA国際空港に赴き、手分けして同エリア入口での保安検査を受け、検査済みシール6枚の貼付を受けた。そして、被告人らは、氏名不詳者から本件スーツケース6個を受け取り、1個ずつ携行して機内持込手荷物と偽って同エリア内に持ち込んだ上、入手した検査済みシール6枚を本件スーツケース6個にそれぞれ貼付した。その後、被告人らのうちの一部が、本件スーツケースを1個ずつ携え、B社のチェックインカウンターに赴き、航空券購入の手続をしていたところ、張り込んでいた税関職員から質問検査を受け、犯行が発覚した。

[判決要旨]

原判決が、本件では荷物の運送委託の時点で無許可輸出罪の着手が認められるとして同罪の未遂の成立を否定したのに対し、本判決は、次のように述べて原審の判断を覆した。

「上記認定事実によれば、入口にエックス線検査装置が設けられ、周囲から区画されたチェックインカウンターエリア内にある検査済みシールを貼付された手荷物は、航空機積載に向けた一連の手続のうち、無許可輸出が発覚する可

能性が最も高い保安検査で問題のないことが確認されたものとして、チェックインカウンターでの運送委託の際にも再確認されることなく、通常、そのまま機内預託手荷物として航空機に積載される扱いとなっていたのである。そうすると、本件スーツケース6個を、機内預託手荷物として搭乗予約済みの航空機に積載させる意図の下、機内持込手荷物と偽って保安検査を回避して同エリア内に持ち込み、不正に入手した検査済みシールを貼付した時点では、既に航空機に積載するに至る客観的な危険性が明らかに認められるから、関税法111条3項、1項1号の無許可輸出罪の実行の着手があったものと解するのが相当である。」

　関税法2条1項3号によれば、「輸出」とは、内国貨物を外国に向けて送り出すことと定義され、本件のように航空機に預託荷物として積載させるという方法を取る場合には、貨物の積載によって既遂に達するとされている[121]。貨物の運送委託後、積載に至るまでの行為は航空会社の職員らによって行われるから、このような形での密輸出を試みる場合、間接正犯の形態をとることになる。
　機内預託荷物については、エックス線による保安検査が行われる。現在では、通常、この検査は預託後に行われることから、荷物の預託という利用行為の後に、犯行の既遂を妨げうる最大の障害が存在することになる。これに対し、本件では、エックス線検査という最大の障害が利用行為よりも前の段階に位置している。そのため、たとえエックス線検査を回避するための偽装工作を終えたとしても、その時点で輸出罪の未遂を認めることは、利用行為よりも前に着手を認めることにほかならず、早すぎるのではないかという感覚が生じうる。しかし、間接正犯の実行の着手時期の問題は、本来、利用行為が終了してから結果発生までの間に大きな時間的場所的間隔がある事例を想定しており、本件のように、既遂（＝航空機への貨物の積載）に至るまでの時間的場所的間隔が大きくない場合は想定していないはずである。したがって、既に結果発生が近接した状況にあり、さらに、障害も克服しているとすれば、利用行為の前の時点で着

---

[121]　秋吉淳一郎「判解」ジュリスト1489号（2016年）99頁。

手を肯定しても何ら問題はない。本件では、本件各スーツケースへの検査済みシールの貼付により、エックス線検査という障害を回避するための工作は終えている。したがって、その時点で輸出罪の着手を認めた本判決の結論は妥当であるように思われる[122]。

第3款　小　括

　様々な時代の、様々な犯罪類型に関する、様々な審級の裁判例について「まとめ」を述べることは容易ではない。しかし、最高裁時代に入り、実務においても実質的客観説が支配的になって以降は、逃走罪、窃盗罪、詐欺罪などの一部の犯罪類型を除いては、結果発生の危険性という基準を明示的に用いて着手時期の判断が行われてきたことは明らかである。また、殺人罪に関する前出最決平成16年3月22日の提示した基準、すなわち上位基準としての「密接性」と「危険性」、そしてこれらの下位基準としての「必要不可欠性」、「障害の不存在性」および「時間的場所的近接性」は、その後の殺人罪に関する裁判例だけではなく、他の犯罪類型に関する裁判例にも影響を与えている（窃盗罪に関する前出東京高判平成22年4月20日参照）。

　しかし、他方で、我が国の裁判実務は、構成要件という枠による制約も無視していないように思われる。このことは、強姦罪、強盗罪、詐欺罪といった手段が限定されている犯罪については、ごく限られた例外を除き、暴行・脅迫、欺罔といった行為がみられない段階で実行の着手を認めたものがないことに現れている。また、放火罪についても、自動発火装置を設置したのと同視しうる

---

[122] 同様に本判決の結論に賛成するものとして、上原龍「判批」警察学論集68巻9号（2015年）171頁以下、門田成人「判批」法学セミナー722号（2015年）127頁。
　　本件を間接正犯の構造を持つものとみると本件行為時に着手を認めることは困難だとするものとして、佐伯和也「判批」刑事法ジャーナル44号（2015年）94頁（もっとも、「荷物・貨物を準備し、空港に持ってきて、一連の手続を済ませて、航空機に積載依頼をし、積載する」という一連の行為を「輸出」と捉えれば、着手は認めうるとする）。これに対し、金澤真理「判批」『平成27年度重要判例解説』（ジュリスト臨時増刊、2016年）146頁は、本件が離隔犯の構造を持つとしつつも、端的に「既遂実現への分岐点を通過したか、それに向けて、正に『軌道に乗った』と言える状態まで漕ぎつけたかどうかを考慮すべき」だとする。

ようなガソリン散布事例を除けば、いまだ火気が存在しない時点で着手を認めたものはない。さらに、構成要件上手段の限定がない殺人罪についても、被害者の身体に対する直接の攻撃に極めて近接した行為があるか、または、被害者の抵抗能力を奪うためにその身体に何らかの攻撃をした場合には着手が認められているが、たとえば、寝室で就寝中の被害者を殺害するために凶器を持ってこれに近づくといった事例で着手を認めたものはみられない。もちろん、すべての犯罪類型について同様のことがあてはまるわけではないが、構成要件という枠を重視するという傾向は認められるように思われる。

これに対し、最近の我が国の学説における実行の着手の判断基準に影響を与えたドイツの未遂犯論においては、法文の解釈として、本来の構成要件的行為の直前行為についても未遂が認められることが一般的に承認されており、その結果、手段が限定されている犯罪についても、手段行為の前の段階で未遂の成立が認められることがある。また、手段の限定がない犯罪に関しても、未遂の開始時期は我が国の裁判例よりも早い。

第3節　ドイツの状況

第1款　現行の未遂の概念規定

現行ドイツ刑法典22条（以下、本節においては、条文は特に断らない限りドイツ刑法典のものを指すものとする）は、未遂の「概念規定」として、「行為についての自らの表象にしたがって、直接、構成要件の実現を開始した者は、犯罪行為の未遂を行ったものである」と定めている。一方、1969年の第2次刑法改正法[123]に基づく改正前の43条は、「重罪又は軽罪の実行の着手を含む行為によって、この重罪又は軽罪を犯す決意を実際に示した者は、その意図されている重罪又は軽罪が既遂に至らなかったときは、未遂犯としてこれを罰する」と定めていた。両者を比較すると、以下の2点に大きな違いがある。すなわち、

---

123) BGBl I 1969, S. 717.

①現行法では行為者の表象が未遂の開始時期の判断の基礎になるべきことが明示されている点、②旧規定の「実行の着手（Anfang der Ausführung）」という文言が「構成要件の実現を直接に開始（zur Verwirklichung des Tatbestandes unmittelbar ansetzt）」に変更されている点である（以下では、22条と旧43条との間の文言の相違を意識して、22条に関係する文脈では、「着手」ではなく「未遂の開始」という表現を用いることとする。次章についても同様とする）。

①に関する変更は、未遂の開始時期の判断の基礎に関するものであり、「自らの表象にしたがって」と明記することにより、行為者の計画を基礎に予備と未遂の区別を行うべき旨を明らかにしたものである。②の変更の趣旨は、構成要件的行為だけではなく、その直前に位置する行為まで未遂が認められることを明らかにする一方で、未遂の成立範囲の無制約な拡張を防ぐために、予備と未遂の区別のための手がかりを提供することを狙ったものだとされている[124]。本章のテーマと関係するのは②の変更点であるが、その趣旨をより明確にするために、旧規定下における判例を確認しよう[125]。

第2款　1969年改正前の判例
(1) ライヒ裁判所の判例

序章で述べたように、ドイツの判例は、未遂犯の処罰根拠に関しては、ライヒ裁判所時代以来、主観説の立場を堅持してきた。しかし、未遂の開始時期の判断基準に関しては様相を異にする。

ライヒ裁判所は、その初期から中期においては、形式的客観説を採用していた[126]。その中でも、構成要件的行為の少なくとも一部が行われたか否かとい

---

[124] Entwurf eines Strafgesetzbuches (StGB). E 1962. mit Begründung, BT-Drs. IV/650, S. 144 参照（以下、BT-Drs. IV/650 として引用）。これに対し、Theo Vogler, Der Beginn des Versuchs, in: Festschrift für Walter Stree und Johannes Wessels, 1993, S. 291 ff. は、当該構成要件の行為不法の特徴を示す行為が必要だとするが、このような見解は一般的とはいえない。
[125] この時期の判例および学説について網羅的に分析したものとして、塩見淳「実行の着手について（2）」法学論叢121巻4号（1987年）1頁以下がある。さらに、臼井滋夫「殺人罪における実行の着手（その2）」研修220号（1966年）53頁以下も詳しい。
[126] 以下で取り上げるもののほか、RGSt 53, 336.

う厳格な意味での形式的客観説の基準を用いたものとして、ライヒ裁判所1883年10月19日判決[127]が挙げられる。本件は、被告人が、深夜に、侵入用の道具および盗品を持ち運ぶための袋などを持って2階建ての穀物倉庫の外側に立っているのを目撃され、逮捕されたという事案であった。本判決は、43条の要件を満たすためには「意図された重罪または軽罪の構成要件に属する行為のうちの少なくとも一部の実行が開始されている」ことが必要だとした上で、穀物倉庫に接近しただけでは物を他人の占有から自己の占有下に移す行為の開始は認められないとして、重い窃盗罪（当時の243条1項2号）の未遂を否定した[128]。また、同裁判所1885年12月17日判決[129]は、乗車券を偽造するために、情を知らない印刷業者に偽造乗車券の見本を持ち込んで印刷を依頼したが、印刷業者が見本刷を作成した時点で察知したという事案につき、見本刷の製造の時点では偽造文書の作成の開始はないとして、文書偽造の着手を否定した。

さらに、同裁判所1919年4月1日判決[130]は、被告人が、夜間に、窃盗の目的で、施錠されていない扉を通って農家の庭に立ち入ったが、同所の犬小屋につながれていた番犬が吠えたために、同犬を外に連れ出して首綱でつなごうとしたところを発見され、逮捕されたという事案に関し、「未遂が認められるためには、法律構成要件——つまり、窃盗の場合は、他人の物の窃取——に属する行為が開始されたのでなければならない」とした上で、場合によっては、単に窃取の実行を容易にする行為、すなわち、その後すぐに物を奪取するために、物へのアクセスを妨げる障害を取り除く行為も窃取に含まれうるとし、本件では、被告人が番犬を外に連れ出した後にすぐに窃盗を行うつもりであった以上、同犬を外に連れ出そうとした時点で単純窃盗罪の着手が認められるとした。これは形の上では厳格な形式的客観説をとりながらも、構成要件的行為を拡張的に解釈したものといえよう。

一方、構成要件的行為そのものの開始がなくとも、それと一体性を有し、そ

---

127) RGSt 9, 81.
128) 類似の事案として、RGSt 54, 42. なお、当時の243条1項2号は、建造物または囲繞された場所から、侵入、乗り越えまたは容器のこじ開けという手段で物を窃取した場合の窃盗の加重類型であった。
129) RGSt 13, 213.
130) RGSt 53, 217.

れが行われれば障害なく結果実現に至る段階の行為があるとして着手を認めたものも多くみられる[131]。それらの中には、犯行計画を考慮したものが多い[132]。たとえば、ライヒ裁判所1917年1月15日判決[133]は、軍需品管理局の検査官と共謀し、不合格品の手榴弾に検査済み印を押させてこれを国営砲弾製造工場に納品しようとしたが、抜き打ち検査によって引渡前に発覚したという事案につき、欺罔行為の着手は、「構成要件的行為との間の必然的な一体性ゆえに、自然的に観察すればその構成部分として現れる行為」の時点で認められるとし、検査済み印の押捺は、少なくとも行為者らの表象の上では、前記抜き打ち検査による妨害がなければ、軍需品管理局に対する欺罔に至ったであろうとして詐欺罪の着手を認めた。また、同裁判所1919年10月21日判決[134]は、重い窃盗罪（当時の243条1項2号の侵入窃盗）に関し、全体計画に照らして、事象が通常に進行する場合には侵入という加重根拠の完遂をもたらすであろう行為がなければ着手は認められないとした上で、鶏舎の窓ガラスを打ち破る際に生じる音を防ぐために窓にこね土を塗り付けた時点で着手を認めた。

　これに対し、1920年代以降になると、法益侵害の危殆化という基準に言及するものが多くみられるようになる。その契機となったのが、ライヒ裁判所1920年2月26日判決[135]である。本件は、他人宅の屋根裏部屋にある財物を窃取する目的で、工具を携帯して無施錠の裏口のドアから同家宅に立ち入った場合の窃盗の着手時期が問題となったものである。本判決は、窃盗の未遂は占有侵害の開始時に認められるとした上で、占有侵害の開始とは、「他人の占有の本質的な減弱があったとき、窃盗が他人の占有の侵害の明白な可能性を生じ

---

131) 以下で取り上げるもののほか、RGSt 3, 136; 28, 144.
132) 後述するライヒ裁判所1920年2月26日判決よりも後のものであるが、犯行計画が着手判断を大きく左右した例として頻繁に引用されるものとして、放火の着手に関するライヒ裁判所1932年2月22日判決（RGSt 66, 141）がある。本件は、被害者の居宅の床の上に電灯線と結線した自動発火装置を置き、電灯スイッチが入れられれば発火するようにしたという事案であった。本判決は、構成要件的行為との一体性基準に言及した上で、犯行計画上、善意の第三者によりスイッチが入れられること、もしくは何らかの物理的な要因により発火することも考慮に入れられていたのか、または、共犯者によりスイッチが入れられることが予定されていたのかによって着手時期は異なるとした。
133) RGSt 51, 341.
134) RGSt 54, 35.
135) RGSt 54, 254.

第4章　実行の着手の判断基準

させたとき、換言すれば、他人の占有を危殆化したとき」に認められるとした上で、本件では、屋根裏部屋の前に立った時点で着手が認められるとした[136]。危殆化基準のみを用いたものとしては、ほかに、他人に向けて拳銃を構えた行為につき、仮に撃鉄を起こしていなかったとしても射撃の構えのままこれを起こすことが可能であることなどを理由に、構えた時点で故殺罪の着手を認めた同裁判所 1925 年 10 月 29 日判決[137] がある。

　後述する連邦通常裁判所の判例とは異なり、ライヒ裁判所時代においては、危殆化基準を行為の一体性基準と併用するものの方が多い[138]。たとえば、ライヒ裁判所 1925 年 3 月 23 日判決[139] は、生後 5 か月の子にモルヒネを吸引させてこん睡させ、それに続いて動脈を切開して殺害しようとした事案につき、モルヒネを吸引させる行為と殺害行為とは一体であり、両者が一体であれば前者の行為の時点で生命の危殆化が生じているとして謀殺罪の着手を認めた。また、3 名で共謀の上、拳銃を隠し持って小売店に入り、入口ドアを密かに内側から施錠し、商品の値段交渉を行うふりをして隙をみて被害者に暴行・脅迫を加えて現金を奪うという強盗を計画したが、行為者のうちの 1 人が警察と内通していたため交渉の段階で逮捕されたという事案に関し、一般論として、強盗を目的とした複数の行為が、自然的に観察すれば必然的な一体性ゆえに既に構成要件の一部をなすか否か、そのように統合された個別行為が全体として保護法益に対する攻撃をなし、それを通じて法益が危殆化され、かつそれに続く最終結果の惹起が差し迫っているか否か、換言すれば、攻撃手段が既に攻撃客体に対して作用する関係に置かれているか否かを検討しなければならないと述べた上で、結論的として強盗の着手を認めた同裁判所 1935 年 10 月 1 日判決[140] などがある。

　もっとも、前出ライヒ裁判所 1920 年 2 月 26 日判決の後にも、行為の一体性

[136) 同様の基準を用いた上で、玄関先で掃除をしていた家人の脇をすり抜けて住居内に立ち入り階段を上った時点で、同住居上階にある物に対する窃盗の着手を認めたものとして、RGSt 70, 202.
[137) RGSt 59, 386. さらに、RGSt 71, 47.
[138) 以下で取り上げるもののほか、RGSt 71, 4; 71, 383; 73, 76; 77, 162.
[139) RGSt 59, 157.
[140) RGSt 69, 327.

基準だけに言及する例は少なくない[141]。その中でも、後の刑法改正の議論において未遂の成立範囲を過度に拡張的に解釈したものとして名指しされることになる以下の2つの判例を取り上げよう。

ライヒ裁判所1938年1月24日第2刑事部判決[142]
[事案]

　Bは、侵入盗に対する保険がかけられていた商品倉庫に侵入盗があったように装い、保険会社から保険金を詐取することを計画した。Bは、偽装された侵入盗を実行させるため、被告人を雇った。被告人に対する報酬の一部は、Bが保険金請求の対象としようとした商品の一部を交付する形で既に支払われていた。被告人の行為につき、詐欺未遂罪の幇助が成立するか否かとの関係で、Bの行為が詐欺罪の未遂段階に既に達していたか否かが争点となった。

[判決要旨]

　「意図された詐欺の範囲内でBが進めた行為は、既に欺罔行為の開始であり、単なる予備ではない。……共犯者への商品の譲渡により、事象が妨害なく進行した場合には欺罔のメルクマールを充足したであろう保険会社に対する欺罔に向けられたBの計画的行為は開始されたのである。」

ライヒ裁判所1943年8月3日第1刑事部判決[143]
[事案]

　ライヒ鉄道に勤務していた被告人Mは、1938年から1941年までの間、インスブルックなどへの無料乗車券を支給されていた。1942年に支給された無

---

141) 本文で紹介するもののほか、RGSt 54, 331; 59, 1; 66, 141; 68, 336; 73, 142; 74, 86; 77, 1. さらに、厳格な意味での形式的客観説の基準を用いるものとして、RGSt 54, 182; 55, 244; 66, 154; 70, 151. もっとも、RGSt 55, 244 は、窃盗に関し、窃取行為の開始が未遂の基準になるとしながらも、他人の占有をわずかでも動揺させ、弛緩させた場合には着手が認められるとし、指輪を窃取する目的で客を装って宝石店に入り、店員に指輪を目の前に並べさせ、または指輪を試着した行為を予備とした原判決を破棄したものである。
142) RGSt 72, 66.
143) RGSt 77, 172.

料乗車券は250キロメートルの距離を限度とするものであったが、外地の野戦病院にいる親戚の兵士を訪問するための旅行は例外とされていた。クーフシュタインへの無料乗車券の支給申請の書類を整えるため、被告人M夫人は、同地の野戦病院に収容されている面識のない兵士に対し、彼が自分たちの親戚であるという内容の返信を送るよう依頼する手紙を送った。彼女は、同様の手紙をインスブルックの野戦病院の兵士にも送ったが、どちらの手紙も兵士に届く前に差し押さえられた。

　被告人らはライヒ鉄道に対する詐欺未遂罪を理由に起訴されたが、ラント裁判所は予備にとどまるとして無罪を言い渡した。これに対し、ライヒ裁判所は、被告人らの行為は本来の欺罔行為にはあたらないとしながらも、次のように述べて原判決を破棄差戻しとした。

［判決要旨］
　「しかし、判例にしたがえば、未遂は、自然的に観察すれば構成要件的行為との必然的な一体性ゆえにその構成部分として現れる行為が行われた場合にも認められる。」
　「これまでに認定された事実に基づけば、少なくとも、次のような見解を主張することが可能である。すなわち、兵士たちへの手紙により、ライヒ鉄道に対する欺罔に向けられた被告人M夫人の計画的行為は開始され、事象が妨害なく意図された通りに進行した場合には、欺罔のメルクマールを充足したであろうという見解である。それゆえ、ラント裁判所は、これらの手紙が意図された欺罔と密接かつ必然的な関係にあり、自然的観察にしたがえば欺罔と一体の行為をなし、かつそれと不可分か否かを検討しなければならない。」
　「仮に被告人Mが妻の計画を知っており、かつそれを是認していた場合には、彼にも同様のことがあてはまらなければならない。」

　1938年判決の事案では保険会社への保険金請求が、1943年判決の事案ではライヒ鉄道への支給申請が本来の欺罔行為をなすと考えられるが、両判決ではそれよりもかなり遡った段階の行為の時点で詐欺罪の着手が認められうるとされている。前述のように、我が国の判例では、保険金を詐取するために家屋を

放火したという事案について、放火の時点では詐欺罪の着手は認められないとしたものがある（前出大判昭和7年6月15日）。我が国の文献では、この事案について、主観説では着手が認められるが、客観説によれば着手が否定される例として紹介されることもある[144]。しかし、ライヒ裁判所の両判決では、類似の結論が「構成要件的行為の一体性」という形式的客観説の基準から導かれている。

以上でみてきたように、ライヒ裁判所は、当初は構成要件的行為の開始または構成要件的行為との一体的性という形式的客観説の基準を採用していた。しかし、1920年代以降は、法益の危殆化という基準が頻繁に用いられるようになった。具体的な結論をみると、同裁判所の最後期にはかなり極端な着手時期の早期化がみられる。

(2) 連邦通常裁判所の判例

危殆化基準を採用するようになった後期のライヒ裁判所判例の流れは、連邦通常裁判所の判例にも引き継がれた。同裁判所時代に入って初期の頃は、これと構成要件的行為との一体性の基準を併用していたが[145]、徐々に危殆化基準のみを採用するものが大半を占めるようになる[146]。事案が多数に及ぶため、ここではいくつかの著名な事案のみを紹介することにしよう。

まず、侵入窃盗の場合の着手時期に関するリーディング・ケースとして、連邦通常裁判所1952年2月7日判決[147]が挙げられる。事案は、商店への侵入窃盗を計画した被告人が、窓格子をこじ開けるためのウィンチを調達し、それを同店舗と同店舗の前に置かれていた鉄製トラスとの間の隙間に隠し、3日後にウィンチを取り出したところを発見されたというものであった。本判決は、一般論として、前出ライヒ裁判所1935年10月1日判決と同様のことを述べた上で、ウィンチをすぐに使用するために取り出して準備する行為は法益を直接に危殆化するとして着手を認めた。侵入窃盗の類型では、侵入の対象となる建物

---

144) 平野・前掲注10) 312頁参照。
145) 本文で取り上げるもののほか、BGHSt 4, 270; 6, 98; 7, 291; BGH GA 1955, 123; 1958, 191.
146) 以下で取り上げるもののほか、BGHSt 4, 333; 9, 62.
147) BGHSt 2, 380.

への接近では足りないが、本件のように侵入口を確保するための行為を開始した場合や、侵入目的で入口ドアを入念に観察した場合には着手が認められている[148]。また、窃盗罪に類似する犯罪類型である自動車の無権限使用の着手時期については、特定の自動車に狙いをつけた上で、ロックの有無を確認するために同車の前輪をゆすった時点で、他人の占有に対する危殆化が認められるとして着手を肯定したものがある[149]。

次に、強盗との関係では、被害者を待ち伏せる行為の段階で着手が認められるか否かが争われたものが目立つ。なかでも特に有名なのが、いわゆる「コショウ袋事例」である。

連邦通常裁判所1951年12月20日第4刑事部判決[150]
[事案]
　被告人らは、被害者が銀行で現金を引き出して帰社する際を狙って現金を強奪することを計画した。被告人らは、逃走用の自動車を2台用意した上で、某日正午頃、普段被害者が利用する路面電車の停留所からそれほど離れていない場所に自動車で赴き、被害者の到着を待った。被害者の乗る路面電車はすぐに到着するはずであった。被告人らは、被害者の目に向けて振りかけるためのコショウを用意し、路面電車が到着するたびに自動車のエンジンをかけたが、4台の路面電車が通過した後、被害者と行き違いになったことを悟った。

本件では、待ち伏せの段階で重い強盗罪（当時の250条1項3号の道路上での強盗）の着手が認められるか否かが争われた。

[判決要旨]
　「可罰的行為の実行の開始には、法律構成要件に属する態度の実現は必要ではない。未遂は、……攻撃手段が攻撃客体に対して作用する関係に置かれたこ

---

148) BGH bei Dallinger MDR 1966, 196; 1966, 892参照。一方、強盗的恐喝に関しては、武器を携帯して屋敷に侵入しようとしたが、装甲板の破壊に失敗したため断念したという事案につき、着手を否定したものがある（BGH bei Dallinger MDR 1975, 21）。被害者の意思に対する働きかけの開始がないというのが否定の根拠のようである。
149) BGHSt 22, 81.
150) BGH NJW 1952, 514.

とのみを要件とする……。要するに、法規によって否認された結果の惹起が、行われた活動に直接に続いて切迫していること、つまり行為者の計画的行為が、事象経過が妨げられない場合には法律構成要件の充足に直接に至ったであろうことのみを要件とするのである。これにしたがえば、被攻撃客体の直接の危殆化が生じなければならない。」

「この外面上の諸要件の充足については、被告人らは、彼らの側で必要なことは行っていた。極めてよく装備をし、かつ偽装して、犯行現場で被害者を待ち伏せた。計画は、使いの者（被害者のこと：筆者注）が……現れるや否や遅滞なく行為に移されるはずであった。仮に、これが現実に起こり、その瞬間に何らかの障害が被告人らによる介入の前に立ちはだかったとしたら、被告人らが生み出した直接的な危険に鑑みて、重い強盗未遂罪の構成要件を満たすことをまったく疑うことはできなかったであろう。」

本判決は、以上のように述べた上で、判断の基礎となるのは行為者の全体計画であることから、実際に被害者が現れなかったことは重要ではないとして、強盗の着手を認めた。

類似の事案として、銀行から出てくる被害者の待ち伏せについて重い強盗罪（道路上での強盗）の着手を認めたものがある[151]。これに対し、同じく強盗目的での待ち伏せで着手が否定されたものもある。連邦通常裁判所1953年11月20日判決[152]は、被告人らが、強盗目的で被害者宅付近の暗い路地で被害者を待ち伏せたが、途中で通行人に発見されたという事案で、被告人らの表象にしたがったとしても、犯行を断念した時点で被害者が路地に立ち入っていたか否かは不明であったとして、着手を否定した。また、自動車で帰宅する被害者を待ち伏せ、被害者の自動車が通過したら追尾して襲撃しようと計画したが、犯行当日は被害者がいつもとは別の車種で帰宅したため取り逃がしたという事案につき、襲撃の場所が正確に定まっていなかったことを理由に法益に対する直接の危殆化を否定したもの[153]、銀行に侵入して翌朝に会計係が出社するのを

---

151) BGH bei Dallinger MDR 1966, 725.
152) BGH NJW 1954, 567.

待ち、会計係を脅迫して金庫の鍵を開けさせるつもりで、深夜に銀行の窓から侵入しようとした事案について、侵入を試みた時点では会計係および銀行の財産に対する危殆化がないとして着手を否定したものがある[154]。

また、強盗を実行するための障害を除去した時点で着手を認めたものとして、次の事案がある。

連邦通常裁判所 1952 年 11 月 6 日第 3 刑事部判決[155]
[事案]

被告人フランツ・M および被告人ハリー・M は、共同被告人 B、知人 W およびJ とともに、夜間、公園に向かう道にいた。被告人らは、J から現金を強取することとし、そのためにまず強盗の妨げになるであろう W を片づけることにした。ハリー・M が路上で W と突然けんかを始め、けんかに介入したフランツ・M が W を数発殴った。W はその場から逃走した。けんかの様子をみることができず、フランツ・M からけんかの原因について嘘を教えられていたJ は、被告人らとともにさらに道を進んでいった。公園に到着した際、被告人らはJ を深い茂みに誘い込み、J が意識を失うまで殴り、物を強取した。

本件では、当時の 250 条 1 項 3 号の公道上での強盗が認められるか否かが争点となった。

[判決要旨]

「W とのけんかは、既に J に対する強盗の実行の開始であった。以前から J と知り合いであった W が被告人らの行動により追い払われたことにより、J の財産の危殆化が既に発生していたのである。なぜなら、いまや 3 名 (ハリー・M、フランツ・M および B のこと：筆者注) だけが J に対峙していたからであ

---

153) BGH bei Dallinger MDR 1973, 728. なお、窃盗に関するものではあるが、家具運搬会社のトレーラーを追尾し、トレーラーの運転者と同乗者が家具の搬入を行っている隙に運転席から売上金を窃取しようとしたが、売上金の回収が進む前に追尾が発覚したという事案につき、発覚の時点では運転席に売上金がないことを被告人らも知っていたことなどを理由に着手を否定したものとして、BGH bei Dallinger MDR 1973, 900.
154) BGH bei Dallinger MDR 1971, 362.
155) BGHSt 3, 297.

る。そのような危殆化は、既に強盗の構成要件に属する奪取行為の一部をなすのである。」

「彼らが……他の場所ではじめて襲撃を終わらせたということは、強盗的な行動の開始としての W に対する彼らの行為の法的評価にとって重要ではない。自然的観察にしたがえば、これらは段階的に実行された一体的行為なのである。」

　強盗と同様に、殺人に関しても待ち伏せ行為に着手が認められるか否かが争われた事案がある。連邦通常裁判所 1953 年 3 月 17 日判決[156]は、住居内の暗い部屋の中で被害者の帰宅を待ち伏せ、被害者が同室に入ったらすぐに殺害しようと計画していたところ、被害者が住居のドアを開錠しようとした際に子供が不審に気づいたため目的を遂げなかったという事案につき、謀殺罪の着手を認めた。また、妻子を殺害するため、彼らが帰宅のために家に近づいてくるのを同家入口奥の廊下で凶器を持って待ち伏せた時点で謀殺罪の着手を認めたものもある[157]。

　このほか、かなり早期の時点で着手を認めたものとして、児童に対する性的乱用のうちのみだらな行為の実行または容認へのそそのかし（当時の 176 条 1 項 3 号）の着手時期が争われた連邦通常裁判所 1954 年 9 月 30 日判決[158]がある。本件は、12 歳の少女を某所に誘い出し、そこでみだらな行為を行おうと意図していたという事案につき、同所へ来るよう少女の意思に働きかけた時点で着手を認めたものである。また、特別法上の犯罪ではあるが、当時の対外経済法（Außenwirtschaftsgesetz）34 条 1 項の輸出罪の着手時期が問題となった事案につき、国境に向かう予定のトラックの荷台に物品を積み込んだ時点で着手を認めた同裁判所 1965 年 1 月 19 日判決[159]もかなり早期に着手を認めた例といえよう。

---

156) BGH GA 1953, 50.
157) BGH NJW 1962, 645.
158) BGHSt 6, 302. 現在の判例は、ここまで早い段階では未遂の開始を認めていない。BGHSt 35, 6 は、性に対する児童の好奇心を利用しながらその自由意思に基づいて性的行為を行おうとする場合と、児童の意思に反しても性的行為を行おうと決意している場合とを区別し、後者については児童を犯行に適した場所に連れていく時点で未遂が認められるが、前者についてはそのような時点では未遂は認められないとする。

(3) 小 括

　以上から、旧43条の下での判例の流れを確認することができた。ライヒ裁判所は、当初、形式的客観説を採用していたが、1920年頃を境に危殆化基準が併用されるようになった。初期の連邦通常裁判所の判例は、ライヒ裁判所の後期の流れを引き継いだが、次第に危殆化基準が単独で用いられるようになった。

　個別の事案の解決を眺めると、その大半は、次款で紹介する現行22条の下での判例の結論と大きな相違はない。しかし、旧43条の下では、前出ライヒ裁判所1938年1月24日判決および同1943年8月3日判決のように、一部の事案で極端な着手時期の早期化がみられた。これが第2次刑法改正法による未遂規定の改正の動機づけとなった。

第3款　現行法下での判例
(1) 総　説

　前述したように、現在の22条は、「概念規定」という標題のもと、次の通り定めている。

　「行為についての自らの表象にしたがって、直接、構成要件の実現を開始した者は、犯罪行為の未遂を行ったものである。」

　規定の文言がこのように変更された趣旨の1つは、未遂の成立範囲の無制約な拡張を防ぐということにあった。刑法大委員会における議論では、未遂犯の処罰根拠については序章で述べたように主観的未遂論を支持する意見が支配的であったが、同時に、裁判実務で未遂の成立範囲が過度に前倒しされているという点に対する懸念も共有されていた[160]。同委員会における議論に基づいて起草された1962年草案の理由書では、従来の判例、とりわけライヒ裁判所の

---

159) BGHSt 20, 150. 我が国とは異なり、既遂時期は国境線の突破時とされているようである。
160) Niederschriften über die Sitzungen der Großen Strafrechtskommission, 2. Bd., Allgemeiner Teil, 14. bis 25. Sitzung, 1958, S. 181, 191 ff.

判例が、未遂の成立範囲を本来予備とされるべき領域にまで拡大していたという認識が示され、その具体例として、既に紹介した詐欺罪に関するライヒ裁判所1938年1月24日判決および同裁判所1943年8月3日判決が挙げられている[161]。同草案における未遂の概念規定に関する26条1項[162]は、「実行の着手をなし、または行為事情に関する彼の表象にしたがえば実行の着手をなしたであろう行為を通じて、犯罪を完遂する故意を実際に行為に示した者」を未遂犯とした上で、2項において「実行の着手をなすのは、行為者がそれを通じて構成要件の実現を開始し、またはそれに直接に取りかかる行為である」として実行の着手の内容を条文上明らかにすることにより、未遂の開始時期を構成要件的行為の直前に位置する行為に限定しようとした。現行の22条の文言は、刑法典総則に関する代案の24条[163]のそれを大幅に取り入れたものではあるが、その趣旨は62年草案と違いはない。

したがって、現在では、行為が構成要件的行為の直前行為といえるか否かが、予備と未遂を区別する際の焦点となる。判例を追っていくと、裁判所は、行為の直前性の判断を1つの基準に頼るのではなく、複数の基準を適宜組み合わせて行っていることがわかる[164]。以下では、いくつかの代表的な判例を通じて、直前性の判断に関する判例の傾向を確認しよう。

---

161) BT-Drs. IV/650, a. a. O. (Fn. 123), S.144.
162) 原文は以下の通り。
　§26 Begriffsbestimmung
　(1) Eine Straftat versucht, wer den Vorsatz, die Tat zu vollenden, durch eine Handlung betätigt, die den Anfang der Ausführung bildet oder nach seiner Vorstellung von den Tatumständen bilden würde, jedoch nicht zur Vollendung führt.
　(2) Den Anfang der Ausführung bildet eine Handlung, durch die der Täter mit der Verwirklichung des Tatbestandes beginnt oder unmittelbar dazu ansetzt.
163) Jürgen Baumann u. a., Alternativ-Entwurf eines Strafgesetzbuches, Allgemeiner Teil, 2. Aufl., 1969, S. 11.
　この条文案が現行法に採用されなかった理由は、その文言の冗長さにある（Zweiter Schriftlicher Bericht des Sonderausschusses für die Strafrechtsreform, BT-Drs. V/4095, S. 11）。
　文言は以下の通り。
　§24 Begriffsbestimmung
　Den Versuch einer Straftat begeht, wer nach seinem Tatplan zu ihrer Verwirklichung unmittelbar ansetzt.
164) たとえば、Nikolaus Bosch, Unmittelbares Ansetzen zum Versuch, Jura 2011, S. 910 も同様の指摘をしている。

連邦通常裁判所1975年9月16日第1刑事部判決[165]

[事案]

　被告人らは、夕刻、強盗の標的として選択したガソリンスタンドに赴いた。しかし、そこには誰もいなかったので、ガソリンスタンドの敷地内にある住宅用建物に向かい、ドアの前でストッキングを被って覆面をした上、共同被告人Kがドアベルを鳴らした。Kはピストルを手に持っていた。被告人らは、ドアベルに応じて誰かが現れるだろうと予想していた。被告人らは、ドアを開けた者をすぐさまピストルで脅迫し、拘束して物を強取する計画であった。しかし、ドアベルを鳴らし、窓を叩いても誰も現れなかった。

[判決要旨]

　本件では、被告人らが住宅用建物のベルを鳴らした時点で強盗の未遂が成立するか否かが問題となった。本判決は、以下のように述べてこれを肯定した。

　「共同被告人らは、ドアベルに応じて誰か人が現れるであろうこと、そして、その者に対して即座に強盗のための脅迫を行うことができるであろうことを想定していた。この想定のもとに、彼らは覆面をし、ピストルを手に持って『待ち構えて』いたのである。彼らは、主観的に『さあ行くぞ (jetzt geht's los)』の段階への境界を越え、かつ、客観的に、構成要件に該当する攻撃行為を開始した。なぜなら、彼らの行為は、中間行為なく、構成要件の実現（現れた者をピストルで脅すこと）に至るはずだったからである」（原文中の文献引用は省略した。以下、同様）。

　本判決は、22条の解釈に関する一般論を展開したものではないが、主観的な基準として犯罪的意思の飛躍を示すものと思われる „jetzt geht's los" を挙げ、客観的な基準として中間行為の不存在を挙げて未遂の成否を論じている点が重要である。このような判断方式は、その後の判例でもしばしば用いられている[166]。次に挙げる連邦通常裁判所1978年10月26日判決は、これを一般論の

---

165) BGHSt 26, 201.
166) BGHSt 37, 294; 40, 257; BGH NStZ 1996, 38; 1999, 395; 2014, 633; BGH wistra 2002, 263 など。

形で示し、さらに詳細に論じたものである。

連邦通常裁判所 1978 年 10 月 26 日第 4 刑事部判決[167]

[事案]

　被告人らは、自動車修理工場の敷地内で選んだ自動車のエンジンキーの合鍵を不正に作製した上、車両の保有者ないし所有者の所在地を入手し、電話をかけて車両の現在位置をつきとめようとしたが、情報を得ることができなかった。また、別の車に関しては、合鍵を作成の上、自動車のナンバーから所在場所を知ったものの、同車の窃取には向かわなかった。

[判決要旨]

　「（構成要件実現の直接の開始は：著者注）判例および学説における一致した見解にしたがえば、行為者が構成要件要素を実現してはじめて認められるのではない。行為者が、彼の犯行計画にしたがえば構成要件要素の充足の前に位置し、かつ、構成要件的行為に直接に至る行為を行ったときに既に認められるのである。これに応じて、未遂段階は次のような行為にまで拡張されている。すなわち、事象経過が妨害されない場合には構成要件の充足に直接に至るはずであるか、または、構成要件の充足と直接の場所的時間的関係に立つ行為である。これは次の場合に認められる。行為者が、『さあ行くぞ』の境界を越え、かつ、客観的に、構成要件に該当する攻撃行為を開始し、その結果、彼の所為が中間行為なく構成要件の充足に移行する場合である。」

　以上のように述べた上で、本判決は、被告人らの行為は、いまだ中間行為なく構成要件の充足に移行するほどにまでは進捗していなかったとして、窃盗の未遂を否定した。

　本判決の判示の後段部分では、前出連邦通常裁判所 1975 年 9 月 16 日判決で挙げられた jetzt geht's los の基準と中間行為の基準について言及されている。それとともに、前段部分では、「事象経過が妨害されない場合には構成要件の

---

167) BGHSt 28, 162.

充足に直接に至る」という行為と構成要件実現との間の事象経過の自動性の基準および場所的時間的近接性の基準が挙げられているのが注目される。このように、1975年判決の挙げる基準とともに、または単独で、自動性の基準および場所的時間的近接性の基準に言及したものは多数にのぼる[168]。また、これらの諸基準に加え、法益の危殆化についても併せて言及するものも少なくない[169]。

　以上のように、ドイツの連邦通常裁判所の判例においては、22条の直前性の要件に関し、様々な判断基準が挙げられている。それらを並列的に列挙すれば、次のようになる。①jetzt geht's los の段階に至っているか否か、②さらなる中間行為を要するか否か、③行為と構成要件実現との間に事象経過の自動性が認められるか否か、④場所的時間的近接性が認められるか否か、⑤法益侵害の具体的危険が認められるか否かである[170]。これらの諸基準の関係は必ずしも明らかではない。ただ、これらの関係を理解する上で参考になる判示をしている例として、連邦通常裁判所2001年12月12日判決がある。事案は、謀殺罪の未遂の成否が争点の1つとなったものである。

連邦通常裁判所2001年12月12日第3刑事部判決[171]
[事案]

　被告人は、次のような計画に基づいて被害者（被告人の妻）を殺害しようとした。その計画とは、まず自宅内で被害者を拘束し、猿ぐつわを嚙ませ、または気絶させ、その後、被害者を乗用車のトランクに入れて別の乗用車のある場所まで移動し、そこで被害者をその乗用車に積み替え、さらに被害者を殺害する予定の場所まで移動し、殺害の前に被害者に包括委任状（Generalvollmacht）へ

---

168) BGHSt 31, 10; 31, 178; 36, 249; 40, 299; 43, 177; 48, 34; BGH NJW 1980, 1759; BGH NStZ 1989, 473;1993, 133; 2001, 415; 2004, 38; 2004, 580; 2005, 452; 2008, 209; 2011, 517など。自動性の基準のみ挙げるものとして、BGHSt 35, 6. これらの中でも、あてはめの段階で法益の危殆化に着目するものはある。
169) BGHSt 30, 363; 54,69（未遂に関する部分は S. 127 ff.）; BGH NStZ 1983, 462; 2002, 309; 2006, 331など。
170) この5つの基準すべてに言及するものとして、BGH NStZ 1987, 20.
171) BGH NStZ 2002, 309.

のサインを強要し、最終的に殺害するというものであった。しかし、実際には、被害者は最初の攻撃の時点で既に死亡してしまっていた可能性があった。なお、最初の攻撃と本来予定していた殺害行為との間には、時間的には数時間の隔たりが、場所的には100キロメートルまたはそれ以上の隔たりがあった可能性がある。

本件では、謀殺罪の既遂の成否との関係で、最初の攻撃の時点で同罪の未遂段階に既に至っていたか否かが争われた[172]。

[判決要旨]

「刑法典22条によれば、犯罪行為の未遂は、行為者が、その表象にしたがえば構成要件の実現を直接に開始したときに認められる。直接の開始は、法律構成要件の記述に相当する行為を行う場合、ないしは構成要件要素の1つを実現する場合にはじめて認められるわけではない。それ以前の、より手前の行為であっても、既に未遂を理由とする可罰性を基礎づけうる。しかし、これがあてはまるのは、行為が、行為者の表象にしたがえば、事象経過が妨害されなければ中間行為なく構成要件実現に直接に至るか、または、構成要件実現と直接の場所的時間的関係に立つ場合のみである。これらの抽象的な諸基準は、考えうる事態のパターンの多様さに鑑みたとき、個々の事件における諸状況を考慮した上での具体化を常に必要とする。その際、たとえば、行為計画の綿密さ、または、行為者からみたときに行為により生じるであろう法益危殆化の程度が、予備段階と未遂段階の区別にとって重要な意味を持ちうる。」[173]

以上のように述べた上で、被告人の計画によれば、本来の殺人行為は、被害者に対する最初の攻撃から数時間経った後に、また、場所的にも最初の攻撃を行った場所から100キロメートルまたはそれ以上の距離を隔てた場所で行われるはずであったこと、計画された殺害に至るまでの間にいくつもの中間行為

---

172) いわゆる「早すぎた構成要件の実現」が問題となったわけであるが、本判決を含め、ドイツの判例は、故意既遂犯が認められるためには、実際に結果を惹起した行為の時点で、当該犯罪が未遂段階に至っていたのでなければならないとしている。詳しくは、拙稿「早すぎた構成要件実現について」法学政治学論究63号（2004年）240頁以下参照。
173) BGH NStZ 2006, 331; BGHSt 54, 69 も同様の判示をしており、未遂の開始の基準に関する最近の判例の決まり文句になっている。

第4章 実行の着手の判断基準 183

（特に、包括委任状へのサインの強要）が予定されていたこと、さらに、前記のような時間的場所的離隔および残された中間行為の存在からすれば、法益を具体的に危殆化し、かつ侵害に直結するような法益に対する直接の攻撃は認められないことを理由に、最初の攻撃の時点では謀殺罪の未遂段階には至っていなかったとした。

　本判決においては、前記①～⑤の基準のうち①以外の基準が挙げられているが、注目したいのは、②の中間行為の不存在性の基準と③の自動性の基準が、「事象経過が妨害されなければ中間行為なく構成要件実現に直接に至るか……」という形で結びつけられている点である。これは次のような理由に基づくものだと思われる。すなわち、中間行為の基準は、それを形式的に適用した場合、基準として役に立たない。なぜなら、行為を細かく切り取れば無数の中間行為が想定できるからである。そこで、中間行為の基準を意味あるものにするためには、重要な中間行為とそうでない中間行為とを区別する必要がある[174]。その際、犯行計画上、行為が構成要件実現に自動的に移行する段階にまで既に至っているかどうかが区別のための基準として用いられているものと理解できるのである。したがって、②の中間行為の不存在性の基準と③の自動性の基準とは重なり合う関係にあるといってよいだろう（以下では、②と③を合わせて「中間行為の不存在性」の基準と呼ぶこととする）。次に、本判決が、⑤の法益の危殆化の基準を、中間行為の不存在性の基準や場所的時間的近接性の基準を具体化する下位基準として位置づけていることも重要である。このような危殆化基準の位置づけは、未遂犯の処罰根拠から導かれた実質的基準による処罰範囲の過度の拡張を形式的基準によって制約しようという22条の立法趣旨からすれば、当然のことといえよう[175]。

　このように考えていくと、上位基準として意味を持ちそうなのは、①のjetzt geht's los、②と③を組み合わせた中間行為の不存在性、そして④の場所的

---

174) 中間行為の存否を基準とする見解の主唱者であるルドルフィは、未遂が認められるのは、「行為者によってなされた行為が、さらなる本質的な行為なく構成要件の実現に至る場合」（Hans-Joachim Rudolphi, in: Systematischer Kommentar zum Strafgesetzbuch, Bd. I, 20. Lfg., 1993, §22 Rn. 9）だとする。

時間的近接性ということになりそうである。このうち、中間行為の不存在性と場所的時間的近接性は、前出連邦通常裁判所 1978 年 10 月 26 日判決や同 2001 年 12 月 12 日判決をみればわかる通り、「または」で接続されていることから、択一的な基準と考えられていると理解できる。問題は、jetzt geht's los の基準である。

文献をみると、この基準は、直前性を肯定するための主観的要件に位置づけられている[176]。同基準の内容について嚙み砕いた説明を試みるハインリヒは、次のように述べる。

「行為者は、ただ（主観的に）行為を決意しているだけではなく（この「行為決意」は、既に述べた未遂犯の主観的構成要件である）、主観的にも次のように考えているのでなければならない。すなわち、彼の犯罪計画に基づけば、彼が『いま』構成要件の実現に取りかかるということである。それゆえ、ここで決定的なのは、行為者の表象のみである。」[177]

「（連邦通常裁判所の挙げる jetzt geht's los について：筆者注）より印象に残りやすい形で次のように表現することができよう。平均的市民が同じような状況において『汗をかく』瞬間、『捕まる』可能性が高まり、かつ、もはや自分の行動について他人に言い逃れができないことを覚悟しなければならないがゆえに彼の心臓の『鼓動が少し早くなり』はじめるときに、主観的に未遂の開始に達する。」[178]

しかし、このような精神の緊張とその克服といった心理の働きは犯行の様々な段階で起こりうるから、基準としてあまりにも不明確である。また、未遂犯の主観的要件である行為決意の最終性、および行為者の表象を基礎とした中間行為の不存在性とは別に、jetzt geht's los という感覚的な基準が実際にどこまで独自の機能を果たしているのか疑問である[179]。他方で、決意の最終性が認められる状況であっても、犯罪実行のタイミングなどについて行為者に逡巡が

---

175) 学説上、危殆化基準を中間行為の不存在性を判断するための下位基準として位置づけるものとして、Rolf Dietrich Herzberg/Klaus Hoffmann-Holland, in: MüKo, Bd. 1, 2. Aufl., 2011, §22 Rn. 122 ff.; Thomas Hillenkamp, in: LK, Bd. 1, 12. Aufl., 2007, §22 Rn. 85. 学説の中には、直截に法益の危殆化を基準として挙げるものもあるが（Harro Otto, Grundkurs Strafrecht, Allgemeine Strafrechtslehre, 7. Aufl., 2004, §18 Rn. 28 f.）、現行法下ではこのような見解は少数である。
176) たとえば、Bernd Heinrich, Strafrecht, Allgemeiner Teil, 4. Aufl., 2014, §23 Rn. 725 f.
177) Heinrich, a. a. O. (Fn. 176), §23 Rn. 725.
178) Heinrich, a. a. O. (Fn. 176), §23 Rn. 726.
179) この基準について批判的なものとして、Claus Roxin, Strafrecht, Allgemeiner Teil, Bd. II, 2003, §29 Rn. 130 ff.

みられる場合と、即座に犯罪実行に移る意思が強固に認められる場合とを比較すれば、その後の事象展開に差が生じるであろうことは容易に想像できる。したがって、同基準は、行為経過の自動性を判断する上での補助基準として機能するものと理解することができよう[180]。

以上のことを踏まえた上で、ドイツの裁判実務では具体的にどのラインに予備と未遂の境界線が置かれているのかをみていくことにしたい。取り上げる犯罪類型は、我が国との比較で重要だと思われる殺人罪、窃盗罪、詐欺罪および放火罪に加え、ドイツにおいて多数の事例の集積がある強盗罪である。また、我が国とは既遂時期が異なるため参照価値には疑問もあるが、麻薬法上の輸入罪の未遂の開始時期についても簡単に触れることとする。一方、我が国で裁判例の豊富な強姦罪については、ドイツではほとんど公刊判例が見当たらないため、取り上げることができなかった[181]。なお、犯罪類型の列挙の順番は、基本的に、ドイツ刑法典の条文の順序にしたがっている。

(2) 個別の犯罪における未遂の成立時期

(i) **殺人罪**　殺人罪については、被害者または第三者を利用した間接正犯の未遂の成立時期に関する興味深い判例[182]がいくつもあるが、ここでは本章の問題関心にしたがい、行為者が予定した行為をいまだなし終えていないケースにおける未遂の成立時期に関する判例を取り上げたい。

我が国の判例においては、本章第2節第2款(3)で述べたように、行為者が被害者を抵抗不能な状態にした上で殺人を実行しようとしたケースについては、比較的早い段階で実行の着手を認めている。一方、被害者に対峙する形態や、被害者の居宅を襲撃する形態については、被害者に対する直接の攻撃に極めて

---

180) Bosch, a. a. O. (Fn. 164), S. 910 参照。Rudolf Rengier, Strafrecht, Allgemeiner Teil, 6. Aufl., 2014, § 34 Rn. 24 は、jetzt geht's los の基準は単独で用いられてはならないとする。
181) 現行法下のもので発見し得たものとして、BGH NStZ 2000, 418 がある。本件は、行為者が、深夜、被害者を強姦するため、被害者宅の地下室の窓をこじ開けようとしたが、その音で被害者が目覚め、警察に通報したため目的を達しなかったという事案につき、強姦罪の未遂を否定したものである。この結論に批判的なものとして、Thomas Bellay, Versuch der Vergewaltigung (Anmerkung zu BGH, Beschluß vom 14. 3. 2000), NStZ 2000, 591.
182) BGHSt 30, 363; 40, 257; 43, 177 など。

近接した行為がなければ着手を認めていない。これに対し、ドイツにおいては、被害者の身体に対する直接の攻撃よりも前の段階であっても殺人未遂が認められた例がみられる。

まず、否定例として、次のものがある。

連邦通常裁判所 1984 年 4 月 10 日第 5 刑事部決定[183]

［事案］

　被告人は、別居中の妻を殺害することを計画し、犯行当日、妻が身を寄せていた被告人の義母に犯行を示唆する電話をかけた上、同人の住居がある建物の入口に赴いた。その際、被告人は、ズボンのベルトに拳銃をかけており、ドアが開いた場合には妻をすぐに射殺するつもりだった。また、不在の場合には、同人の帰宅時にすぐに殺害するつもりだった。被告人は、以上のような意図の下、義母の住居につながるベルを 3 回鳴らし、さらに他の住人の住居につながるベルも鳴らしたが、解錠されなかった。被告人は、妻の通報によって駆けつけた警察官によって逮捕された。

［決定要旨］

　本決定は、以下のように述べて、故殺罪の未遂を否定した。

　「ベルを鳴らすことは、ここでは、中間行為なく直接に計画された殺人行為に移行し得た行為ではなかった。認定によれば、被告人は、集合住宅の入口ドアで何度もベルを鳴らしたが、成果がなかった。彼は、第 1 に、建物の入口ドアから彼の義母の住居までにはまだ道のりが残されていること、また、住居のドアを開けさせるための手段を講じなくてはならなかったことも知っていたはずである。彼は、妻の殺害について直前に予告していたから、住居のドアが開けられるだろうということを軽々には計算に入れることはできなかった。加えて、建物の入口ドアが開いた後、即座には犯罪を実行に移すことはできないということを彼が知っていたことは、彼が武器を『まだズボンのベルトにかけて』おり、射撃準備ができた状態ではなかったということからも明らかとな

183）BGH StV 1984, 420.

る。」

　これに対し、被害者の現在する部屋のドアを打ち破ろうとした時点で殺人の未遂を認めたのが、次の判決である。

連邦通常裁判所 1986 年 8 月 26 日第 1 刑事部判決[184]
［事案］
　被告人は、義理の両親の住居の居間に被告人の妻と一緒にいる S を殺害するため、自宅から装填した銃を持ち出し、義理の両親の家まで赴いた。被告人は、家の入口の前で彼を家の中に入れさせまいとした義理の母を射殺し、入口ドアのガラスを破って玄関ホールに入った。そこで義理の父が立ち向かってきたため、これを射殺し、居間のドアの前に至ったが、S がドアの内側にソファーベッドを移動させていたため、ドアを開けることができなかった。被告人は、銃床でドアを叩くなどして部屋の中に無理やり入り込める程度の隙間を開けたが、そうしている間に、S は被告人の妻と窓から逃走した。

［判決要旨］
　「被告人の表象にしたがえば、居間のドアは、彼が妨げられることなく証人 S を射殺できるようになるために乗り越えなくてはならない最後の障害であった。それゆえ、被告人は、少なくとも、証人 S がその背後にいると彼が考えていたドアを殴打することを通じて、彼の視点からすれば、『さあ行くぞ』の境界を越え、これによって彼の殺害計画の実現を直接に開始したのである。」

　本件は、被告人が既に被害者のいる部屋のドアの前に至っている点、被害者が事前に来訪を予告していない点、被害者が出てくるのを待つのではなく無理やり侵入を試み、既にドアを打ち破る行為まで行っている点などが前出連邦通常裁判所 1984 年 4 月 10 日決定の事案とは異なっており、これらの事情が未遂の成立を肯定する判断の根拠となったものと思われる。

---

184) BGH NStZ 1987, 20.

これらの中間に位置するような事案として次のものがある。

連邦通常裁判所 2004 年 9 月 20 日第 2 刑事部決定[185]
[事案]

　パキスタン生まれの厳格なイスラム教徒である被告人は、同じくパキスタン生まれのRを殺害することを決意した。理由は、頭に被るスカーフもベールもしていない被告人の娘が写った写真をRが所有していたからであった。被告人は、これにより彼と娘の名誉などが傷つけられたと感じた。被告人は、Rの兄に対し、Rは公式に謝罪せよ、さもなくば某日にRを殺害するという趣旨のことを伝えた。某日、被告人は長包丁と手斧を持ち、Rを殺害するために、Rの住居へ赴いた。犯行現場へ向かう途中、被告人はRに電話をかけ、Rを罵倒し、到着を予告した。Rの一家が住んでいた賃貸マンションに到着した後、被告人は、インターフォン越しに、Rの妻に対し、Rを下まで送り出すよう要求した。彼はそこでRを殺すつもりだった。しかし、Rが下りてこなかったので、被告人は3階にあるRの住居に赴き、ドアベルを鳴らし、ドアを叩き、大声でRに出てくるよう要求した。しかし、Rはドアを開けなかった。そこで被告人は、その場を離れ、手斧を公然と担ぎながら、近くにある建物に移動したが、住民の通報により駆けつけた警察官により逮捕された。

[決定要旨]

　本決定は、前出連邦通常裁判所1975年9月16日判決の事案と本件とを比較した上で、以下のように両事案の違いを強調し、未遂の成否を判断するためには被告人の表象についてのより詳細な認定が必要だとして、故殺罪の未遂を認めた原判決を破棄差戻しした。

　「被告人は、まずは電話で、その後に建物の入口から、Rに対して、外に出て来こい、そうすれば彼はRを殺すことができると伝え、ないしは伝えさせた。これに加え、彼は、住居の中にはRだけではなく、家族が複数名いたことも知っていた。それゆえ、被告人は、ある程度現実的にみた場合には、R

---

185) BGH NStZ-RR 2004, 361.

が自分を殺させるために要求に応じてドアを開けるであろうということを想定することはできなかった。彼が、Rの妻またはRの子の中の誰かがドアを開けることを見込んでいたということも考えられるだろう。彼がこのようなことを予定していたということは、認定されていない。」

一方で、本決定は、Rが出てきて決闘をするであろうという期待が被告人の念頭になかったともいえないこと、立ち去った後も被告人が近隣にとどまっていたという事情があること、被告人は逮捕の時点ではいまだ計画が失敗したと思っておらず、Rのことを待っていたと考えることもできることを挙げ、差戻し後の事実審では被告人の表象をより詳細に認定すべきだとした。

本件は、被告人が既に被害者の現在する住居のドアの前にまで至っている点で、建物の入口ドアの前までにしか至っていなかった前出連邦通常裁判所1984年4月10日決定の事案より計画は進捗しているといえる。しかし、本決定は、被告人の表象内容などの具体的な事情によっては、そのような段階に至っていても未遂の成立が否定される場合があることを明らかにしている。

1984年決定の場合と同様に、本件でも、直前に犯行を予告していることが、未遂を否定する方向に働く事情として大きかったといえよう。ただし、同決定や本件とは異なり、具体的な犯行日を特定できる形ではなく、漠然と「殺してやる」と伝えただけの場合には、未遂否定の方向に強く働く事情とはならない。このような漠然とした脅しは行っていたものの、直前に犯行を予告することなしに凶器を持って被害者方に赴き、被害者が応対に出たら即座に攻撃を行うつもりで住居のドアベルを鳴らした事案につき、未遂が認められるとしたものがある[186]。

このように、判例は、形式的に建物の入口ドアまでにしか至っていないのか、住居のドアにまで到達しているのかということだけで未遂の成否を決していない点が注目される。前出の否定例のようにドアが開けられることが期待できない事情があるとか、またはドアが開けられた後に何らかの中間行為が予定されていた場合には、住居のドアベルを鳴らした時点でも未遂は否定されうる。

---

[186] BGH NStZ 2012, 85.

次に、行為者が既に被害者の現在する場所に侵入していた事案を取り上げる。このような事案でも、具体的な事情によっては、未遂が否定される場合がある。

連邦通常裁判所 1993 年 2 月 16 日第 5 刑事部判決[187]
［事案］
　未遂の成否に関する事実の概要は以下の通りである。
　Uとその愛人であるEは、Uの夫であるWを報酬と引き換えに第三者に殺害させることにした。Uらは、1万5000マルクの報酬でTとMにW殺害の実行を依頼したが、Uはその金をWの生命保険から工面するつもりだった。そこで、Uは、TとMに対し、自殺にはみえないように殺害すること、さらに、UおよびEが不在中に行うことを求めた。しかし、TとMがなかなか実行しないので、UとEは実行を強く要求した。特に、Eは、本件犯行の直前に、Mに対し、Wの家に行って台所の窓が開いているかどうかみてみろ、やれるかどうかみてみろ、Wは居間に1人で寝ており、Uは子供部屋で寝ているという趣旨のことをいった。某日午前2時30分頃、Mは、気づかれないでWを殺害できるかどうかをみにいくことを決意した。Mは、包丁を持ってWの住居の台所の窓の前に赴き、そこから住居内に侵入した。Mはしばらく躊躇したが、ようやく決心して居間のドアを開けたところ、ソファーベッドの上にUとWが寝ており、Uの存在が犯行の妨げになったため断念した。
　原審は、住居侵入の時点ではMによる殺人は未遂段階に至っていないとしたが、その点が争点の1つとなった。

［判決要旨］
　「『さあ行くぞ』の境界を彼（M：筆者注）は主観的にまだ踏み越えていなかった。彼の所為は、新たな意思衝動を必要とするであろうさらなる中間行為なしには、構成要件的行為に至ることができなかった。（原文改行）被告人は、気づかれずにWを刺殺できるかどうかをみるために住居に侵入した。彼は、たしかに、Wが1人で居間に寝ているだろうと思っていた。しかし、彼は、それ

---

187) BGH NJW 1993, 2125.

に確信を持っていなかった。状況がさらにはっきりしない限り、犯行は実行されるべきではなかったし、実行され得なかった。……彼が居間のドアを開け夫妻がソファーベッドの上に横たわっているのを目のあたりにしたとき、彼は『彼の行動について一層優柔不断に』なった。」

　本判決は、このように述べて、居間のドアが殺害への最後の障害であった前出連邦通常裁判所 1986 年 8 月 26 日判決の事案と本件とは異なるとし、原審の判断を是認した。

　本件の特徴は、被告人の犯意が強固ではなかったことに加え、被害者宅の状況や被害者の行動について不正確な情報しか得ていなかったところにある。これに対し、行為者が被害者宅の状況や被害者を含む居住者の生活パターンについて熟知しているケースでは、判断が異なっている。次に挙げる事案は、行為者が被害者の住居内に侵入して身を隠し、タイミングをみはからって被害者の寝ている部屋に向かおうとした時点で謀殺罪の未遂を認めたものである。

連邦通常裁判所 1997 年 10 月 7 日第 1 刑事部判決[188]
[事案]
　未遂の開始に関係する事実は以下の通りである。
　被告人は、養父の侮辱的な言動に対する仕返しのため、養父を殺害することを決意した。被告人は、S とともに、真夜中に養父母の住居の地下室に忍び込んだ。被告人は、そこでまさかりで武装し、S はハンマーを持った。午前 1 時半頃、養母が居間のテレビの前で寝入った後で、養父は上の階にある寝室のベッドに向かった。居間で寝入ってから後でベッドに向かうというのは養母の習慣となっていて、被告人はそのことを知っていた。養父母が寝てから、被告人と S は地下室を出た。しかし、養父の寝室に向かうために被告人が階段を上ろうとした際、S が被告人を制止し、まずは盗む価値のある物を示すよう被告人に要求した（S は、現金等を盗むチャンスがあることを条件に被告人に協力したという事情があった）。被告人はこれにしたがったが、その際に生じた物音によって

---
188) BGH NStZ-RR 1998, 203.

養母が起きたため、被告人らは養母を殺害した。それによって生じた興奮により、被告人は養父を殺害できる状態ではなくなったため、Sとともにその場を立ち去った。

[判決要旨]
「被告人が、Sとともに地下室内の隠れ場所を離れ、予定された犯行場所に近づいたときに、養父に対する謀殺の未遂を開始したというラント裁判所の見解は、法的に異議を唱えられない。……地下室内の隠れ場所を離れた際に、既に被告人は無条件に養父の殺害を決意しており、犯行場所および養父母の就寝により生じた犯罪実行の機会を知っていた。」

以上のように、住居に侵入して殺害を試みるケースについては、行為者がどの程度まで被害者に接近しているのか、被害者が襲撃を予想しているか、行為者が犯行場所の構造や被害者の行動の習性等を熟知しているか、犯罪実行のために何らかの留保があるかといった事情が、未遂の成立時期の判断において考慮されている。

特に、最後に挙げた条件の留保という点は、行為者が既に武器を持って被害者と対面しているケースにおいても未遂の成否を決定づける要素として考慮されている。たとえば、次に挙げる事案は、その旨を明確に示している。

連邦通常裁判所 1991 年 1 月 9 日第 3 刑事部判決[189]
[事案]
　被告人およびその妻は、彼らの住む集合住宅の家主であるCおよびその妻とのトラブルをきっかけに同人らに対して憤懣を抱き、同人らに怒りをぶちまけて溜飲を下げたいと思うに至った。ある日、被告人は、Cが水を汲みに洗濯室に行くのをみかけたので、同所でCを追い詰めようと考えた。被告人は、若くて体格に勝るCと力ずくの勝負になったときに負けないよう、ナイフで武装した。その際、被告人は、場合によってはナイフでCを刺すこともあり

---

189) BGH NJW 1991, 1963.

得、それにより同人が死亡しても構わないと考えていた。

　被告人は、洗濯室に入り、そのドアを閉めた後、被告人に背中を向けて作業をしているＣの肩を叩いた。被告人は、右手にナイフを握ってそれを背後に隠しながら、振り向いたＣを罵倒したところ、Ｃが「出て行け」などと言い返すと同時に被告人に平手打ちなどの暴行を加えたため、隠していたナイフを振り上げ、Ｃの胸部を２回突き刺して死亡させた。

　本件では、被告人の行為が故殺罪にあたるか、謀殺罪にあたるかが争点となった。謀殺の要件の１つである「陰湿に（heimtückisch）」は、犯行が未遂段階に至っている時点で存在しなければならないとされているところ[190]、Ｃが振り返った時点では既に被告人による攻撃を予期でき、「陰湿に」の下位類型である「不意打ち」および「無防備」を利用したとはいえない状態になっているため、それ以前の肩を叩いた段階で殺人が未遂に至っていたか否かが争点となったのである。

[判決要旨]

　本判決は、次のように述べて、ナイフを背後に隠し持って洗濯室に入り、ドアを閉めてＣの肩を叩く行為は殺人行為の開始とはみることができないとした。

　「たしかに、被告人は、ナイフで武装した時点で既に犯行を決意していた……。また、犯罪の未遂段階は、犯行計画にしたがえば次のような意味で構成要件実現に直接に先立つ行為にまで及んでいる。すなわち、行為者が、主観的には『さあ行くぞ』の境界を踏み越え、かつ、客観的にはさらなる中間行為なく構成要件に該当する攻撃行為を開始しているという意味で、である。けれども、この段階には、被告人が最初の刺突を行うためにナイフを振り上げたときにはじめて達した。Ｃが彼に平手打ちを加え、暴力行為が開始されたときにはじめて、殺人行為に関して、被告人の視点からすれば、『始まった』のである。条件つきではなく犯行が決意されているが、しかし行為者がその実行を一定の状況の発生にかからしめている事例では、たしかに、未遂行為は既に『条件発

---

[190] 本判決は、このような解釈は確定した判例だとし、BGHSt 32, 382を引用している。

生』の前に認められうる。けれども、犯罪の実行が、認定事実に基づけば自動的な反応として惹起されるものではない被害者自身の態度にかかっている本件では、殺人行為の直接の開始は、Cの暴力行為の前の段階には認められない。この段階では、被害者の生命は、いまだ……重大な程度には危殆化されていなかった。」

　本判決は、被告人が、被害者が暴力を振るった場合にはナイフを用いるというように犯行に条件をつけていた点を重視した。行為者が犯罪の実行を一定の条件にかからしめていても、その条件が満たされた場合には犯罪を実行することを決意している場合には、犯行の決意は認められる[191]。したがって、その条件が満たされる以前の段階でも未遂は肯定されうる。しかし、本判決は、本件のように、犯罪の実行が被害者自身の行動に依存しており、その行動が機械的な反応によって生じるものではない場合には、条件となる被害者の行動より前には犯罪行為の直接の開始は認められないとした。
　このような「対峙型」の事案では、ドイツでは、未遂が成立する例として、しばしば「拳銃を握る」ないし「引き抜く」行為が例に挙げられる[192]。本件被告人が使用した凶器はナイフであったが、拳銃の場合でも、行為者が犯行に留保を付けていた場合には、同様のことがあてはまる[193]。

---

[191] いわゆる「条件つき故意」の問題である。これについては、塩見淳「条件付故意について」刑法雑誌30巻1号（1989年）42頁以下、篠田公穂「条件付き故意」名古屋大学法政論集123号（1988年）205頁以下、西村秀二「いわゆる『条件付故意』について」上智法学論集30巻1号（1987年）251頁以下、宮川基「条件付故意について（1）（2・完）」法学63巻3号345頁以下、4号519頁以下（1999年）。これらの文献中でドイツの議論も紹介されている。

[192] Maria-Katharina Meyer, Das Unmittelbarkeitsprinzip am Beispiel des Versuchs, GA 2002, S. 379 ff. 参照。Kristian Kühl, Strafrecht, Allgemeiner Teil, 7. Aufl., 2012, §15 Rn. 60 は、銃を持ち上げ、狙いをつけ、引き金に指をかける行為は重要な中間行為ではないとする。殺人または傷害の故意で装塡された銃を引き抜いた時点で故殺罪または危険な傷害罪の未遂が認められるとしたものとして、BGH NStZ 1993, 133.
　なお、被害者の反抗が既に抑圧されていた例ではあるが、被害者の手足を拘束した後にタオルで絞殺する意思が生じたという事案で、タオルを取り出し、折りたたむ行為はいまだ予備行為だが、折りたたんだタオルの両端を持って歩み寄った時点で「犯罪実行の開始」が認められるとしたものとして、BGHSt 32, 382.

[193] BGH NStZ 2014, 633.

最後に、行為者が被害者の反抗を抑圧した上、別の場所で殺害することを計画していた事案として、本款(1)で紹介した連邦通常裁判所 2001 年 12 月 12 日判決がある。既出のため、事案の紹介は繰り返さないが、本件では、最初の暴行と計画された殺害行為との間に、数時間の時間的離隔と 100 キロメートル以上の場所的離隔があったことに加え、包括委任状へのサインの強要という殺害行為とは直接関係性を有しない中間行為が予定されていたことが重視され、殺人未遂が否定された。これに対し、最近、被害者を長時間苦しめた上で殺害することを行為者が計画していた可能性があった例につき、犯行計画の詳細に立ち入るまでもなく殺人未遂が認められるとした事案が現れた。

連邦通常裁判所 2014 年 3 月 20 日第 3 刑事部判決[194]
[事案]

　被告人は、同人のアルコール問題等をめぐって、アパートの同じ階の居住者である被害者と口論になった。被告人は、某日深夜、被告人の居室を立ち去ろうとした被害者の毛髪を背後からつかみ、ソファーベッドの上に倒して、馬乗りの態勢で被害者の首を絞めた。被告人は、被害者を苦しめた後に殺害するつもりで、首を絞めて被害者の意識を失わせた後に、手を緩めて意識を戻させるという行為を何度も行った。その後、被告人は、被害者の手足を粘着テープで縛ったが、酒を飲んでいるうちに寝入ってしまい、その間に被害者は脱出した。

　被告人は、被害者に対し、被害者を数日間苦しめるつもりだったという趣旨ともとれる発言をしていたが、原審は、その発言の真意や被告人の犯行計画の詳細を認定することなく、謀殺罪の未遂を認めた。

[判決要旨]

　本判決は、最近の連邦通常裁判所の判例の傾向にしたがい、未遂の開始時期に関する一般論として、場所的時間的近接性、中間行為の不存在、法益の危殆化および犯行計画の綿密さという判断基準を挙げたが、それに加えて、主として旧 43 条時代に判例で用いられていた行為の一体性基準にも言及した。すな

---

194) BGH NStZ 2014, 447.

わち、「構成要件とは無関係の目的に資するものではなく、構成要件的行為との必然的な一体性ゆえに、行為者の計画にしたがえばその構成部分として現れる行為は、構成要件的行為に時間的場所的に接着し、かつ、構成要件的行為が実行された場合にはそれと自然的一体をなすから、直接の開始を認めるのを妨げる中間行為と評価されるべきではない」と述べた。

その上で、本件については、殺意をもって被害者を襲った時点で、被害者の生命は危殆化されており、また、被害者を苦しめるという行為は、事象経過を中断させる中間行為ではなく、被害者の死に向けられた一体的な行為の不可分の構成部分をなすものといえるとして、謀殺罪の未遂を認めた。

本判決は、ドイツでは過去のものとなっていた行為の一体性基準に再び言及した点で、一連の判例の流れの中で明らかに浮いている。おそらく、同基準を用いることにより、被告人が殺害行為を意図的に引き延ばすことにより生じたであろう時間的な離隔を穴埋めしようとしたものだと推察されるが、唐突な感は否めない。たしかに、本件では、殺害の前に書類へのサインを強要するといった、殺害行為とはまったく無関係な中間行為は予定されていない。予定されていたのは、被害者を苦しめ続けるという、比喩的にいえば、殺害行為につながる直線の上に位置づけることができる行為であった。そういう意味では、連邦通常裁判所 2001 年 12 月 12 日判決の例と比較して、未遂を認めやすい事案だったとはいえるが、仮に数日間苦しめるつもりだった場合でも未遂を認めるのであれば、不当であろう[195]。これまで判例が、犯行計画を詳細に検討した上で未遂の開始時期の判断を行ってきたことからすれば、本判決は特殊な例として位置づけられるべきものと思われる。

　(ii) **窃盗罪**　まず、侵入窃盗の類型については、1969 年改正前の判例では、侵入口を確保するための行為を開始した場合や、侵入目的で入口ドアを入念に観察した場合のように、店舗等の領域への侵入の開始時に未遂の開始が認められていた。この傾向は同改正以降も認められる。たとえば、高齢者の住

---

195) Christoph Krehl, Anmerkung zu BGH, Urteil vom 20. 3. 2014, NStZ 2014, 449.

居を訪問し、口実を設けて住居内に無理矢理入りこみ、無意識のうちに貴重品の保管場所を示させて、隙をみて物を窃取しようとしたという事案につき、立入許諾を請う段階で窃盗の未遂が認められている[196]。一方、否定例としては、ガソリンスタンドに侵入して窃盗を行うために、侵入用の道具を積んだ自動車で犯行現場に向かい、同車をそのすぐ近くに停車させ、ボルトカッターを持って下車し、それを地面に置いただけでは予備にとどまるとしたものがある[197]。本件では、被告人および共犯者が、下車してすぐに侵入用具を持ってガソリンスタンドに向かうのではなく、本件当日に窃盗を実行するのか、それとも別の日にするのかの決意を固めるために、タバコを一服することを計画の中に織り込んでいたことが未遂の成立を妨げる事情として重視されている。このほか、懐中電灯とドライバーを持ってロト販売所の入口に至っただけでは未遂が認められないとしたもの[198]、宅配便を装って他人の住居に立ち入り隙をみて宝石箱を窃取するという計画に基づき、住居の所在する建物内に入り階段を途中まで上った段階では未遂は認められないとしたものなどがある[199]。

　一方、屋外の例では、盗むに値するものがあるかどうかを確かめるために、塀を乗り越えて飲食店の中庭に侵入した時点で重い窃盗罪の未遂が認められるとしたもの（一般論として、窃盗の実行のために、建造物や住居などのほか、囲繞された場所に侵入した場合を原則的加重事由としていた当時の243条1項1号に関する未遂の開始時期につき、加重事由の実現とともに窃盗の未遂が認められるとしたもの）[200] がある。

　自動車窃盗については、前出連邦通常裁判所1978年10月26日判決と同様に、合鍵の作成だけでは未遂は認められないとしたものがある[201]。また、自動車を窃取するために、運転席側のドアノブを解体することが可能かどうかを調べた後、ドアノブの解体および電子保安装置の解除のために必要な道具を近

---

[196] BGH bei Holtz MDR 1985, 627. このほか、肯定例としては、243条の重い窃盗罪が認められるためには原則的加重事由を実現している必要があるか否かが主たる争点となったものではあるが、BayObLG NStZ 1997, 442 がある。
[197] BGH NStZ 1989, 473.
[198] OLG Hamm NJW 1989, 3232.
[199] OLG Hamm NStZ-RR 1997, 133.
[200] OLG Hamm bei Holtz MDR 1976, 115.
[201] BGH StV 1992, 62.

くに停めてあった自動車まで取りに行こうとしたときに、見張り役が警告を発したため犯行を断念したという事案で未遂を否定したものがみられる[202]。

　欺罔手段を用いた窃盗の類型に関しては、客を装って宝石店に入り、店外で窃盗を行うために、店員に対してアクセサリーを持って外に出るように仕向けたものの、店員が応じなかったため、店内で時計またはアクセサリーを窃取する機会をうかがったが、店員が警戒していたために窃取の機会が訪れなかったという事案につき、未遂を否定したものがある[203]。

　最後に、後に行う予定の占有取得行為の下工作として、店舗内の商品を外に運び出し、敷地内に隠しておいた行為が窃盗未遂にあたるか否かが争われた珍しい事案があるので詳しく紹介したい[204]。

ポツダムラント裁判所 2005 年 10 月 6 日判決[205]

[事案]
　被告人らは、窃盗の目的で、某日午後 7 時頃、ホームセンターの店舗内に入り、高価な工具、衣料品および電気製品を取り、これらを 3 つの箱の中に分けて入れて店外に運び出し、これらを天水桶の中に隠した。被告人らは、閉店後、夜間のうちに、自らまたは共犯者の手によって、隠しておいた商品を敷地外に運び出すつもりであったが、商品を入れた箱を天水桶の中に隠した後に逮捕された。同ホームセンターの店舗外敷地と外部とは高さ 3 メートルの格子柵で隔てられており、その上部には 3 本の有刺鉄線が張られていたが、本件犯行があった年だけでも既に何度か同敷地に対する侵入事件が起こっていた。

[判決要旨]
　「本件では、被告人らは、ホームセンターの店舗外敷地に窃盗の目的物を運

---

202) OLG Hamburg StV 2013, 216.
203) BGH NStZ 2001, 415. 当初の計画であった店外での窃盗に関しては、店内にいる段階では未遂は認められず、計画変更後の店内での窃盗計画に関しては、好機の到来までは未遂は認められないとした。
204) 本件では窃盗の既遂の成否も問題となったが、本判決は、いまだ占有の取得がないとしてこれを否定した。
205) LG Potsdam NStZ 2007, 336.

び出したことにより、刑法典 22 条の意味において、構成要件の実現を直接に開始した。店舗外敷地は、ホームセンターの店舗内と比較して、高さ約 3 メートルの格子柵のみによって守られていたにすぎず、そのため店舗外敷地に置かれた攻撃客体は、被告人らによる干渉に脅かされ、具体的に危殆化されていた。……具体的危険は、とりわけ犯行時間から認められる。なぜなら、閉店までに残された 45 分の間にホームセンターの店員が隠匿された商品を発見することは、まずあり得ないからである。」

「行為者による占有の終局的な獲得のためには、もはやさらなる重要な行為を必要としない。……本件店舗外敷地は、単に侵入に対して守られていないと評価されうるだけではない。ホームセンターの店舗外敷地のための保安設備が乏しいことに鑑みれば、発覚の危険性も同様に低い。高さ約 3 メートルの格子柵も、もはや重要な障害ではない……。」

「(商品の運び出しが本件犯行当日から翌日にかけての深夜に予定されていたこと、本件犯行の時間が店舗閉店直前であったことなどから：筆者注) それゆえ、場所的時間的に接着したうちに、窃盗の目的物が運び出され、これにより終局的な占有の確保が基礎づけられるはずであった。このような事情の下では、さらに必要な店舗外敷地への侵入は、もはや直接の開始を認めることを妨げる重要な中間行為とは評価され得ない。」

　本件では、被告人らは、犯行当日から翌日にかけての深夜に物の運び出しを行う計画だったとはいえ、隠匿行為から運び出しまでの間には数時間の隔たりがあった。また、乗り越えたり、工具を用いて突破することが容易な格子柵しかなかったとはいえ、これを障害とみることも可能であることからすれば、かなり早い段階で未遂を認めたものとみることができる[206]。ただ、店舗外への運び出しによって商品に対する被害者側の占有は既に弛緩した状態になっており、既遂の成否すら問題になりうるという事情が本判決の価値判断の背後にあったのではないかと推測される。

---

206) このような観点から本判決に反対するものとして、Tonio Walter, Abgrenzung des versuchten Diebstahls von der straflosen Vorbereitung (Anmerkung zu LG Potsdam, Urteil vom 6. 10. 2005), NStZ 2008, 156 ff.

(iii)　**強盗罪**　我が国では強盗罪の実行の着手が問題となった例は少ない。これとは対照的に、ドイツでは強盗罪または強盗的恐喝罪[207]の予備と未遂の区別に関する判例が豊富に存在する[208]。我が国においては、強盗罪の着手時期は「財物奪取の目的で、暴行・脅迫を加えた時」[209]とするのが通説であるが、ドイツでは暴行・脅迫の直前行為でも未遂が認められている。

　現行法下での強盗の未遂の開始時期に関する判例としては、本款(1)で紹介した連邦通常裁判所1975年9月16日判決がある。本判決は、被告人らが武装をし、覆面をした上で、ガソリンスタンドの住宅用建物のドアベルを鳴らした時点で未遂を認めたものであった。類似の事案で強盗の未遂を認めた例として、連邦通常裁判所1984年7月11日判決[210]がある。本件は、被告人らが、貴金属商Sの住む建物のドアベルを鳴らしたが、Sの住居につながるベルには表札がなく、Sの妹の住居につながるベルに「S」という表札があったため、同住居につながるベルを鳴らしたという事案であった。被告人は、Sおよびその住居についての詳細な情報を得ていなかったため、ベルに応じて誰かが建物のドアを開けに現れる可能性と、電子解錠される可能性の両方を考慮しなければな

---

207) 強盗的恐喝罪は、我が国ではなじみの薄い犯罪類型であることから、若干の説明を要しよう。まず、同罪に関して255条は以下のように定める。
　「恐喝が、人に対する暴行を用い又は身体若しくは生命に対する現在の危険を及ぼす旨の脅迫を用いて行われたときは、行為者は強盗犯人と同一の刑に処する。」
　ドイツでは財産犯が「所有権に対する罪」と「財産に対する罪」に二分されており、前者にあたる249条の強盗の客体は「他人の動産」に限定されている。そのため、我が国の2項強盗にあたる行為を捕捉する構成要件が必要となるが、その役割を果たすのが255条の強盗的恐喝罪である。「他人の動産」が客体となる場合については、強盗罪と本罪との区別問題が生じるが、判例は、外形上、処分行為を介して物の占有移転が行われている場合は、強盗的恐喝罪にあたるとしている。本文で取り上げる事案のうち、いわゆる「銀行強盗」の場合の罪名が強盗的恐喝とされているのはそのためである。詳しくは、Rudolf Rengier, Strafrecht, Besonder Teil I, 18. Aufl., 2016, §11 Rn. 39．
208) 以下で紹介するもののほか、被害者を待ち伏せしたが現れなかったケースで未遂を否定した例としてBGH StV 1989, 426が、複数人で被害者を取り囲んで襲撃して現金を奪うことを計画したが、共犯者のうちの1人が現れない間に襲撃の機会を逸してしまったケースで未遂を否定した例としてBGH StV 1994, 240がある。
209) 大塚仁ほか編『大コンメンタール刑法　第12巻』（青林書院、第2版、2003年）342-343頁（河上和雄＝髙部道彦執筆）。
210) BGH NStZ 1984, 506. さらに、住居のベルを押す行為を担当した「共犯者」が警察と内通していたため、同行為は共同正犯的な行為寄与ではないとされ、結論として共同正犯の未遂が否定された例ではあるが、BGHSt 39, 236も参照。

らなかった。そのため、前者の場合に即座に暴行または脅迫を行えるように、建物のドアベルを鳴らす時点で既に武装および変装を済ませていた。本判決は、以上の事実を前提に、同時点で強盗罪または強盗的恐喝罪の未遂を認めた。この種の事案においては、武装や変装などの必要な準備を終えてすぐにでも暴行・脅迫に移ることができる状況にあったか否かということが重視されているようである。

これに対し、このような準備が整っておらず、または、犯罪の決行のタイミングについていまだ逡巡がみられる場合には、未遂の開始は認められていない[211]。

次に、行為者が既に建物の中に立ち入った段階で未遂の成否が問題となった事案をみてみよう。この種の事案においても、行為者の準備の度合いによって未遂の成否の判断が分かれている。まず、未遂を肯定した例として、次の2件を挙げることができる。

連邦通常裁判所 1979 年 7 月 26 日第 4 刑事部判決[212]
［事案］

被告人らは、郵便局を襲撃して現金を奪うことを計画した。被告人らは、レンタルした乗用車で郵便局の近くに赴いた後、ナンバーを落葉で隠した上、共同の計画にしたがい、被告人Lが、そこで1人で働いている郵便支局長Nを改造した回転式ガス拳銃で脅迫し、同人に金銭を交付させるため、郵便局に入った。その間、被告人Sは、逃走を確実にするために、エンジンをかけた

---

[211] 前者の例として、BGH bei Holtz MDR 1978, 985 が挙げられる。本件は、銀行強盗をするつもりで、乗り物で銀行の前まで赴いたが、携帯した手さげ袋から武器を取り出しておらず、マスクも被っていなかったという事案につき、主観的にはいまだ jetzt geht's los の境界を越えていなかったとして、強盗的恐喝罪の未遂の成立を否定したものである。
　後者の例としては、BGH StV 1987, 528 が挙げられる。本件は、銀行強盗をするつもりで、ガス銃を持ちマフラーで口を隠して銀行に向かったが、まだ開店前だったため近くの公園で支店長の出社を待ち、支店長が現れた際にはその背後について銀行の入口まで至ったが、通行人が多かったため実行を諦め、その後も4、5回ほど銀行の入口まで至ったが、銀行内に入ることを決断できないでいるうちに逮捕されたという事案であった。判決では、犯罪の実行に新たな意思衝動が必要だったということが未遂否定の理由として挙げられているが、犯行の段取りの悪さと犯意の弱さの両方が認められる事案だったといえよう。

[212] BGH GA 1980, 24.

まま郵便局の近くに停めてあった乗用車の中で待機していた。窓口のある部屋には何人かの客がいたため、Lは時間を稼ぎ、好機が訪れるのを待つために、Nから払込用紙をもらい、同用紙に「1000、- 有り金を全部こちらによこせ」、「強盗」、「抵抗するな、さもなくば撃つ」などと書いた。Lはそれを犯行に用いるつもりだったが、数分後、新たに別の客が入ってきたため、犯罪を実行すればすぐに捕まってしまうだろうと考え、郵便局を立ち去った。

[判決要旨]
「認定によれば、被告人Lは、現金を交付させるために、回転式拳銃で武装して郵便局内に立ち入った。一方、被告人Sは、犯行後すぐさま出発できるように、エンジンがかかっており、また助手席のドアを開けたままの逃走車の中で待機していた。これにより、被告人らは、主観的に『さあ行くぞ』の境界を踏み越え、かつ、客観的に構成要件に該当する攻撃行為を開始した。なぜなら、彼らの所為は、中間行為なく構成要件実現に至るはずだったからである。評価にとって重要な両被告人の表象にしたがえば、襲撃は、Lが郵便局に立ち入ったときに始まるはずであった。少なくとも、この時点から、被告人らは、計画された重罪の実現を開始したのである。……これに対し、客がいたためにもはや郵便支局長を客観的に直接危殆化するに至らなかったことは重要ではない。」

連邦通常裁判所1983年3月16日第2刑事部判決[213]

[事案]
　被告人らは、銀行を襲撃して現金を奪うことを計画した。その計画によれば、被告人Fが拳銃を構えて銀行窓口がある部屋の入口ドアの所に立つ一方、被告人Hが窓口職員に威嚇射撃用拳銃を向けて現金の交付を要求するはずであった。武器は、Hが頷くのを合図に抜くことになっていたが、この合図は、あくまで行為の遂行のタイミングを合わせるためのものであって、犯罪の実行を開始するか断念するかを決定するものではなかった。被告人らは、犯行当日、

---

213) BGH NStZ 1983, 364.

人相を隠すためにサングラスをかけ、それぞれ武器を隠し持って銀行に入った。被告人らは、入口から約5メートル離れたところにある窓口に真っ先に向かった。窓口では、防弾ガラスの向こうに支店長が立っていた。Hが取り決めた合図をせず、踵を返して入口の方向に戻ったため、犯罪は実行されなかった。

[判決要旨]
　本判決は、以下のように述べて重い強盗的恐喝罪の未遂を認めた。
「被告人らは、銀行への立ち入りによって、主観的に『さあ行くぞ』の境界を踏み越え、かつ、客観的に構成要件に該当する攻撃行為を開始した。彼らの所為は、犯行計画にしたがえば、構成要件実現に至るはずであった。頷きを合図に武器が抜かれ、窓口職員が脅迫され、現金の交付が要求されるはずであった。……この合図は、被告人らの計画にしたがえば、犯罪行為そのものに属し、かつこれと時間的な経過および場所的な配置において自然的一体をなすものであった。」

　これに対し、未遂を否定した例としては次のものがある。

連邦通常裁判所1995年4月7日第2刑事部決定[214]
[事案]
　被告人3名は、スーパーマーケットを襲撃して店長を拘束した上、金庫から現金を奪うことを計画した。その計画の実行のために、被告人らは、スタンガン、ガス銃および目だし帽を準備した。犯行当日、被告人S.-Dは被告人Diとともにスーパーマーケットの店舗に入った。その際、S.-Dはスタンガンを携行し、目だし帽はまだせずに頭の上に縮めて乗せておいた。Diが買い物をしてレジ係の気をそらしている間に、Bは同店舗の近くにある電話ボックスから店長に電話をかけた。その後、Bも同様に店舗に入った。しかし、店舗内には客などが何人かいたため、被告人らは犯行を断念した。数日後、同様の手段で再度犯行を試みたが、同様の理由から犯行を断念した。

---

214) BGH NStZ 1996, 38.

[決定要旨]
　本決定は、未遂が認められるためには、jetzt geht's los および中間行為の不存在の要件を満たすことが必要だと述べた上で、以下のように強盗罪の未遂を否定した。
　「これらの要件は……店舗への立ち入りによっては即座には満たされなかった。むしろ、武装した被告人らが、店舗への立ち入りの際に、計画された支店長に対する攻撃を遂行するか否かを店舗内の状況から……計画の実現が可能か否かということにかからしめるため、いまだ目出し帽を下げて覆面をしていなかったのだとすれば、むしろ犯罪の直接の開始はないであろう。被告人らがこのように考えていた可能性は排除され得ない……。」

　本件でも被告人らは建物の中に既に立ち入っているが、前記の肯定例2件と決定的に異なるのは、被告人らの計画によれば、店長に暴行を加えるまでの間にはいまだ「①売り場の状況をみて計画を遂行するかどうかを判断する→②遂行する場合には覆面を被る」という中間行為が想定されている点である。建物内への立ち入りの有無といった外形的な観点だけではなく、犯行計画を基礎に、重要な中間行為の存否の判断が緻密に行われていることがわかる。
　続いて、自動車を襲撃する形態での強盗の類型を2件取り上げたい。

連邦通常裁判所 1977 年 2 月 15 日第 1 刑事部判決[215]
[事案]
　現金輸送車の運転手である被告人は、共犯者らとともに、現金輸送車内の現金を強取することを計画した。被告人らの計画は以のようなものであった。計画によれば、被告人は、現金輸送車内に一定額以上の現金がある場合には、R通りを通過する際に、パッシングライトを行い、それに呼応して、共犯者2名が、駐車していた乗用車を発車させて現金輸送車の進路をふさぎ、同車に乗り込んで被告人を脅迫するふりをし、同車をガレージに入れさせ、そこで現金を

---
215) BGH bei Holtz MDR 1977, 807.

積み替え、同乗者を拘束してその場に置き去りにするというものであった。

　被告人は、3回の輸送の際にパッシングライトを行ったが、1回目は共犯者が躊躇したため失敗に終わり、2回目および3回目は、共犯者が犯罪を遂行しないと決意したか、または、既にその場から離れていたため何も起こらなかった。

[判決要旨]

　本判決は、自動車運転者に対する強盗的攻撃の罪の既遂[216]および重い強盗罪の未遂を認めた。以下では、強盗未遂に関係する部分のみ抜粋する。

　「Aは、行為計画に基づいて、彼の表象内で次のことを想定していた。すなわち、この合図（パッシングライトの点滅）により、『待ち構えていた』共犯者らが『構成要件の実現を直接に開始する』（刑法典22条）、つまり即時かつ中間行為なく強要行為を開始するであろうということを前提に置いていた。」

　「もっとも、Aが合図をしたにもかかわらず、彼が予期していた共犯者による攻撃は起こらなかった。このことは、少なくとも、Aが自動車運転者に対する強盗的攻撃行為を開始し、同時に重い強盗罪の構成要件の実現を開始したという事実を変えるものではない。Aは、パッシングライトの点滅を通じて犯行計画を可罰的な実行の段階にもたらすであろうということを想定していたのである。彼は、『始まった』という確信を持っていた。これにより、彼は、予備の領域を未遂の領域から分ける境界を踏み越えたのである……。」

　本件については、被告人によるパッシングライトにより、共犯者らが自動的に襲撃に移る計画だったことが重要であるいう指摘がある[217]。したがって、仮に、犯罪を実行するタイミングの最終的な決定権が被告人にはなく、パッシングライトを受けた後で、共犯者が別途に実行の適切なタイミングを判断する

---

[216] 同罪に関する条文（316a条）の当時の文言は以下の通り。
　「1項　強盗（249条、250条）、強盗的窃盗（252条）又は強盗的恐喝（255条）を実行するために、道路交通の特殊な状況を利用して、自動車の運転者若しくは同乗者の身体、生命又は決定の自由に対する攻撃をした者は、5年以上の自由刑に処する。
　2項　略」
[217] Kühl, a. a. O. (Fn. 192), §15 Rn. 78.

手はずになっていた場合は、結論は異なり得たであろう。
　次に挙げる事案も未遂を肯定した例である。

連邦通常裁判所 1980 年 4 月 30 日第 3 刑事部判決[218]
[事案]
　被告人 L および S は、銀行または集金人を襲撃して現金を奪うことを計画した。被告人らは、州中央銀行 M 支店および同支店に出入りする者らを観察し、週 2、3 回の頻度で別の N 銀行の守衛として同支店との間での証券や現金の輸送を行っていた C に目をつけて同人を襲撃することに決め、新たな共犯者として共同被告人 K を加えた。被告人らは、ナンバーを偽装した盗難車を N 銀行の近くに停め、C が乗用車を停めてあった駐車場に赴き、同車の右前輪のタイヤに釘を刺すなどの細工をした。計画によれば、C が乗用車を発車させる際に釘が抜け、走行中に徐々にタイヤの空気が抜け、500～1000 メートル走行した後には停車せざるを得ない状態になるはずであった。被告人らは、C の乗用車を追尾し、同車が停車した際にタイヤ交換の手伝いを申し出るようにみせかけて、C をピストルで脅迫し、車内にある現金入りの鞄を奪うつもりであった。しかし、被告人らは警察官によって監視されていたため、S がタイヤに釘を打ち込み、C の出発を待っていたところを逮捕された。

[判決要旨]
　本判決は、以下のように述べて重い強盗罪の未遂を認めた。
　「被告人らは、単に集金人が現れ、乗用車を発車させることを待っていたのではなかった。釘をタイヤに打ち込むことにより、彼らの表象に従えば、むしろ犯罪の実行が開始された。……集金人が約 10 分後になってはじめて現れて車に乗り、同車で数百メートル走行しなければならなかったということは、直接の時間的場所的関係を遮断せず、それゆえ未遂を認めることを妨げない。これらの行為は、犯罪行為そのものの計画に必然的に属し、したがってこれと自然的一体をなす。」

---

218) BGH NJW 1980, 1759.

本件では、Ｃを襲撃するまでの間にいくつかの重要なステップがあるにもかかわらず、未遂が認められている。したがって、本件は「絶対的な時間的近接性」が問題となった事案であり、本判決はこの近接性をかなり緩やかに認めたものと評されている[219]。なお、恐喝利用のための人質強取罪の未遂の成否に関するものではあるが、本件に類似したケースとして、連邦通常裁判所1996年8月13日決定[220]がある。同決定は、本件と同様、被害者が職場から帰宅する際に用いる乗用車の前輪のタイヤに複数の釘を打ち込んだ上、同車を追走したが、タイヤがパンクしないまま被害者宅に到着したため失敗に終わったという事案につき、未遂の成立を認めたものである。

　我が国では、前述した通り、営利目的略取罪に関し、凶器等を用意した上、被害者の車を襲撃する機会をうかがいながらこれを追跡しただけでは着手が認められないとしたものがある（本章第2節第2款(6)参照）。その事案ではタイヤのパンクを引き起こすような細工をした事実はなかったが、仮にあったとしても、暴行・脅迫を手段とする犯罪について、暴行・脅迫そのものか、またはそれに極めて密接した行為にしか着手を認めない我が国の判例の傾向からすれば、着手が認められることは考えにくいのではないかと思われる。

　このように、ドイツの判例では、かなり早い段階から強盗の未遂が認められているが、犯行の標的となる場所にあらかじめ犯行の下準備をしておいたというだけでは、未遂は認められていない。

連邦通常裁判所2003年6月11日第2刑事部決定[221]
［事案］
　被告人ＦおよびＳは、ある月曜日に某貯蓄銀行を襲撃することを決意した。被告人らの計画は、銀行職員らが現れる前に銀行に侵入し、職員が現れたら模造ピストルで彼を脅し、金庫を開けるよう強要して中身を奪い取ろうというものであった。襲撃の準備のため、彼らは、犯行予定日の前々日の土曜日から翌

---

219) 塩見・前掲注9) 4頁。
220) BGH NStZ 1997, 83.
221) BGH NStZ 2004, 38.

日曜日にかけての深夜、以前に入手した顧客カードを用いて銀行の入口ドアを開け、玄関ホールに侵入した。Fは、監視カメラのレンズを覆い、窓口のある部屋へのドアをこじ開けた。銀行を立ち去るときに、Fは、窓口のある部屋に通じるドアにあるシャッターの薄板をねじ曲げた。

　日曜日、支店長が銀行の中に立ち入った。彼は、Fによってねじ曲げられた薄板を直し、被告人らによって行われた準備のうちのいくつかを発見した。支店長から通報を受けた警察は、犯人を待ち伏せするために、銀行の中で見張りについた。同日、FとSが銀行に車で向かった際、Fが、彼がねじ曲げた薄板が直されているのに気づいた。彼らは、計画が発覚したことを恐れ、犯行を断念した。

[決定要旨]
　本決定は、土曜日から日曜日にかけての深夜の準備工作については、強盗行為との時間的近接性がないとして未遂を否定した上で、犯行現場へ車で赴いた行為についても次のように述べて未遂を否定した。

　「日曜日の晩に貯蓄銀行へ赴いたことによっても、被告人らは、構成要件の実現を直接に開始してはいなかった。なぜなら、いまださらなる重要な中間行為が必要だったからである。というのも、被告人らは、まず『準備工作が施された』銀行内に侵入しなければならず、また、銀行職員らを意のままにするために、同所で翌月曜日に銀行職員らが現れるのを待たなければならなかった。『現場に戻ること』は、その時点では銀行の外にいた行為者らにとっていまだ容易に可能であったが、刑法典250条を通じて保護されている法益の具体的危殆化はいまだ存在しなかった。」

　未遂の成立が否定されて当然の事案であったと思われるが、事案をアレンジし、直後に銀行内に侵入して強盗を行うつもりで、何らかの手段で銀行内のセキュリティー装置を無効化しておくような場合については、本決定の判示をみる限り、未遂が認められる可能性は一概には否定できないように思われる。

　(ⅳ)　**詐欺罪**　　詐欺罪に関しては、他人を「欺罔」する行為があっても、

それが被欺罔者による財産処分に直接に向けられたものであるか、またはその直前に位置するのでなければ未遂が認められないとしたものがみられる[222]。

カールスルーエ上級ラント裁判所1981年8月12日決定[223]
［事案］
　被告人は、路上で偶然会ったLに対し、自分が彼女の親戚または知人だと信じ込ませようとした。Lが困惑して立ち去ろうとするので、被告人は、Lにどこに行くのかと尋ねた。買い物に行くつもりだというLの答えに対し、被告人は、宿屋の前のベンチでLのことを待っている、自分は事故にあった、Lの住居まで同行して続きを話したいと言った。これに対してLが何も約束をすることなく立ち去ったところ、被告人は警察官に逮捕された。

［決定要旨］
　「このような認定事実においては、被告人は、いまだ詐欺未遂を理由としては罰せられない。……証人Lが立ち去るまでの間に被告人によって行われた行為は、直接には構成要件の充足に至り得なかった。構成要件を充足するためには、証人による財産処分をもたらすはずのさらなる欺罔行為がまだ必要だったのである。つまり、予定されていた詐欺のために必要な欺罔行為は、いまだ行われていなかった。そのような欺罔行為は、明らかに、被告人が証人の住居に至ったときにはじめて行われるはずであった。証人が立ち去るまでの間の被告人の態度は、計画された構成要件充足と直接の場所的または時間的関係にも立っていなかった。証人は買い物に行くと言い、被告人は同人を『宿屋の前のベンチで』待つと言った。2人がもう一度会うことになったであろうか否かは、被告人が証人を説得して同人の住居に一緒に行き、そこで同人をそそのかして現金を得ることができたであろうか否かという問題と同様に、はっきりとしないものであった。しかし、このような状況では、判例によって要求される……構成要件充足との間の直接の場所的時間的関係は存在しない。」

---

[222]　以下に挙げるもののほか、BGHSt 37, 294; BGH NStZ 2002, 433; 2011, 400; OLG Hamm StV 2012, 155.
[223]　OLG Karlsruhe NJW 1982, 59.

「(原審は：筆者注)被告人が欺罔行為という構成要件要素を既に実現したことを理由に、未遂を肯定した。たしかに、1つの構成要件要素が実現される場合、原則として常に構成要件の充足が直接に開始されていたというのは正しい。けれども、証人Lに対して行われた欺罔行為は構成要件に該当するものではなく、証人は、それを通じて財産処分を行うよう仕向けられたわけではなかった。同欺罔行為は、証人の信頼を得ることのみに資するものであった……。」

　これに加え、ドイツにおいては財産的損害が詐欺罪の要件となっているところ、欺罔行為と財産的損害の発生との間になお中間行為が残されている場合には、未遂が認められないとしたものもある。たとえば、連邦通常裁判所1982年12月21日判決[224]は、支払意思も能力もないのに、それを秘して不動産仲介業者に住居の売買の仲介を依頼し、売買契約が成立したにもかかわらず報酬を支払わなかったという事案につき、民法上、報酬請求権は仲介された契約の締結によって発生するとされていることから、仲介業者に対する詐欺は同契約の締結によって既遂に達するとした上で、未遂は同契約の締結に直接に至る行為の時点で認められるとした。一方、履行を請求できる債権がないにもかかわらず、これを理由に支払督促の申立を行ったという事案について、申立の時点で未遂を肯定した例があるが[225]、これに対しては批判も強い[226]。

　もっとも、財産的損害の発生時期は経済的見地から判断されるため、そもそも既遂の時点が前倒しされる場合もある。後に死亡事故を偽装するつもりで保険会社と生命保険契約を締結した時点で詐欺罪の既遂を認めたものが、その一例である[227]。この事例では、契約締結のために申込用紙を提出した行為について、未遂が認められている。

　ライヒ裁判所時代の判例では、詐欺罪について未遂の成立時期を著しく拡張

---

224) BGHSt 31, 178. このほか、BGH wistra 1984, 142.
225) OLG Celle NStZ-RR 2012, 111.
226) Hans Kudlich, Betrug im Mahnverfahren? (Anmerkung zu OLG Celle, Beschluß vom 1. 11. 2011), JA 2012, 154; Walter Perron, in: Schönke/Schröder, 29. Aufl., 2014, §263 Rn. 179.
227) BGHSt 54, 69（詐欺に関する部分は、S. 120 ff.）。本件の詐欺に関する部分を紹介、検討したものとして、Wolfgang Joeck, Anmerkung zu BGH, Urt. vom 14. August 2009, wistra 2012, 179 ff.

したものがみられたが、現行法下の判例では、他の犯罪類型と比較して厳格な判断がなされているといえよう。

　(v)　**放火罪**　先にみたように、我が国では、放火罪の実行の着手時期が問題となった事案は多数存在する。一方、ドイツにおいては、そのような事案はそれほど多くはない。しかし、最近、放火罪における未遂の成立時期および「早すぎた構成要件実現」の問題を考える上で興味深い判例が現れていることから、ここで紹介することとしたい。

　まず、未遂の成立を否定した例として、連邦通常裁判所1980年10月15日判決[228]がある。本件は、被告人らが家屋に放火することを計画し、犯行予定日の数日前に犯行場所に赴き、そこで発火装置を組み立て、うまく機能することを確認したが、その晩のうちに、着火を担当するはずであった共犯者の1人が警察に犯行計画を明かしたため、目的を遂げなかったというものであった。本判決は、数日後に予定されていた発火装置への着火によって未遂への境界が踏み越えられるとし、発火装置の製造は予備行為にとどまるとした。

　比較的最近の肯定例として、行為者がガソリンを用いて建造物を放火しようとした事案で、ガソリンに着火する以前、それどころかガソリンを撒く行為よりも前の段階で未遂を認めたものがある。

連邦通常裁判所2006年3月9日第3刑事部判決[229]
[事案]

　Öは、保険金を得るため、彼が経営しているディスコに放火することを計画した。Öは、彼の下でドアマンとして働いていた被告人Üに、実行犯として2名を手配するよう依頼した。Öほか4名の計画によれば、建物の入口ドアはÖが提供する鍵によって解錠し、ディスコルームにつながる施錠された建物内部のドアはかなてこで開けた上、ポリタンク1個分のガソリンをディスコルームに撒き、それに着火するという手はずになっていた。4名は、鍵、か

---

228)　BGH NStZ 1981, 99.
229)　BGH NStZ 2006, 331.

なてこ、およびガソリンの入ったポリタンクを持って犯行現場の近くまで赴いた。2名がディスコに向かい、鍵で入口ドアを開け、建物の中に入ったが、ディスコルームに至る手前の部屋で逮捕された。

[判決要旨]
「前記のような事情においては、放火の予備から未遂に至る境界は踏み越えられている。……行為者らは、強固かつ詳細な犯行計画に沿って、犯行に必要な道具を持ち、放火されるべき建物の中に既に侵入していた。彼らがさらに行わなければならなかったのは、建物内部のドアを携帯していたかなてこで持ち上げ、同様に持参した易燃性物質を撒き、そしてこれに着火することだけであった。これにより、彼らは、障害なく事象が経過した場合には中間行為なく構成要件実現に直接に至ったであろう行為を行ったのである。その際、同ドアを開けることは、本件の状況のもとでは、まだ解決ができていない中間的事象、または新たな計画もしくは決意を必要としたであろう中間的事象としての重みを有しない。むしろ、行為者らは同ドアの存在およびその性状を知っていた。そのため、彼らはそれを無理やり開けることを事前に計画し、準備していたのであった。(原文改行) 加えて、本件では、計画された放火との間に非常に近接した場所的時間的関係が存在した。既に建物内に侵入していた行為者らは、構成要件実現から数メートルと数秒のみ隔たっていたにすぎなかった。その結果、既に保護されるべき法益の高度の危殆化が認められたのであった。」

本判決は、かなり早い段階で未遂の成立を肯定したもののようにみえるが、Öが店内の構造を熟知していたことに加え、Ö自身が経営するディスコに侵入しての放火であったことから、店内に入ってしまえば放火に至るまでの一連の作業を妨害なく行えることが想定できたことが重視されたのではないかと思われる。強盗や殺人に関する判例の判断と比較しても、本判決の結論はそれほど特異なものともいえないだろう[230]。

---

[230] ただし、本判決に反対するものとして、Jan C. Schuhr, Versuch der Brandstiftung (Anmerkung zu BGH, Urteil vom 09.03.2006), StV 2007, S.187.

なお、罪名は放火ではないが、爆発物による爆発の惹起の罪の未遂の成立時期が問題となった事案も紹介したい。罪名は異なるものの、本章第2節第2款(1)で取り上げた横浜地判昭和58年7月20日と事案が類似しており、比較対象として興味深いケースだからである。

連邦通常裁判所2007年12月6日第3刑事部判決[231]

[事案]

被告人は、資産状況が悪化し、妻と共有していた戸建て住宅は抵当に入れられ、土地は強制競売を命じられたため、同住宅に放火して債権者の誰も将来そこに住むことができないようにすることを決意した。被告人は、その計画にしたがって、家に放火しようとしたが、家の中で寝ていた妻と息子を危険にさらしたくなかったため、計画を断念した。2晩が過ぎた後、被告人は家をガス爆発により居住不能にしようとした。被告人は、地下室でプロパンガスのボンベのバルブを開放し、ガスを放散させた。それから、同室にある冷蔵庫、および冷凍庫のプラグをコンセントから抜いた。これは、予期に反して早く爆発が起きることを防ぐためであった。妻子がベッドで寝ていたため、被告人は、爆発の時間を自分で決定したかったのである。その後、被告人はベッドに戻ったが、ベッドの中で気が変わり、翌朝地下室を再び換気し、ガスを排出しようと考えた。ところが、翌朝、被告人の妻が地下室に下り、電灯のスイッチを入れたところ、爆発が起こった。彼女は、これにより重度のやけどを負った。さらに、爆発により、建物は居住不能となった。

[判決要旨]

本判決は、以下のように述べ、原審は被告人の表象内容を十分に認定していないとして、原判決を破棄した。

「被告人が、彼の家の地下室でガスを放散させたとき、爆発を引き起こすためには後に彼自身によって行われるべきさらなる行為がどうしても必要であり、それまでは何も起こり得ないと表象していたのだとすれば、彼は、いまだに爆

---

231) BGH NStZ 2008, 209.

発物による爆発の惹起の未遂の境界を踏み越えてはいなかったであろう。これとは逆に、ガスと空気の混合物は、時間の経過の中で避けることができない火花の発生を通じて爆発しうることから、彼が、バルブの開放によって事象を手放したと考えていたのだとすれば、この行為は、たとえ彼がさらなるステップを留保していたとしても、彼の視点からすれば、既に、事象が妨げられない場合には爆発に至り得た実行行為として評価し得たであろう。」

　本判決で重要なのは、ガスの放出により既に客観的に爆発を生じさせる具体的危険が認められるとしても、行為者の表象の内容次第では、未遂の成否の判断は変わりうるということを明示している点である。我が国においても、近時、実行の着手判断において行為者の計画を考慮すべきだという見解が有力化しており、判例も同様の傾向を示している[232]。我が国の裁判例は、ガソリンを用いた放火の場合には、ガソリンを撒く行為それ自体が有する高度の物理的危険に着目して放火の着手を認めているように見受けられるが、犯行計画における同行為の位置づけ、および行為者が同行為後の経過をどのように予測していたかについては、より慎重に検討されるべきであろう。

　(vi)　**特別法上の輸入罪**　　ドイツにおいても、特に麻薬法上の輸入罪に関して未遂の成否が問題となった事案が多数存在する。しかし、我が国では船舶を使用した密輸の事案が多くみられるのに対し、ドイツでは、(筆者が調査し得た限りでは) 公刊判例で問題となっているのは、陸路または空路を使ったものばかりであり、輸入の形態がかなり異なる。また、ドイツの麻薬法上の輸入罪の既遂時期は、薬物が国境線を通過した時点だとされており[233]、我が国の薬物取締関係法や関税法における輸入罪の既遂時期よりも早い。したがって、比較対象としての参照価値は相対的に低いと思われるが、参考までに紹介したい。

　未遂の成立時期は、輸入手段によって分かれる。
　まず、陸路を利用する場合については、国境線または国境線の手前に設けら

---

232) 第3章第3節参照。
233) Peter Kotz, in: MüKo, Bd. 6, 2. Aufl., 2013, §29 BtMG Rn. 693.

れた税関の間近に至らなければ認められない[234]。かつては、自動車でドイツ国境に向かう前に1泊することを予定していた事案[235] や、ドイツ国境に至るまでにはバスでスペインとフランスを通過しなければならなかった事案[236]、ドイツ国境に至るまでに何百キロメートルも走行しなければならなかった事案[237]、バンコクからブリュッセルまで薬物を輸送した事案[238]などで未遂を否定した例があったが、その後、自動車で国境線の数キロメートル手前にまで至っていても未遂は認められないとしたものが現れている[239]。

空路を利用する場合は、原則として、麻薬を預託手荷物の中に入れてある場合は同荷物のチェックインを終えて預託した時点[240]、機内持込手荷物の中に入れてある場合は航空機に搭乗した時点[241]、薬物を体に固定していた場合は保安検査を終えて航空機に搭乗した時点[242]で未遂が認められるとされている。

最後に、郵便を利用する場合については、郵便会社に荷物を預ける時点で未遂が認められるとしたものがある[243]。

---

[234] BGHSt 36, 249.
[235] BGH NStZ 1983, 224.
[236] BGH NStZ 1983, 462.
[237] BGH NStZ 1983, 511.
[238] BGH NJW 1985, 1035. 本件は、バンコクからブリュッセルを経由してドイツに麻薬を輸入した事案であった。被告人は、バンコクからブリュッセルまでの輸送を担当したが、これが輸入罪の共同正犯にあたるか幇助にあたるかが争われた。本判決は、ブリュッセルまでの輸送はいまだ予備段階にあるから実行段階での寄与はなく、また、被告人には正犯意思もなかったとして幇助にとどまるとした。
[239] BGHSt 36, 249; BGH wistra 1993, 26.
[240] BGH NJW 1990, 2072 は、麻薬在中の預託手荷物のチェックインを済ませて航空会社に預けたが、飛行機の出発が数日後であった可能性があったとして、未遂を認めた原判決を破棄した。
[241] BGH StV 2010, 129. さらに、BGH NStZ 2008, 41.
[242] BGH NStZ 2005, 452.
[243] BGH NStZ 2004, 110.

第4節　日独の比較

　日本とドイツとで明白に異なる点として最も目を引くのは、ドイツでは、手段が限定されている犯罪についても、手段行為よりも前の段階で未遂が認められる場合があることである。ドイツ刑法典22条が、構成要件的行為の直前に位置する行為の段階でも未遂を認めるという態度をとっている以上、これは当然のことといえよう。

　もちろん、我が国の裁判例でも、強姦罪の例をみれば明らかなように、姦淫に直接に向けられた暴行・脅迫といった、厳密な意味での手段行為がなくても着手が認められる場合はある。しかし、いまだ暴行・脅迫といえる行為がない段階で着手を認めた例は極めて例外的である。このことから、我が国の裁判実務では、少なくとも手段が限定された犯罪については、構成要件的行為の直前行為にまで着手を認めるのではなく、手段行為の拡張解釈によって妥当な処罰範囲の確保を試みる傾向があるのではないかと推察される。

　また、手段が限定されていない犯罪として殺人を例にとれば、我が国では、ドイツとは対照的に、凶器を持って無防備な状態（たとえば、就寝中の状態）の被害者に接近した時点で着手の有無が争われた事案は、公刊された裁判例においては見当たらない。しかし、結果発生の危険性や構成要件的行為との密接性といった観点からは、このような事案において着手の有無が争点にすらならないというのは不可解である。このことからも、我が国では、実行の着手判断において、いまだ構成要件という枠による制約が強く意識されているのではないかと推察できる。もちろん、すべての犯罪類型について同様のことがあてはまるわけではない。しかし、そのような傾向自体は否定することができないように思われる。

　このほか、窃盗に関する着手時期を比較すると、ドイツでは、倉庫のような物の保管に特化された建物に限らず、店舗や住居に関しても、その侵入行為を開始した時点で未遂を認めたものがみられる。我が国の実務におけるよりも早い段階で着手が認められているといえる。しかし、このことは、ドイツでは、1969年の第1次刑法改正法による改正まで、建造物等への侵入窃盗が窃盗の加重構成要件とされており（同改正前までのドイツ刑法典243条1項2号および3号）、

現在でも、建造物への侵入は窃盗の原則的加重事由とされ（ドイツ刑法典243条1項1号）、住居への侵入窃盗は加重構成要件とされていること（同244条1項3号）と無関係ではないであろう。

　現在の学説では、原則的加重事由の場合はもとより、加重構成要件の場合についても、構成要件全体との関係で未遂の成否が検討されなければならないとするのが通説である[244]。しかし、住居侵入と窃盗がそれぞれ別罪として成立し、牽連犯として処理されるのが完全に定着している我が国と、両者が一罪となるドイツとの違いを無視することはできないように思われる。したがって、窃盗の未遂の成立時期に関しては、日独の判例を単純に比較することはできないであろう。

第5節　実行の着手の基準

第1款　構成要件的制約の要否

　それでは、以上のような違いを踏まえた上で、我が国の刑法43条の解釈論として、どのような基準を採用すべきであろうか。日独の判例の違いとして、未遂の成立時期が構成要件という枠により制約されるか、それとも常に直前行為（密接行為と呼んでもよい）にまで拡張されるかという点があった。そこで、まずは構成要件的制約の要否について検討しよう。

　まず、手段が限定されていない犯罪については、このような制約を課すことには無理がある。これは、刑法43条が、実行未遂だけではなく、着手未遂も包含していることから必然的に帰結されることであるといえる。たとえ実行の着手とは実行行為の一部開始だと主張したとしても、どのような行為が実行行為の「一部」にあたるのか、どの時点からそれが「開始」されるのかは不明である。たとえば、殺人を例に考えれば、刀で人を殺害する場合、刀を振りかざ

---

[244] Albin Eser/Nikolaus Bosch, in: Schönke/Schröder, 29. Aufl., 2014, §22 Rn. 58; Kühl, a. a. O. (Fn. 192), §15 Rn. 50 ff.; Roxin, a. a. O. (Fn. 179), §29 Rn. 114. 判例でも、最近、同旨のことを明言するものが現れている（BGH NStZ 2015, 207）。

す行為が着手にあたる行為だとされることがあるが[245]、刀を引き抜く行為や引き抜くために刀に手をかける行為が実行行為の一部開始にあたらない理由はないであろう。また、行為者が被害者宅の玄関から数十メートル離れたところで被害者を待ち伏せていたが、被害者が現れたのをみて、刃物を引き抜いて被害者の方へ突進したというケースを考えてみても、この基準からは判断がつきかねるであろう。

　これに対し、たとえば、被害者の抵抗を不可能にした後に殺害を行うという計画的・段階的犯行の場合について、最終的な殺害行為との間に時間的間隔があることの穴埋めとして、抵抗を不可能にする行為それ自体が殺人行為としての特徴を備えていることが必要だという形で構成要件的制約を用いる主張も考えられなくはない（いわば、拡張された「殺人行為」を想定する考え方だといえる）。具体的にいえば、前出最決平成16年3月22日の事案で、クロロホルムを吸引させる行為それ自体が生命に対する客観的な危険性を有していたことが、着手を肯定する1つの根拠となるとする考え方である[246]。しかし、仮に、このような考え方をとるとしても、拡張された実行行為の開始で足りるとするのであれば「開始」の意義が問題となり、前述したことと同様の問題に直面する。また、拡張された実行行為の先端をなす行為（たとえば、クロロホルムを吸引させる行為）の完遂が必要だとするのであれば、本来の実行行為（最終的な結果実現行為）についてはその完遂が要求されないこととの整合性が問題となろう。以上のことから、この見解は、未遂の成立範囲を抑制するという観点からは魅力的ではあるが、支持し難いように思われる。

　次に、構成要件上、手段が限定されている犯罪に限り、構成要件的制約を加えるべきだとする見解について検討したい。この見解は、強姦罪や強盗罪といった手段行為が特定されている犯罪については、手段行為がなければ実行の着手を認めるべきではないとするものであった。しかし、このような考え方に

---

245) 大塚仁ほか編『大コンメンタール刑法　第4巻』（青林書院、第3版、2013年）101頁（野村稔執筆）。
246) 井田・前掲注4）400頁参照。さらに、行為者の傾向性の外部化という見地からではあるが、類似の主張をするものとして、小林・前掲注2）7頁。平木・前掲注67）170-171頁および185-186頁も、このような考え方がありうることを想定し、これを批判的に検討している。

も疑問がある。

　まず、前提として、このような考え方が、手段行為の「開始」が必要だと主張するのだとすれば、そこでいう「開始」とは何を指すのかという前述と同様の問題が生じ、構成要件的制約を課する意味がなくなってしまう。そこで、この見解に意味があるとすれば、手段行為が既に行われていることを要求する主張だと理解する必要がある。

　このような主張は、手段が限定されていない犯罪の場合とは異なり、以下のような根拠づけが成り立つとすれば、説得力を持ちうるようにも思える。つまり、強盗罪を例にとれば、同罪の構成要件は、暴行・脅迫のみによって実現されるのではなく、反抗を抑圧するに足る程度の暴行・脅迫により、他人の財産または財産上の利益を得ることにより実現される。だとすれば、同罪においては、暴行・脅迫が構成要件実現のために不可欠な中間行為となっており、したがって、同罪の着手はそのような不可欠な中間行為を残した段階ではいまだ認められないという根拠づけである。

　しかし、強盗罪は強盗殺人罪のようなタイプの結合犯とは異なり、手段行為たる暴行・脅迫と財物または財産上の利益の取得とが緊密かつ不可分に結びついた犯罪である。とすれば、刑法43条が「犯罪の実行に着手」としているにもかかわらず、このような強盗罪の一体的な実行行為としての「強取」の着手では足りず、その一部が既になされていなくてはならないと主張するのは、無理のある解釈であるように思われる。また、既に紹介した批判にもあるように、構成要件要素のうち、手段のみを特別扱いする根拠も不明であろう。

　以上のことから、実行の着手判断において、構成要件的行為そのものの特徴を示す行為を要求するという意味での制約を課することには無理があるといわざるを得ない。実行の着手には、構成要件的行為の直前に位置する行為も含まれると解すべきである。その意味で、我が国の裁判実務における着手判断に対する自制的態度は、少なくとも理論的には根拠がないように思われる[247]。

第2款　直前性（密接性）の判断基準の整理

　我が国の議論において直前性（または密接性）の判断基準として提示されてい

るものとしては、まず、前出最決平成 16 年 3 月 22 日の 3 基準、すなわち、①必要不可欠性、②障害の不存在性、③時間的場所的近接性がある。また、学説においては、塩見淳の提示した基準、すなわち、㋐時間的近接性、㋑行為経過の自動性、㋒「被害者領域への介入」が重要であった。一方、ドイツでは、判例上、(a) jetzt geht's los、(b) 中間行為の不存在性、(c) 場所的時間的近接性、(d) 法益の危殆化の各基準が頻繁に用いられるが、(a) については独自の基準としての価値はほとんどなく、(d) については下位基準に位置づけられるということは既に説明した通りである。現在のドイツの通説も、中間行為の不存在性の基準を中心に据える判例の立場にしたがっているとされている[248]。しかし、学説の中には、未遂の成立を妨げる重要な中間行為が存在するか否かの判断を具体化するための基準として、法益の危殆化ではなく、「被害者領域への介入」という基準を用いるべきだと主張するものもある。この見解の代表的な主張者であるロクシンは、後で詳しく述べるように、行為者が犯罪実現のために必要な行為をなし終えていない場合については、「被害者領域への介入」および「密接な時間的関係」の双方の基準を満たすことにより、未遂が認められると主張している[249]。

　これらをみると、まず、時間的場所的近接性は日独の実務・学説のいずれにおいても基準として挙げられていることがわかる（なお、塩見およびロクシンが場所的近接性を挙げていないのは、被害者領域への介入がこれを補うからだと思われる）。また、②障害の不存在性、㋑行為経過の自動性および (b) 中間行為の不存在性は、いずれも犯行計画によれば結果実現に至るまでの間に乗り越えるべき特段の障害がないことを示しており、内容的にほぼ重複するものといえる。もっと

---

[247] 佐伯・前掲注 12) 347 頁は、構成要件的制約を要求する見解に疑問を示しつつも、「実務でせっかく限定的に解されているものを、あえて拡張するように主張する必要もないのかもしれない」とする。たしかに、実務上、結果的加重犯における結果帰属判断が極めて緩やかであることも考えあわせれば、強盗罪や強姦罪などの着手時期をいたずらに早めない方が得策であるという政策的配慮は理解できる。本文中の記述は、あくまで理論的な妥当性を検討したものである。

[248] Holm Putzke, Der strafbare Versuch, JuS 2009, S. 986. なお、異説については、Roxin a. a. O. (Fn. 179), §29 Rn. 182 ff. 参照。

[249] Claus Roxin, Tatentschluß und Anfang der Ausführung beim Versuch, JuS 1979, S. 4 f.; ders., a. a. O. (Fn. 179), §29 Rn. 139 ff.

も、後述するように、障害の不存在性が専ら外部的な障害の介在可能性に着目している節があるのに対し、自動性および中間行為の不存在性は、行為者自身による迂回的な行動が予定されていないことも含むものである。したがって、前者と後者は完全に同義だというわけではない。しかし、ここではひとまず、「中間行為の不存在性」としてひとまとめにしておきたい。

以上の時間的場所的近接性および中間行為の不存在性という2つの基準は、着手が認められる範囲を「直前」行為に限定する以上、直観的に要求されるものだといえる。ただし、両基準の関係を択一的なものと考えるべきか[250]、相互補完的なものと考えるべきか[251]、それぞれ独立の機能を果たすものと考えるべきなのか[252] については、検討を要する。

これに対し、必要不可欠性の基準は、我が国の判例独自のものであり、また被害者領域への介入の基準も学説独自のものである。特に、被害者領域への介入という基準は、従来の我が国の議論ではあまりなじみがないものであるため、この基準の根拠、具体的適用および同基準の当否に関するドイツの議論を確認した上で、その有用性を検討する必要がある。

以下では、まず、独自の基準である必要不可欠性および被害者領域への介入の基準について先に検討し、その後、中間行為の不存在性の基準と時間的場所的近接性の基準の関係について検討することにする。

第3款 検 討
(1) 必要不可欠性の基準

既に紹介した通り、我が国の前出最決平成16年3月22日は、密接性および危険性を判断する際の下位基準の1つとして、当該行為が結果実現行為を「確実かつ容易に行うために必要不可欠なものであったといえること」という基準を挙げた。この基準の趣旨は、「両行為が一連の行為として不可分の関係にあ

---

[250] 井田・前掲注4) 398頁、塩見・前掲注9) 17頁以下。
[251] 平木・前掲注67) 172頁参照。
[252] 橋爪隆「判批」ジュリスト1321号 (2006年) 236頁。
[253] 平木・前掲注67) 172頁。

るといえるかどうかを問題にするもの」[253]であり、上位基準のうちの密接性に関係するものだとされている[254]。学説の中には、本基準を当該行為によって犯行が確実かつ容易になったということを示すものとして、障害の不存在性の基準と一体的に理解するものもある[255]。つまりは、そのような不可欠な行為を済ませたことにより、最終的な結果実現行為までの間に、もはや重要な中間行為が存在しないということを推認させるところに本基準の意義があるといえよう。裏を返せば、最終的な結果実現行為との間に、行為者がそれまでになし終えた行為と比べて同等以上の重要性を持つ中間行為がいまだ予定されていれば、着手は否定されるべきだということになる。

　犯行を「確実かつ容易に行うために必要不可欠」な行為は、予備段階でも想定しうるが（たとえば、凶器や覆面を調達する行為は、強盗を確実かつ容易に実行するために「必要不可欠」な行為といえよう）、強盗を実行するまでの間にはそれと同等以上に重要な中間行為がまだ残っているから、着手は否定される。その意味で、本基準は、それ自体単独で着手を基礎づけるものというよりは、犯行計画において相対的に重要性の低い行為をふるい落とす機能を持つものといえよう。

(2) 被害者領域への介入の基準

　この基準は、ドイツでは、ロクシンやヤコブスによって主張されているものである。ただ、ヤコブスは、未遂の判断基準につき、抽象的な基準を立てるのではなく、未遂を否定する方向に働く事情と肯定する方向に働く事情を列挙するという方法をとっており、被害者領域への侵入（ロクシンが、被害者領域への「接触」、「働きかけ」という表現を用いるのに対し、ヤコブスはより強い「侵入」という表現を用いている）も後者のうちの事情の1つとして取り上げているにすぎない[256]。また、被害者領域への侵入により未遂が肯定される例としては、窃盗目的で被害者の家に立ち入る場合が挙げられているが、殺人、強姦、放火といった他の犯罪の場合にも同様の時点で未遂が認められるか否かについては結論を留保し

---

254) 安田拓人「判批」『平成16年度重要判例解説』（ジュリスト臨時増刊1291号、2005年）158頁。
255) 橋爪・前掲注252) 236頁。
256) Günther Jakobs, Strafrecht, Allgemeiner Teil, 2. Aufl., 1991, 25. Abschn., Rn. 61 ff.

ている[257)]。したがって、ヤコブスにおいては、被害者領域への侵入は、未遂の開始の有無を決定づける基準というよりは、それを判断する際に考慮されるべき1つの重要な事情として位置づけられているというべきであろう。なお、ヤコブスは、ロクシンとは異なり、被害者領域への侵入の基準を、行為者が犯罪実現のために必要な行為をなし終えている場合にも用いている[258)]。

これに対し、ロクシンは、行為者が犯罪実現のために必要なことをなし終えていない場合については、未遂の開始が認められるのは、構成要件的行為との間に密接な時間的関係があり、かつ、被害者領域への介入があった場合に限られるとしており、被害者領域への介入を明確に未遂の開始の判断基準として位置づけている[259)]。ロクシンは、かつては、ドイツ刑法典22条が未遂の成立時期を構成要件実現の「直接の開始」に限定していることを未遂犯の処罰根拠論における印象説から説明し、被害者領域への介入の基準も同説から導いていた[260)]。しかし、現在では、未遂の開始の基準は処罰根拠論からは導けないとしており、前記2つの基準も重要な中間行為の不存在性の判断を具体化するための基準として位置づけている[261)]。

具体的な適用については、比較的問題が少ない例として、以下のものが挙げられている[262)]。まず、自動車の中から何かを盗むつもりで、開いたままの車窓から車内に手を伸ばす場合は窃盗の未遂が認められる。これに対し、まず単独で被害者宅に立ち入って性的行為を行い、その後に共犯者を招き入れて強盗を行う計画で、被害者宅のドアベルを鳴らす場合には、被害者領域への働きかけは認められるものの、強盗との時間的密接性が欠けるため予備段階にとどまる。また、窃盗および強姦の目的で、地下室の窓から被害者宅に侵入しようとしたが、窓が鉄格子で強化されていたため侵入に失敗したという例では、物に

---

257) Jakobs, a. a. O. (Fn. 256), 25. Abschn., Rn. 68.
258) Jakobs, a. a. O. (Fn. 256), 25. Abschn., Rn. 74.
259) Roxin, a. a. O. (Fn. 249), S. 4 f.; ders., a. a. O. (Fn. 179), § 29 Rn. 139, 143; ders., Zum unbeendeten Versuch des Einzeltäters, in: Festschrift für Rolf Dietrich Herzberg, 2008, S. 341 ff.
260) Roxin, a. a. O. (Fn. 249), S. 4.
261) Roxin, a. a. O. (Fn. 179), § 29 Rn. 99 ff., 139.
262) 以下の説明につき、Roxin, a. a. O. (Fn. 179), § 29 Rn. 139 ff.

対する占有領域への接触はあるため窃盗の未遂は認められるが、女性の身体という領域は、同女によって施された保安措置が健在であるため、いまだ影響を与えられていないとして、強姦の未遂は認められないとする。

これに対し、予備と未遂の区別が難しい例としては、実に多くの事例が挙げられている。これらを逐一列挙することはできないが、そのうちの一部を紹介しよう。

まず、ロクシンが「接近事例」と名づける類型で未遂が肯定される例として、殺意を持って直ちに発砲する目的で、拳銃を引き抜いた状態で被害者に近づいていく場合や、開いている窓から家屋に侵入して窃盗を行うために、はしごを家屋にかける場合が挙げられている。一方、強盗を目的として共犯者とともに郵便局に入り、他の客がいなくなるまで払込用紙に脅迫的言辞を書いていたという例（前出連邦通常裁判所1979年7月26日判決参照）では、構成要件実現との間の密接な時間的関係が欠け、また、行為者が目立たない形で局内にいたため被害者領域への働きかけもないとして[263]、未遂は認められるべきではないとする。逆に、武装かつ覆面をして郵便局内に突入した場合には、強盗の未遂は認められるという。同様に、殺人の目的で被害者が現在する部屋のドアを銃床で叩き破って同室に侵入した場合（前出連邦通常裁判所1986年8月26日判決参照）にも、未遂が認められるとしている[264]。

次に、「待ち伏せ事例」として、集金人から現金を強取することを計画し、同人が普段利用する路面電車の停留所付近に自動車を停めて車内で待ち伏せていたが、同人は現れなかったという事例（前出連邦通常裁判所1951年12月20日判決参照）が取り上げられている。この事例では、行為者が、集金人が現れたと思い、待ち伏せ場所から自動車を出発させたのでなければ被害者領域への働きかけが認められないとして、未遂は否定されるべきだとしている。これに対し、強盗の目的で、凶器を持ち覆面をした上でガソリンスタンドの住宅用建物のドアベルを鳴らしたという例（前出連邦通常裁判所1975年9月16日判決参照）につい

---

263) ロクシンは、誰でも立ち入りが可能な場所とそうではない場所を区別し、前者の場合には、外形上目立たない形で立ち入っただけでは被害者領域への介入を認めないようである（Roxin, a.a.O. (Fn. 259), S. 352参照）。
264) Roxin, a. a. O. (Fn. 179), §29 Rn. 145 ff.

ては、行為者が、同建物の中に人がおり、ベルに応じてすぐに人が出てくるだろうと考えていた以上、近接した時間的関係も被害者領域への働きかけもあり、未遂が認められるとする[265]。

「下調べ事例（Die Probier- und Überprüfungsfälle）」としては、自動車窃盗をする目的で、自動車の前輪を揺すってロックの有無を確認したという例[266] が取り上げられている。この例では、前記確認行為により被害者領域への働きかけがあり、また、確認行為後、直ちに窃取行為が行われるはずであった場合には、近接した時間的関係もあるとして、未遂が肯定されている[267]。

「保護減弱事例」としては、農場に窃盗に入るために、同農場の中庭にいた番犬を外に連れ出したという例（前出ライヒ裁判所1919年4月1日判決参照）、強盗をするために被害者の同伴者にけんかを仕掛けて追い払った例（前出連邦通常裁判所1952年11月6日判決参照）、および現金輸送車を襲撃して現金を強奪するために同車のタイヤに釘を刺しておいたという例（前出連邦通常裁判所1980年4月30日判決参照）が挙げられている。これらの例では、既に被害者領域への介入は認められることから、近接した時間的関係の有無が問われている。結論としては、ロクシンは、前2者の事例では未遂が肯定され、最後の事例では、集金人が現れた後、現金輸送車を追走する行為が必要であったことから、未遂は否定されるべきだとしている[268]（以上のほか、「乱用事例」として、ドイツ刑法典176条の児童に対する性的乱用罪が取り上げられているが、省略する）。

ロクシンの見解に対しては、犯罪の中には「領域」を観念しにくいものがあるという批判や、具体的に何を指して被害者領域というのかが明確ではないという批判がある[269]。たしかに、在宅中の被害者を殺害しようという例を想定した場合、施錠など防犯のための措置が施された住居全体を「領域」とみることもできるし、住居内の個室を「領域」とみることもできる。ロクシンは、殺人の例で、ドアベルを鳴らして被害者が出てくるのを待つ場合には住居のレベ

---

265) Roxin, a. a. O. (Fn. 179), §29 Rn. 155 ff.
266) BGHSt 22, 81.
267) Roxin, a. a. O. (Fn. 179), §29 Rn. 160 f.
268) Roxin, a. a. O. (Fn. 179), §29 Rn. 162 ff.
269) Herzberg/Hoffmann-Holland, a. a. O. (Fn. 175), §22 Rn. 124.

ルで領域を想定し、無理やり押し入る場合には住居内の個室のレベルで領域を想定しているようであるが、これはつまるところ犯罪実現のための最後の障害を乗り越える段階まで至っているか否かという問題にほかならないように思われる。

　また、行為客体が、他の場所から区画された場所に存在する場合には「領域」を観念できるが、そうでなければこれを観念することは困難である[270]。このことは、スナイパーが長距離射程のライフルで被害者を射殺しようとする例を想定してみれば明らかであろう。つまり、この事例の場合、重要なのは、「領域」への介入があるか否かというよりは、むしろ客体が行為の射程に入っているか否かである。刃物のように射程が小さい凶器を用いて殺人を行おうとする事例で着手を認めるためには、行為者が被害者に接近していることが必要だと思われるが、それは刃物で人を殺害するためには「距離を詰める」ということが必要不可欠な重要な中間行為と考えられるからであろう。

　さらに、強盗の実行のために被害者の同伴者を追い払ったという例について、ロクシンは、同伴者を追い払う行為を領域に介入する行為と評価するが、これも不自然である。行為者と被害者との間には場所的離隔はないのであるから、むしろ強盗実行のための障害を取り除く行為として評価すべきだと思われる。

　以上のように考えると、被害者領域への介入は、独立の基準というよりは、中間行為の不存在を示す１つの徴表として位置づけられるべきである。実際、最近のドイツの教科書の中にも、同基準をそのように位置づけるものがある[271]。

　一方、我が国で同基準を採用する塩見は、同基準についてロクシンとは異なった位置づけをしている。すなわち、塩見は、直前性の判断のための択一的基準として、結果発生との間の時間的近接性と行為経過の自動性を挙げるが、被害者領域への介入はこの２つの基準を「限定し明確化するため」[272]の補足的基準として位置づけている。具体例として、「強盗目的で、被害者が現れれば直ちに襲撃できるように準備を整えて待伏せていても——暴行・脅迫という構

---

270) Urs Kindhäuser, Strafrecht, Allgemeiner Teil, 7. Aufl., 2015, §31 Rn. 14.
271) Heinrich, a. a. O. (Fn. 176), §23 Rn. 728; Rengier, a. a. O. (Fn. 180), §34 Rn. 24.
272) 塩見・前掲注9) 18頁。

成要件行為の直前まで来ていても――、行為者が被害者を現認して（あるいは現れたと誤認して）働きかけを始めない限り、強盗の着手は認められない」[273]といういロクシンと同様の例も挙げられているが、同基準を要求する主な狙いは、むしろ間接正犯や離隔犯の場合に着手時期を利用行為時よりも遅らせるというところにあるといえよう[274]。

　私見では、被害者領域への介入をロクシンのように未遂の成立時期の判断の主たる基準に位置づけるのは妥当ではないと考える。同基準を専ら限定的基準として位置づける塩見の見解についても、少なくとも、行為者が犯罪実現のために必要なことをなし終えていない類型においては、同基準はほとんど独立の機能を持たないということができるように思われる（間接正犯や離隔犯の場合については、本書第5章で論ずる）。ただし、同基準は、中間行為の不存在を示す徴表としては有用である。たとえば、殺人や強姦、強盗といった人身に対する犯罪の例で、外部から区画された空間が、かえって被害者の逃走を困難にしている場合が考えられうる。このような場合、凶器で武装した行為者が、被害者にとって最後の防壁となるべき領域に介入した時点で、行為者の表象上、その後の経過が自動的に結果実現に至る段階に達しているといってよいように思われる。その意味で、被害者の現在する居間のドアを銃床で打ち破った事案や、被害者が応対に出たら直ちに襲撃をするつもりでドアベルを鳴らした事案で未遂を肯定した連邦通常裁判所の判断は、我が国の実行の着手論の文脈においても妥当であろう。また、窃盗の場合でも、財物の占有を支えている領域への介入は、多くの事例類型においては、中間行為の不存在性を示す重要な徴表となるであろう。

(3) 時間的場所的近接性と中間行為の不存在性の関係

　時間的場所的近接性と中間行為の不存在性の関係については、前述した通り、3通りの考え方がありうると思われるが、時間的・距離的離隔の程度は数量的

---

273) 塩見・前掲注9) 18頁
274) 葛原ほか・前掲注15) 235頁以下（塩見淳執筆）、塩見淳「間接正犯・離隔犯における実行の着手時期」川端博ほか編『理論刑法学の探究④』（成文堂、2011年）28頁以下、同『刑法の道しるべ』（有斐閣、2015年) 106頁以下。

なものであることから、それだけでは実行の着手の有無という法的問題を決することはできないであろう。たとえば、脇差を引き抜くために手を伸ばす行為と切りかかる行為との間にはわずかな時間的な隔たりしかないはずであるが、仮に両行為の間に殺人の未遂と予備の境界線が引かれるとすれば、最終的な結果実現行為までの間に残された中間行為に着目しているとしかいえないように思われる。もっとも、近接性の度合いが高まれば高まるほど中間行為の不存在が強く推認されるといえる。

一方、綿密な犯行計画に基づいて、想定される障害が事前に周到に排除されている場合には、要求される時間的場所的近接性の程度は弱まると考えるべきであろう[275]。ただし、犯行計画上、最終的な結果実現行為までの間にあまりにも大きな時間的場所的間隔が予定されている場合には、飲食のための休憩や就寝といった事象経過の自動性を遮断する事情が介在しうることから、行為の直前性を否定する方向に働くといえよう。

以上のように考えると、時間的場所的近接性および中間行為の不存在性の基準は、それぞれを別個に捉えて択一的関係または重畳的関係にあるとみるべきではなく、両者は相関関係を有するものとみるのが妥当であろう。

(4) 中間行為の不存在性を判断する際に考慮すべき事情

未遂の成立を妨げる中間行為の存否と時間的場所的離隔の程度は相関関係にあるとすれば、後者は前者の判断の際に必ず参照されなければならない事情だといえる。また、最終的な結果実現行為に至るまでの間に重要な中間行為がないということは、結果実現までの間に排除すべき障害が存在せず、かつ、中断なく事象経過が自動的に進行することが予定されていることを意味するところ、障害の不存在性については、事例類型によっては、被害者領域への介入が１つの重要な手がかりとなることは既に述べた。また、着手の有無が問題となる行

---

[275] 平木・前掲注67) 173頁。さらに、原口伸夫「判批」法学新報113巻3＝4号（2007年) 622頁以下。仲道祐樹「犯罪論における計画」高橋則夫ほか『理論刑法学入門』（日本評論社、2014年) 182-183頁は、このような場合には、着手が問題となっている行為と最終的な結果実現行為との間に新たな意思決定の機会が介在する可能性が類型的に低くなるとし、これを「計画の意思決定省略機能」と名づける。

為が犯罪実行を確実かつ容易にするために必要不可欠なものであるかは、犯行計画に組み込まれた個々の行為の重要性を比較判断する上で考慮されるべき事情であるといえる。

ところで、「中間行為の不存在性」および「事象経過の自動性」と「障害の不存在性」とは、その内容が完全に重複するようにもみえる。しかし、両者には重ならない部分もあるように思われる。犯行計画上、結果実現までの間に外部的な障害の存在が想定されなくとも、事象が自動的に推移しない場合もありうるからである。具体的には、行為者が犯罪の実行を決意しているものの、犯意が強固ではなかったり、計画が十分に練られていなかったなどの理由により、犯行のタイミングや具体的な実現方法について未決定の部分が残されている場合である。このような場合、新たな意思決定が必要であることから、それよりも前の段階では、事象経過の自動性は認められないというべきであろう。このような意味で、行為者の犯意の強弱や犯行計画の具体性といった主観的事情も中間行為の不存在性の判断の際に考慮されるべきだといえる。

第4款　まとめ

実行の着手の基準に関する結論をまとめると以下のようになる。

①実行の着手判断において、構成要件的行為の一部開始を要求したり、手段が限定されている犯罪について手段行為の実行を要求するといった形で構成要件的制約を課すのは、理論的に無理がある。したがって、実行の着手は実行行為の直前行為（または、実行行為に密接する行為と呼んでもよい）に認めるべきである。

②直前行為性の判断は、犯行計画上、最終結果実現行為までの間に重要な中間行為が想定されているか否か、および結果発生までの間にどの程度の時間的場所的離隔が予定されているかという2つの基準を用いて行われるべきである。この2つの基準はそれぞれ単独で機能するものとみるべきではなく、両方の観点を総合的に勘案して直前行為性を判断すべきである。

③重要な中間行為が存在しないとは、すなわち、犯行計画上、もはや最終的な結果実現行為までの間に外部的な障害が想定されないこと、および事象が自

動的に進行することが予定されていることを意味する。前者の判断においては、被害者領域への介入が１つの重要な徴表になる場合がある。後者の判断においては、犯意の強弱や犯行計画の具体性といった主観的事情も重要な考慮要素となる。

　④犯行を確実かつ容易に行うために必要不可欠であるか否かという観点は、犯行計画で予定されている個々の行為の重要性をはかる基準として機能する。着手が問題となっている行為が犯罪実現のために重要なものであったとしても、最終的な結果実現行為までの間にそれ以上に重要な中間行為があれば着手は否定される。

第6節　結　語

　実行の着手の判断基準については、様々な学説がある。しかし、冒頭で述べたように、どのような学説に立っても、予備と未遂の限界を明確に区切ることができるような基準を得ることはできない。そこで、本章では、我が国の判例、および我が国の最近の学説に影響を与えたドイツの判例を可能な限り網羅的に確認することにより、未遂の成立時期の判断の際に考慮されるべき諸事情を抽出することを試みた。

　また、我が国の裁判実務では構成要件的制約へのこだわりがみられるように思われるところ、そのような制約には根拠がないということも明らかにしたつもりである。我が国の裁判例における実行の着手時期の判断は、基本的に妥当なものだと考えるが、たとえば強盗罪のように手段が限定されている犯罪について、暴行・脅迫の直前行為に着手を認める例があってもよいと思われる。また、殺人のために凶器を持って被害者宅に赴いたという事例でも、行為者の表象を詳細に認定した結果、重要な中間行為が認められないというのであれば、着手を肯定する余地もあったのではないかと思われる。被害者に正面から襲いかかる類型については、逃走や防御行為が予想されるため、結果発生に極めて近接した時点まで着手を認めないというのは理解できるが、被害者に逃走経路

がない場合や不意を衝く場合にまで同様に解すべき必然性はないように思われる[276]。

[276) 小林・前掲注2) 5頁参照。

第5章　間接正犯の実行の着手

第 1 節　我が国の議論状況

　間接正犯の実行の着手時期について、我が国では、学説は以下の 3 つに分かれるとされている。すなわち、利用者が被利用者を犯罪に誘致する行為を開始した時点に着手を認める利用者標準説、被利用者が実行行為を開始した時点に着手を認める被利用者標準説、結果発生の現実的危険性の観点から、利用者の行為の時点に着手が認められる場合もあれば、被利用者の行為の開始時に着手が認められる場合もあるとする個別化説である[1]。

　このうち、利用者標準説は、間接正犯の実行行為はあくまで利用者の行為にあり、被利用者の行為は単なる因果経過にすぎないから、間接正犯の実行の着手が利用者の行為の終了後に認められるはずはないということを根拠にする[2]。これに対し、被利用者標準説は、未遂犯の処罰根拠を結果発生の具体的危険と解した上で、実行の着手は、結果発生が切迫した時点で認めるべきだということを根拠にする[3]。個別化説は、被利用者標準説が「切迫性」を重視するのに対し、結果発生が確実ないし蓋然的といえれば、それが切迫していることまでは必要ないとする考え方に基づくものといえる[4]。

　最近では、純粋な利用者標準説は支持を得ておらず、被利用者標準説ないし個別化説が多数説化しつつある[5]。しかし、その理論構成をめぐって見解が分かれている。

　まず、結果無価値論の立場から、未遂犯を一種の結果犯と理解し、結果発生

---

1) このような分類をするものとして、大谷實『刑法講義総論』（成文堂、新版第 4 版、2012 年）367 頁、川端博『刑法総論講義』（成文堂、第 3 版、2013 年）486 頁、内藤謙『刑法講義　総論（下）Ⅱ』（有斐閣、2002 年）1230 頁、堀内捷三『刑法総論』（有斐閣、第 2 版、2004 年）231 頁など。

2) 大塚仁『刑法概説（総論）』（有斐閣、第 4 版、2008 年）174 頁（ただし、同 175 頁は、「誘致行為と被利用者の行う犯罪的行為との間に時間的・場所的離隔が著しいため、誘致行為自体には、犯罪実現への現実的危険性が認められない場合には、利用者の不作為犯として、被利用者の犯罪的行為開始時に着手があると解しうる余地があろう」とする）、団藤重光『刑法綱要総論』（創文社、第 3 版、1990 年）355-356 頁、野村稔『刑法総論』（成文堂、補訂版、1998 年）338 頁、福田平『刑法総論』（有斐閣、全訂第 5 版、2011 年）230 頁。さらに、間接正犯の成立範囲を極めて制限した上ではあるが、利用者による「客観的手放し」の時点で着手を認めるものとして、中義勝『刑法上の諸問題』（関西大学出版部、1991 年）178 頁以下。

の具体的危険という未遂犯固有の「結果」が発生した場合にはじめて未遂の成立が認められるとする見解が主張されている[6]。この見解は、「未遂結果」の内容を「結果発生が確実な状態」と解するか、それとも「結果発生が切迫した状態」と解するかによって、個別化説か被利用者標準説かに分かれる。

一方、行為無価値論の立場からは、未遂「結果」というものを観念するのではなく、利用者の行為に着目した理論構成が試みられてきた。その1つが、いわゆる不作為犯的構成である[7]。すなわち、間接正犯者の行為は、「利用行為

---

3) 大越義久『刑法解釈の展開』（信山社、1992年）131頁、佐伯仁志『刑法総論の考え方・楽しみ方』（有斐閣、2013年）342頁、内藤・前掲注1）1233頁以下、山口厚『刑法総論』（有斐閣、第3版、2016年）284-285頁。理論構成は異なるものの、未遂犯成立のためには結果発生の切迫性が必要とするものとして、内山良雄「未遂犯総説」曽根威彦＝松原芳博編『重点課題 刑法総論』（成文堂、2008年）192頁以下、曽根威彦『刑法における実行・危険・錯誤』（成文堂、1991年）135頁以下、松原芳博『刑法総論』（日本評論社、2013年）300-301頁、山中敬一『刑法総論』（成文堂、第3版、2015年）771頁以下および774頁以下。また、徹底した間接正犯否認論の立場からではあるが、浅田和茂『刑法総論』（成文堂、補正版、2007年）368頁以下および429頁以下、中山研一『刑法総論』（成文堂、1982年）415頁以下、同『刑法の論争問題』（成文堂、1991年）81頁以下。

利用者の行為だけでは各刑罰法規に含まれている動詞（たとえば、「殺した」）に該当しないということも理由に挙げるものとして、竹田直平「間接正犯（3）」立命館学叢5巻2号（1934年）108頁。

4) ここでいう個別化説にあたるものとしては、大谷・前掲注1）367頁、奥村正雄「未遂犯における危険概念」刑法雑誌33巻2号（1993年）223頁、川端・前掲注1）486頁、西原春夫『刑法総論』（成文堂、1977年）317頁、平野龍一『刑法 総論Ⅱ』（有斐閣、1975年）320頁、前田雅英『刑法総論講義』（東京大学出版会、第6版、2015年）108-109頁。

5) 原則として利用者標準説が妥当だとする井田良『刑法総論の理論構造』（成文堂、2005年）257頁以下、同『講義刑法学・総論』（有斐閣、2008年）402頁以下も、他人の故意行為を利用する場合については、利用行為の時点では「結果発生の自動性」が認められないとして、被利用者の行為の時点で着手を認めるべきだとする。これも一種の個別化説といえよう。

6) 山口厚『危険犯の研究』（東京大学出版会、1982年）58頁以下、同・前掲注3）284頁。同様に未遂犯を結果犯と理解するものとして、内山・前掲注3）192頁、大越・前掲注3）123頁、佐伯・前掲注3）342頁、曽根威彦『刑法総論』（弘文堂、第4版、2008年）217頁、内藤・前掲注1）1242頁、名和鐵郎「未遂犯の論理構造」『刑事法学の総合的検討（下）』（福田平・大塚仁博士古稀祝賀、有斐閣、1993年）407頁以下、西田典之『刑法総論』（弘文堂、第2版、2010年）300頁、橋爪隆「実行の着手について」法学教室411号（2014年）118頁、林幹人『刑法総論』（東京大学出版会、第2版2008年）354頁、前田・前掲注4）104-105頁。

着手時期を正犯行為から切り離す理論構成の先駆として、平野龍一『犯罪論の諸問題（上）』（有斐閣、1981年）127頁以下。さらに、西田典之「間接正犯論の周辺」Law School 48号（1982年）32頁以下。

という作為と、先行行為にもとづく防止義務違反という不作為とからなる複合的な構造のものであり、したがって、通常の標準にしたがい実行の着手があったとされた時点以降の作為または不作為を、間接正犯における実行行為と考えるべきである」[8] とするものである。これに対し、間接正犯においては、利用者の行為と被利用者の行為とを合わせた全体行為を着手判断の対象とすべきであり、したがって利用行為の段階で常に実行の着手が認められるわけではないとして、被利用者標準説ないし個別化説を根拠づける見解も主張されている[9]。もっとも、最近では、行為無価値論の立場からも未遂犯の結果犯的構成を採用するものも現れている[10][11]。

以上のように、現在の学説では、違法論における態度決定の如何にかかわらず、被利用者標準説ないし個別化説が多数説化している。それに伴って、議論の焦点も、被利用者標準説か個別化説か、換言すれば、未遂の成立には結果発生の切迫性は必要か、確実性で足りるのかという点に移りつつあるといってもよいだろう。この点に関し、最近、未遂犯を結果犯と理解する立場から、未遂

---

7) 西原・前掲注4) 317頁、同『犯罪実行行為論』(成文堂、1998年) 19頁。さらに、大塚・前掲注2) 175頁、佐久間修『刑法総論』(成文堂、2009年) 84頁。
8) 西原・前掲注4) 317頁。
9) 藤木英雄『刑法講義 総論』(弘文堂、1975年) 279-280頁。同様に、中野次雄『刑法総論概要』(成文堂、第3版補正版、1997年) 80-81頁、西原・前掲注7) 260頁、原田保「実行の着手」法学セミナー360号 (1984年) 43頁。ただし、西原は、後に不作為犯的構成に改説した。

   ドイツの議論を参照しつつ、このような理論構成を詳細に展開したものとして、原口伸夫「間接正犯者の実行の着手時期」法学新報105巻1号 (1998年) 61頁以下。
10) 照沼亮介『体系的共犯論と刑事不法論』(弘文堂、2005年) 63頁以下。さらに、高橋則夫『規範論と刑法解釈論』(成文堂、2007年) 30頁以下。
11) 以上に挙げた理論構成のほか、未遂が成立するためには、行為によって結果発生につながる危険が創出されたことと、その危険が具体的危険に現実化したことが必要だとし、後者があってはじめて行為が実行行為としての実体を獲得するという構成を提唱するものとして、山中・前掲注3) 764頁以下。さらに、富田敬一「間接正犯と実行行為」中山研一ほか編『現代刑法講座 第3巻 過失から罪数まで』(成文堂、1979年) 192頁以下。

   また、認識論的に犯罪論を構想する立場を前提に、「43条の未遂犯は、『之を遂げざる』場合、即ち法益侵害に対する具体的危険の発生があった場合について、その危険発生に因果連関をもつ行為を『実行の着手』と評価する」ものだとし、具体的危険の発生が認められない場合は、行為が実行の着手と評価されないと構成すればよいだけであり、行為者の行為とは切り離された「着手時期」を観念するべきではないとするものとして、齋野彦弥「危険概念の認識論的構造」『刑事法学の現代的状況』(内藤謙先生古稀祝賀、有斐閣、1994年) 82-83頁。

結果の内容について切迫性を要求すべき理由はないということを積極的に論証しようとする試みが現れた[12]。

この論者は、不能犯論における危険判断の基準に関し、いわゆる「修正された客観的危険説」を採用することを前提としつつ[13]、この問題について次のような議論を展開する。すなわち、たとえば、XがYを殺害するために毒入り菓子を郵送したが、郵送途中で何らかの理由により毒が無害化したという例を考えた場合、菓子が現実にY宅に到達したか否かという意味での切迫性を問うことは未遂の成否にとって意味がない。なぜなら、毒が無害化している以上、菓子がYのもとに到達しようがしまいが、危険の大小に影響はないからである。切迫性を問題とするとすれば、「仮に毒が無害化していなければ、その菓子がいつY宅に到達したか」という仮定的な因果経過上の切迫性であるが、そのような意味での切迫性を要求する根拠も認められない、とするのである[14]。このような考察に基づき、論者は、未遂結果の発生時点を切迫性によって判断するという考え方を放棄し、「あり得た仮定的因果経過において既遂結果が発生したと言えるとき、その時点において既遂の可能性があったのに現実には未遂にとどまった、という点に未遂結果を求め、その時点を未遂の成立時点とする」見解を提唱する[15]。この見解は、切迫性を要求する見解に対し、その理論的根拠を鋭く問うものとして注目に値する。

これに対しては、未遂結果の内容として切迫性を要求する立場から、「現実に毒が入っている場合には、危険の切迫性を問題にすることが可能であり、毒が入ったチョコレートが相手方に到達するまで未遂を認めるべきでないと考えるのであれば、それとの均衡上、仮定的危険の場合にも、毒が入っていると仮定されたチョコレートが相手方に到達するまで、未遂を認めるべきでないと解することは、可能だと思われる」[16]という反論が加えられている。

しかし、この反論も、先の見解によって提起された問題に十分に答えてはい

---

[12] 和田俊憲「未遂犯」山口厚編著『クローズアップ刑法総論』(成文堂、2003年) 188頁以下、特に216頁以下。
[13] 和田・前掲注12) 189頁以下。
[14] 和田・前掲注12) 216頁以下参照。
[15] 和田・前掲注12) 219頁。
[16] 佐伯・前掲注3) 343頁。

ないように思われる。なぜなら、この反論は、チョコレートに毒が入っているか否かを問わず、それが被害者方に届いたという意味での切迫性は実行の着手の必須の要件だとするが、毒の有無については事実の抽象化を認めて仮定的事実の存在可能性の判断対象とするのに、チョコレートが被害者方に到達したか否かについては現実の事実が基礎にされなければならない理由が明らかではないからである。たとえば、チョコレートの中に致死量の毒物が含まれていたが、それが被害者方に到達しなかったケースを考えてみよう。この反論にしたがえば、このケースでは実行の着手は認められないことになる。しかし、結果発生の危険性という観点からすれば、「チョコレートが被害者方に届き、被害者がこれを食した可能性」も仮定的事実の存在可能性の判断対象とされてしかるべきだとはいえないだろうか。しかも、チョコレートの中に毒が入っていなかった場合における「チョコレートに毒が入っていた（または、無害化されなかった）可能性」と、チョコレートが被害者方に届かなかった場合における「チョコレートが被害者方に届き、被害者がこれを食した可能性」とを比較した場合、常に後者の可能性の方が低いとはいえないはずである（他人から郵送された食べ物を食べるかどうかは不確実であるという指摘も予想されるが、手紙を装って中に有毒な菌を入れた封筒を郵送したケースに事例を変形すれば問題はより鮮明になろう）。それにもかかわらず、現実に危険が増大しない場合も含めて切迫性を必須の要件とし、他方で被利用者によって結果実現行為が実行されていた可能性については危険判断の対象としないことは、切迫性の要件に危険性の要件とは異なった独立の地位を与えることにほかならない。果たして、それには根拠があるのかということが問題になるように思われるのである。

　なお、毒の入っていないチョコレートが被害者方に到達した場合と、毒入りチョコレートが被害者方に到達しなかった場合との比較については、前者の場合も客観的に毒が入っていない以上、不能犯であり、どちらにせよ未遂犯は成立しないとする考え方も学説上は多いと思われる。しかし、この問題は、前者の例を「毒は入っていたが、致死量に満たなかった」と設定変更したとしても同様にあてはまる。不能犯論において修正された客観的危険説以外の説を採用しても、「致死量以下であった」または「体調不良ではなかったため、その量では死ななかった」という部分については抽象化を認める一方で、「毒が被害

者方に届かなかった」という事実についてはそのまま考慮し、一律に実行の着手を否定するのであれば、同様の問題に直面しうるはずだからである。

　もっとも、この問題は、行為者が結果実現に必要なことをいまだなし終えていない場合については、比較的容易に解答することが可能であるように思われる。というのは、危険性というあいまいな基準だけで実行の着手の有無を判断すると、未遂の成立範囲が際限なく前倒しされるおそれがあり、それにより国民の行動の自由が不当に制約される可能性があるため、切迫性という形式的な基準により絞りをかける必要が生じうるからである。しかし、行為者が結果実現のために必要なことをすべてなし終え、結果発生を因果の流れに委ねている場合についても同じことがあてはまるであろうか。

　さらに考えを進めると、次のような疑問にもたどり着く。その疑問とは、確実性を基準とする見解（個別化説）も類似の問題に直面するのではないかということである。個別化説は、利用者の行為の時点で既に結果発生が確実といえる場合には利用行為時に未遂の成立を認めるが、そういえない場合には結果発生が確実といえる段階まで待って未遂の成立を認める。たとえば、「Aが甲を毒殺しようとして甲がいつも通る農道に農薬入りジュースを置いた場合、それによってAのなすべき行為は完全に終了していてもその時期に実行の着手を認めることは困難であり、翌朝他家の子供がこれを飲み死亡した場合に『右ジュースが拾得飲用される直前に普通殺人についての実行の着手』（ここで、宇都宮地判昭和40年12月9日下刑集7巻12号2189頁が引用されている：筆者注）が認められることとなる」[17]とするのである[18]。しかし、ここで引用されている事案では、農道にジュースを置く行為は殺人の手段として不能なものではないことが前提とされている。なぜなら、仮にその行為が不能な手段だとしたら、「翌朝他家の子供がこれを飲み死亡した場合に『右ジュースが拾得飲用される直前に普通殺人についての実行の着手』が認められる」はずがないからである。にもかかわらず、殺人未遂の成立を認めるのに、結果発生が「確実」といえる段

---

17) 大谷・前掲注1) 368頁。
18) 被害者利用の類型を間接正犯に分類すべきか直接正犯に分類すべきかについては争いがあるが、行為と結果との間に時間的場所的離隔が生じやすいという点では共通しているので、本書ではさしあたり間接正犯と同列に扱うこととしたい。

階まで待たなくてはならない理由はあるのであろうか。

　本章では、以上のような問題意識から、現在多数説化している被利用者標準説および個別化説を批判的に検討したい。しかし、最近の我が国では、利用者標準説の立場から被利用者標準説および個別化説を批判的に検討するものはあまりみられず[19]、したがって我が国の議論のみを対象とするのでは、検討のための十分な素材が得られないおそれがある。そこで、間接正犯の未遂の開始時期に関し、利用者の行為のみに着目すべきか、被利用者の行為を含む全体事象に着目すべきかについて激しい議論が展開されているドイツの学説・判例を参照し、そこから得られた示唆を踏まえて、改めて我が国における間接正犯の実行の着手時期の問題を検討したいと思う[20]。

第2節　ドイツの議論状況

第1款　学　説

(1)　概　観

　ドイツでは、かつては、非故意行為の利用の場合と故意行為の利用の場合とを分け、前者については利用行為の時点に、後者については被利用者の行為の開始時に未遂の成立を認める二分説が通説であった[21]。しかし、最近では、このような二分論には根拠がないと批判されており[22]、この見解はほとんど支持されていない。現在、学説は、利用者の行為のみに着目して未遂の開始時期を

---

19)　ただし、井田『講義刑法学・総論』（前掲注5））402頁以下、中・前掲注2) 178頁以下。

20)　本問題に関するドイツの議論を紹介・検討した先行業績として、中・前掲注2) 178頁以下、原口・前掲注9) 74頁以下がある。

21)　Richard Busch, in: LK, Bd. 1, 9. Aufl., 1974, §22 Rn. 33; Eduard Kohlrausch/Richard Lange, Strafgesetzbuch mit Erläuterungen und Nebengesetzen, 43. Aufl., 1961, S. 144; Horst Schröder, in: Schönke/Schröder, 17. Aufl., 1974, §43 Rn. 16; Hans Welzel, Das Deutsche Strafrecht, 11. Aufl., 1969, S. 191. さらにそれ以前は、我が国でいうところの被利用者標準説が主流であった（Reinhard Frank, Das Strafgesetzbuch für das Deutsche Reich, 18. Aufl., 1931, S. 87; Robert v. Hippel, Deutsches Strafrecht, Bd. 2, 1930, S. 475 f.)。

判断すべきだとする「個別解決説（Einzellösung）」と、被利用者の行為を含む全体行為を判断対象とすべきだとする「全体解決説（Gesamtlösung）」に大きく分かれるとされる[23]。しかし、この分類は必ずしも学説の対立状況を正確に反映したものとはいえない。というのも、最近ではこの両説の中間に位置する見解も有力化しているほか、両説の中でも理論構成の異なった見解が混在しているからである。とりわけ、利用者の行為だけではなく全体行為を判断対象とすべきだとする見解の内部では、間接正犯の正犯性を「被利用者の行為があたかも自分の行為かのように利用者に帰属される」と説明することの帰結としてこのような結論を導くもの（後述するキューパーの見解に代表される。以下では、このような見解を「行為帰属論」[24]と呼ぶことにする）と、未遂犯固有の議論からこのような帰結を導くものに分かれている。そしてこのような理論構成の相違は、具体的な結論の違いにもつながっている。そのため、ドイツにおいてもこの分類方法の妥当性には疑問も向けられている[25]。そこで、以下では、学説を①個別解決説、②全体解決説その1——行為帰属論、③全体解決説その2——未遂犯固有の議論から基準を導く見解、④中間説の4つに分類することにしたい。

(2) 個別解決説

　個別解決説とは、前述のように、未遂の開始時期を利用者の行為に求める見解のことを指すが、我が国で「利用者標準説」といったときに一般的にイメージされる見解、すなわち「利用者が被利用者を犯罪に誘致する行為を始めた

---

22)　たとえば、Claus Roxin, Strafrecht, Allgemeiner Teil, Bd. II, 2003, §29 Rn. 258 f. は、非故意行為の利用の方が故意行為の利用よりも結果に至る確実性が高いというのは誤った前提だとする。被利用者が事情を知っている場合、被利用者は結果に至るまでの間に介在する障害を除去しうるのであり、その点で、被利用者が事情を知らない場合や、強制によって利用されている場合と比べて、結果に至る確実性が低いとはいえないとする。さらに、Thomas Hillenkamp, in: LK, Bd. 1, 12. Aufl., 2007, §22 Rn. 155.

23)　この分類は、Georg Schilling, Der Verbrechensversuch des Mittäters und des mittelbaren Täters, 1975 が、共同正犯および間接正犯の未遂の開始時期に関する学説をこの2つに整理して論じたことに始まる。比較的最近の研究書である Michael Prüßner, Die von mehreren versuchte Tat, 2004, S. 101 ff. も、このような分類にしたがって学説を分析・検討している。

24)　この名称は、原口・前掲注9) 71頁にならった。

25)　Albin Eser/Nikolaus Bosch, in: Schönke/Schröder, 29. Aufl. 2014, §22 Rn. 54a; Jürgen Rath, Grundfälle zum Unrecht des Versuchs, JuS 1999, S. 143 参照。

時」[26] に未遂の成立を認める見解は、現在、ドイツでは有力とはいえない[27]。個別解決説という場合、一般的には、利用者が事象をその支配領域から手放した時点で未遂の成立を認める、いわゆる「手放し説」[28] のことを指す（文献によっては、本説を「修正された個別解決説」と呼ぶものもある）[29]。この見解にしたがえば、間接正犯の場合、未遂が成立するためには、利用者が被利用者に働きかけるだけでは足りず、被利用者を自分の支配領域から解き放ち、犯罪結果の実現を後の事象経過に委ねることが必要である。反面、支配領域からの手放しさえ認められれば、被利用者が犯罪行為を開始したか否かは未遂の成否に影響を与えない。

　この見解はロクシンによって 1972 年にはじめて主張されたものであるが、当時の通説は、行為者が犯罪実現のために必要なことをなし終えており、その後に自己または他人による行為がなくとも結果実現に至る場合、未遂は当然に認められるとしていた[30]。一方、第三者を利用する間接正犯については、被利

26）　大塚・前掲注 2) 173 頁。
27）　このような見解の主張者として、Jürgen Baumann/Ulrich Weber/Wolfgang Mitsch, Strafrecht, Allgemeiner Teil, 11. Aufl., 2003, § 29 Rn. 155; Paul Bockelmann, Strafrechtliche Untersuchungen, 1957, S. 135 ff.; Rolf Dietrich Herzberg, Der Versuch beim unechten Unterlassungsdelikt, MDR 1973, S. 89 ff.（後に改説）; Schilling, a. a. O. (Fn. 23), S. 104 ff. さらに、Ingeborg Puppe, Der Versuch des mittelbaren Täters, in: Festschrift für Hans Dahs, 2005, S. 173 ff; dies., Die Architektur der Beteiligungsformen, GA 2013, S. 530 ff.
28）　Claus Roxin, Der Anfang des beendeten Versuchs, in: Festschrift für Reinhart Maurach zum 70. Geburtstag, 1972, S. 213 ff.; ders., Tatentschluß und Anfang der Ausführung beim Versuch, JuS 1979, S. 9 ff.; ders., a. a. O. (Fn. 22), § 29 Rn. 226 ff.
　　本見解を基本的に支持するものとして、Rolf Dietrich Herzberg, Der Anfang des Versuchs bei mittelbarer Täterschaft, JuS 1985, S. 6 ff.（後に改説）; Uwe Murmann, Versuchsunrecht und Rücktritt, 1999, S. 16 ff.; Stylianos Papageorgiou-Gonatas, Wo liegt die Grenze zwischen Vorbereitungshandlungen und Versuch?, 1988, S. 326; Hans-Joachim Rudolphi, in: Systematischer Kommentar zum Strafgesetzbuch, Bd. I, 20. Lfg., 1993, § 22 Rn. 20a. 類似する見解として、Günther Jakobs, Strafrecht, Allgemeiner Teil, 2. Aufl., 1993, Abschn. 21 Rn. 105, Abschn. 25 Rn. 73.
　　客観的な未遂の開始は被利用者への働きかけの時点で認められるとしつつも、手放しがない場合は行為決意が認められないとし、結論として手放し説と同様の帰結に至るものとして、Helmut Frister, Der Begriff „Verwirklichung des Tatbestandes" in § 22 StGB, in: Festschrift für Jürgen Wolter, 2013, S. 386 ff.; ders., Strafrecht, Allgemeiner Teil, 7. Aufl., 2015, 29. Kap. Rn. 5;
29）　Eser/Bosch, a. a. O. (Fn. 25), § 22 Rn. 54.
30）　Busch, a. a. O. (Fn. 21), Rn. 33a 参照。

用者に故意があるか否かで未遂の成立時期を分けるという前述の二分説が通説であった[31]。これに対し、ロクシンは、まず前者について、行為者が犯罪実現のために必要なことをなし終えていたとしても、それだけでは未遂が認められない場合があるのではないかという問題を提起した。たとえば、Xが旅行中の同居人Aを殺害するため、Aが愛飲しているコーヒーの粉末に毒を入れておき、Aが帰宅後に自分でそれを飲んで死ぬように仕掛けておいたケースで、仮にXが自宅でAの帰宅を待っていた場合、Xが毒を入れた段階で既に殺人に必要な行為をなし終えていたからといって、殺人未遂を認めるべきではないのではないかとしたのである[32]。その根拠は次のようにまとめることができる[33]。

① 前記の例の場合、Xは事象経過を掌握しており、特段の労力を払うことなく、結果発生を阻止することができる状況にある。また、Aが帰宅してコーヒーを飲もうとする時点までは、法益の危殆化も認められない。

② 事象経過を掌握しているという点では、前記の例は、行為者が結果実現のために必要なことをなし終えていない場合（たとえば、XがAを殺害するため、Aが愛飲しているコーヒーの粉末に毒を入れたが、Aは自分でコーヒーを作る習慣がないため、Xは後で自らコーヒーを作ってAに提供するつもりであった場合）と同じ構造を有するが、このような場合、未遂が認められるためには、結果

---

31) 前掲注21）参照。
32) Roxin, Der Anfang des beendeten Versuchs, a. a. O. (Fn. 28), S. 214 ff.（原文ではAが行為者、Xが被害者として表記されているが、本章では、判例や文献からの直接引用部分を除き、行為者側をX、被害者側をAと表記しているため、表記が逆になっている）。なお、ロクシンは被害者利用の類型を直接正犯としている。
33) Roxin, Der Anfang des beendeten Versuchs, a. a. O. (Fn. 28), S. 214 ff. を参照。さらに、ders., Tatentschluß und Anfang der Ausführung beim Versuch, a. a. O. (Fn. 28), S. 9 f.; ders., a. a. O. (Fn. 22), § 29 Rn. 205 ff.
34) 1972年当時、ロクシンは、行為者が結果実現のために必要なことをなし終えていない場合の未遂の開始時期について、独自の見解を示していなかった。そのため、同年の論文では「法益の危殆化」という表現が用いられている。現在、ロクシンは、このような場合の未遂の開始の判断基準として、「被害者領域への介入」と「時間的密接性」の2つを挙げ、未遂が成立するためには、その両方が満たされることが必要だと主張している（Roxin, Tatentschluß und Anfang der Ausführung beim Versuch, a. a. O. (Fn. 28), S. 4 ff.; ders., a. a. O. (Fn. 22), § 29 Rn. 139 ff.; ders., Zum unbeendeten Versuch des Einzeltäters, in: Festschrift für Rolf Dietrich Herzberg, 2008, S. 341 ff. を参照）。

発生の近接性(法益の危殆化)[34]必要とされている。したがって、行為者が事象をいまだ掌中に収めている場合については、たとえ行為者が結果実現のために必要なことをなし終えていたとしても、法益の危殆化が認められるまで未遂の成立を認めるべきではない。

これに対し、事象の手放しがある場合については、ロクシンは、たとえ法益の危殆化がなくても、未遂は認められるべきだとした[35]。たとえば、Xが、Aの愛飲するコーヒーの粉末に毒を入れておき、Aが帰宅後に自分でそれを飲んで死ぬことを期待して、そのまま旅行にでかけてしまう場合には、未遂の成立を認めるべきだとしたのである。その根拠として、①事象の手放しがある場合には、既に「行為をすべきか否かについての最終的な決断が行われる瞬間」、すなわち「臨界状況の試練 (die Feuerprobe der kritischen Situation)」を耐え抜いていること、②手放し後は、犯罪の中止は単なる犯行の中断だけではもはや不可能になっているという事情によって、危殆化の不存在という欠損部分は埋め合せることが可能だということが挙げられている[36]。

以上のようにして、ロクシンは、行為者が結果実現のために必要なことをなし終えていた場合、「事象の手放し」か「法益の危殆化」のどちらかがあれば未遂が認められるべきだという結論を導く。そして、間接正犯の場合も、利用者は利用行為を終えた時点で結果実現のために自らなすべきことを終えているという構造を有するから、同じ基準によって未遂の開始が判断されるべきだとしたのである。ただし、間接正犯では、法益の危殆化が生じる前に利用者が被利用者を支配領域から解放するケースがほとんどであるから、事実上、支配領域からの手放しの有無が未遂の成否を分ける基準となる。もっとも、たとえば他人の背中に拳銃を突きつけたまま何らかの犯罪を行わせるような例外的な場

---

35) Roxin, Der Anfang des beendeten Versuchs, a. a. O. (Fn. 28), S. 223 ff.; ders., Tatentschluß und Anfang der Ausführung beim Versuch, a. a. O. (Fn. 28), S. 9 f.; ders., a. a. O. (Fn. 22), § 29 Rn. 195.

36) 前注で指示した箇所を参照。なお、本文中で根拠の①として挙げた、「行為をすべきか否かについての最終的な決断が行われる瞬間」や「臨界状況の試練」という表現は、Bockelmann, a. a. O. (Fn. 27), S. 146 が提示する未遂の開始の基準の借用である。Roxin, a. a. O. (Fn. 22), § 29 Rn. 204 では、これに代えて「行為の完遂 (Handlungsdurchführung)」という表現が用いられている。

面では、法益の危殆化が基準となることになろう[37]。

本見解は、文献によっては「通説」と評価される場合もある[38]。しかし、本見解に対しては、未遂の開始時期が早すぎるという批判[39]も多く、未遂の開始時期を「手放し」よりも後の時点で認めるべきだとする見解も有力である。以下で挙げる全体解決説は、原則として被利用者の行為の開始の時点で未遂の成立を認める点で、本見解の対極に位置するものである。

(3) 全体解決説その１――行為帰属論

全体解決説とは、利用者の行為と被利用者の行為とを合わせた全体行為を未遂の開始の判断対象とすべきだとする見解を指し、原則として、被利用者の行為の時点で未遂の開始を認めるものである。ここでは、このような帰結を間接正犯の正犯性の理解から導く見解を取り上げる。

この見解の代表的論者であるキューパー[40]は、間接正犯の場合、単なる道具の使用の場合とは異なり、人の行為が介在していることを重視する。そして、間接正犯において利用者が正犯の責任を負うのは、行為支配に基づき、被利用者の行為が、あたかも自分が行ったかのように利用者に帰属されるからだとする。キューパーによれば、このように理解しないと、一定の行為態様が前提とされている犯罪については、間接正犯は成立し得ないことになる。なぜなら、利用者自身は当該行為態様を満たす行為を実行していないからである。

以上のような間接正犯の理解から、キューパーは、間接正犯の未遂の開始時期を判断するにあたっては、利用者の行為と被利用者の行為とを統一した全体行為を対象にしなければならないとする。その結果、間接正犯の未遂は、原則として、被利用者が実行を開始した場合に認められ、ただし例外的に、被利用者の行為が利用行為の後にすぐに続く場合[41]には、利用行為の時点で未遂の

---

37) ロクシンは被害者利用の類型を直接正犯としているが、これを間接正犯と構成すれば、前述の毒入りコーヒー事例で行為者が被害者の帰宅を待っているケースはまさにこのパターンにあたるといえよう。
38) Eser/Bosch, a. a. O. (Fn. 25), §22 Rn. 54 参照。
39) たとえば、Wilfried Küper, Der Versuchsbeginn bei mittelbarer Täterschaft, JZ 1983, S. 367 は、手放し説は未遂犯に特有の危殆化の側面を無視しているとする。
40) 以下の記述につき、Küper, a. a. O. (Fn. 39), S. 369.

成立が認められるとする。こうして、「間接正犯者の未遂は、道具の行為が構成要件の実現に（直接に）至る場合か、または、背後者の行為が既に構成要件の実現に（直接に）至っている場合」[42]に認められるという判断公式を提示するのである。

　また、カーデルも、間接正犯においては「行為者が犯罪の実行のために他人を利用する」ことから、「行為者と行為媒介者は一体のものとしてみることができる」[43]とする。それゆえ、間接正犯の未遂は「行為媒介者が構成要件の充足を開始したときにはじめて始まる」[44]とするのである。この見解の背後にも、間接正犯においては、被利用者の行為が利用者に、あたかも自分の行為かのように帰属されるという考え方がある[45]。

　以上のように、間接正犯においては、被利用者の行為が利用者に帰属されることによって、両者の行為が統一体をなすという考え方を前提に、原則として被利用者の行為の時点で未遂を認めるべきだとする見解を主張するものとしては、このほかにキュール[46]、クリューガー[47]、シュトラーテンベルト＝クーレン[48]などがいる。

　さらに、「行為の帰属」という考え方を道具（以下で、単に「道具」という場合には人以外のことを指すこととする）の使用の場合にも適用することを試みるのが、クラックである。クラックは、全体解決説に対してしばしば加えられる批判、すなわち同説は道具の使用の場合と人の行為の利用の場合とを不当に区別して

---

41) Küper, a. a. O. (Fn. 39), S. 369 は、その例として、猟師 X が、客体が人であることを知りながら、それに気づいていない猟師 Y に対し、「獲物（Wild）を撃て」と促す場合が挙げられている。
42) Küper, a. a. O. (Fn. 39), S. 370. さらに、Karl Heinz Gössel, Zur Abgrenzung der Vorbereitung vom Versuch (Anmerkung zu BGH, Urt. v. 16. 9. 1975), JR 1976, S. 250.
43) Bertold Kadel, Versuchsbeginn bei mittelbarer Täterschaft - versuchte mittelbare Täterschaft, GA 1983, S. 308.
44) Kadel, a. a. O. (Fn. 43), S. 307.
45) Kadel, a. a. O. (Fn. 43), S. 308.
46) Kristian Kühl, Versuchsstrafbarkeit und Versuchsbeginn, in: Festschrift für Wilfried Küper zum 70. Geburtstag, 2007, S. 303 f.; ders., Strafrecht, Allgemeiner Teil, 7. Aufl., 2012, §20 Rn. 91.
47) Sven Krüger, Der Versuchsbeginn bei mittelbarer Täterschaft, 1994, S. 40 ff., 103, 184 ff.
48) Günter Stratenwerth/Lothar Kuhlen, Strafrecht, Allgemeiner Teil, 6. Aufl., 2011, §12 Rn. 105.

いるという批判に対し、道具の使用と人の行為の利用とを同様に扱うことは「全体解決説の基本思想に完全に合致する」[49]と応える。たとえば、5時間後に爆発するように爆弾の時限着火装置を作動させる場合と、5時間後に遠隔操作で爆弾に点火するよう他人を誘致する場合とは、同様に処理されるべきだとする。しかし、どちらの事例でも、個別解決説のように利用行為（時限着火装置を作動させる行為／誘致行為）の時点ではなく、爆発が差し迫った時点で未遂の成立を認めるべきだとするのである[50]。その理由は、どちらの事例でも「道具の働き（Tätigkeit des Werkzeug）」が行為者に帰属されることには変わりなく、爆弾の着火が差し迫った時点に達する前には、「全体行為は爆弾を用いた殺人の未遂の開始を形成する段階には至らない」からだとする[51]。クラックによれば、死せる道具を使用する場合も、人を道具として利用する場合も、何の道具も用いない場合とまったくパラレルに未遂の開始時期が判断されなければならない[52]。

　なお、ドイツにおいては、未遂の開始時期を行為者の「表象」を基礎に判断すべきことが条文上定められているところ（ドイツ刑法典22条）、全体解決説の内部では、利用者の表象を基礎とすべきか、被利用者の表象を基礎とすべきかで見解が分かれている。クラックは前者の見解を採用し、しかも被利用者の行為の時点で利用者がそのことを意識していたか否かは故意の成否には影響がないとしている[53]。また、利用者の表象を基礎とする見解を採用した場合、ドイツでは、未遂が成立するのは被利用者の行為が実際になされた時点か、利用者の表象にしたがえば被利用者の行為がなされたであろう時点かが争われているところ、クラックは、被利用者が実際に犯罪行為を開始したことが必要だとしている。以上の主張内容をみると、クラックの見解は、行為帰属論の他の論者

---

49) Ralf Krack, Der Versuchsbeginn bei Mittäterschaft und mittelbarer Täterschaft, ZStW 110 (1998), S. 632.
50) Krack, a. a. O. (Fn. 49), S. 632. クラックの見解については、ders., Unmittelbares Ansetzen durch einen nur vermeintlichen Tatmittler? in: Gedächtnisschrift für Jörn Eckert, 2008, S. 467 ff. も参照。
51) Krack, a. a. O. (Fn. 49), S. 632.
52) Krack, a. a. O. (Fn. 49), S. 633. ただし、キューパーと同様、前掲注41）の例では、「獲物を撃て」と促した時点で未遂が認められるとする。その時点で、既に殺人の構成要件の実現が時間的に切迫しているからだとする（S. 634 f.）。
53) Krack, a. a. O. (Fn. 49), S. 636 f.

と同様に「全体行為」という概念を用いてはいるものの、未遂の成立には未遂結果の発生が必要だとする我が国の有力説に近いものがあるといえよう（もっとも、不能犯の問題についてどのように考えているかは不明である）。

(4) 行為帰属論の問題点

以上のように行為帰属論は少なからぬ論者によって主張されているが、通説的な地位を占めるには至っていない。次に述べる未遂犯固有の議論に基づく全体解決説との相違を際立たせるために、ここで行為帰属論に対して加えられている批判をまとめておくことにしよう。

(i) 道具の使用と人の行為の利用とを区別することに対する批判　　前述したように、行為帰属論は、間接正犯は人の行為を利用するものだということを重視し、そこから原則として被利用者の行為を標準とするという結論を導いている。これに対し、反対説からは、道具や動物を使用した場合と人の行為を利用した場合とを区別し、人の行為の利用だという理由だけで未遂の成立時期を遅らすのは不当だという批判がなされている[54]。これに対して正面から反論するのが前述のクラックの見解であるが、「道具の働き」を「人の行為」と同視することは、行為帰属論の前提に反するものといえるので、行為帰属論の枠組みからは逸脱するものだといえよう。

また、これに関連する批判として、被利用者が未遂の開始にあたる行為をしたことの効果が全体に及ぶという考え方は、共同正犯の未遂に関する全体解決説と共通性を有するが、共同正犯とは異なり、共同の行為決意も共同の行為も欠ける間接正犯にはこのような考え方はなじまないという批判がある[55]。

これらの批判は、間接正犯においては、構成要件該当性が問題となるのはあ

---

54) Rolf Dietrich Herzberg, Der Versuch, die Straftat durch einen anderen zu begehen, in: Festschrift für Claus Roxin zum 70. Geburtstag, 2001, S. 751 f.; Rolf Dietrich Herzberg/Klaus Hoffmann-Holland, in: MüKo, Bd. 1, 2. Aufl., 2011, §22 Rn. 136; Roxin, a. a. O. (Fn. 22), S. 414.
55) Thomas Fischer, Strafgesetzbuch und Nebengesetze, 62. Aufl., 2015, §22 Rn. 25; Johannes Wessels/Werner Beulke/Helmut Satzger, Strafrecht, Allgemeiner Teil, 45. Aufl. 2015, §17 Rn. 873.

くまで利用者の行為であり、被利用者の行為は利用者にとって単なる因果経過にすぎないという前提に基づいている。これに対し、全体解決説はこれとは異なった理解を前提としているから、あまり決定的な批判とはいえない。ただし、我が国の議論との関係では、行為帰属論に基づく間接正犯の正犯性の理解をそのまま持ち込むことは困難だということには注意しなければならない[56]。

(ii) **ドイツ刑法典22条の「表象」の問題**　ドイツ刑法典22条は、未遂の「概念規定」として、「行為についての自らの表象にしたがって、直接、構成要件の実現を開始した者は、犯罪行為の未遂を行ったものである」と定めている。この規定があるため、ドイツでは、未遂の開始の判断は、行為者の表象を基礎にして行うべきだとされている。しかし、行為帰属論を採用した場合、利用者の表象を基礎とするのか、被利用者の表象を基礎とするのかという問題が生じる。この点について、行為帰属論の内部でも見解が分かれている。

キューパーは、利用者の表象上、利用者の行為が既に構成要件実現に接着している場合には、その時点で未遂の成立が認められるため特に問題は生じないが、利用者の表象上、構成要件の実現に至るまでに被利用者によるさらなる準備行為が必要な場合には、被利用者の表象を基礎とすべきだという見解をとる[57]。しかし、この見解については、被利用者が故意を有している場合にはその表象を基礎とすることに問題は生じないが、被利用者に故意がない場合、構成要件実現を内容とする表象が存在しないため、判断に困難が生じる場合があ

---

56) ドイツ刑法典25条1項は、「自らまたは他の者を通じて犯罪行為を行ったものは、正犯として処罰される」と規定している。この規定に関し、これが単独正犯の正犯性の範囲を拡張したものなのかどうかについて見解が分かれている。そのような効果を認めない場合、間接正犯を説明するには、間接正犯者の行為が各則の構成要件に該当する行為だといえなければならない。これに対し、同規定によって正犯性が拡張されていると解する見解からは、間接正犯者の行為それ自体は各則の構成要件に該当するものではなくとも、他人の行為が帰属されることを通じて正犯性が獲得されることになる。

「被利用者の行為が利用者に帰属される」という全体解決説の背後には、後者の考え方があるものと思われるが（Küper, a. a. O. (Fn. 39), S. 370 参照）、ドイツ刑法典25条1項のような規定の存在しない我が国にこれをそのまま導入することは困難である。これについては、島田聡一郎『正犯・共犯論の基礎理論』（東京大学出版会、2002年）128頁、照沼・前掲注10）91頁。

57) Küper, a. a. O. (Fn. 39), S. 370.

りうるという問題が生じる。キューパーもこのことを自認し、そのような場合には、利用者の表象を基礎にすべきだと主張しているが[58]、これは一貫性に欠けるであろう。

そこで、利用者の表象を基礎とすべきだという見解もある[59]。しかし、行為帰属論は、被利用者が未遂の開始にあたる行為をしたことの効果が利用者に帰属されるという考え方であり、したがって被利用者が実際にそのような行為をしたことを要求するのが筋であるが、このことは利用者の表象を基礎とすることと整合しないという問題がある[60]。また、利用者は、ほとんどの場合、被利用者がいつそのような行為をするかを知り得ないので、判断の基礎とはなり得ないという批判も加えられている[61]。このように、行為帰属論は、未遂の開始の基礎となるべき表象との関係で、解決し難い問題を抱えているといえる。この問題は、我が国の議論においても、実行の着手を判断する際に犯行計画を考慮すべきだという見解をとった場合には、同様にあてはまるであろう。

(iii) **故意の問題**　さらに、行為帰属論に対しては、被利用者が未遂の開始にあたる行為をした時点で、利用者が睡眠していたなどの事情のため、故意が認められない場合が多く生じてしまうという批判がある[62]。これに対し、行為帰属論からは、利用者の故意としては、利用行為時の故意で足りるという反論がなされているが[63]、このように考えると、故意を有する主体と未遂に該当する行為を行う主体とが分裂してしまうという問題が生じる[64]。この問題も、行為帰属論が間接正犯の正犯性を共同正犯類似のものとして理解することに起因するものといえる。

---

58)　Küper, a. a. O. (Fn. 39), S. 370.
59)　Krack, a. a. O. (Fn. 49), S. 637; Krüger, a. a. O. (Fn. 47), S. 96 f.
60)　Küper, a. a. O. (Fn. 39), S. 370.
61)　Küper, a. a. O. (Fn. 39), S. 370; Roxin, a. a. O. (Fn. 22), §29 Rn. 248.
62)　Roxin, a. a. O. (Fn. 22), §29 Rn. 247, 200.
63)　Krack, a. a. O. (Fn. 49), S. 636; Küper, a. a. O. (Fn. 39), S. 370.
64)　Puppe, Der Versuch des mittelbaren Täters, a. a. O. (Fn. 27), S. 178 f. 参照。

(5) 全体解決説その2 ——未遂犯固有の議論から基準を導く見解

そこで、最近では、被利用者の行為を含む全体行為を判断対象とすべきだとする主張を未遂犯固有の議論から導く見解が有力化している。

オットーは、未遂の開始は、行為者の表象にしたがえば、法益が直接に危殆化された時点で認められるという基準を提示した上で、間接正犯においてもこの基準がそのまま妥当するとする[65]。したがって、行為者が郵便を利用して被害者に脅迫状を送付するケースでは、行為者の表象にしたがえば、脅迫状が被害者の支配領域に到達した時点で未遂が認められるとする[66]。また、暗殺者が講演者を殺害するため、数時間後に爆発するように設定した時限爆弾を演台の下に仕掛けたが、講演者が入場する直前に爆弾が発見・撤去されたというケースでは、殺人未遂を肯定する必要はなく、爆発物に関する別の刑罰法規で対応すればよいとする[67]。

また、ヒレンカンプは、未遂の開始が認められるためには、当該行為と構成要件該当行為との間に重要な中間行為が存在せず（行為の直接性）、かつ、その行為によって引き起こされた状態が構成要件実現の直接の危険を示すこと（危殆化）が必要だとし、これらの有無の判断は行為者の表象を基礎として行うべきだと主張する[68]。その上で、間接正犯についてもまったく同様の基準で処理すべきだとするのである[69]。このような考え方にしたがい、ヒレンカンプは、数時間後に爆発するよう時限爆弾を仕掛けたケースでは、行為の直接性の要件は満たすが、数時間の間にはいまだ爆弾が撤去される可能性があるため、爆弾を仕掛けた時点では未遂の開始は認められず、危険を除去するための客観的[70]な最後のチャンスが過ぎた時点でこれが認められるとする[71]。また、被害者や

---

65) Harro Otto, Versuch und Rücktritt bei mehreren Tatbeteiligten (1. Teil), JA 1980, S. 642 ff.; ders., Grundkurs Strafrecht, 7. Aufl., 2004, § 21 Rn. 127.
66) Otto, Versuch und Rücktritt bei mehreren Tatbeteiligten, a. a. O. (Fn. 65), S. 646. ただし、「遅くとも（spätestens）」とも述べていることから、これ以前に未遂が成立することを排除する趣旨ではないように思われる。
67) Otto, Versuch und Rücktritt bei mehreren Tatbeteiligten, a. a. O. (Fn. 65), S. 646 参照。
68) Hillenkamp, a. a. O. (Fn. 22), Rn. 85.
69) Hillenkamp, a. a. O. (Fn. 22), Rn. 155 ff.
70) 前述したオットーの見解とは異なり、ヒレンカンプは、行為者の表象上ではなく、実際に結果発生が切迫したことを要求している。
71) Hillenkamp, a. a. O. (Fn. 22), Rn. 136 ff.

第三者の行為の利用の場合については、利用行為の時点では行為の直接性が欠ける場合が多いとし、被利用者の次の行為が構成要件該当行為をなす段階にまで進まないと未遂の成立は認められないとする[72]。

　これらの見解は、人の行為を利用するという間接正犯の構造の特殊性に着目するのではなく、未遂犯固有の議論からこのような帰結を導くため、人の行為を利用する場合と、道具や動物の使用の場合とで取り扱いを区別しないことが行為帰属論とは決定的に異なる。しかし、オットーの見解もヒレンカンプの見解も、他人の行為の時点で未遂の開始を認める場面で、22条の文言が未遂の開始を行為者（利用者）の行為に結びつけているように読めることとの整合性をはかるため、行為帰属論の考え方を導入している[73]。しかし、行為帰属論の考え方を持ち込むことは、先に挙げた問題点を部分的にではあれ引き継ぐ点で不徹底の印象を免れない。

　これに対し、行為帰属論に言及せず、未遂犯固有の議論のみから全体解決説的[74]な結論を導くものとしてラス[75]とヘルツベルクが挙げられる。ここでは特に我が国の学説との比較でも興味深いヘルツベルクの見解を取り上げる。

　ヘルツベルクは1973年の論文では利用者が被利用者を犯罪に誘致する行為の時点で未遂の開始を認める見解を支持し[76]、1985年の論文では手放し説に改説したが[77]、その後さらに説を改め、現在では未遂犯を結果犯として構成する見解を採用している[78]。しかし、その問題意識は当初から一貫しており、とりわけ、客観的に未遂に該当する事態が生じた時点で、利用者がそのことを意

---

72) Hillenkamp, a. a. O. (Fn. 22), Rn. 139 ff., 155 ff.
73) Hillenkamp, a. a. O. (Fn. 22), Rn. 140; Otto, Versuch und Rücktritt bei mehreren Tatbeteiligten, a. a. O. (Fn. 65), S. 646.
74) ここで全体解決説「的」としたのは、以下で取り上げる見解（特にヘルツベルクの見解）は、厳密にみれば、もはや全体解決説の範疇には収まらないもののように思われるからである。
75) ラスは、行為者が実現しようとした構成要件に関し、被害者に防御行為の必要性が生じた時点で未遂の開始が認められるという基準を提示する（Jürgen Rath, Grundfälle zum Unrecht des Versuchs, JuS 1998, S. 1109）。そして、この基準は間接正犯の場合にも同様にあてはまるとし、間接正犯の未遂は、原則として、被利用者が前記の基準に該当するような行為をした時点で認められるということを導いている（Rath, a. a. O. (Fn. 25), S. 143）。
76) Herzberg, a. a. O. (Fn. 27), S. 92 f.
77) Herzberg, a. a. O. (Fn. 28), S. 1 ff.

識していなければ未遂は成立しないかという問題が繰り返し検討されている。1973年の論文では、客観的に未遂に該当する事態が生じた時点で、利用者がそのことを意識していなければ未遂は成立しないという立場から、利用行為の時点で未遂の開始を認める見解を支持し、手放し説に対して、利用者が知らない間に客観的に事象の手放しが生じた場合に未遂が成立しないことになってしまい不当であると批判していた[79]。しかし、その後、利用行為時に未遂を認めるのでは早すぎるとして見解を改め、手放し説を採用した。その際、手放しが無意識の間に生じた場合については、手放し以前の利用行為時の意識内容を根拠に故意を認める理論構成を提唱した[80]。しかし、現在ではこの理論構成を撤回するとともに手放し説から離れ[81]、未遂の成立時期を利用者の行為から切り離す全体解決説的な見解を主張している。未遂の開始時期と故意の問題については、以下のような理論構成で解決することを試みている。

　ヘルツベルクは、従来の見解に対し、未遂犯は行為犯であるということを自明の前提としてきたと批判し、未遂犯においても未遂行為と未遂結果は分けられるべきであるとする。そして、未遂結果の内容を「構成要件実現の直接の危険」[82]と規定し、両者はほとんどの場合は一致するが、未遂結果が未遂行為よりも後の時点で発生する場合もあるとするのである[83]。このように未遂犯を既遂犯とパラレルな構造を有するものと理解することによって、「結果」の発生時に行為者がそのことを意識していないからといって、故意が否定されるわけ

---

78) Herzberg, Der Versuch, die Straftat durch einen anderen zu begehen, a. a. O. (Fn. 54), S. 749 ff.; ders., Begehung und Erfolg beim Versuch(§§ 8, 22 StGB), in: Festschrift für Hans-Joachim Rudolphi zum 70. Geburtstag, 2004, S. 75 ff.; Rolf Dietrich Herzberg/Holm Putzke, Straflose Vorbereitung oder strafbarer Versuch?, in: Festschrift für Andrzej J. Szwarc, 2009, S. 218.
79) Herzberg, a. a. O. (Fn. 27), S. 93 f.
80) Herzberg, a. a. O. (Fn. 28), S. 8 f.
81) Herzberg, Der Versuch, die Straftat durch einen anderen zu begehen, a. a. O. (Fn. 54), S. 758 f. 参照（特に、Anm. 27）。ただし、Herzberg/Hoffmann-Holland, a. a. O. (Fn. 54),§22 Rn. 137 は、手放し説が基本的に妥当だとしつつ、犯罪実現の近接性が認められない場合には、行為者の表象によれば危険が創出された時点で未遂を認めるべきだとしている。
82) Herzberg, Der Versuch, die Straftat durch einen anderen zu begehen, a. a. O. (Fn. 54), S. 762.
83) Herzberg, Der Versuch, die Straftat durch einen anderen zu begehen, a. a. O. (Fn. 54), S. 761 ff.

ではないということを導くのである。

　このような理論構成は、我が国では既に以前から主張されているが、重要な点で異なっている。すなわち、我が国で未遂犯を結果犯として構成する見解は、現実に結果発生が切迫したこと、または、確実といえる段階にまで至ったことを要求するが[84]、ヘルツベルクは、未遂結果の発生の有無も利用者の表象にしたがって定めるべきだとしている点である[85]。したがって、たとえばＸがＡを毒殺しようとして、某月１日にＡ宛に毒入り菓子を郵送し、Ｘの予定ではそれが同月３日の午前中に届くはずであった場合、たとえ何らかの事故によって毒入り菓子がＡのもとに届かなくても、Ｘの表象にしたがえばそれが到達していたであろう３日の午前中には殺人未遂が成立することになるというのが、ヘルツベルク説の帰結である。このような考え方は、ドイツ刑法典22条が「行為についての自らの表象にしたがって……」と定めていることに基づく[86]。しかし、さらにいえば、このような帰結を妥当とする価値判断の背後には、不能犯論との整合性への配慮もあるように思われる。というのは、ドイツにおいては、未遂犯の処罰根拠論を主観的に理解する見解（すなわち、主観説ないし印象説）が支配的であるが、未遂の開始の場面においてのみ、現実に結果発生が差し迫った段階に至ったことを要求するのはバランスを失しているように思われるからである。

　他方で、ヘルツベルクの考え方にしたがうと、利用行為時の表象にしたがえば未遂結果が生じるはずの時点が到来する前に、利用者が犯行の失敗に気づいた場合をどのように処理すべきかという問題が生じる。ヘルツベルクは、このような場合、未遂結果の発生は認められないとするが[87]、結果の発生が未遂行為後の表象の変遷に左右されるというのは理解し難い。ヘルツベルク説のこの部分については、「全体行為」を想定する全体解決説の残滓が払拭されきれて

---

84) ただし、和田・前掲注12) 216頁以下。
85) Herzberg, Der Versuch, die Straftat durch einen anderen zu begehen, a. a. O. (Fn. 54), S. 763 f. さらに、Herzberg/Hoffmann-Holland, a. a. O. (Fn. 54), §22 Rn. 137.
86) Herzberg, Der Versuch, die Straftat durch einen anderen zu begehen, a. a. O. (Fn. 54), S. 763 f.
87) Herzberg, Der Versuch, die Straftat durch einen anderen zu begehen, a. a. O. (Fn. 54), S. 766 ff.

いないように思われる。

(6) 中間説

以上のように、ドイツでは、個別解決説と全体解決説という両極の見解が激しく対立してきたが、最近、両者を折衷する見解も有力に主張されている。

たとえば、ヴェッセルス＝ボイルケ＝ザッツガーは、間接正犯の未遂の判断においては、利用者自身の行為に優先的に着目すべきだとしながらも、手放し後に被利用者によるさらなる準備行為が想定され、法益の危殆化がいつの時点で生じるのかがはっきりしない場合には、被利用者が犯罪実行を直接に開始した時点で未遂の成立を認めるべきだとする。この見解は、原則として事象の手放しの時点で未遂の開始を認めるが、例外的に被利用者の行為に着目する点で、「修正された手放し説」とも呼ぶべき見解といえる[88]。

また、未遂の開始の基準を法益侵害の危殆化から導く立場から類似の帰結に至るのはエーザー＝ボッシュである。彼らは、未遂の開始の判断は、行為者の計画にしたがえば、既に当該法益が直接に危殆化される段階に至っていたかという基準によってなされるべきだとした上で[89]、間接正犯についてもまったく同様のことがあてはまるとする。その上で、利用者が、その表象にしたがえば被利用者が必然的に犯罪実行に至るよう、前もって周到に制御している場合には、利用行為の時点で未遂の開始が認められるが、被利用者によるさらなる準備行為が想定される場合には、利用者の表象にしたがえば被利用者による法益の危殆化をもはや制御できない時点で認められるとする[90]。

また、間接正犯の未遂の開始の判断対象は、利用者の行為と被利用者の行為

---

88) Wessels/Beulke/Satzger, a. a. O. (Fn. 55), § 17 Rn. 873 ff. 同様の見解として、Hans-Heinrich Jescheck/Thomas Weigend, Lehrbuch des Strafrecht, Allgemeiner Teil, 5. Aufl., 1996, S. 521. また、原則としては手放し時に未遂の開始を認めながらも、「正犯の背後の正犯」のケースでは行為帰属論的な見地から被利用者の行為時に、被害者利用のケースでは不作為犯的構成により法益の直接の危殆化が生じた時点にこれを認めるものとして、Franz Streng, Wie „objektiv" ist der objektive Versuchstatbestand, in: Gedächtnisschrift für Heinz Zipf, 1999, S. 325 ff.

89) Eser/Bosch, a. a. O. (Fn. 25), Rn. 42.

90) Eser/Bosch, a. a. O. (Fn. 25), Rn. 54a. さらに、Jürgen Meyer, Kritik an der Neuregelung der Versuchsstrafbarkeit, ZStW 1975, S. 602 ff.

とを合わせた全体行為だという前提に立ちながらも、原則として利用者による手放しの時点で未遂の開始は認められ、ただその時点で結果発生の切迫した危険がない場合には、被利用者がそのような危険を生じさせた時点で未遂の開始を認めるべきだとする見解もある[91]。これは、全体解決説からの折衷説と評価することも可能な見解といえる。

第2款 判 例

判例については多少の変遷がみられるが、基本的には一貫した立場がとられているといえる[92]。まず、ライヒ裁判所時代においては、間接正犯に関して特殊な基準を用いず、未遂の開始に関する一般的基準に基づいて予備と未遂の区別を行っていた。しかし、結論としては利用行為の時点で未遂の開始を認めたものが目につく[93]。

たとえば、ライヒ裁判所1924年12月11日判決[94]は、被告人が病気の義妹の健康を害する目的で、同女の母親が同女のために用意していたペパーミント茶の中に密かに毒物を入れ、情を知らない母親を通じて、直ちに同女にこれを飲ませようとしたが、目的を遂げなかったという事案につき、「被告人は、自然的観察にしたがえば、有毒であろう飲み物を準備することによって毒物の投与を開始し、事象が妨害されなければ、被告人によって展開させられた活動は、毒物の投与の構成要件要素の実現に直接に至ったであろうが、その既遂はただ犯行が発覚したために回避された」とし、本件では毒物の入った飲み物を用意した行為を「実行行為の構成要素」とみることができるとした[95]。

また、他人の住居に放火装置を設置した被告人が、自己の不在中に何者かによって電流が流され、それによって火災が起こる可能性を知りながら、病院に

---

91) Prüßner, a. a. O. (Fn. 23), S.119 ff.
92) 判例を概観したものとしては、Krüger, a. a. O. (Fn. 47), S. 29 ff.; Prüßner, a. a. O. (Fn. 23), S.108 ff.; Schilling, a. a. O. (Fn. 23), S. 11 ff.
93) Schilling, a. a. O. (Fn. 23), S. 11 ff. 参照。ただし、RGSt 45, 282.
94) RGSt 59, 1.
95) このような形式的客観説的な基準により未遂の開始の判断を行うのが当時の確立した判例であった。詳しくは、第4章第3節第2款参照。

第5章 間接正犯の実行の着手　　257

入院したという事案に関するライヒ裁判所1932年2月22日判決[96]も、被告人が仮に何らかの物理的原因によって火災に至ることを未必的に認識していた場合、自然的観察からすれば、放火装置の設置は、事象が通常に経過すれば建造物の放火の構成要件の実現に直接に至るはずの行為であり、かつ、放火の実行行為との必然的な一体性ゆえにその構成要素とみることができると述べた上で、仮に被告人が情を知らない第三者によって電流が流されることを未必的に認識していた場合も同様のことがあてはまるとした。

　これらの例に代表されるライヒ裁判所の考え方は、連邦裁判所時代に入っても当初そのまま引き継がれた。この時期の判例としてしばしば取り上げられるのが、連邦通常裁判所1952年7月8日判決[97]と連邦通常裁判所1953年7月3日判決であるが、前者は極めて特異な例[98]なので、ここでは後者のみ取り上げることとする。

連邦通常裁判所1953年7月3日第2刑事部判決[99]
[事案]

　被告人は、和議手続（Vergleichsverfahren）の開始後に、自己の財産を過大に見積もった虚偽の財産目録を作成して和議管財人（Vergleichsverwalter）に提出し、それによって間近に迫った和議交渉の際に債権者との間で和議を締結できるようにし、自己の財産に対するさらなる追及を妨げようとした。しかし、和議管財人にすぐに虚偽を見破られたため、目的を遂げなかった。

---

96) RGSt 66, 141.
97) BGHSt 3, 110.
98) 第2次世界大戦末期、兵役に就いている夫からヒトラーやナチ党を嘲罵する内容の手紙を受け取った被告人が、この機会に夫を亡き者にしようと考え、当局にこの件を通報し、軍事裁判による死刑を利用して夫を殺害しようとしたが、死刑判決は下されたものの、それが執行される前に部隊が解散したため、目的を遂げなかったという事案である。本判決は、殺人の未遂の成否についても言及し、死刑判決の時点で未遂が認められるとした（背景には、当時の混乱した状況下では、死刑判決の宣告後、すぐに死刑が執行されることが予想されたという事情がある）。利用行為から離れた時点で未遂を認めたという点で、興味深い判例ではある。
99) BGHSt 4, 270.

[判決要旨]

　原審は詐欺未遂罪の成立を認めたが、本判決は、被告人が情を知らない和議管財人を利用して債権者を欺罔しようとした詐欺という構成を示した上で、被告人が和議管財人に虚偽の財産目録を提出した時点で同罪の未遂が認められるか否かを検討し、原審の認定した事実からはその成否は明らかではないとして、原判決を破棄した。

　本判決は、前記の2つの判決を含むライヒ裁判所の諸判例を引用した上で、間接正犯の未遂の問題も予備と未遂の区別に関する一般的なルールにしたがって解決されるべきだとした。本判決によれば、未遂の開始にあたる行為とは、「構成要件実現との必然的な一体性ゆえに、行為者の犯行計画にしたがえば、既に構成要件の構成要素をなす行為」であり、したがって予備か未遂かを区別するにあたっては、「個々の行為が、全体の中で、既に保護法益を危殆化し、かつ、侵害に直結しうるような保護法益に対する攻撃を含んでいるかどうか」が検討されなければならない。本判決はこのように述べた上で、情を知らない第三者の利用の場合については、「さらなる事情が付け加わるか、または、かなり長い時間を経た後にはじめて実行が期待されていた場合には、情を知らない行為媒介者への働きかけは、単なる予備行為となりうる。つまり、情を知らない行為媒介者への働きかけは、法益が既に直接に危殆化されている場合に、実行の開始となりうる」とした。そして、本件の事案に関しては、「被告人が、たとえば、間近に迫った報告のために和議管財人が準備してあった資料の中に虚偽の財産目録を挟みこんだ場合、被告人による詐欺行為の開始が認められる」とする一方、「ただ虚偽の資料を和議管財人が入手できるようにしただけで、それがいつ使用されるか予測し得なかった場合」には予備にすぎないとした。その理由として、前者の場合には法益の危殆化が認められるのに対し、後者の場合には、和議管財人が資料を精査することによって虚偽の申告が発覚するなどの可能性があるため、法益の危殆化がいまだ認められないということが挙げられている。

　本判決は、ライヒ裁判所と同様、予備と未遂の区別に関する一般的な基準を間接正犯の未遂の開始時期の問題にそのまま適用し、被告人の表象内容に応じ

て、利用行為の時点で未遂の開始が認められる場合も認められない場合もあることを明示した点が特徴的である。ところがその後、手放し説に強く傾斜したとみられる判例が現れた。

連邦通常裁判所 1982 年 1 月 26 日第 4 刑事部判決[100]
[事案]
　本件は、第三者を利用して被害者を殺害し（後記事案①）、または被害者に重度の傷害を負わせようとした（後記事案②）事案である。

　被告人は、嫉妬心から、恋敵のJを殺害したいと考えたが、Jとは顔見知りであり、失敗した場合には発覚するおそれがあったことから、第三者を利用することにした。

　まず、被告人は、Gに対して高価な物が得られるといって強盗をするように誘い、睡眠薬にみせかけて実際は致死量の塩酸が入ったプラスチック容器をGに渡した。Gは、CとÜとともに、すぐにJを襲い、被告人から渡された睡眠薬とされる薬物をJに投与し、財物を強取するはずであった。しかし、途中、Gらが好奇心から容器の蓋を開けたところ、きつい刺激臭がし、内容物が明らかに睡眠薬ではなく、危険な酸だということがわかったため、犯行を断念した（事案①）。

　その後、被告人は、酢酸アルミニウム（essigsaure Tonerde）[101]が入っているようにみせかけて、実際は毒性の極めて強い液体が入ったプラスチック容器をAに渡した。Aは、直ちにJにその液体をかけ、Jを一時的に病院に行くように仕向け、それにより、被告人がJ宅を略奪することができるようにすることになっていた。しかし、Jは被告人の計画に同意するふりをして、容器を警察に渡した（事案②）。

　本件では、事案①につき謀殺罪、事案②につき重い傷害罪の未遂の開始が認

100）BGHSt 30, 363. 本判決は、原口・前掲注9) 91頁以下でも紹介されている。
101）この物質の性質について詳しいことは不明であるが、実際に入っていた液体とは異なり、人に重大な傷害を負わせる性質のものではないようである。被告人は、実際は重い傷害罪を実現させる意図であったにもかかわらず、それをAに隠していたことから、重い傷害罪の間接正犯が問題となった。

められるかが争点となった。

[判決要旨]

　本判決は、まず予備と未遂の区別について次のように述べた。

　「予備行為と未遂の境界は、行為者が構成要件要素を実現してはじめて踏み越えられるわけではない。行為者の犯行計画にしたがえば、構成要件要素の充足の前に位置し、構成要件的行為に直接に至り、かつ、保護法益に──行為者の表象にしたがえば──具体的な危険をもたらす行為がなされた場合にも、この境界は踏み越えられる。それゆえ、未遂は、行為者が次のような行為をなす場合に認められる。すなわち、妨害なく事象が経過する場合には、構成要件の充足に直接に至るか、または構成要件の充足と直接の場所的時間的関係に立つ行為である。」[102]

　その上で、間接正犯の場合については、その未遂の開始が認められるのは、行為者の表象にしたがえば、「行為媒介者に対する必要な働きかけが終わっており、その結果、行為者の犯行計画にしたがえば、行為媒介者がすぐに犯罪を実行し、かつ、それによって既にその時点で保護法益が危殆化されている」場合である、「というのも、他人を通じて犯罪を行おうとする者は、その者が行為媒介者を犯罪実行に誘致し、かつ、行為媒介者がすぐに構成要件該当行為を行うであろうという表象のもとで、行為媒介者をその者の作用領域から手放す場合に、計画された犯罪行為の構成要件の実現を直接に開始するからである」とした。

　そして、本件では、事案①、②のどちらにおいても、被告人の表象にしたがえば手放し後すぐに犯行が行われるはずであったから、未遂の成立が認められるとした。

---

[102]　この予備と未遂の区別基準に関する判示部分の内容が、前出連邦通常裁判所1953年7月3日判決以前のものと異なるのは、この間に刑法典の総則に関する全面改正が行われ、未遂に関する規定の文言が大幅に変更されたからである。現行規定のもとでは、未遂の開始が認められるためには、行為が構成要件の一部実現の段階まで至っている必要はなく、その直前に位置すれば足りるというのが判例を含めて一致した見解である。詳しくは、第4章参照。

本判決は「行為媒介者をその者の作用領域から手放す」という基準に言及し、また、前出連邦通常裁判所 1953 年 7 月 3 日判決とは異なり、手放し後の事象経過に関する被告人の表象を詳細に認定せずに、「手放し」の時点で未遂が認められるとしたことから、手放し説を採用したものと評価されることもある[103]。しかし、判示内容を注意深く読めばわかるように、本判決は手放し説の基準には言及しているものの、同時に、法益の危殆化という基準や、犯行が手放し後「すぐに」行われるはずであったという事情にも言及している。したがって、本判決がそれまでの判例から大きく逸脱するものだとは必ずしもいえない[104]。現に、本判決の後、はっきりと手放し説から距離を置いた判例が現れた。

連邦通常裁判所 1997 年 8 月 12 日第 1 刑事部判決[105]
[事案]
　本件は被害者を利用した殺人の未遂の成否が争点となった事案である。
　被告人は、何者かによって住宅に侵入されるという被害を受けた。犯人らは、被告人宅の台所で調理をし、そこに置いてあった様々な飲み物のびんを飲み干していた。さらに、彼らは、ステレオセットを屋根裏部屋に移動させていた。そのため、被告人から通報を受けた警察は、犯人らは、搬出の準備をしておいた盗品を運び出すために、数日中に再び戻ってくるだろうと推測した。そこで、4 名の警察官が、被告人から通報を受けた日の翌々日からその次の日にかけての晩に、被告人宅で待ち伏せをすることになった。
　一方、被告人は、犯人に対する怒りから、警察官らによる待ち伏せが行われる日の午後、酒びんに致死量の毒と水を混ぜて入れ、1 階の床に置いた。その際、被告人は、犯人らがそのびんの中身を飲んで中毒死するかもしれないことを考慮に入れていた。しかし、その後、被告人は、待機している警察官らにも

---

103) Claus Roxin, in: LK, Bd. 1, 11. Aufl., 2003, §25 Rn. 152.
104) もっとも、同判決から 4 年後の連邦通常裁判所 1986 年 8 月 5 日判決（BGH NStZ 1986, 547）は、より手放し説的な判示をしており、この時期に判例が手放し説に傾斜したことは確かであろう。
105) BGHSt 43, 177. 本件の紹介として、関根徹「被害者の関与が必要な場合の未遂の開始」比較法雑誌 34 巻 1 号（2000 年）209 頁以下、山中・前掲注 3) 776-777 頁。

危険が及ぶことに気づき、警察官らにびんの内容物が有毒であることを告げた。翌朝、被告人は、説得に応じて、その毒入りびんを撤去した。

[判決要旨]
　本判決は、予備と未遂の区別に関する一般的基準として前出連邦通常裁判所1982年1月26日判決と同趣旨のことを述べた上で、次のように判示した。
　「判例は、未遂と予備の区別のためのこの原則を、さしあたり以下のような事例を基にして展開してきた。すなわち、行為者が——未終了未遂の場合のように——その表象にしたがえば、いまだ構成要件実現のために必要なことのすべてをなし終えていない事例である。しかし、この原則は、行為者が——終了未遂の場合のように——その犯罪計画にしたがえば、構成要件実現のために必要な自己の行為を既に完遂した場合にも妥当する。連邦通常裁判所は、行為者がたとえ行為を完結させた場合であっても、常に必ず犯罪構成要件の充足への直接性が認められなければならないわけではなく、それゆえ、それだけでは未遂の開始の有無の問題に答えるのには十分ではないという考え方をとっている。」
　「このことは、次のような事例では決定的である。すなわち、行為者が、行為媒介者による不可欠の寄与を計画に織り込んでいる事例である。ここでは、たしかに、行為者の犯罪行為の開始は、行為媒介者への働きかけを完了した場合に既に認められる。それゆえ、行為媒介者が犯罪行為を開始することは必要ではない。直接の開始は、少なくとも、行為媒介者が構成要件該当行為を利用行為の完了と密接して行うであろうという表象のもとに手放しがなされた場合には認められる。これに対し、行為媒介者への働きかけが、かなり長い時間が経過した後にはじめて効果を発揮するか、または、働きかけが果たして効果を発揮するか、また、いつ効果を発揮するのかがはっきりしない場合には、直接の開始は認められない。このような事例においては、行為媒介者が……犯罪行為を直接に開始した場合にはじめて未遂の開始が認められる」（圏丸は筆者が挿入した）。
　本判決は、以上のように述べた上で、このような事例においては、事象全体を観察して、利用者の行為が既に法益に対する直接の危殆化を含んでいるか、

それともいまだ行われるかどうか不明確な行為媒介者による後の行為にそれが委ねられているかが決定的だとし、このことは本件のような被害者利用のケースにもあてはまるとした。そして、本件事情のもとでは、被告人の表象にしたがえば、犯人らが再び被告人宅に戻ってきた上、さらに酒びんの中身を飲むことは極めて不確実であったといえるので、酒びんを床に置いただけでは足りず、犯人らが実際に現れてそれを飲もうとしない限り殺人の未遂は認められないとした。

本件は、事案が極めて興味深い上、引用した判示部分以外の箇所で手放し説を批判し、これを採用しないことを明確に述べたため[106]、大きな議論を呼んだ。しかし、手放し説の論者からは、本件では被告人は毒入り飲料を簡単に撤去できる状態を保持しており、事象を手放していたとはいえないから、自説からも未遂の開始は認められないとして、本判決による批判は不当だという反論がなされている[107]。

本判決は、判例が前出連邦通常裁判所1982年1月26日判決によって手放し説に傾斜したという見方を覆した。本判決の位置づけに関しては、従来主張されてこなかった独自の見解を示したものとみるものもあるが[108]、ライヒ裁判所時代以来の判例を通観すれば、本判決がまったく新しい考え方を採用したとまではいえず、一連の判例の流れの上に位置づけるのが自然な見方であろう[109]。

本判決の示した考え方は、それ以降に公刊された判例においても基本的に引き継がれている。たとえば、被害者利用の例として、暗殺のため被害者の自動車に手榴弾を取り付け、車輪を動かした際に爆発するよう仕掛けたが、被害者に発見されたため目的を遂げなかった事案に関する連邦通常裁判所1997年10月7日判決[110]、借家からの立ち退きを求められた腹いせに、退去の際に同家

---

106) BGHSt 43, 181 f.
107) Claus Roxin, Anmerkung zu BGH, Urt. v. 12. 8. 1997, JZ 1998, S. 211. さらに、本件の原審である OLG München NStZ-RR 1996, 71 も参照。
108) Roxin, a. a. O. (Fn. 107), S. 211 f.
109) Karl Heinz Gössel, Anmerkung zu BGH, Urt. v. 12. 8. 1997, JR 1998, S. 293 ff. 参照。
110) BGH NStZ 1998, 294.

の電気配線に細工をし、後の居住者がコンセントを使用した場合には感電するように仕掛けたが、発覚して目的を遂げなかった事案に関する連邦通常裁判所2001年5月8日決定[111]がある。どちらの裁判も、前出連邦通常裁判所1997年8月12日判決と同様の基準を示した上で、被告人の表象によれば被害者による結果惹起行為がなされることは不確実ではなかったことを理由として、未遂を肯定している。また、第三者利用のケースとしては、ミュンヘン上級ラント裁判所2006年8月8日判決[112]が挙げられる。この事案は、被告人が、購入した乗用車に欠陥があったとして民事訴訟を起こし、裁判で同車の欠陥についての鑑定が行われることになったが、自己の主張に有利な鑑定が出るように、自ら同車に工作を施して新たな欠陥を作り出した上、同車を鑑定人に引き渡したというものである。本判決は、被告人が情を知らない鑑定人を利用して裁判所を欺罔しようとした間接正犯の事案と構成した。その上で、被告人が乗用車を鑑定人に引き渡した後、すぐに鑑定が行われ、その結果が裁判所に報告されるはずであったことを理由に、引き渡しの時点で詐欺の未遂の開始を認めた。

　以上のようにみてくると、判例は、利用者の行為だけではなく被利用者の行為を含む全体事象を未遂の開始の判断対象としている点で個別解決説とは異なっている。その一方で、具体的な帰結においては、利用行為時または手放し時に未遂の開始を認めるのが原則化しており、全体解決説とは原則と例外が逆転している。判例の立場を本章の学説の分類にあえてあてはめるとすれば、中間説に位置づけることができるであろう。

第3款　ドイツの議論状況のまとめ

　現在のドイツの判例・学説の状況を簡単にまとめると次のようになろう。
　学説は、利用者の行為のみに着目する見解（個別解決説）と被利用者の行為を含めた全体行為に着目する見解（全体解決説）に大きく分かれる。個別解決説の内部では利用行為の開始の時点で未遂を認める見解は少数であり、手放し説が

---

111) BGH NStZ 2001, 475.
112) OLG München NJW 2006, 3364 (mit Anmerkung von Karl-Rudolf Winkler). このほか、第三者利用のケースとしては、BayObLG NStZ 2004, 401 などがある。

支持を集めている。全体解決説については、従来は行為帰属論から被利用者の行為時に未遂を認める見解が主流であったが、未遂犯固有の議論から同様の結論を導く見解も有力化している。また、最近では個別解決説と全体解決説の中間説ともいうべき見解も現れている。いずれの学説も拮抗しており、どの説が通説かは必ずしもはっきりしない状況にある。

一方、判例は、多少の変遷はみられるものの、利用者の行為にのみ着目するのではなく、事象全体に着目する点では、ライヒ裁判所時代から基本的に一貫しているといえる。しかし、具体的な結論としては利用行為時または手放し時に未遂を認めたものが多く、被利用者の行為時に未遂を認める全体解決説からも一線を画している。

なお、ドイツでは、我が国とは異なり、重罪について、その教唆の未遂を処罰する規定が存在する（ドイツ刑法典30条1項）。この規定の存在が、従来、個別解決説の重要な論拠の1つとなってきた。全体解決説からは、立法的解決を求めたり[113]、間接正犯で被利用者の行為がなされなかった場合にも同規定の適用を認めるという解決策を提案する[114]などの対応がなされているが、この規定の存在が同説の1つの障害になっていることは否定し難い。しかし、これまでみてきたことから明らかなように、ドイツにおいても、被利用者への働きかけの時点よりも後に間接正犯の未遂を認めようとする見解は、多数に上る。したがって、この規定の存在が、間接正犯の未遂の開始時期に関する議論を決定的に制約するものとは思われない。

第3節 検 討

以上のドイツの議論も参考にしながら、改めて我が国における間接正犯の実行の着手時期の問題を検討してみよう。

---

113) Krüger, a. a. O. (Fn. 47), S. 94 f.
114) Küper, a. a. O. (Fn. 39), S. 372.

まず、結論の妥当性以前に、理論構成の点でその根拠が問題となるのが、利用者の行為と被利用者の行為とを合わせた全体行為を着手判断の対象とすべきだとする見解である。被利用者の行為を利用者の行為と一体としてみる根拠を、支配性に基づく行為帰属に求めるのであれば、本章第2節第1款 (4) で挙げた行為帰属論の問題点がそのまま妥当することになろう。また、不作為犯的構成を主張する見解も、従来から批判されているように、同見解が実行の着手を認めるべきだとする時点で、利用者がそのことを意識していない場合に、故意が欠けることになってしまうという問題がある[115]。

　したがって、利用者が利用行為を終えて事象を手放した後にまで利用者の行為を延長させようという試みは、そこから導かれる結論の妥当性以前に、その理論構成に無理があるように思われる。

　ドイツの議論をみてもわかるように、利用者自身の行為より後に未遂の成立時期を認める理論構成を採用する際に必ず直面するのが、故意の問題である。未遂犯を結果犯として捉える構成は、この問題を明快に解決できる点で優れている[116]。しかし、冒頭で取り上げた切迫性を不要とする最近の見解の問題提起や、ドイツにおけるヘルツベルクの見解に示唆されるように、この見解にも検討すべき問題が残されているように思われる。つまり、我が国ではこのような構成を採用する論者は、当然に、結果発生が現実に切迫または確実な段階に至ることを要求しているが、それに根拠があるか否かである。

　まず、切迫性について検討してみよう。

　不能犯論における危険判断について、事実の抽象化を一切認めない客観的危険説をとった場合、現実に生じた事実はすべて危険判断の対象とされるから、切迫性を要求することに理由はあるかもしれない。しかし、本章では詳しく論じることはできないものの、そのような見解は未遂の成立範囲を極端に制約しすぎるため妥当ではない[117]。また、不能犯論において一般論としては事実の

---

[115] 山口厚『問題探究　刑法総論』（有斐閣、1998年）210頁は、その時点で作為可能性が失われている場合には、不作為犯の罪責を問うことができないと批判する。また、齋野・前掲注11) 63-64頁は、「離隔犯・間接正犯の実行の着手に限って不作為犯を持ち出すことは余りに技巧的に過ぎる」とする。

[116] 注11) で挙げた諸見解についても同様である。

[117] 客観的危険説に関する筆者の考えについては、第2章第3節参照。

抽象化を認めながらも、客体については事実の抽象化を認めない見解[118]からも、切迫性を要求することは導けそうである。このような見解は、行為の作用と客体との間の「近さ」を未遂犯処罰の根拠づけにおいて重視しているようにみえるからである。しかし、一般論として事実の抽象化を認めながら、客体の不能だけ特別扱いすることには理由がないように思われる[119]。

これに対し、客体に関しても事実の抽象化を認める修正された客観的危険説や具体的危険説をとった場合、そのことと切迫性を求めることとの整合性が問題となる。

この問題に関し、その不整合を正面から認めるのが、切迫性の要件を不要として「あり得た仮定的因果経過において既遂結果が発生したと言えるとき」に未遂の成立を認める見解であった。この見解は、切迫性を不要とする一方、結果発生の可能性だけを基準としたのでは未遂の成立時期が早くなりすぎ、また、客観的に未遂が未遂として確定する時点（つまり、結果発生の可能性が消滅する時点）を基準としたのでは未遂の成立時期が遅くなりすぎる場合があるとして、前記のような時点で未遂の成立を認めるべきだとする[120]。しかし、この基準にしたがえば、たとえばXがAを殺害するため、深夜、Aが毎朝通勤に使用している自家用車に爆弾を仕掛けたが、たまたまその様子を目撃していた通行人が警察に通報したため爆弾はすぐに発見・撤去されたという場合、爆弾が発見・撤去された時点では殺人の着手は認められないが、翌朝のAの出勤時に着手が認められることになる。しかし、このような結論はあまりに不自然であろう。この見解の示す結論は、理論上は成り立ちうるとしても、その価値判断の妥当性に疑問があり、切迫性を求める見解と比べてより優れているといえるか疑問である。むしろ、一見不整合にみえるにもかかわらず切迫性を要求する見解の背後にある価値判断の根拠を探り、その妥当性およびその妥当性が及ぶ範囲を見極めることが、重要ではないかと思われる。

不能犯論において事実の抽象化を認めながら、切迫性を要求する不整合を合理的に説明するためには、この要件を未遂犯の処罰根拠としての危険性とは切

---

118) このような見解として、山口・前掲注6) 167頁以下。
119) 佐伯・前掲注3) 351-352頁。
120) 和田・前掲注12) 218-219頁。

り離された外在的制約[121]と解するよりほかはないものと思われる。すなわち、未遂犯の処罰根拠から導かれる危険性という実質的基準では未遂の成立範囲が拡張しすぎ、行動の自由の制約の観点から問題を孕むため、切迫性といった形式的基準によってその成立範囲を制限するという発想である[122]。たしかに、行為者が結果実現に必要な行為をなし終えていない場合、結果発生の危険性だけを基準に実行の着手を判断することは大きな問題を孕む。なぜなら、最終的な結果実現行為に至る可能性、そしてそれによって犯行が成功する可能性は、個々の事案における具体的事情に大きく依存するから、危険性のみを基準としたのでは、事案ごとに着手時期の判断に大きなブレが生じることになり、法的安定性の観点から問題があるからである[123]。罪刑法定主義的な見地からも、「どこまでやれば未遂になるのか、どこまでなら予備にとどまるのか」が（完全にということは不可能であるにしろ）ある程度明確に示されなければならないだろう。したがって、このような場面では切迫性という形式的基準による制約には十分根拠がある[124]。

　しかし、このような根拠は、間接正犯の実行の着手時期の場面では妥当しない。なぜなら、間接正犯の場合、利用者が被利用者に結果実現を委ねた時点で、行為者としてなすべきことは終わっているから、いまだ切迫性が認められない時点で実行の着手を認めても、未遂の成立範囲が際限なく前倒しされるおそれはなく、行動の自由の制約の点でも何ら問題は生じないからである。

　逆に、このような場合にまで切迫性を要求することは、未遂犯においても処罰を偶然性に委ねるという問題がある。たしかに、既遂犯における結果については、その発生・不発生が多かれ少なかれ偶然に依存するとしても、それが発

---

121) 島田聡一郎＝小林憲太郎『事例から刑法を考える』（有斐閣、第3版、2014年）318頁（小林憲太郎執筆）参照。
122) 平野・前掲注4）314頁、山口・前掲注3）283頁参照。
123) 塩見淳「実行の着手について（1）〜（3・完）」法学論叢121巻2号1頁以下、4号1頁以下、6号1頁以下（1987年）は、まさにこのような問題意識に貫かれた研究である。ただし、時間的な切迫性か結果発生の自動性のどちらかが認められればよいとする。同様に、井田『講義刑法学・総論』（前掲注5））397頁以下。
124) ドイツにおける議論ではあるが、ロクシンが、このような場面での未遂の開始の基準は未遂犯の処罰根拠からは導くことができないとし、法治国家的見地から構成要件への近接性を要求していることが注目される（Roxin, a. a. O. (Fn. 22), §29 Rn. 99 ff.）。

生した場合には応報的処罰の要請が生じるから、それを犯罪の構成要素とすることには合理性が認められる[125]。しかし、未遂犯については、その処罰根拠は結果発生の危険性にあるのであり、「結果への近さ」それ自体は前述したような外在的な根拠しか有しない。だとすれば、行為者が既になすべきことをなし終え、犯行の成否を後の因果経過に委ねた状態に至っていれば、当該行為が結果発生の危険性を内包する限りで、切迫性の有無といった偶然的な事情にかかわらず未遂犯処罰を認めた方が、一般予防の見地からは合理的であると思われる。したがって、間接正犯の実行の着手は利用者による事象の手放しがあったときに認められるとする手放し説が妥当だと考える[126]。

なお、手放し説は、事象の手放しがなければ実行の着手を認めないという見解ではない。たとえ事象が行為者のコントロール下にあったとしても、前述の外在的制約から導かれる要件を充足する場合には、実行の着手を認めてよい。たとえば、自動車の助手席に乗り込み、運転者の頭にピストルを突きつけたまま、自動車を発進させて前方の人を引き殺すように命じた場合[127]には、その時点で結果への近接性が認められるので、仮に手放しがないと考えたとしても、命じた時点で殺人の実行の着手を認めてよいだろう。

以上のような考え方に対しては、手放しの時点で結果発生が不確実な場合には、それが確実な状態に至るまで着手は認めるべきではないという批判が予想される。我が国の個別化説やドイツの中間説および判例は、まさにこのような考え方に基づくものであった。しかし、その行為が不能犯と評価されるならともかく、そうでないのであれば、当該行為には結果発生の危険性が認められるわけであるから、結果の発生が確実になる段階まで未遂犯処罰を待たなくてはならない理由はない。結果が発生する危険性があることを承知で、運を天に任せて事象を後の因果経過に委ねる行為に対し、未遂犯の違法性を認めることには十分な理由があるように思われる。したがって、確実性も、切迫性と同様に、

---

125) 井田『講義刑法学・総論』(前掲注5)) 82頁。
126) 本書以前に手放し説を詳細に展開したものとして、中・前掲注2) 178頁以下および222頁以下。
127) 連邦通常裁判所1986年8月5日判決(前掲注104))の事案から示唆を得た。ただし、同判決はピストルを突きつけて発進を命じた時点で手放しがあるとしているようである。

前述したような意味での外在的制約の1つとして考慮しうるにすぎないというべきであろう。

　なお、このような見解に立つ場合、手放しの意義が問題となる。第三者利用の間接正犯の場合、通常、被利用者に犯行を委ねた時点で手放しが認められるであろうが、殺人のためにコーヒー粉末に毒物を混ぜるケースのような被害者利用の場合については、行為者が外出したとしても、厳密にみれば、一定の時点に至るまでは自ら引き返してそれを撤去することが可能である。このような場合に、行為者が手放し意思によって外出した時点で既に着手を認めるべきか、客観的にもはや他人の助力を得ないでは撤去不可能な時点に至ってはじめて着手を認めるべきかが問題となる。このうち後者を支持する見解もある[128]。たしかに、純粋に行為者の意思によって手放しの有無を判断するのは、着手時期を専ら行為者の主観に委ねることになり、不当である。しかし、手放し説の発想の要点は、行為者が事象を自己の支配下に保持し、容易に犯行を撤回できる場合には、行為者が結果実現に必要な行為をなし終えていない場合と構造上の同質性が認められるというところに存するのであるから、客観的にもはや独力では毒物を撤去不可能な時点まで手放しを認めないのは過当な要求というべきであろう[129]。行為者が毒物を自己の監視の外に置き、被害者が毒物に近づこうとしてもそのことに気づかないような状況を作出すれば、それで足りると考えるべきである。そのような状況が作出されたか否かは、行為者の主観的判断によるのではなく、行為者の認識事情を基礎にして、一般人の視点から判断すべきであろう。前記の例では、行為者の外出時に着手を認めてよいように思われる。その後に翻意しても、中止犯が問題となるにすぎない。

---

[128] 中・前掲注2) 194頁以下。
[129] なお、「客観的に事象支配が行為者から手放された状態」を未遂結果と構成し、そのような事態が生じた時点で着手を認める見解も理論的には成り立ちうるように思われるが、本文中で述べたように、その時点まで着手を認めない理由はないと思われるので、本章はそのような見解は採用しない。

第 4 節　私見に対する批判

　事象の手放しの時点を基準とする私見に対しては、間接正犯の場合に「結果への近さ」が要求されないことを一般予防の見地からの合理性だけから導くのには説得力がない、手放しは第三者による結果回避の方向に向けた介入を阻止できないことも意味するため危険減少的にも働きうるという批判がある[130]。この批判の論者自身は、間接正犯の実行の着手は、「被利用行為が被害者自身ないしは被害者を含む領域——被害者が事実的又は機能的に見て相当強固に支配する領域——に働きかけた時点」で認められるべきだとする[131]。

　批判に応えるにあたり、まず確認したいのは、私見では、実行の着手判断において、客観的な意味での結果発生の危険性の高低は問題にしていないということである。本書第 2 章で示したように、不能犯論に関しては、私見は、基本的に、修正された客観的危険説を支持する。その場合、結果発生の高度の蓋然性があったとはいえない事例まで、未遂犯として処罰することを認めることになる。それにもかかわらず、間接正犯の実行の着手との関係では、結果発生の切迫性や確実性が要求されるべきだと主張されることがあるのはなぜなのかというのが本章で提示した疑問であった。もちろん、一般人の危険感という観点からすれば、行為と結果との距離が近づけば近づくほど、その増加がみられるともいえよう。だが、そのような考え方をとらないとすれば、行為と結果との間の距離と、結果発生の可能性の高低は必然的には結びつかないはずである。このことから、「結果への近さ」の要求は、結果発生の可能性とは別の理由から導かれているのではないかと考え、これを行為者が結果発生のために必要なことをなし終えていない場面における外在的制約として位置づけたのであった。

　以上のことを踏まえれば、前記の批判の後半部分はあたらないということになる。これに対し、批判の前半部分は、究極的には価値判断の問題ということになろう。私見は、既遂犯処罰に伴う偶然性は、刑罰の応報的側面を考慮すれば当然に甘受しなければならないと考える一方で、未遂犯処罰をも偶然性にか

130）塩見淳「間接正犯・離隔犯における実行の着手時期」川端博ほか編『理論刑法学の探究④』（成文堂、2011 年）27 頁。
131）塩見・前掲注 130）30 頁。さらに、同『刑法の道しるべ』（有斐閣、2015 年）107 頁。

からしめることは、法益保護の見地からは望ましくないと考えるものである。結果発生のために必要なことをなし終えていない場面については、未遂の成立時期の過剰な前倒しを防ぐという要請が法益保護の要請に優位する。しかし、行為者が必要なことを既になし終えている場合には、同様のことはあてはまらないというのが私見の価値判断である。

　被害者領域への介入の時点で着手を認めるべきだという主張については、それが未遂犯の処罰根拠論における印象説から導かれるのだとすれば[132]、前提となる印象説にそもそも賛同することができない。印象説は、本書序章で述べた通り、ドイツ刑法典の未遂規定を説明するのに最も適した学説として、ドイツでは通説的地位にある。だが、ドイツと日本とでは未遂規定の内容に大きな違いがある以上、同説を我が国の処罰根拠論に応用することには疑問を感じざるを得ない。もちろん、印象説の内容を我が国の刑法に適合するように変形すれば、我が国の刑法の未遂規定を説明するのに適した学説になりうるであろう。しかし、まさにこのことが、「印象」の内容が極めてあいまいであることの証左だといえる。

　また、この点を度外視したとしても、印象説は未遂規定を整合的に説明するための学説としては優れているが、未遂犯の要件の解釈の手がかりとしては十分に機能しないということを指摘しなくてはならない。「印象」という基準が、感覚的かつ不明確だからである。このことは、かつて印象説から未遂の開始時期の基準を導いていたロクシンが、行為者がなすべきことをなし終えていない場面では被害者領域への介入の基準を用いたものの、行為者がなすべきことをなし終えている場面については同基準を用いなかったことにも現れている[133]。つまり、手放しの時点で法秩序に対する信頼の動揺が認められると主張することも不可能ではないのである。

---

132) 塩見・前掲130) 30頁、同・前掲注131) 107-108頁。
133) Roxin, Tatentschluß und Anfang der Ausführung beim Versuch, a. a. O. (Fn. 28), S. 8 f., 10 参照。

第5節 結　語

　間接正犯の実行の着手時期の問題は、従来、違法論における行為無価値論と結果無価値論の対立が鮮明に反映される場面だとされてきた。しかし、最近ではその対立図式も相対化されつつある。本章でも可能な限り違法論からの演繹という手法を用いずに議論を組み立てるように努めた。にもかかわらず、結論としては、利用者による事象の手放しの時点で着手を認めるという、極めて「行為無価値論的」な見解に至ることになった。本章の結論や、その前提となる未遂犯論が妥当なものか否かについては、さらにご批判を仰ぐほかない。

おわりに

　本書では、不能犯論および実行の着手論という中止犯を除く未遂犯の中心問題について論じた。不作為犯の未遂や共同正犯の未遂といった特殊問題の解決には、それぞれ、不作為犯における保証者的地位の発生根拠や共同正犯の本質といった根本問題の検討が不可欠であるため、本書では扱うことができなかった。これらの問題については、別の機会に論ずることとしたい。

　また、序章で概略を紹介した具体的危険犯における危険概念をめぐる議論については、具体的危険犯に分類される個別の犯罪類型の特徴を踏まえた各論的研究がさらに必要である。我が国の刑法学は、歴史的にドイツの刑法学から多くを学んできたが、各則の構成要件については、両国の刑法典の間に大きな相違がある。そのため、ドイツにおける具体的危険犯に関する各論的な議論を日本の刑法における同種の犯罪類型に単純に応用することはできない。しかし、純粋に比較法的な関心から、ドイツにおける議論を紹介・検討することも無駄なことではないであろう。これについても、将来の課題としたい。

　本書で明らかにした私見のうち、不能犯論における主張（第2章）および実行の着手判断の基礎事情に関する主張（第3章）は、現在の我が国の裁判実務から大きく逸脱するものではないといえる。これに対し、実行の着手の判断基準に関する主張（第4章）および間接正犯における実行の着手時期に関する主張（第5章）は、従来の実務および通説とは異なるものである。とりわけ、実行の着手は構成要件的行為の直前行為に認められるべきであり、構成要件という枠による着手時期の限定を否定すべきだとした第4章の主張は、実行の着手時期を従来の判例が示すラインよりも前倒しすることを認めるものであるが、それにとどまらず、結果的加重犯の成立範囲にも波及的な影響が出る。すなわち、たとえば強姦致死傷罪のように、基本犯の未遂段階の行為から重い結果が発生した場合でも結果的加重犯が成立する類型では、行為と重い結果との間に因果関係が認められさえすればよいという判例の立場を前提にすると、基本犯

の着手時期の前倒しが結果的加重犯の成立範囲の拡大に直結する。その意味で、本書の主張は「パンドラの箱」を開けてしまうものだという面もあるかもしれない。

　しかし、結果的加重犯の成立範囲がこのようにいたずらに拡大するのは、原因行為と重い結果との間の直接性どころか、重い結果について過失も要求しない判例の立場に起因する。未遂犯の成立時期と結果的加重犯の成立範囲とは本来別個の問題であるから、仮に、結果的加重犯の成立範囲の拡張を防ぐために、加重結果が生じていない場面も含めて基本犯の着手時期の判断を控えめにするとすれば、それは筋違いであろう。本書の立場からは、基本犯への加重結果の帰属の問題は、直接性の要件の要否も含め、議論をより深化させる必要があると考える。

文献一覧

[邦語文献]

青木人志「ガローの不能犯論と富井政章の不能犯論（上）（下）」法律時報 60 巻 12 号（1988 年）75 頁以下、61 巻 2 号（1989 年）84 頁以下
青木人志「不能犯論の日仏比較」刑法雑誌 34 巻 3 号（1995 年）350 頁以下
秋吉淳一郎「関税法 111 条 3 項、1 項 1 号の無許可輸出罪につき実行の着手があるとされた事例」ジュリスト 1489 号（2016 年）97 頁以下
浅古弘「刑法草案審査局小考」早稲田法学 57 巻 3 号（1982 年）379 頁以下
浅田和茂「主観的違法要素と犯罪論――結果無価値論の立場から――」現代刑事法 3 号（1999 年）46 頁以下
浅田和茂『刑法総論』（成文堂、補正版、2007 年）
新井勉「旧刑法の編纂（1）（2・完）」法学論叢 98 巻 1 号 54 頁以下（1975 年）、4 号 98 頁以下（1976 年）
荒木泰貴「『一連の行為』に関する一考察――早すぎた構成要件実現と量的過剰防衛を素材として――」慶應法学 23 号（2012 年）303 頁以下
飯島暢『自由の普遍的保障と哲学的刑法理論』（成文堂、2016 年）
石井紫郎編『日本近代法史講義』（青林書院新社、1972 年）
石井徹哉「いわゆる早すぎた構成要件の実現について」奈良法学雑誌 15 巻 1=2 号（2002 年）1 頁以下
石井徹哉「行為と責任の同時存在の原則」刑法雑誌 45 巻 2 号（2006 年）242 頁以下
石山宏樹「婦女を自動車内に連れ込もうとした時点において強姦の実行の着手が認められないとして、強盗強姦未遂罪の成立が否定された事例」研修 667 号（2004 年）33 頁以下
板倉宏「早すぎた構成要件の実現」日本大学法科大学院法務研究 2 号（2006 年）1 頁以下
―――『刑法総論』（勁草書房、補訂版、2007 年）
井田良『犯罪論の現在と目的的行為論』（成文堂、1995 年）
―――『刑法総論の理論構造』（成文堂、2005 年）
―――『講義刑法学・総論』（有斐閣、2008 年）
―――『変革の時代における理論刑法学』（慶應義塾大学出版会、2007 年）
伊東研祐『刑法総論』（新世社、2008 年）
―――『刑法講義総論』（日本評論社、2010 年）
伊藤渉＝鎮目征樹＝安田拓人＝小林憲太郎＝成瀬幸典『アクチュアル刑法総論』（弘文堂、2005 年）
井上正一『訂正日本刑法講義』（明法堂、再版、1893 年）
井上操『刑法述義 第 1 冊』（岡島真七ほか、1883 年）
井上祐司「不能犯――静脈空気注射事件――」法学セミナー 259 号（1976 年）102 頁以下
今村智仁「強姦罪の実行の着手の有無につき、原審と控訴審とで判断が分かれた事例」研修 687 号

(2005 年) 15 頁以下

入江猛「1　専らメダルの不正取得を目的として体感器と称する電子機器を身体に装着してパチスロ機で遊戯する行為の窃盗罪該当性　2　専らメダルの不正取得を目的として体感器と称する電子機器を身体に装着してパチスロ機で遊戯し取得したメダルについて窃盗罪が成立する範囲」『最高裁判所判例解説　刑事篇（平成 19 年度）』132 頁以下

上原龍「関税法の無許可輸出罪に関し、実行の着手を認めて、予備罪が成立するにとどまるとした原判決を破棄した事例」警察学論集 68 巻 9 号（2015 年）171 頁以下

植松正「不能犯」『総合判例研究叢書　刑法 (3)』（有斐閣、1956 年）122 頁以下

──『刑法概論Ⅰ　総論』（勁草書房、再訂版、1974 年）

臼井滋夫「殺人罪における実行の着手（その 1）〜（その 3・完）」研修 219 号 45 頁以下、220 号 53 頁以下、221 号 55 頁以下（1966 年）

内田文昭『刑法Ⅰ（総論）』（青林書院、改訂補正版、1997 年）

内山良雄「未遂犯における危険判断と故意」西原春夫先生古稀祝賀論文集編集委員会編『西原春夫先生古稀祝賀論文集　第 1 巻』（成文堂、1998 年）447 頁以下

──「具体的危険説の危険判断とその適用上の問題──可罰未遂の限界との関連で──」早稲田大学大学院法研論集 89 号（1999 年）79 頁以下

──「不能犯──客観的危険説の立場から──」現代刑事法 17 号（2000 年）50 頁以下

──「未遂犯総説」曽根威彦＝松原芳博編『重点課題　刑法総論』（成文堂、2008 年）187 頁以下

梅崎進哉『刑法における因果論と侵害原理』（成文堂、2001 年）

江藤隆之「不能犯における危険の概念 (1)〜(3・完)」宮崎産業経営大学法学論集 16 巻 1=2 号 33 頁以下（2007 年）、17 巻 1=2 号 33 頁以下、18 巻 1 号 109 頁以下（2008 年）

──「実行の着手における主観的なるものと客観的なるもの──刑法教義学の超越論的検討──」桃山法学 20=21 号（2013 年）163 頁以下

大久保太郎「自動車により婦女を他所へ連行したうえ強姦した場合につき婦女を自動車内に引きずり込もうとした時点において強姦罪の実行の着手があるとされた事例」『最高裁判所判例解説　刑事篇（昭和 45 年度）』245 頁以下

大越義久『刑法解釈の展開』（信山社、1992 年）

大塚仁「故意の体系的地位」内藤謙ほか編『刑事法学の課題と展望』（香川達夫博士古稀祝賀、成文堂、1996 年）17 頁以下

──『刑法概説（総論）』（有斐閣、第 4 版、2008 年）

大塚仁ほか編『大コンメンタール刑法　第 12 巻』（青林書院、第 2 版、2003 年）

──『大コンメンタール刑法　第 4 巻』（青林書院、第 3 版、2013 年）

大塚裕史「薬物・銃器輸入罪の成立時期」三原憲三先生古稀祝賀論文集編集委員会編『三原憲三先生古稀祝賀論文集』（成文堂、2002 年）549 頁以下

大沼邦弘「未遂犯の実質的処罰根拠──不能犯論の予備的作業──」上智法学論集 18 巻 1 号（1974 年）63 頁以下

──「構成要件の欠缺と可罰未遂の限界 (1)〜(3・完)」成城法学 1 号 313 頁以下、2 号 59 頁以下（1978 年）、7 号 69 頁以下（1980 年）

──「未遂犯の成立範囲の画定」平場安治ほか編『団藤重光博士古稀祝賀論文集　第 3 巻』（有斐閣、1984 年）74 頁以下

大場茂馬『刑法総論　下巻』（中央大学、1917 年）

大谷實『刑法講義総論』(成文堂、新版第4版、2012年)
岡田朝太郎『日本刑法論 完』(有斐閣、訂正増補再版、1895年)
岡本勝「「抽象的危殆化犯」の問題性」法学38巻2号(1974年)1頁以下
─── 『犯罪論と刑法思想』(信山社、2000年)
奥村正雄「未遂犯における危険概念」刑法雑誌33巻2号(1993年)198頁以下
─── 『イギリス刑事法の動向』(成文堂、1996年)
─── 「不能犯における危険概念の構造──客観的危険説と具体的危険説──」同志社法学57巻6号(2006年)109頁以下
─── 「実行行為概念の意義と機能」刑法雑誌45巻2号(2006年)257頁以下
─── 「殺人罪の実行の着手時期と早すぎた結果の発生」同志社法学59巻6号(2008年)543頁以下
─── 「イギリスにおける未遂犯の処罰根拠」高橋則夫ほか編『曽根威彦先生・田口守一先生古稀祝賀論文集(上巻)』(成文堂、2014年)685頁以下
小野晃正「早すぎた結果発生と実行行為──『一連の行為』をめぐる考察──」阪大法学60巻1号(2010年)155頁以下
小野清一郎『刑法講義総論』(有斐閣、新訂版、1948年)
─── 『犯罪構成要件の理論』(有斐閣、1953年)
香川達夫『刑法講義(総論)』(成文堂、第3版、1995年)
垣口克彦「主観的違法要素の理論」中山研一ほか編『刑法理論の探究──中刑法理論の検討──』(中義勝先生古稀祝賀、成文堂、1992年)91頁以下
柏木千秋「不能犯について──実行行為性の欠如──」研修363号(1978年)8頁以下
勝本勘三郎『刑法要論 上巻(総則)』(明治大学、1913年)
門田成人「関税法の無許可輸出罪における実行の着手時期」法学セミナー722号(2015年)127頁
金澤真理「実行の着手判断における行為計画の意義」法学75巻6号(2012年)97頁以下
─── 「航空機に機内預託手荷物として積載させようとする行為と関税法上の無許可輸出罪の実行の着手」『平成27年度重要判例解説』(ジュリスト臨時増刊1492号、2016年)145頁以下
鹿野伸二「船舶から海上に投下し回収する方法により覚せい剤を輸入しようとした行為につき、覚せい剤取締法41条の輸入罪及び関税法(平成17年法律第22号による改正前のもの)109条1項、3項の禁制品輸入罪の実行の着手があったとはいえないとされた事例」『最高裁判所判例解説 刑事篇(平成20年度)』118頁以下
亀井源太郎『正犯と共犯を区別するということ』(弘文堂、2005年)
亀山貞義『刑法講義 巻之一』(明治法律學校講法會、1988年)
亀山継夫「結合犯の末遂」研修340号(1976年)55頁以下
川端博「早すぎた構成要件の実現」研修688号(2005年)3頁以下
─── 『刑法総論講義』(成文堂、第3版、2013年)
川端博=日髙義博=塩見淳『《鼎談》未遂犯論・不能犯論の現在』現代刑事17号(2000年)4頁以下
北野通世「規範的危険概念への道程」内田文昭先生古稀祝賀論文集編集委員会編『内田文昭先生古稀祝賀論文集』(青林書院、2002年)3頁以下
木藤繁夫「ガソリンの撒布行為と放火罪の実行の着手」警察学論集37巻7号(1984年)197頁以下
木村栄作「Ⅰ 強姦罪の実行の着手 Ⅱ 殺人罪の実行の着手」警察学論集23巻11号(1970年)161頁以下
木村亀二(阿部純二増補)『刑法総論』(有斐閣、増補版、1978年)

木村静子「未遂犯における既遂故意と主観的違法要素」福田雅章ほか編『刑事法学の総合的検討（上）』（福田平博士・大塚仁博士古稀祝賀論文集、有斐閣、1993 年）105 頁以下

葛原力三＝塩見淳＝橋田久＝安田拓人『テキストブック刑法総論』（有斐閣、2009 年）

久礼田益喜『日本刑法総論』（厳松堂書店、1925 年）

小疇伝『新刑法論総則』（清水書店、1910 年）

江家義男『刑法講義　總則篇』（東山堂書房、1940 年）

古賀廉造『刑法新論　総論之部』（中野書店、増補訂正 5 版、1900 年）

小島吉晴「窃盗罪（車上荒し）の実行行為の着手時期」研修 515 号（1991 年）33 頁以下

小島陽介「釣銭を窃取する目的で自動券売機の釣銭返却口に接着剤を塗布する行為が窃盗罪における実行の着手と認められた事例」刑事法ジャーナル 28 号（2011 年）96 頁

後藤眞理子「関税法 109 条の禁制品輸入罪につき実行の着手があったとされた事例」『最高裁判所判例解説　刑事篇（平成 11 年度）』135 頁以下

小西秀宣「監禁を手段とする強姦（致傷）罪の着手時期、両罪の関係」研修 366 号（1978 年）89 頁以下

小林憲太郎『刑法的帰責――フィナリスムス・客観的帰属論・結果無価値論――』（弘文堂、2007 年）

―――『刑法総論』（新世社、2014 年）

―――「実行の着手について」判例時報 2267 号（2015 年）3 頁以下

斎藤金作「実行の着手」日本刑法学会編『刑法講座　第 4 巻』（有斐閣、1963 年）1 頁以下

齋野彦弥「危険概念の認識論的構造――実行の着手時期の問題を契機として――」松尾浩也＝芝原邦爾編『刑事法学の現代的状況』（内藤謙先生古稀祝賀、有斐閣、1994 年）55 頁以下

―――『刑法総論』（新世社、2007 年）

佐伯和也「関税法 111 条 3 項、1 項 1 号の無許可輸出罪につき実行の着手があるとされた事例」刑事法ジャーナル 44 号（2015 年）89 頁以下

佐伯千仭『刑法における違法性の理論』（有斐閣、1974 年）

―――『刑法講義（総論）』（有斐閣、4 訂版、1981 年）

佐伯仁志「不能犯」西田典之ほか編『刑法の争点』（ジュリスト増刊、2007 年）90 頁以下

―――『刑法総論の考え方・楽しみ方』（有斐閣、2013 年）

佐久間修「詐欺罪における実行行為とその着手（1）（2・完）」産大法学 22 巻 1 号 56 頁以下、2 号 37 頁以下（1988 年）

―――「実行行為と故意の概念――早すぎた結果発生を素材として――」法曹時報 57 巻 12 号（2005 年）1 頁以下

―――『刑法総論』（成文堂、2009 年）

塩見淳「実行の着手について（1）～（3・完）」法学論叢 121 巻 2 号 1 頁以下、4 号 1 頁以下、6 号 1 頁以下（1987 年）

―――「条件付故意について」刑法雑誌 30 巻 1 号（1989 年）42 頁以下

―――「主体の不能について（1）（2・完）」法学論叢 130 巻 2 号 1 頁以下、6 号 1 頁以下（1991 年）

―――「ドイツにおける未遂論の客観化傾向について（1）（3・完）」法学論叢 137 巻 1 号 30 頁以下、2 号 1 頁以下、3 号 13 頁以下（1995 年）

―――「放火罪における実行の着手」松尾浩也＝芝原邦爾＝西田典之編『刑法判例百選Ⅰ　総論』（別冊ジュリスト 142 号、第 4 版、1997 年）126 頁以下

―――「間接正犯・離隔犯における実行の着手時期」川端博ほか編『理論刑法学の探究④』（成文堂、2011 年）1 頁以下

―――『刑法の道しるべ』(有斐閣、2015年)
篠田公穂「条件付き故意」名古屋大学法政論集123号(1988年)205頁以下
澁谷洋平「英米刑法における不能未遂の可罰性判断(1)(2・完)――客観説の分析を中心として――」広島法学27巻3号63頁以下、4号161頁以下(2004年)
―――「イギリス刑法における未遂罪の客観的要件について(1)(2・完)」熊本法学108号(2005年)41頁以下、111号(2007年)43頁以下
―――「イギリスにおける未遂法の現状と課題について(1)(2・完)――法律委員会による立法提案とその議論を中心として――」熊本法学119号214頁以下、121号160頁以下(2010年)
島田聡一郎『正犯・共犯論の基礎理論』(東京大学出版会、2002年)
―――「実行行為という概念について」刑法雑誌45巻2号(2006年)226頁以下
島田聡一郎=小林憲太郎『事例から刑法を考える』(有斐閣、第3版、2014年)
謝煜偉『抽象的危険犯論の新展開』(弘文堂、2012年)
末道康之『フランス刑法における未遂犯論』(成文堂、1998年)
―――「放火罪の実行の着手をめぐる一考察」慶應義塾大学法学部編『慶應の法律学 刑事法』(慶應義塾創立150年論文集、慶應義塾大学法学部、2008年)167頁以下
鈴木左斗志「方法の錯誤について――故意犯における主観的結果帰責の構造――」金沢法学37巻1号(1995年)69頁以下
―――「実行の着手」西田典之=山口厚編『刑法の争点』(ジュリスト増刊、第3版、2000年)88頁以下
鈴木茂嗣『刑法総論(犯罪論)』(成文堂、第2版、2011年)
―――『犯罪論の基本構造』(成文堂、2012年)
関根徹「被害者の関与が必要な場合の未遂の開始――毒のわな――」比較法雑誌34巻1号(2000年)209頁以下
曽根威彦『刑法における実行・危険・錯誤』(成文堂、1991年)
―――『刑事違法論の研究』(成文堂、1998年)
―――「遡及禁止と客観的帰属」板倉宏博士古稀祝賀論文集編集委員会編『現代型犯罪の諸問題』(板倉宏博士古稀祝賀、勁草書房、2004年)135頁以下
―――「主観的要素と犯罪論構造」三井誠ほか編『鈴木茂嗣先生古稀祝賀論文集(上巻)』(成文堂、2007年)123頁以下
―――『刑法総論』(弘文堂、第4版、2008年)
高橋則夫『規範論と刑法解釈論』(成文堂、2007年)
―――『刑法総論』(成文堂、第2版、2013年)
高橋則夫=杉本一敏=仲道祐樹『理論刑法学入門――刑法理論の味わい方――』(日本評論社、2014年)
髙山佳奈子『故意と違法性の意識』(有斐閣、1999年)
滝谷英幸「『一連の実行行為』と故意」早稲田大学大学院法研論集143号(2012年)231頁以下
武田鬼十郎「未遂犯の積極的意義」、「未遂犯の積極的意義(承前完)」法学新報29巻10号43頁以下、11号49頁以下(1919年)
竹田直平「間接正犯(1)~(3)」立命館学叢4巻8号53頁以下、10号37頁以下、5巻2号87頁以下(1933年)
立石二六『刑法総論』(成文堂、第3版、2008年)
団藤重光『刑法綱要総論』(創文社、初版、1957年)

─────『刑法綱要総論』（創文社、第 3 版、1990 年）
照沼亮介『体系的共犯論と刑事不法論』（弘文堂、2005 年）
富井政章『刑法論綱』（岡島宝文館、初版、1889 年）
─────「刑法学理の一新」法学協会雑誌 9 巻 5 号（1891 年）6 頁以下
─────『刑法論綱』（岡島書店、訂正再版、1893 年）
富田敬一「間接正犯と実行行為」中山研一ほか編『現代刑法講座　第 3 巻　過失から罪数まで』（成文堂、1979 年）177 頁以下
内藤謙『刑法講義総論（上）』（有斐閣、1983 年）
─────『刑法講義総論（下）Ⅱ』（有斐閣、2002 年）
長島敦「強姦罪の実行の着手（その 1）〜（その 3）」研修 189 号 95 頁以下、190 号 71 頁以下、191 号 65 頁以下（1964 年）
中野次雄『刑法総論概要』（成文堂、第 3 版補訂版、1997 年）
中野正剛『未遂犯論の基礎』（成文堂、2014 年）
─────「オルトランの未遂犯論」刑法雑誌 55 巻 2 号（2016 年）221 頁以下
中山研一『刑法総論』（成文堂、1982 年）
─────『刑法の論争問題』（成文堂、1991 年）
中山研一＝浅田和茂＝松宮孝明『レヴィジオン刑法 2』（成文堂、2002 年）
中義勝「不能犯──具体的危険説の立場から──」同編『論争刑法』（世界思想社、1976 年）114 頁以下
─────「故意の体系的地位」鈴木茂嗣編『現代の刑事法学（上）』（平場安治博士還暦祝賀、有斐閣、1977 年）151 頁以下
─────『講述犯罪総論』（有斐閣、1980 年）
─────「主観的不法要素の全面的否認説について（1）（2・完）」法学教室 106 号 80 頁以下、107 号 96 頁以下（1989 年）
─────『刑法上の諸問題』（関西大学出版部、1991 年）
仲道祐樹『行為概念の再定位──犯罪論における行為特定の理論──』（成文堂、2013 年）
名和鐵郎「未遂犯の論理構造──実害犯の未遂を中心として──」福田雅章ほか編『刑事法学の総合的検討（下）』（福田平・大塚仁博士古稀祝賀、有斐閣、1993 年）407 頁以下
西田典之「間接正犯論の周辺」Law School 48 号（1982 年）32 頁以下
─────『刑法総論』（弘文堂、第 2 版、2010 年）
西原春夫『間接正犯の理論』（成文堂、1962 年）
─────『刑法総論』（成文堂、1977 年）
─────『犯罪実行行為論』（成文堂、1998 年）
西原春夫ほか編『判例刑法研究　第 4 巻』（有斐閣、1981 年）
西村秀二「いわゆる『条件付故意』について──未完成犯罪を中心として──」上智法学論集 30 巻 1 号（1987 年）251 頁以下
西村秀二「『早まった結果惹起』について」富大経済論集 46 巻 3 号（2001 年）115 頁以下
西山富夫「ドイツ刑法思想の発展と未遂・不能犯（1））〜（3）」名城法学 4 巻 2 号 1 頁以下、3＝4 号 26 頁以下（1954 年）、5 巻 1 号 15 頁以下（1955 年）
─────「黎明期の不能犯判例史」名城大学法学会編『名城大学創立 20 周年論文集　法学編』（法律文化社、1966 年）54 頁以下
─────「近代刑法理論の形成期における不能犯の学説および判例史」名城法学 19 巻 3＝4 号（1970

年）1頁以下
――――「未遂犯の違法性と責任性」西山富夫＝井上祐司編『刑事法学の諸相（上）』（井上正治博士還暦祝賀、有斐閣、1981年）73頁以下
二本柳誠「ドイツにおける未遂処罰限定の試み」早稲田大学大学院法研論集115号（2005年）180頁以下
――――「未遂犯における危険判断と行為意思」早稲田大学大学院法研論集120号（2006年）147頁以下
――――「実行の着手と罪刑法定主義」高橋則夫ほか編『曽根威彦先生・田口守一先生古稀祝賀論文集（上巻）』（成文堂、2014年）667頁以下
――――「実行の着手の判断における密接性および危険性」高橋則夫ほか編『野村稔先生古稀祝賀論文集』（成文堂、2015年）117頁以下
野村稔『未遂犯の研究』（成文堂、1984年）
――――『刑法総論』（成文堂、補訂版、1998年）
萩原滋「実行の着手と所為計画」高橋則夫ほか編『野村稔先生古稀祝賀論文集』（成文堂、2015年）99頁以下
橋爪隆「殺人罪の実行の着手と早すぎた構成要件実現における殺人既遂の成否」ジュリスト1321号（2006年）234頁以下
――――「実行の着手について」法学教室411号（2014年）110頁以下
林幹人「早過ぎた結果の発生」判例時報1869号（2004年）3頁以下
――――『刑法総論』（東京大学出版会、第2版、2008年）
林陽一「不能について」芝原邦爾ほか編『松尾浩也先生古稀祝賀論文集　上巻』（有斐閣、1998年）377頁以下
原口伸夫「間接正犯者の実行の着手時期」法学新報105巻1号（1998年）61頁以下
――――「実行の着手時期と早すぎた構成要件の実現」法学新報113巻3=4号（2007年）603頁以下
――――「不能犯論についての若干の覚え書」下村康正ほか編『刑事法学の新展開』（八木國之博士追悼論文集、酒井書店、2009年）41頁以下
原田保「実行の着手」法学セミナー360号（1984年）40頁以下
日髙義博『違法性の基礎理論』（イウス出版、2005年）
――――「実行の着手と早すぎた結果の発生」専修ロージャーナル創刊号（2006年）123頁以下
平井彦三郎『刑法論綱　総論』（松華堂書店、第5版、1935年）
平木正洋「1　被害者を失神させた上自動車ごと海中に転落させてでき死させようとした場合につき被害者を失神させる行為を開始した時点で殺人罪の実行の着手があるとされた事例　2　いわゆる早過ぎた結果の発生と殺人既遂の成否」『最高裁判所判例解説　刑事篇（平成16年度）』155頁以下
平野龍一「未遂犯」法学セミナー139号（1967年）42頁以下
――――『刑法総論II』（有斐閣、1975年）
――――『犯罪論の諸問題（上）総論』（有斐閣、1981年）
――――『刑法の機能的考察』（有斐閣、1984年）
平場安治「構成要件欠缺の理論（1）～（3・完）」法学論叢53巻5=6号264頁以下、54巻1=2号38頁以下、3=4号85頁以下（1947年）
平場安治「行為意思と故意」団藤重光ほか編『犯罪と刑罰（上）』（佐伯千仭博士還暦祝賀、有斐閣、1968年）238頁以下
平本喜祿「放火罪における実行の着手」捜査研究33巻11号（1984年）42頁以下

深町晋也「主観的正当化要素としての同意の認識の要否——同意の処罰阻却効果の『絶対性』との関係について——」岡山大学法学会雑誌 51 巻 4 号（2002 年）761 頁以下
福田平『刑法解釈学の諸問題』（有斐閣、2007 年）
―――『刑法総論』（有斐閣、全訂第 5 版、2011 年）
福山道義「危険概念と偽証罪」法学 37 巻 3=4 号（1974 年）1 頁以下
藤井一雄「殺人の目的で静脈内に空気を注射する行為と不能犯」『最高裁判所判例解説　刑事篇（昭和 37 年度）』72 頁以下
藤木英雄「刑法総論の諸問題 (6)——放火罪の予備と実行の着手——」警察学論集 22 巻 1 号（1969 年）117 頁以下
―――『刑法講義総論』（弘文堂、1975 年）
藤永幸治＝河上和雄＝亀山継夫『刑法判例研究』（東京法令出版、1981 年）
振津隆行『刑事不法論の研究』（成文堂、1996 年）
―――『刑事不法論の展開』（成文堂、2004 年）
―――『刑事不法論の再構成』（成文堂、2015 年）
法務省大臣官房司法法制部司法法制課『ドイツ刑法典』（法務資料 461 号、2007 年）
堀田正忠『刑法釋義　第壹篇』（信山社、復刻版、2000 年）
堀内捷三「行為意思と故意の関係について——実行の着手時期への 1 つの視座——」警察研究 55 巻 8 号（1984 年）3 頁以下
―――『刑法総論』（有斐閣、第 2 版、2004 年）
前田雅英『刑法総論講義』（東京大学出版会、第 4 版、2006 年）
―――『刑法総論講義』（東京大学出版会、第 6 版、2015 年）
前原捷一郎「実行の着手に関する判例の考察」小林充先生佐藤文哉先生古稀祝賀刑事裁判論集刊行会編『刑事裁判論集　上巻』（小林充先生・佐藤文哉先生古稀祝賀、判例タイムズ社、2006 年）149 頁以下
牧野英一『刑法研究　第 2 巻』（有斐閣、1921 年）
―――『日本刑法　上巻　総論』（有斐閣、重訂第 61 版、1937 年）
―――『刑法総論　下巻』（有斐閣、全訂第 15 版、1959 年）
―――「刑法における思想、理論及び技術 (1)～(4)」季刊刑政 9 巻 1 号 33 頁以下、2 号 40 頁以下、3 号 33 頁以下、4 号 24 頁以下（1961 年）
増田豊『規範論による責任刑法の再構築——認識論的自由意志論と批判的責任論のプロジェクト——』（勁草書房、2009 年）
町井裕明「自動券売機から接着剤を使用して釣銭を窃取する手口の実行の着手時期が自動券売機に接着剤を塗布した時点であるとした事例」研修 745 号（2010 年）111 頁
町野朔「現代刑事法学の視点——中山研一『主観的違法要素の再検討』(1)～(3・完)——」法律時報 61 巻 10 号（1989 年）132 頁以下
松生健「具体的危険犯における『危険』の意義 (1) (2・完)」九大法学 48 号 1 頁以下、49 号 37 頁以下（1985 年）
松澤伸「覚せい剤輸入罪の既遂時期と実行の着手時期」早稲田大学社会安全政策研究所紀要 3 号（2010 年）209 頁以下
―――「窃盗罪における実行の着手」山口厚＝佐伯仁志編『刑法判例百選 I』（別冊ジュリスト 220 号、第 7 版、2014 年）126 頁以下
松原芳博『刑法総論』（日本評論社、2013 年）

──「実行の着手と早すぎた構成要件の実現──クロロホルム事件──」同編『刑法の判例　総論』（成文堂、2011 年）172 頁以下
松宮孝明『刑法総論講義』（成文堂、第 4 版、2009 年）
宮内裕「危険概念について」平場安治編『現代刑法学の課題　下』（瀧川先生還暦記念、有斐閣、1955 年）735 頁以下
宮川基「条件付故意について（1）（2・完）」法学 63 巻 3 号 345 頁以下、4 号 519 頁以下（1999 年）
宮城浩蔵『刑法講義　第 1 巻』（明治法律学校、第 4 版、1887 年）
　　　──『刑法正義　上巻』（特別認可私立明治法律学校講法會、1893 年）
宮本英脩『刑法学粋』（弘文堂書房、第 5 版、1935 年）
宗岡嗣郎『客観的未遂論の基本構造』（成文堂、1990 年）
村井敏邦「不能犯」芝原邦爾ほか編『刑法理論の現代的展開　総論Ⅱ』（日本評論社、1990 年）165 頁以下
泉二新熊『刑法大要』（有斐閣、第 40 版、1943 年）
森住信人『未遂処罰の理論的構造』（専修大学出版局、2007 年）
安田拓人「実行の着手と早すぎた結果発生」『平成 16 年度重要判例解説』（ジュリスト臨時増刊 1291 号、2005 年）157 頁以下
山口厚『危険犯の研究』（東京大学出版会、1982 年）
　　　──『問題探究　刑法総論』（有斐閣、1998 年）
　　　──『刑法総論』（有斐閣、第 3 版、2016 年）
山口厚＝井田良＝佐伯仁志『理論刑法学の最前線』（岩波書店、2001 年）
山口悠介「放火罪の実行の着手──昭和 39・9・1 静岡地裁判決をめぐって──」警察研究 41 巻 4 号（1970 年）35 頁以下
山中敬一『犯罪論の機能と構造』（成文堂、2010 年）
　　　──「いわゆる早すぎた構成要件実現と結果の帰属」板倉宏博士古稀祝賀論文集編集委員会編『現代社会型犯罪の諸問題』（板倉宏博士古稀祝賀、勁草書房、2004 年）97 頁以下
　　　──『刑法総論』（成文堂、第 3 版、2015 年）
吉井蒼生夫「現行刑法の制定とその意義」杉山晴康編『裁判と法の歴史的展開』（敬文堂、1992 年）461 頁以下
吉田常次郎『日本刑法』（自治館、第 4 版、1936 年）
和田俊憲「未遂犯」山口厚編著『クローズアップ刑法総論』（成文堂、2003 年）188 頁以下
　　　──「不能犯の各論的分析・試論の覚書」岩瀬徹ほか編『刑事法・医事法の新たな展開　上巻』（町野朔先生古稀記念、信山社、2014 年）227 頁以下

[立法資料：日本]

西原春夫＝吉井蒼生夫＝藤田正＝新倉修編著『旧刑法〔明治13年〕(1)』（信山社、1994年）
─── 『旧刑法〔明治13年〕(2)－Ⅰ』（信山社、1995年）
─── 『旧刑法〔明治13年〕(2)－Ⅱ』（信山社、1995年）
─── 『旧刑法〔明治13年〕(3)－Ⅰ』（信山社、1996年）
吉井蒼生夫＝藤田正＝新倉修編著『旧刑法別冊(1) 刑法草按注解　上』（信山社、1992年）
早稲田大学鶴田文書研究会『刑法審査修正関係諸案』（早稲田大学比較法研究所、1984年）
鶴田皓旧蔵文書『刑法審査修正案註解　第1編』
明治法制経済史研究所編『元老院会議筆記　前期第8巻』（元老院会議筆記刊行会、1964年）
内田文昭＝山火正則＝吉井蒼生夫『刑法〔明治40年〕(1)－Ⅱ』（信山社、2009年）
─── 『刑法〔明治40年〕(1)－Ⅲ』（信山社、1994年）
─── 『刑法〔明治40年〕(2)』（信山社、1993年）
─── 『刑法〔明治40年〕(3)－Ⅰ』（信山社、1994年）
─── 『刑法〔明治40年〕(4)』（信山社、1995年）
─── 『刑法〔明治40年〕(5)』（信山社、1995年）
─── 『刑法〔明治40年〕(6)』（信山社、1995年）
─── 『刑法〔明治40年〕(7)』（信山社、1996年）
田中正身『改正刑法釋義　上巻』（西東書房、1907年）
小野清一郎編『刑事法規集　第1巻』（日本評論社、1944年）
刑法竝監獄法改正調査委員會『改正刑法假案』（法曹会、第4版、1940年）
法務省刑事局編『改正刑法準備草案　附同理由書』（大蔵省印刷局、1961年）
─── 『改正刑法草案の解説　附改正刑法草案刑法対照条文』（大蔵省印刷局、1975年）

[独語文献]

Albrecht, Peter: Der untaugliche Versuch, Basel /Stuttgart 1973.
Alwart, Heiner: Strafwürdiges Versuchen. Eine Analyse zum Begriff der Strafwürdigkeit und zur Struktur des Versuchsdelikts, Berlin 1982.
Arzt, Gunther /Weber, Ulrich /Heinrich, Bernd /Hilgendorf, Eric: Strafrecht, Besonder Teil, Bielefeld 2015.
Bar, Carl Ludwig v.: Gesetz und Schuld im Strafrecht, Band II, Berlin 1907.
Baumann, Jürgen /Weber, Ulrich /Mitsch, Wolfgang: Strafrecht, Allgemeiner Teil, 11. Aufl., Bielefeld 2003.
Bellay, Thomas: Versuch der Vergewaltigung (Anmerkung zu BGH, Beschluß vom 14. 3. 2000), NStZ 2000, S. 591 f.
Berner, Albert Friedrich: Lehrbuch des Deutschen Strafrechtes, Leipzig 1857.
Berz, Urlich: Formelle Tatbestandsverwirklichung und materialer Rechtsgüterschutz. Eine Untersuchung zu den Gefährdungs- und Unternehmensdelikten, München 1986.
Binding, Karl: Die Normen und Ihre Übertretung. Eine Untersuchung über die rechtmäßige Handlung und die Arten des Delikts, Band I, 4. Aufl., Leipzig 1922.
Bloy, René: Unrechtsgehalt und Strafbarkeit des grob unverständigen Versuchs, ZStW 113 (2001), S. 76 ff.
Bockelmann, Paul: Strafrechtliche Untersuchungen, Göttingen 1957.
Börgers, Niclas: Studien zum Gefahrurteil im Strafrecht. Ein Abschied vom objektiven Dritten, Berlin 2008.
Bosch, Nikolaus: Unmittelbares Ansetzen zum Versuch, Jura 2011, S. 909 ff.
Bottke, Wilfried: Untauglicher Versuch und freiwilliger Rücktritt in: Claus-Wilhelm Canaris u. a. (Hrsg.), 50 Jahre Bundesgerichtshof. Festgabe aus der Wissenschaft, Band IV, München 2000, S. 135 ff.
Buri, Maximilian v.: Zur Lehre vom Versuch, GS 19 (1867), S. 60 ff.
―――: Über das Wesen des Versuchs, GA 25 (1877), S. 265 ff.
―――: Über die sog. untauglichen Versuchshandlungen, ZStW 1 (1881), S. 185 ff.
Cohn, Ludwig: Zur Lehre vom versuchten und unvollendeten Versuchen, Band I, Breslau 1880.
Cramer, Peter: Straßenverkehrsrecht, Band I, 2. Aufl., München 1977.
Delquis, Ernst: Der untaugliche Versuch, Berlin 1904.
Demuth, Hennrich: Der normative Gefährdungsdelikte. Ein Beitrag zur Dogmatik der konkreten Gefährdungsdelikte, Bochum 1980.
Dohna, Alexander: Graf zu Der Mangel am Tatbestand, Festgabe für Karl Güterbock, Berlin 1910, S. 37 ff.
Feuerbach, Paul Johann Anselm Ritter v.: Lehrbuch des gemeinen in Deutschland gültigen Peinlichen Rechts, 4. Aufl., Gießen 1808.
Fiedler, Herbert: Vorhaben und Versuch im Strafrecht. Über ein Handlungsmodell der strafrechtlichen Versuchslehre, Baden-Baden 1967.
Finger, August: Der Versuch und der Vorentwurf zu einem Strafgesetzbuch, in: Festschrift für Karl Binding, Band I, Leipzig 1911, S. 257 ff.
Fischer, Thomas: Strafgesetzbuch mit Nebengesetzen, 62. Aufl., München 2015.
Frank, Reinhard: Das Strafgesetzbuch für das Deutsche Reich nebst dem Einführungs gesetz, 18. Aufl., Tübingen 1931.
Frisch, Wolfgang: Vorsatz und Risiko. Grundfragen des tatbestandsmäßigen Verhaltens und des Vorsatzes

Zugleich ein Beitrag zur Behandlung außertatbestandlicher Möglichkeitsvorstellung, Köln u. a. 1983.

Frister, Helmut: Der Begriff „Verwirklichung des Tatbestandes" in § 22 StGB, in: Mark A. Zöller u. a. (Hrsg.), Gesamte Strafrechtswissenschaft in internationaler Dimension. Festschrift für Jürgen Wolter, Berlin 2013, S. 375 ff.

———: Strafrecht, Allgemeiner Teil, 7. Aufl., München 2015.

Gallas, Wilhelm: Abstrakte und konkrete Gefährdung, in: Hans Lüttger u. a. (Hrsg.), Festschrift für Ernst Heinitz, Berlin 1972, S. 171 ff.

Gemmingen, Hans Dieter Freiherr v.: Die Rechtswidrigkeit des Versuchs, Breslau 1932.

Germann, Oskar Adolf: Über den Grund der Strafbarkeit des Versuchs, Aarau 1914.

Gössel, Karl Heinz: Zur Abgrenzung der Vorbereitung vom Versuch (Anmerkung zu BGH, Urt. v. 16. 9. 1975), JR 1976, S. 248 ff.

———: Anmerkung zu BGH, Urt. v. 12. 8. 1997, JR 1998, S. 293 ff.

Grupp, Magdalena: Das Verhältnis von Unrechtsbegründung und Unrechtsaufhebung bei der versuchten Tat, Baden-Baden 2009.

Haas, Volker: Zum Rechtsgrund von Versuch und Rücktritt, ZStW 123 (2011), S. 226 ff.

Hälschner, Hugo: Das gemeine deutsche Strafrecht, Band I, Bonn 1881.

Heinrich, Bernd: Strafrecht, Allgemeiner Teil, 4. Aufl., Stuttgart 2014.

Henckel, Hans: Der Gefahrbegriff im Strafrecht, Breslau 1930.

Hertz, Eduard: Ueber den Versuch mit untauglichen Mitteln, Hamburg 1874.

Herzberg, Rolf Dietrich: Der Versuch beim unechten Unterlassungsdelikt, MDR 1973, S. 89 ff.

———: Der Anfang des Versuchs bei mittelbarer Täterschaft, JuS 1985, S. 1 ff.

———: Zur Strafbarkeit des untauglichen Versuchs, GA 2001, S. 257 ff.

———: Der Versuch, die Straftat durch einen anderen zu begehen, in: Bernd Schünemann u. a. (Hrsg.), Festschrift für Claus Roxin zum 70. Geburtstag, Berlin 2001, S. 749 ff.

———: Begehung und Erfolg beim Versuch (§§ 8, 22 StGB), in: Klaus Rogall u. a. (Hrsg.), Festschrift für Hans-Joachim Rudolphi, 2004, S. 75 ff.

———: Rechtsirrige Annahme einer Straftatbegehung – Versuch oder Wahndelikt?, in: Gunnar Duttge u. a. (Hrsg.), Gedächtnisschrift für Ellen Schlüchter, Köln u. a. 2002, S. 189 ff.

Herzberg, Rolf Dietrich /Putzke, Holm: Straflose Vorbereitung oder strafbarer Versuch? Zur Eingrenzung von § 22 StGB und Art. 13 § 1 K. k., in: Jan C. Joerden u. a. (Hrsg.), Vergleichende Strafrechtswissenschaft. Frankfurter Festschrift für Andrzej J. Szwarc, Berlin 2009, S. 205 ff.

Hilgendorf, Eric /Valerius, Brian: Strafrecht, Allgemeiner Teil, München 2013.

Hillenkamp, Thomas: Zur „Vorstellung von der Tat" im Tatbestand des Versuchs, in: Bernd Schünemann u. a. (Hrsg.), Festschrift für Claus Roxin zum 70. Geburtstag, Berlin 2001, S. 689 ff.

———: Unverstand und Aberglaube, in: Knut Amelung u. a. (Hrsg.), Strafrecht, Biorecht, Rechtsphilosophie. Festschrift für Hans-Ludwig Schreiber, Heidelberg 2003, S. 135 ff.

Hippel, Robert v.: Deutsches Strafrecht, Band 2, Berlin 1930.

Hirsch, Hans Joachim: Gefahr und Gefährlichkeit, in: Fritjof Haft u. a. (Hrsg.), Strafgerechtigkeit. Festschrift für Arthur Kaufmann, Heidelberg 1993, S. 545 ff.

———: Untauglicher Versuch und Tatstrafrecht, in: Bernd Schünemann u. a. (Hrsg.), Festschrift für Claus Roxin zum 70. Geburtstag, Berlin 2001, S. 711 ff.

———: Zur Behandlung des ungefährlichen „Versuchs" de lege lata und de lege ferenda, in: Otto

Triffterer (Hrsg.), Gedächtnisschrift für Theo Vogler, Heidelberg 2004, S. 31 ff.

————: Die subjektive Versuchstheorie, ein Wegbereiter der NS-Strafrechtsdoktrin, JZ 2007, S. 494 ff.

————: Systematik und Grenzen der Gefahrdelikte, in: Urlich Sieber u. a. (Hrsg.), Strafrecht und Wirtschaftsstrafrecht – Dogmatik, Rechtsvergleich, Rechtstatsachen, Festschrift für Klaus Tiedemann, Köln 2008, S. 145 ff.

Horn, Arnold: Der Versuch, ZStW 20 (1900), S. 340 ff.

Horn, Eckhard: Konkrete Gefährdungsdelikte, Köln 1973.

Hoyer, Andreas: Die Eignungsdelikte, Berlin 1987.

Ida, Makoto: Nowakowskis Lehre von der Rechtswidrigkeit: Ein Beitrag zur Dogmengeschichte der strafrechtlichen Unrechtslehre, Keio Law Review, No. 5, 1985, S. 105 ff.

Jakobs, Günther: Strafrecht, Allgemeiner Teil, 2. Aufl., Berlin /New York 1993.

————: System der strafrechtlichen Zurechnung, Frankfurt a. M. 2012.

Jescheck, Hans-Heinrich /Weigend, Thomas: Lehrbuch des Strafrechts, Allgemeiner Teil, 5. Aufl., Berlin 1996.

Joeck, Wolfgang: Anmerkung zu BGH, Urt. vom 14. August 2009, wistra 2012, 179 ff.

Jung, Heike: Zur Strafbarkeit des untauglichen Versuchs – ein Zwischenruf aus rechtsvergleichender Sicht, ZStW 117 (2005), S. 937 ff.

Kadečka, Ferdinand: Theodor Rittler /Friedrich Nowakowski (Hrsg.), Gesammelte Aufsätze, Innsbruck 1959.

Kadel, Bertold: Versuchsbeginn bei mittelbarer Täterschaft – versuchte mittelbare Täterschaft, GA 1983, S. 299 ff.

Kindhäuser, Urs: Gefährdungs als Straftat. Rechtstheoretische Untersuchungen zur Dogmatik der abstrakten und konkreten Gefährdungsdelikte, Frankfurt a. M. 1989.

————: Rechtsgüterschutz durch Gefährdungsdelikte, in: Knut Amelung u. a. (Hrsg.), Festschrift für Volker Krey, Stuttgart 2010, S. 249 ff.

————: Strafrecht, Allgemeiner Teil, 7. Aufl., Baden-Baden 2015.

Klee, Karl: Wille und Erfolg in der Versuchslehre, Breslau 1898.

Kohlrausch, Eduard /Lange, Richard: Strafgesetzbuch mit Erläuterungen und Nebengesetzen, 43. Aufl., Berlin 1961.

Kohn, Fritz: Der untaugliche Versuch und das Wahnverbrechen hinsichtlich ihrer begrifflichen Scheidung und ihrer Strafbarkeit, Breslau 1904.

Koriath, Heinz: Zum Streit um die Gefährdungsdelikte, GA 2001, S. 51 ff.

Krack, Ralf: Der Versuchsbeginn bei Mittäterschaft und mittelbarer Täterschaft, ZStW 110 (1998), S. 611 ff.

————: Unmittelbares Ansetzen durch einen nur vermeintlichen Tatmittler? Ein kleiner Fund zum Versuch bei der mittelbaren Täterschaft, in: Andreas Hoyer u. a. (Hrsg.), Gedächtnisschrift für Jörn Eckert, Baden-Baden 2008, S. 467 ff.

Kratzsch, Dietrich: Die Bemühungen um Präzisierung der Ansatzformel (§ 22 StGB) – ein absolut untauglicher Versuch? (Teil 1), (Teil 2), JA 1983, S. 420 ff., 578 ff.

Krehl Christoph,: Anmerkung zu BGH, Urteil vom 20. 3. 2014, NStZ 2014, 449.

Kriegsmann, Nikolaus Hermann: Wahnverbrechen und untauglicher Versuch. Ueber die Begriffe und deren Unterscheidung, Breslau 1904.

Krüger, Sven: Der Versuchsbeginn bei mittelbarer Täterschaft. Eine strafrechtlich-rechtsphilosophische Untersuchung, Frankfurt a. M. 1994.

Kudlich, Hans: Betrug im Mahnverfahren? (Anmerkung zu OLG Celle, Beschluß vom 1. 11. 2011), JA 2012, S. 152 ff.

Kühl, Kristian: Versuchsstrafbarkeit und Versuchsbeginn, in: Michael Hettinger u. a. (Hrsg.), Festschrift für Wilfried Küper, Heidelberg 2007, S. 289 ff.

―――: Strafrecht, Allgemeiner Teil, 7. Aufl., München 2012.

Kühl, Kristian /Heger, Martin: Strafgesetzbuch, Kommentar, 28. Aufl., München 2014.

Küper, Wilfried: Der Versuchsbeginn bei mittelbarer Täterschaft, JZ 1983, S. 361 ff.

Lackner, Karl: Das konkrete Gefährdungsdelikt im Verkehrsstrafrecht, Berlin 1967.

Lammasch, Heinrich: Das Moment objectiver Gefährlichkeit im Begriffe des Verbrechensversuchs, Wien 1879.

Leipziger Kommentar zum Strafgesetzbuch: Band 1, 12. Aufl., Heinrich Wilhelm Laufhütte u. a. (Hrsg.), Berlin 2007; Band 1, 11. Aufl., Burkhard Jänke u. a. (Hrsg.), Berlin 2003; Band 1, 9. Aufl., Paulheinz Baldus/Günther Willms (Hrsg.), Berlin /New York 1974; Band 11, 12. Aufl., Hagen Wolff (Hrsg.), Berlin 2008 [LK, 巻号表示，版表示，出版年という形で引用]

Liszt, Franz v.: Lehrbuch des Deutschen Strafrecht, 2. Aufl., Berlin /Leipzig 1884, 21. /22. Aufl., Berlin 1919.

Liszt, Franz v. /Schmidt, Eberhard: Lehrbuch des Deutschen Strafrechts, 25. Aufl., Berlin /Leipzig 1927.

Maier, Thomas: Die Objektivierung des Versuchsunrechts. Eine strafrechtliche Analyse de lege lata, Berlin 2005.

Malitz, Kirsten: Der untaugliche Versuch beim unechten Unterlassungsdelikt. Zum Strafgrund des Versuchs, Berlin 1998.

Matt, Holger /Renzikowski, Joachim: Strafgesetzbuch, Kommentar, München 2013.

Meyer, Jürgen: Kritik an der Neuregelung der Versuchsstrafbarkeit, ZStW 87 (1975), S. 598 ff.

Meyer, Maria-Katharina: Das Unmittelbarkeitsprinzip am Beispiel des Versuchs, GA 2002, S. 367 ff.

Mezger, Edmund: Strafrecht, Ein Lehrbuch, 3. Aufl., Berlin /München 1949.

Mittermaier, Carl Joseph Anton: Beiträge zur Lehre vom Versuche der Verbrechen, Neues Archiv des Criminalrechts, Band I, 1816 /1817, S. 163 ff.

Münchener Kommentar zum Strafgesetzbuch: Band 1, 2. Aufl., Bernd von Heintschel-Heinegg (Hrsg.), München 2011; Bd. 5, 2. Aufl., Wolfgang Joecks /Klaus Miebach (Hrsg.), München 2014; Band 6, 2. Aufl., Otto Lagodny /Klaus Miebach (Hrsg.), München 2013 [MüKo, 巻号表示，版表示，出版年という形で引用]

Murmann, Uwe: Versuchsunrecht und Rücktritt, Heidelberg 1999.

Natorp, Hans: Der Mangel am Tatbestand. (sein Verhältnis zum Versuch, untauglichen Versuch und Putativdelikt) und seine Strafbarkeit, Breslau 1921.

Nomos Kommentar zum Strafgesetzbuch: Band 3, 4. Aufl., Urs Kindhäuser u. a. (Hrsg.), Baden-Baden 2013 [NK, 巻号表示，版表示，出版年という形で引用]

Nowakowski, Friedrich: Das Österreichische Strafrecht in seinen Grundzügen, Graz /Wien /Köln 1955.

Oberhofer, Martina: Aberglaube und Unverstand in der Lehre von Versuch und Rücktritt, Frankfurt a. M. u. a., 2016.

Otto, Harro: Versuch und Rücktritt bei mehreren Tatbeteiligten (1. Teil), JA 1980, S. 641 ff.

―――――: Grundkurs Strafrecht, Allgemeine Strafrechtslehre, 7. Aufl., Berlin 2004.

Papageorgiou-Gonatas, Stylianos: Wo liegt die Grenze zwischen Vorbereitungshandlungen und Versuch? Zugleich eine theoretische Auseinandersetzung mit dem Strafgrund des Versuchs, München 1988.

Prüßner, Michael: Die von mehreren versuchte Tat. Gefährdung und Risiko bei versuchter mittelbarer Täterschaft und versuchter Mittäterschaft, Frankfurt a. M. 2004.

Puppe, Ingeborg: Der Versuch des mittelbaren Täters, in: Gunter Widmaier u. a. (Hrsg.), Festschrift für Hans Dahs, Köln 2005, S. 173 ff.

―――――: Die Architektur der Beteiligungsformen, GA 2013, S. 514 ff.

Putzke, Holm: Der strafbare Versuch, JuS 2009, S. 894 ff., 985 ff., 1083 ff.

Radtke, Hennig: Gefährlichkeit und Gefahr bei den Straßenverkehrdelikten, in: Claudius Geisler u. a. (Hrsg.), Festschrift für Klaus Geppert, Berlin 2011, S. 461 ff.

Rath, Jürgen: Grundfälle zum Unrecht des Versuchs, JuS 1998, S. 1006 ff., 1106 ff., JuS 1999, S. 32 ff., 140 ff.

Rengier, Rudolf: Strafrecht, Allgemeiner Teil, 6. Aufl., München 2014.

―――――: Strafrecht, Besonder Teil I, 18. Aufl., München 2016.

Rey-Sanfiz, Luis C.: Die Begriffsbestimmung des Versuchs und ihre Auswirkung auf den Versuchsbeginn, Berlin 2006.

Roxin, Claus: Der Anfang des beendeten Versuchs. Zugleich ein Beitrag zur Abgrenzung von Vorbereitung und Versuch bei den unechten Unterlassungsdelikten, in: Friedrich-Christian Schröder /Heinz Zipf (Hrsg.), Festschrift für Reinhart Maurach, Karlsruhe 1972, S. 213 ff.

―――――: Tatentschluß und Anfang der Ausführugn beim Versuch, JuS 1979, S. 1 ff.

―――――: Die Abgrenzung von untauglichem Versuch und Wahndelikt, JZ 1996, S. 981 ff.

―――――: Anmerkung zu BGH, Urt. v. 12. 8. 1997, JZ 1998, S. 211 f.

―――――: Über den Strafgrund des Versuchs, in: Albin Eser (Hrsg.), Festschrift für Haruo Nishihara, Baden-Baden 1998, S. 157 ff.

―――――: Strafrecht, Allgemeiner Teil, Band II, München 2003.

―――――: Strafrecht, Allgemeiner Teil, Band I, 4. Aufl., München 2006.

―――――: Zur Strafbarkeit des untauglichen Versuchs, in: Heinz Müller-Dietz u. a. (Hrsg.), Festschrift für Heike Jung, Baden-Baden 2007, S. 829 ff.

―――――: Zum unbeendeten Versuch des Einzeltäters, in: Holm Putzke u. a. (Hrsg.), Strafrecht zwischen System und Telos. Festschrift für Rolf Dietrich Herzberg, Tübingen 2008, S. 341 ff.

Salm, Karl: Das versuchte Verbrechen. Studien zum Rechtsguts- und Verbrechensbegriff, Karlsruhe 1957.

Schilling, Georg: Der Verbrechensversuch des Mittäters und des mittelbaren Täters, Köln u. a. 1975.

Schmidhäuser, Eberhard /Alwart, Heiner: Strafrecht, Allgemeiner Teil, Studienbuch, 2. Aufl., Tübingen 1984.

Schröder, Horst: Abstrakt-konkrete Gefährdungsdelikte, JZ 1967, S. 522 ff.

―――――: Die Gefährdungsdelikte im Strafrecht, ZStW 81 (1969), S. 7 ff.

Schönke, Adolf /Schröder, Horst: Strafgesetzbuch, Kommentar, 17. Aufl., München 1974, 29. Aufl., München 2014 [Schönke /Schröder, 版表示, 出版年という形で引用]

Schubert, Katrin: Der Versuch. Überlegungen zur Rechtsvergleichung und Harmonisierung, Berlin 2005.

Schuhr, Jan C.: Versuch der Brandstiftung (Anmerkung zu BGH, Urteil vom 09.03.2006), StV 2007, S. 187 ff.

Schüler, Georg: Der Mangel am Tatbestand, Breslau 1914.

Schünemann, Bernd: Moderne Tendenzen in der Dogmatik der Fahrlässigkeits- und Gefährdungsdelikte, JA 1975, S. 435 ff., 511 ff., 575 ff., 647 ff., 715 ff., 787 ff.

─────: Die deutschsprachige Strafrechtswissenschaft nach der Strafrechtsreform im Spiegel des Leipziger Kommentars und des Wiener Kommentars. 2. Teil: Schuld und Kriminalpolitik, GA 1986, S. 293 ff.

Spendel, Günter: Kritik der subjektiven Versuchstheorie, NJW 1965, S. 1881 ff.

─────: Zur Neubegründung der objektiven Versuchstheorie, in: ders. (Hrsg.), Studien zur Strafrechtswissenschaft. Festshrift für Urlich Stock, Würzburg 1966, S. 89 ff.

Stratenwerth, Günter /Kuhlen, Lothar: Strafrecht, Allgemeiner Teil, 6. Aufl., München 2011.

Streng, Franz: Wie „objektiv" ist der objektive Versuchstatbestand. Der „komplettierte Tatentschluß" und seine Ausführung durch Tun oder Unterlassen, in: Karl Heinz Gössel /Otto Triffteler (Hrsg.), Gedächtnisschrift für Heinz Zipf, Heidelberg 1999, S. 325 ff.

─────: Das »Wahndelikt« - ein Wahn? Überlegungen zum umgekehrten Irrtum über normative Tatbestandsmerkmale, GA 2009, S. 529 ff.

Struensee, Eberhard: Verursachungsvorsatz und Wahnkausalität, ZStW 102 (1990), S. 21 ff.

Systematischer Kommentar zum Strafgesetzbuch, 8. Aufl. [Stand: 148. Lfg. (Dezember 2014)]

Timpe, Gerhard: Untauglicher Versuch und Wahndelikt, ZStW 125 (2014), S. 755 ff.

Treplin, Christian Heinrich: Der Versuch. Grundzüge des Wesens und der Handlung, ZStW 76 (1964), S. 441 ff.

Vehling, Karl-Heinz: Die Abgrenzung von Vorbereitung und Versuch, Frankfurt a. M. u. a. 1991.

Vogler, Theo: Der Beginn des Versuchs, in: Friedrich Dencker u. a. (Hrsg.), Beiträge zur Rechtswissenschaft. Festschrift für Walter Stree und Johannes Wessels, Heidelberg 1993, S. 285 ff.

Vormbaum, Thomas (Hrsg.): Strafrechtsangleichungsverordnung vom 29. Mai 1943, Berlin 2011.

Wachter, Matthias: Das Unrecht der versuchten Tat, Tübingen 2015.

Walter, Tonio: Abgrenzung des versuchten Diebstahls von der straflosen Vorbereitung (Anmerkung zu LG Potsdam, Urteil vom 6. 10. 2005), NStZ 2008, S. 156 f.

Weigend, Thomas: Die Entwicklung der deutschen Versuchslehre, in: Hans Joachim Hirsch /Thomas Weigend (Hrsg.), Strafrecht und Kriminalpolitik in Japan und Deutschland, Berlin 1989, S. 113 ff.

Welzel, Hans: Das Deutsche Strafrecht. Eine systematische Darstellung, 11. Aufl., Berlin 1969.

Wessels, Johannes /Beulke, Werner /Satzger, Helmut: Strafrecht, Allgemeiner Teil, 45. Aufl., Heidelberg 2015.

Wolter, Jürgen: Objektive und personale Zurechnung von Verhalten, Gefahr und Verletzung in einem funktionalen Straftatsystem, Berlin 1981.

Zachriae, Heinrich Albert: Lehre vom Versuche der Verbrechen, Göttingen 1836.

Zaczyk, Rainer: Das Unrecht der versuchten Tat, Berlin 1989.

Zieschang, Frank: Die Gefährdungsdelikte, Berlin 1998.

[立法資料：ドイツ]

Vorentwurf zu einem Deutschen Strafgesetzbuch, Berlin 1909.
Vorentwurf zu einem Deutschen Srafgesetzbuch, Begründung, Allgemeiner Teil, Berlin 1909.
Kahl, Wilhelm /Lilienthal, Kahl v. /Liszt, Franz v. /Goldtschmidt, James: Gegenentwurf zum Vorentwurf eines deutschen Strafgesetzbuchs, Berlin 1911.
Entwurf der Strafrechtskommission (1913), in: Entwürfe zu einem Deutschen Strafgesetzbuch, Erster Teil, Berlin 1920.
Entwurf von 1919, in: Entwürfe zu einem Deutschen Strafgesetzbuch, Zweiter Teil, Berlin 1920.
Denkschrift zu dem Entwurf von 1919, in: Entwürfe zu einem Deutschen Strafgesetzbuch, Dritter Teil, Berlin 1920.
Gustav Radbruchs Entwurf eines allgemeinen deutschen Strafgesetzbuches (1922), Tübingen 1952.
Amtlicher Entwurf eines Allgemeinen Deutschen Strafgesetzbuchs nebst Begründung 1925 (Reichsratsvorlage)(Nachdruck), in: Materialien zur Strafrechtsreform, 3. Band, Bonn 1954.
Entwurf eines Allgemeinen Deutschen Strafgesetzbuchs 1927 mit Begründung und 2 Anlagen (Reichstagsvorlage)(Nachdruck), in: Materialien zur Strafrechtsreform, 4. Band, Bonn 1954.
Entwurf eines Allgemeinen Deutschen Strafgesetzbuchs 1930 (Entwurf Kahl)(Nachdruck), in: Materialien zur Strafrechtsreform, 5. Band, Bonn 1954.
Franz Gürtner (Hrsg.): Das kommende deutsche Strafrecht, Allgemeiner Teil. Bericht über die Arbeit der amtlichen Strafrechtskommission, Berlin 1934.
Entwurf eines Deutschen Strafgesetzbuchs (Entwurf der amtlichen Strafrechtskommission, 2. Lesung 1935 /1936, zusammengestellt nach Vorschlägen der Unterkommission - nach dem Stand vom 1. Juli 1936).
Niederschriften über die Sitzungen der Großen Strafrechtskommission, 2. Band, Allgemeiner Teil, 14. bis 25. Sitzung, Bonn 1958.
Entwurf des Allgemeinen Teils eines Strafgesetzbuchs mit Begründung, Bonn 1958.
Entwurf eines Strafgesetzbuches (StGB) mit Begründung, Deutscher Bundestag, 3. Wahlperiode, Drucksache 2150.
Entwurf eines Strafgesetzbuches (StGB). E 1962. mit Begründung, Deutscher Bundestag, 4. Wahlperiode, Drucksache 650.
Baumann, Jürgen u. a.: Alternativ-Entwurf eines Strafgesetzbuches, Allgemeiner Teil, Tübingen 1966.
Baumann, Jürgen u. a.: Alternativ-Entwurf eines Strafgesetzbuches, Allgemeiner Teil, 2. Aufl., Tübingen 1969.
Zweiter Schriftlicher Bericht des Sonderausschusses für die Strafrechtsreform, Deutscher Bundestag, 5. Wahlperiode, Drucksache 4095.
Zweites Gesetz zur Reform des Strafrecht (2. StRG), BGBl I 1969, S. 717.

初出一覧

　本書は、既発表の下記論文に大幅な加筆・修正を行い、新たに1章の書下ろしを加えて、1冊の研究書にまとめたものである。

序章　未遂犯と具体的危険犯
　：書下ろし

第2章　不能犯論
　：「不能犯」川端博ほか編『理論刑法学の探究④』（成文堂、2011年）33頁以下

第3章　実行の着手と行為者主観
　：「実行の着手と行為者主観との関係について」慶應義塾大学法学部編『慶應の法律学 刑事法』（慶應義塾創立150年記念論文集、慶應義塾大学法学部、2008年）111頁以下

第4章　実行の着手の判断基準
　：「実行の着手と実行行為」法学研究82巻1号（慶應義塾大学法学研究会、2009年）339頁以下

第5章　間接正犯の実行の着手
　：「間接正犯の実行の着手に関する一考察」法学研究83巻1号（慶應義塾大学法学研究会、2010年）135頁以下

あとがき

　本書で扱った不能犯論および実行の着手論については、我が国では、1980年代から90年代前半にかけて、複数の浩瀚な研究が出版された。それらの研究は、理論的水準が高いだけではなく、比較法的研究という面でも徹底したものであったことから、私が研究者としての道を歩みはじめた頃は、未遂犯論は、中止犯論を除けば、既に掘り尽くされたテーマであるという認識が一般的であったといえる。実際、諸先輩からは、幾度も「未遂犯論で何か新しいことを主張するのは難しいのではないか」と心配された。それでも未遂犯論の研究に突き進んだのは、若気の至りだったというよりほかない。

　本書をまとめるまでの道のりは険しいものであった。博士課程入学後、不能犯に関する論文は比較的スムーズに発表することができたが、実行の着手論で行き詰ってしまった。いまでも鮮明に覚えているのが、大学院の演習で行った研究報告に対し、「無意味な報告である」という手厳しい批判を頂戴したことである。実行の着手の一般的基準について、具体的な事案を離れて抽象的に論じることに意味があるのかどうかについては、当時、自分でも内心疑問を持っていたのだが、それを明確に言語化されたことがショックであった。それ以降、しばらくの間、このテーマに正面から向き合うことができず、このことが、これまで未遂犯の研究をまとめることを妨げてきたのであった。幸運だったのは、勤務先の慶應義塾大学から2年間の在外研究を許されたことである。留学先のヴュルツブルクの落ち着いた環境と清涼な空気の中でこれまでの研究を見直し、雑念から解放されて無心に研究に臨むことができたことが、第4章の成果につながった。同章では、日独の判例に現れた膨大な事案から、とにかく実行の着手時期の判断にとって重要と思われる事情を抽出することを試みた。

　無能な私がなんとか研究を一書にまとめることができたのは、ひとえに師匠である井田良先生のご指導によるものである。先生は、弟子育成の方針として「模倣禁止の原則」を掲げておられ、私たち弟子に対し、自説を押し付けることは一切されなかった。本書で示した主張の中のいくつかは先生の見解と対立するものであるが、これは正に先生の指導方針にしたがったものにほかならない。本研究が、先生の要

求される水準に達しているかどうかは心もとないが、これまでのご指導に対するご恩返しとして本書を謹んで捧げたい。

　井田先生のほかにも、大学院入学以降、実に様々な先生方のご指導に接することができた。とりわけ、平良木登規男先生、安冨潔先生、太田達也先生、亀井源太郎先生、フィリップ・オステン先生には、長年にわたり刑事法合同演習の場でご指導を賜った。伊東研祐先生、鈴木左斗志先生には、井田刑法理論に批判的な立場から数々のご教示を賜った。同世代の同僚である和田俊憲教授、小池信太郎教授からは常に多くの刺激を与えられ、私が研究者として生き抜くためにはどういうスタイルをとるべきか考えさせられた。

　加えて、大学院時代に出会った研究者の方々から受けたご恩に触れないわけにはいかない。これには、慶應義塾大学関係者だけではなく、当時、井田先生が原著講読の授業を担当されていた大学の方々なども含まれる。同授業の履修者が中心となって行った院生研究会で存分に議論を交わした経験が、研究者としての私の礎になっているといっても過言ではない。逐一お名前を挙げることは避けるが、同研究会でお教えをいただいた皆様方にはこの場を借りて御礼を申し上げたい。

　本書の出版にあたっては、慶應義塾大学出版会の岡田智武氏に大変お世話になった。在外研究から帰国後、内外の仕事に忙殺され疲れ果てていたとき、いくつもの励ましの言葉をかけてくださり、それによってなんとか歩を進めることができた。また、校正作業等の際には有益なご助言をいただいた。在外研究中の邦語資料の収集等に関しては、慶應義塾大学法学研究科助教の薮中悠氏をはじめとする後輩諸氏から多大なご助力を賜った。

　末筆ながら、本書は、公益財団法人末延財団の助成を受けて出版されたものである。書籍出版を取り巻く状況が厳しさを増す中で多額の助成をいただけたことだけでなく、「第三者の目」による助成審査を通過したという事実が、出版に向けた作業を進める後押しとなった。深甚より感謝を申し上げたい。

　なお、本書第1章および第4章の研究は、JSPS科研費【課題番号JP15K16945】の助成を受けて得られた成果の一部である。

2016年9月

佐藤　拓磨

判例索引

[日本判例]

大審院

大判明治 34 年 6 月 21 日刑録 7 輯 6 巻 69 頁
················150

大判明治 36 年 6 月 23 日刑録 9 輯 17 巻 1149 頁················145

大判明治 36 年 12 月 21 日刑録 9 輯 1905 号················155

大判明治 37 年 6 月 24 日刑録 10 輯 17 巻 1403 頁················145

大判明治 40 年 2 月 21 日刑録 13 輯 224 頁················155

大判明治 40 年 3 月 26 日刑録 13 輯 280 頁················68

大判明治 43 年 5 月 19 日刑録 16 輯 883 頁················68

大判明治 44 年 2 月 17 日刑録 17 輯 123 頁················156

大判明治 44 年 12 月 25 日刑録 17 輯 2328 頁················147

大判大正 3 年 6 月 20 日刑録 20 輯 1289 頁················155

大判大正 3 年 7 月 24 日刑録 20 輯 1546 頁················87

大判大正 3 年 10 月 2 日刑録 20 巻 1789 頁················134

大判大正 3 年 10 月 13 日刑録 20 巻 1848 頁················134

大判大正 3 年 11 月 26 日刑録 20 輯 2260 頁················154

大判大正 5 年 5 月 4 日刑録 22 輯 685 頁················147

大判大正 6 年 9 月 10 日刑録 23 輯 999 頁················63

大判大正 6 年 10 月 11 日刑録 23 輯 1078 頁················149, 152

大判大正 7 年 11 月 16 日刑録 24 輯 1352 頁················145

大判大正 8 年 7 月 9 日刑録 25 輯 864 頁················155

大判大正 8 年 10 月 28 日法律新聞 1641 号 21 頁················90

大判大正 12 年 3 月 15 日刑集 2 巻 210 頁················155

大判大正 12 年 11 月 12 日刑集 2 巻 781 頁················134

大判大正 12 年 12 月 25 日刑集 2 巻 1024 号················155

大判大正 14 年 7 月 6 日法律新聞 2459 号 9 頁················155

大判大正 15 年 9 月 28 日刑集 5 巻 383 頁················134

大判昭和 2 年 6 月 20 日刑集 6 巻 216 頁················63

大判昭和 3 年 2 月 17 日法律新聞 2833 号 10 頁················134

大判昭和 3 年 9 月 17 日刑集 7 巻 578 頁················155

大判昭和 5 年 12 月 12 日刑集 9 巻 893 頁················155

大判昭和 7 年 3 月 25 日法律新聞 3402 号 10 頁················87

大判昭和 7 年 4 月 30 日刑集 11 巻 558 頁················134

大判昭和 7 年 6 月 15 日刑集 11 巻 859 頁················155, 173

大判昭和 7 年 12 月 12 日刑集 18 巻 1881 頁················146

大判昭和 8 年 7 月 27 日刑集 12 巻 1388 頁················134

大判昭和 8 年 11 月 9 日刑集 12 巻 2114 頁················155

大判昭和 9 年 6 月 11 日刑集 13 巻 730 頁················155

大判昭和 9 年 10 月 19 日刑集 13 巻 1473 頁················150

大判昭和 10 年 11 月 11 日刑集 14 巻 1179 頁················63

大判昭和 13 年 7 月 8 日刑集 17 巻 555 頁················63

大判昭和 15 年 10 月 16 日刑集 19 巻 698 頁················90

大判昭和 21 年 11 月 27 日刑集 25 巻 55 頁················88, 150

最高裁判所

最判昭和 23 年 4 月 17 日刑集 2 巻 4 号 399 頁 ……………………………………………… 150
最判昭和 23 年 8 月 5 日刑集 2 巻 9 号 1134 頁 ……………………………………………… 162
最判昭和 24 年 1 月 20 日刑集 3 巻 1 号 47 頁 ………………………………………………… 92
最判昭和 25 年 8 月 31 日刑集 4 巻 9 号 1593 頁 ……………………………………………… 68
最判昭和 26 年 5 月 8 日刑集 5 巻 6 号 1004 頁 ……………………………………………… 155
最判昭和 26 年 7 月 17 日刑集 5 巻 8 号 1448 頁 ……………………………………………… 92
最判昭和 27 年 8 月 5 日最集刑 67 号 31 頁 ……………………………………………… 90
最判昭和 28 年 3 月 13 日刑集 7 巻 3 号 529 頁 ……………………………………………… 141
最決昭和 29 年 5 月 6 日刑集 8 巻 5 号 634 頁 ……………………………………………… 152
最判昭和 29 年 10 月 22 日刑集 8 巻 10 号 1616 頁 ……………………………………………… 156
最判昭和 31 年 3 月 20 日刑集 10 巻 3 号 374 頁 ……………………………………………… 161
最決昭和 32 年 7 月 19 日刑集 11 巻 7 号 1987 頁 ……………………………………………… 162
最決昭和 35 年 10 月 18 日刑集 14 巻 12 号 1559 頁 ……………………………………………… 90
最判昭和 37 年 3 月 23 日刑集 16 巻 3 号 305 頁 ……………………………………… 63, 90
最決昭和 40 年 3 月 9 日刑集 19 巻 2 号 69 頁 ……………………………………………… 151
最決昭和 45 年 7 月 28 日刑集 24 巻 7 号 585 頁 …………………………… 107, 115, 142
最判昭和 51 年 3 月 16 日刑集 30 巻 2 号 146 頁 ……………………………………………… 68
最判昭和 54 年 12 月 25 日刑集 33 巻 7 号 1105 頁 ……………………………………………… 156
最決平成 11 年 9 月 28 日刑集 53 巻 7 号 621 頁 ……………………………………………… 159
最決平成 13 年 11 月 14 日刑集 55 巻 6 号 763 頁 ……………………………………… 159, 161
最決平成 16 年 3 月 22 日刑集 58 巻 3 号 187 頁 ……………… 101, 117, 147, 150, 165, 219, 222
最決平成 19 年 4 月 13 日刑集 61 巻 3 号 340 頁 ……………………………………………… 152
最判平成 20 年 3 月 4 日刑集 62 巻 3 号 123 頁 ……………………………………………… 160
最判平成 26 年 11 月 7 日刑集 68 巻 9 号 963 頁 ……………………………………………… 162

高等裁判所

東京高判昭和 24 年 10 月 14 日判特 1 号 195 頁 ……………………………………………… 88
名古屋高判昭和 25 年 11 月 14 日高刑集 3 巻 4 号 748 頁 ……………………………………………… 151
仙台高判昭和 27 年 7 月 25 日判特 22 号 238 頁 ……………………………………………… 151
高松高判昭和 27 年 10 月 7 日高刑集 5 巻 11 号 1919 頁 ……………………………………………… 91
高松高判昭和 28 年 1 月 31 日判特 36 号 3 頁 ……………………………………………… 151
高松高判昭和 28 年 2 月 25 日高刑集 6 巻 4 号 417 頁 ……………………………………………… 151
東京高判昭和 28 年 9 月 18 日判特 39 号 108 頁 ……………………………………………… 87
広島高判昭和 28 年 10 月 5 日刑集 8 巻 5 号 641 頁 ……………………………………………… 152
福岡高判昭和 28 年 11 月 10 日判特 26 号 58 頁 ……………………………………… 73, 75, 92
高松高判昭和 28 年 11 月 18 日判特 36 号 25 頁 ……………………………………………… 92
福岡高判昭和 29 年 3 月 25 日判特 26 号 74 頁 ……………………………………………… 162
東京高判昭和 29 年 4 月 5 日東高刑時報 5 巻 3 号 103 頁 ……………………………………………… 151
福岡高判昭和 29 年 5 月 14 日判特 26 号 85 頁 ……………………………………………… 87
東京高判昭和 29 年 6 月 16 日東高刑時報 5 巻 6 号 236 頁 ……………………………………………… 93
仙台高判昭和 33 年 8 月 27 日裁特 5 巻 10 号 410 頁 ……………………………………………… 141
東京高判昭和 35 年 1 月 19 日判例タイムズ 101 号 42 頁 ……………………………………………… 152
広島高判昭和 36 年 7 月 10 日高刑集 14 巻 5 号 310 頁 ……………………………………… 73, 88
名古屋高金沢支判昭和 36 年 9 月 26 日下刑集 3 巻 9=10 号 828 頁 ……………………………………………… 156
東京高判昭和 37 年 4 月 24 日高刑集 15 巻 4 号 210 頁 ……………………………………………… 93
東京高判昭和 37 年 12 月 21 日（大久保太郎「判解」『最高裁判所判例解説刑事篇（昭和 45 年度）』252 頁および 257 頁）……… 141
大阪高判昭和 38 年 1 月 22 日高刑集 16 巻 2 号 177 頁 ……………………………………………… 162
東京高判昭和 38 年 6 月 13 日高刑集 16 巻 4 号 358 頁 ……………………………………………… 141
東京高判昭和 38 年 11 月 28 日東高刑時報 14 巻 11 号 190 頁 ……………………………………………… 150
大阪高判昭和 38 年 12 月 19 日（大久保太郎「判解」『最高裁判所判例解説刑事篇（昭和 45 年度）』250-251 頁）……………… 142
大阪高判昭和 39 年 4 月 14 日高刑集 17 巻 2

号 219 頁 ·· 147
高松高判昭和 41 年 8 月 9 日高刑集 19 巻 5 号
　520 頁 ·· 141
広島高判昭和 45 年 2 月 16 日判例時報 592 号
　105 頁 ·· 89
東京高判昭和 45 年 9 月 8 日東高刑時報 21 巻
　9 号 303 頁 ·· 151
名古屋高金沢支判昭和 46 年 12 月 23 日刑月 3
　巻 12 号 1613 頁 ··································· 143
東京高判昭和 47 年 4 月 26 日判例タイムズ
　279 号 362 頁 ····································· 143
東京高判昭和 47 年 12 月 18 日判例タイムズ
　298 号 441 頁 ····································· 143
札幌高判昭和 53 年 6 月 29 日刑月 10 巻
　6=7=8 号 1045 頁 ································· 144
東京高判昭和 57 年 9 月 21 日判例タイムズ
　489 号 130 頁 ····································· 144
大阪高判昭和 59 年 11 月 9 日判例タイムズ
　555 号 349 頁 ····································· 162
大阪高判昭和 62 年 12 月 16 日判例タイムズ
　662 号 241 頁 ····································· 151
東京高判平成 9 年 1 月 29 日高刑集 50 巻 1 号
　1 頁 ·· 160
広島高判平成 16 年 3 月 23 日公刊物不登載
　··· 143
名古屋高判平成 18 年 1 月 24 日高刑速報平成
　18 年度 267 頁 ···································· 152
名古屋高判平成 19 年 2 月 16 日判例タイムズ
　1247 号 342 頁 ······························ 121, 148
東京高判平成 22 年 4 月 20 日判例タイムズ
　1371 号 251 頁 ······························ 153, 165

地方裁判所ほか
旭川地判昭和 34 年 3 月 5 日下刑集 1 巻 3 号
　637 頁 ·· 141
神戸地姫路支判昭和 34 年 11 月 27 日下刑集 1
　巻 11 号 2496 頁 ·································· 146
神戸地判昭和 35 年 4 月 21 日下刑集 2 巻 3=4
　号 612 頁 ·· 162
佐賀地判昭和 35 年 6 月 27 日下刑集 2 巻 5=6
　号 938 頁 ·· 156
前橋地桐生支判昭和 37 年 7 月 13 日下刑集 4
　巻 7=8 号 680 頁 ·································· 141
東京地判昭和 39 年 5 月 9 日下刑集 6 巻 5=6
　号 630 頁 ·· 157
静岡地判昭和 39 年 9 月 1 日下刑集 6 巻 9=10
　号 1005 頁 ·· 134
広島地判昭和 39 年 11 月 13 日下刑集 6 巻
　11=12 号 1284 頁 ································· 146
宇都宮地判昭和 40 年 12 月 9 日下刑集 7 巻 12
　号 2189 頁 ·································· 146, 240

大阪地判昭和 43 年 4 月 26 日判例タイムズ
　225 号 237 頁 ······································ 85
京都地判昭和 43 年 11 月 26 日判例時報 543
　号 91 頁 ··· 142
名古屋地判昭和 44 年 6 月 25 日判例時報 589
　号 95 頁 ····································· 118, 149
大阪地判昭和 44 年 11 月 6 日判例タイムズ
　247 号 322 頁 ····································· 147
福岡地飯塚支判昭和 45 年 3 月 25 日刑月 2 巻
　3 号 292 頁 ······································· 147
大阪地判昭和 45 年 6 月 11 日判例タイムズ
　259 号 319 頁 ····································· 142
広島地判昭和 49 年 4 月 3 日判例タイムズ 316
　号 289 頁 ·· 135
宮崎地判昭和 52 年 10 月 18 日刑月 9 巻 9=10
　号 746 頁 ·· 147
大阪地判昭和 57 年 4 月 6 日判例タイムズ 477
　号 221 頁 ···································· 120, 149
岡山地判昭和 57 年 5 月 10 日刑月 14 巻 5=6
　号 369 頁 ·· 161
横浜地判昭和 58 年 7 月 20 日判例時報 1108
　号 138 頁 ··································· 135, 214
神戸地判昭和 59 年 7 月 30 日刑月 16 巻 7=8
　号 547 頁 ·· 161
大阪地判昭和 61 年 3 月 11 日判例タイムズ
　615 号 125 頁 ····································· 144
岐阜地判昭和 62 年 10 月 15 日判例タイムズ
　654 号 261 頁 ······································ 85
山口簡判平成 2 年 10 月 1 日判例時報 1373 号
　145 頁 ·· 151
東京地判平成 2 年 11 月 15 日判例時報 1373
　号 145 頁 ··· 151
福岡地判平成 7 年 10 月 12 日判例タイムズ
　910 号 242 頁 ······························· 137, 139
岡山地判平成 14 年 4 月 26 日 WestlawJapan【文
　献番号 2002WLJPCA04269005】············ 140
大阪地判平成 15 年 4 月 11 日判例タイムズ
　1126 号 284 頁 ···································· 143
千葉地判平成 16 年 5 月 25 日判例タイムズ
　1188 号 347 頁 ···································· 138
横浜地判平成 18 年 11 月 14 日判例タイムズ
　1244 号 316 頁 ···································· 140
静岡地判平成 19 年 8 月 6 日判例タイムズ
　1265 号 344 頁 ······································ 68

[ドイツ判例]
（＊判例集・所収誌別。年月日記載の判例は本文に年月日を記述するもの）

ライヒ裁判所

RGSt 1, 439（ライヒ裁判所連合刑事部1880年5月24日判決） …………… 19, 32
RGSt 1, 451 …………………………… 19
RGSt 3, 136 ………………………… 169
RGSt 4, 397（ライヒ裁判所1881年7月8日判決） ………………………… 32, 36
RGSt 8, 198 ……………………… 19, 20
RGSt 9, 81（ライヒ裁判所1883年10月19日判決） ………………………… 168
RGSt 10, 1 …………………………… 36
RGSt 10, 173（ライヒ裁判所1884年3月11日判決） ……………………… 32, 38
RGSt 13, 2131（ライヒ裁判所1885年12月17日判決） ………………………… 168
RGSt 16, 111 ………………………… 19
RGSt 17, 158 ……………………… 19, 20
RGSt 24, 382 ………………………… 19
RGSt 25, 312（ライヒ裁判所1894年4月26日判決） ………………………… 32
RGSt 28, 144 ………………………… 169
RGSt 30, 178 ………………………… 38
RGSt 31, 198（ライヒ裁判所1898年6月16日判決） ……………………… 33, 36
RGSt 33, 321 ………………………… 12
RGSt 34, 217（ライヒ裁判所1901年3月14日判決） ………………………… 20
RGSt 34, 219 ………………………… 22
RGSt 38, 423 ………………………… 19
RGSt 39, 316 ………………………… 19
RGSt 42, 92 ……………………… 13, 19
RGSt 42, 94 ………………………… 20
RGSt 45, 282 ………………………… 257
RGSt 47, 189 ………………………… 13
RGSt 50, 35 ………………………… 19
RGSt 51, 341（ライヒ裁判所1917年1月15日判決） ………………………… 169
RGSt 53, 217（ライヒ裁判所1919年4月1日判決） ……………………… 168, 226
RGSt 53, 336 ………………………… 167
RGSt 54, 35（ライヒ裁判所1919年10月21日判決） ………………………… 169
RGSt 54, 182 ………………………… 171
RGSt 54, 254（ライヒ裁判所1920年2月26日判決） …………………… 169, 170
RGSt 54, 331 ………………………… 171
RGSt 54, 42 ………………………… 168

RGSt 55, 244 ………………………… 171
RGSt 59, 1（ライヒ裁判所1924年12月11日判決） …………………… 171, 257
RGSt 59, 157（ライヒ裁判所1925年3月23日判決） ………………………… 170
RGSt 59, 386（ライヒ裁判所1925年10月29日判決） ………………………… 170
RGSt 61, 362 ………………………… 38
RGSt 66, 126 ………………………… 13
RGSt 66, 141（ライヒ裁判所1932年2月22日判決） ……………… 169, 171, 258
RGSt 66, 154 ………………………… 171
RGSt 68, 336 ………………………… 171
RGSt 69, 327（ライヒ裁判所1935年10月1日判決） …………………… 170, 173
RGSt 70, 202 ………………………… 170
RGSt 70, 151 ………………………… 171
RGSt 71, 4 …………………………… 170
RGSt 71, 47 ………………………… 170
RGSt 71, 383 ………………………… 170
RGSt 72, 66（ライヒ裁判所1938年1月24日判決） …………… 171, 178, 179
RGSt 72, 264 ………………………… 19
RGSt 73, 76 ………………………… 170
RGSt 73, 142 ………………………… 171
RGSt 74, 86 ………………………… 171
RGSt 77, 1 …………………………… 19
RGSt 77, 162 ………………………… 170
RGSt 77, 172（ライヒ裁判所1943年8月3日判決） …………… 171, 178, 179

連邦通常裁判所

BGHSt 1, 13 ………………………… 13
BGHSt 2, 74 ………………………… 19
BGHSt 2, 380（連邦通常裁判所1952年2月7日判決） ………………………… 173
BGHSt 3, 110（連邦通常裁判所1952年7月8日判決） ………………………… 258
BGHSt 3, 297（連邦通常裁判所1952年11月6日判決） …………………… 176, 226
BGHSt 4, 254 ………………………… 19
BGHSt 4, 270（連邦通常裁判所1953年7月3日判決） ………… 173, 258, 261, 262
BGHSt 4, 333 ………………………… 173
BGHSt 6, 98 ………………………… 173
BGHSt 6, 302（連邦通常裁判所1954年9月30日判決） ………………………… 177
BGHSt 7, 291 ………………………… 173
BGHSt 8, 28 ………………………… 39
BGHSt 8, 263 ………………………… 13
BGHSt 9, 62 ………………………… 173

BGHSt 11, 162 ···39
BGHSt 11, 268 ···19
BGHSt 11, 324 ···19
BGHSt 13, 66 ··39
BGHSt 13, 235 ···13
BGHSt 14, 345 ···13
BGHSt 15, 210 ···13
BGHSt 18, 271 ···39
BGHSt 20,150（連邦通常裁判所 1965 年 1 月 19 日判決）··177
BGHSt 22, 81 ·······································174, 226
BGHSt 26, 201（連邦通常裁判所 1975 年 9 月 16 日判決）·············180, 181, 189, 201, 225
BGHSt 28, 162（連邦通常裁判所 1978 年 10 月 26 日判決）··············180, 181, 185, 198
BGHSt 30, 363（連邦通常裁判所 1982 年 1 月 26 日判決）··············182, 186, 260, 264
BGHSt 31, 10 ··182
BGHSt 31, 178（連邦通常裁判所 1982 年 12 月 21 日判決）·······················182, 211
BGHSt 32, 382 ·······································194, 195
BGHSt 35, 6 ···177, 182
BGHSt 36, 249 ·······································182, 216
BGHSt 37, 294 ·······································180, 210
BGHSt 39, 236 ···201
BGHSt 40, 257 ·······································180, 186
BGHSt 40, 299 ···13, 182
BGHSt 41, 94 ··12, 13
BGHSt 43, 177（連邦通常裁判所 1997 年 8 月 12 日判決）··············182, 186, 262, 265
BGHSt 43, 181 f. ··264
BGHSt 48, 34 ···182
BGHSt 54, 69 ································182, 183, 211

BGH bei Dallinger MDR 1966, 196 ·········174
BGH bei Dallinger MDR 1966, 725 ·········175
BGH bei Dallinger MDR 1966, 892 ·········174
BGH bei Dallinger MDR 1971, 362 ·········176
BGH bei Dallinger MDR 1973, 728 ·········176
BGH bei Dallinger MDR 1973, 900 ·········176
BGH bei Dallinger MDR 1975, 21 ··········174

BGH bei Holtz MDR 1977, 807（連邦通常裁判所 1977 年 2 月 15 日判決）···········205
BGH bei Holtz MDR 1978, 985 ···········202
BGH bei Holtz MDR 1985, 627 ···········198

BGH GA 1953, 50（連邦通常裁判所 1953 年 3 月 17 日判決）··177
BGH GA 1980, 24（連邦通常裁判所 1979 年 7 月 26 日判決）·······························202, 225
BGH GA 1955, 123 ···173

BGH GA 1958, 191 ···173
BGH NJW 1952, 514（連邦通常裁判所 1951 年 12 月 20 日判決）·······················174, 225
BGH NJW 1954, 567（連邦通常裁判所 1953 年 11 月 20 日判決）······························175
BGH NJW 1962, 645 ··177
BGH NJW 1980, 1759（連邦通常裁判所 1980 年 4 月 30 日判決）················182, 207, 226
BGH NJW 1985, 1035 ·······································216
BGH NJW 1990, 2072 ·······································216
BGH NJW 1991, 1963（連邦通常裁判所 1991 年 1 月 9 日判決）······························193
BGH NJW 1993, 2125（連邦通常裁判所 1993 年 2 月 16 日判決）······························191
BGH NJW 1994, 1357 ··13

BGH NStZ 1981, 99（連邦通常裁判所 1980 年 10 月 15 判決）···212
BGH NStZ 1983, 224 ··216
BGH NStZ 1983, 364（連邦通常裁判所 1983 年 3 月 16 日判決）······························203
BGH NStZ 1983, 462 ·································182, 216
BGH NStZ 1983, 511 ··216
BGH NStZ 1984, 506（連邦通常裁判所 1984 年 7 月 11 日判決）······························201
BGH NStZ 1986, 547（連邦通常裁判所 1986 年 8 月 5 日判決）······························262
BGH NStZ 1986, 550 ···13
BGH NStZ 1987, 20（連邦通常裁判所 1986 年 8 月 26 日判決）··········182, 188, 192, 225
BGH NStZ 1989, 473 ·································182, 198
BGH NStZ 1993, 133 ·································182, 195
BGH NStZ 1996, 38（連邦通常裁判所 1995 年 4 月 7 日決定）·······························180, 204
BGH NStZ 1997, 83（連邦通常裁判所 1996 年 8 月 13 日決定）······························208
BGH NStZ 1998, 294（連邦通常裁判所 1997 年 10 月 7 日判決）······························264
BGH NStZ 1999, 395 ··180
BGH NStZ 2000, 418 ··186
BGH NStZ 2001, 415 ·································182, 199
BGH NStZ 2001, 475（連邦通常裁判所 2001 年 5 月 8 日決定）······························265
BGH NStZ 2002, 309（連邦通常裁判所 2001 年 12 月 12 日判決）··········182, 185, 196, 197
BGH NStZ 2002, 433 ·······································210
BGH NStZ 2004, 38（連邦通常裁判所 2003 年 6 月 11 日決定）······························182, 208
BGH NStZ 2004, 110 ··216
BGH NStZ 2004, 580 ··182
BGH NStZ 2005, 452 ·································182, 216

BGH NStZ 2006, 331（連邦通常裁判所 2006
　年 3 月 9 日判決）················182, 183, 212
BGH NStZ 2008, 41 ·····························216
BGH NStZ 2008, 209（連邦通常裁判所 2007
　年 12 月 6 日判決）························182, 214
BGH NStZ 2011, 400·····························210
BGH NStZ 2011, 517·····························182
BGH NStZ 2012, 85 ·····························190
BGH NStZ 2014, 447（連邦通常裁判所 2014
　年 3 月 20 日判決）·······························194
BGH NStZ 2014, 633·······················180, 195

BGH NStZ-RR 1998, 203（連邦通常裁判所
　1997 年 10 月 7 日判決）·······················192
BGH NStZ-RR 2004, 361（連邦通常裁判所
　2004 年 9 月 20 日決定）·······················189
BGH NStZ-RR 2010, 120 ··························33

BGH StV 1984, 420（連邦通常裁判所 1984 年
　4 月 10 日決定）······················187, 188, 190
BGH StV 1987, 528 ······························202
BGH StV 1989, 426 ······························201
BGH StV 1992, 62 ·······························198
BGH StV 1994, 240 ······························201
BGH StV 2010, 129 ······························216

BGH VRS 44, 422（連邦通常裁判所 1973 年 3
　月 8 日判決）······································39

BGH wistra 1984, 142 ····························211
BGH wistra 1993, 26·····························216
BGH wistra 2002, 263 ····························180

ラント上級裁判所ほか
BayObLG NStZ 2004, 401 ························265
BayObLG NStZ 1997, 442 ························198
OLG Celle NStZ-RR 2012, 111 ···················211
OLG Düsseldorf NJW 2001 ························13
OLG Hamburg StV 2013, 216 ····················199
OLG Hamm bei Holtz MDR 1976, 115·······198
OLG Hamm NJW 1989, 3232 ·····················198
OLG Hamm NStZ-RR 1997, 133···············198
OLG Hamm StV 2012, 155 ······················210
OLG Karlsruhe NJW 1982, 59（カールスルー
　エ上級ラント裁判所 1981 年 8 月 12 日決定）
　···210
OLG München NJW 2006, 3364（ミュンヘン
　上級ラント裁判所 2006 年 8 月 8 日判決）
　···265
LG Potsdam NStZ 2007, 336（ポツダムラント
　裁判所 2005 年 10 月 6 日判決）···············199

佐藤 拓磨（さとうたくま）
1977年生まれ。慶應義塾大学法学部教授。専攻は、刑法。
慶應義塾大学法学部法律学科卒業、慶應義塾大学大学院法学研究科前期博士課程修了、慶應義塾大学大学院法学研究科後期博士課程単位取得退学。

本書収録の論文のほか、「早すぎた構成要件実現について」法学政治学論究63号、「量的過剰について」法学研究84巻9号、「詐欺罪における占有」井田良ほか編『川端博先生古稀記念論文集 下巻』（成文堂、2014年）、「ドイツにおける自殺関与の一部可罰化をめぐる議論の動向」慶應法学31号など。

未遂犯と実行の着手

2016年10月31日　初版第1刷発行

著　者―――――佐藤拓磨
発行者―――――古屋正博
発行所―――――慶應義塾大学出版会株式会社
　　　　　　　〒108-8346　東京都港区三田2-19-30
　　　　　　　ＴＥＬ〔編集部〕03-3451-0931
　　　　　　　　　〔営業部〕03-3451-3584〈ご注文〉
　　　　　　　　　〔　〃　〕03-3451-6926
　　　　　　　ＦＡＸ〔営業部〕03-3451-3122
　　　　　　　振替　00190-8-155497
　　　　　　　http://www.keio-up.co.jp/
装　丁―――――鈴木　衛
印刷・製本―――萩原印刷株式会社
カバー印刷―――株式会社太平印刷社

©2016 Takuma Sato
Printed in Japan　ISBN978-4-7664-2379-2